帝国幻象

俄罗斯"国家形象"变迁与他者视野

张建华 著

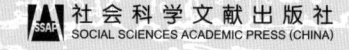

社会科学文献出版社
SOCIAL SCIENCES ACADEMIC PRESS (CHINA)

本书由黑河学院优秀学术著作出版基金资助出版

目 录

导论 帝国幻象：二百年俄罗斯"国家形象"变迁 ………………… 1
  一 所谓"国家形象"概念 ……………………………………………… 1
  二 俄罗斯帝国 196 年 ………………………………………………… 3
  三 "红色帝国" 69 年 ………………………………………………… 8
  四 关于本书书名及基本思路 ………………………………………… 16

第一章 告别帝俄：乔治·凯南视野中俄罗斯"帝国形象"的变迁 … 23
  一 横穿西伯利亚 ……………………………………………………… 24
  二 俄国："想象的双胞胎" …………………………………………… 26
  三 俄国："野蛮的大监狱" …………………………………………… 31
  四 俄国："邪恶的怪胎" ……………………………………………… 39
  五 告别帝俄：万花筒般的俄国形象 ………………………………… 44

第二章 迎接苏俄：旅俄华工与十月革命 …………………………… 47
  一 彼此想象的中国与俄国 …………………………………………… 47
  二 "东方情调"与"黄祸论" ………………………………………… 52
  三 西伯利亚铁路与"山东蛮子" …………………………………… 60
  四 十月革命与华工大同 ……………………………………………… 69
  五 "我们的黄种兄弟" ………………………………………………… 72

第三章 黑白或灰：克伦斯基与俄国革命的另类标本 ……………… 75
  一 从边城才俊到"革命之子" ……………………………………… 75

二　辉煌散尽后的"革命之敌" ················· 80
三　共济会的"总书记" ····················· 83
四　回归知识分子 ······················· 90
五　无处安放的孤寂灵魂 ···················· 94

第四章　红都召唤：罗曼·罗兰和安德烈·纪德们的"苏联" ······ 98
一　快快去"红色麦加" ···················· 99
二　访苏者的不同视野 ···················· 107
三　苏联光彩的背面 ····················· 113
四　罗兰与纪德之分歧 ···················· 117

第五章　黑旗飘扬：克鲁泡特金之死的中国印象 ·········· 120
一　巨人之死 ························ 122
二　克鲁泡特金幽灵在中国 ·················· 128
三　1921年：中国政治抉择的分水岭 ·············· 134
四　无政府主义在中国的绝唱 ················· 136

第六章　"红色恐怖"："季诺维也夫信"事件及其苏俄形象 ······ 138
一　学术史述 ························ 138
二　"季诺维也夫信"事件始末 ················· 140
三　伪造和传播 ······················· 144
四　"红色恐怖"在欧洲 ···················· 148

第七章　虚实苏联：美国记者杜兰迪视野中的苏联形象 ······· 151
一　苏俄不受欢迎的记者 ··················· 152
二　"斯大林的辩护士" ···················· 156
三　谁统治红色俄国？ ···················· 159
四　蒸蒸日上的"红色经济" ·················· 166
五　"俄国有饥饿，但没有饥荒" ················ 170

六　世纪评说杜兰迪 ································· 176
　　七　美国人"制造"杜兰迪？ ························· 180

第八章　"回首俄国"：索尔兹伯里眼中"苏联人民的命运" ········· 186
　　一　关注红色中国和红色俄国 ························· 186
　　二　"苏联人民的命运" ······························· 189
　　三　走进普通苏联人的生活 ··························· 193
　　四　谁代表苏联人民？ ······························· 195
　　五　索尔兹伯里：记者还是作家？ ····················· 198

第九章　正义之剑：苏联空军援华及其与国统区的互识 ········· 201
　　一　揭开尘封往事 ··································· 201
　　二　"中国上空的俄国鹰" ····························· 205
　　三　中苏形象互识 ··································· 212
　　四　国统区的苏联人 ································· 219
　　五　再造苏联形象 ··································· 222

第十章　"政治解冻"：赫鲁晓夫的"秘密报告"在社会主义阵营的反响 ··· 228
　　一　并非秘密的"秘密报告" ··························· 229
　　二　CIA追踪"秘密报告" ····························· 234
　　三　中国共产党的反应 ······························· 237
　　四　波兰的"波兹南事件" ····························· 239
　　五　匈牙利事件与难民潮 ····························· 242
　　六　巨变+剧变：自"秘密报告"始 ····················· 250

第十一章　认识苏联：越南战争中的苏联军事专家与苏联形象 ····· 253
　　一　战争初期苏联的谨慎介入 ························· 255
　　二　密林深丛中的苏联军事专家 ······················· 262

三　苏联军人的功勋 …………………………………………… 276
　　四　"热水澡"与"黑石子" ……………………………………… 279
　　五　塑造"苏联形象" …………………………………………… 282
　　六　苏联老兵的心声 …………………………………………… 292

第十二章　看电影者：中苏电影中的"国家形象"与中苏关系变迁 … 298
　　一　苏联舞台与银幕上的"中国形象" …………………………… 298
　　二　"欢迎苏联电影" …………………………………………… 302
　　三　《德尔苏·乌扎拉》与《在乌苏里的莽林中》 ……………… 305
　　四　中国对《德尔苏·乌扎拉》的批判 ………………………… 310
　　五　电影背后的国际政治 ……………………………………… 318
　　六　中国电影中"苏联形象"的变迁 …………………………… 322
　　七　《德尔苏·乌扎拉》的历史回声 …………………………… 326

第十三章　"老莫"餐厅：从政治符号到文化符号的演变与"苏联形象"
　　　　　　在中国的变迁 ………………………………………… 330
　　一　政治符号：友谊与冲突 …………………………………… 330
　　二　文化符号：饮食年代 ……………………………………… 336
　　三　影视文学中的"老莫"记忆 ………………………………… 339
　　四　说不尽的"老莫" …………………………………………… 340

代结语　时间，前进！前进，达瓦里希！ ……………………… 349
　　一　"帝国学"与欧亚主义的诱惑 ……………………………… 349
　　二　自我与他者：当代俄罗斯国家形象的建构 ……………… 356

参考文献 ……………………………………………………………… 364
后　记 ………………………………………………………………… 377

导论　帝国幻象：二百年俄罗斯"国家形象"变迁

一　所谓"国家形象"概念

按照文化人类学家的共识结论，从结绳记事开始，人类即有了意识和认知能力，人类就已开始用自己的头脑去观察那些超出感官接触范围的更为遥远的外部世界，然后再以语言、图画、文字或者其他方式进行交流并将此认知和记忆保存下来。按照文化传播学家的理论，"我们不得不从政治上去应付这个世界，既产生于想象，也产生于见解，又产生于思想"。"他会逐渐在他的脑海中为自己制作一幅视线所不及的那个世界的可靠形象。"[①] 这是美国著名的政论家、专栏作家李普曼（Walter Lippmann）在《公众舆论》（*Public Opinion*）中的基本观点。

按照美国学者科特勒（Philip Kotler）给出的定义，"形象（image）是指人们所持有的关于某一对象的信念、观念和印象"[②]，按照传统学科分类，它属于传播学和文化学范畴。

在俄文中与英文 image 词意最为接近的名词是 образ，但近年来在俄文文献中较多地出现了 image 的俄文音译名词 имидж。在成书于1935 - 1940年，由著名语言学家乌沙科夫（Д.Н.Ушаков）主编的《俄语详解辞典》（*Толковый словарь русского языка*）中只查到 образ，释义有5条。"1.

[①] 沃尔特·李普曼：《公众舆论》，阎克文译，上海人民出版社，2006，第20~21页。

[②] Philip Kotler, *Marketing Management*: *Analysis*, *Planning*, *Implementation and Control*, Upper Saddle River, NJ. Prentice - Hall International, 1997.

书面语：外观，样子，肖像。""2. 对于某人某物生动的视觉认识。""3. 感觉上对客观世界的主观形象。""4. 在声音、文字，颜色等方面的思想上和感觉上的艺术反映。""5. 由艺术家或演员角色创造的直观形象。"①1997 年，俄罗斯著名语言学家奥瑞科夫（С.И.Ожегов）在《俄语详解辞典》基础上主编并出版了《俄语辞典》（Словарь русского языка），除收入образ 外（其释义基本同《俄语详解辞典》），②第一次收入外来词имидж。释义较为简单，"源自英文，书面语。有关某种内部形象、面貌的看法"（Представление о чьёмн. внутреннем облике，образе）。③ 这说明，имидж 在 20 世纪 90 年代中期前，在苏联和俄罗斯并未流行，是在俄罗斯社会和文化转型过程中，在全球化的背景下才正式进入当代俄语的。

当代俄罗斯哲学家和文化学家古列维奇（П. С. Гуревич）早在 1991 年曾对英文语境下的"形象"（image）和俄文语境下的"形象"（образ）进行了区分。④ 他认为在涉及形象主题的西方专业文献中，"image"概念被用于认识反映在人们心灵上的客体形象的特征。因此，"image"概念意味着具有比客体的形象更广泛的意义，因为它既包括了可见（纯外部）的特征，也包括了不可见（纯想象）的特征，因此 образ 与 image 并不是完整意义上的同义词。⑤ 比较而言，当代俄罗斯学者认为 образ 要比"舶来词"имидж 更能体现俄罗斯民族和国家特征。⑥ 然而时下俄罗斯公共媒体和年轻一代则更喜欢使用 имидж 一词。因此俄文"国家形象"在 20 世纪 90 年代前则基本表述为 образ государства，但是近年来更多地表述为 имидж го-

---

① 参见《俄语详解辞典》网络版 http：//www. dict. t‑mm. ru/ushakov/o/obraz. html。

② 释义有："1. 哲学。人的意识中物质世界的现象及物体反映的结果和想象的样式。2. 书面语。根据自己的形象和肖像创造的外观和样子。3. 关于某人某物鲜活的感受。4. 艺术。依据具体的个体现象对现实的普遍的艺术反映。5. 艺术中所展现的类型和性格。6. 某种顺序、方向和方式的东西。"参见《俄语辞典》网络版 https：//gufo. me/dict/ozhegov/образ。

③ 参见《俄语辞典》网络版 https：//gufo. me/dict/ozhegov/имидж。

④ 古列维奇在文中涉及 image 时使用的是英文原文，并未音译为 имидж。

⑤ Гуревич П. С. *Приключения имиджа：Типология телевизионного образа и парадоксы его восприятия*. М.：Искусство，1991. с. 199.

⑥ Деркача А. А. Перелыгиной Е. Б. и др. *Политическая имиджелогия*. М.：Аспект Пресс，2006. с. 367－377.

сударства。

所谓"国家形象"（National Image），按照早在1959年就在政治学领域首创此概念的美国学者博尔丁（K. E. Boulding）给出的定义，即是"对行为体——国家（behavioral units - country）的总体的认知、情感和评估结构"。①

"形象"和"国家形象"已成为时下传播学、文化学、政治学、社会学和国际关系学中的常用概念，诸如此类的论述众多，不一而足。但涉及"国家形象"概念的使用，绝大多数学者将其视为对于"国家"（country）或"民族"（nation）的日常形态的个体的心理意识和集体的心理认同，它包含了认知、情感和行为三个方面内容。也即行为体的主体——国家和公民把自身的道德、知识、伦理、科学、艺术等人文传统以及政治制度和经济成果向本国公民和他国公民全方位投射，从而形成一种理想的"国内形象"和"国际形象"。依照约瑟夫·奈（Joseph Nye）的"软实力"（Soft Power）理论，国家形象是文化软实力的构成要素之一，其集中体现为国家文化、价值观和意识形态的国际影响力、竞争力和吸引力。

良好的国家形象不仅能够为一个国家赢得更广阔的国际生存空间，同时也意味着在国际事务中更高的可信度和更大的发言权。

二 俄罗斯帝国196年

1721年11月2日（俄历10月22日），沙皇彼得一世（Петр Ⅰ），在北方战争的凯歌声中，签署诏令将俄罗斯国名改为"俄罗斯帝国"（Российская империя），由此开始了俄罗斯的帝国历程。枢密院也发表文告，称彼得一世为"全俄罗斯大帝"（Великий иператор Всероссийский）和"祖国之父"（Отец отечества）。② 伟大诗人普希金形容，"俄罗斯进入了欧洲，像一艘舰只在斧头咚咚的敲击声和大炮的阵阵轰鸣声中下水一

---

① K. E. "Boulding, National Image and International Systems", *The Journal of Conflict Resolution*, Vol. 3, No. 2, 1959.
② Агеева О. Г. Титул 《император》 и понятие 《империя》 в России в первой четверти ⅩⅧ века // Мир истории: Российский электронный журнал. 1999. No. 5.

样"。德国哲学家、《西方的没落》(Der Untergang des Abendlandes)的作者斯宾格勒(Oswald Spengler)评价:"俄国历史上的致命人物是彼得大帝,因为,本来莫斯科的原始沙皇制度,甚至在今天还是适合于俄罗斯世界的唯一形式,但是,在彼得堡,它被扭曲成了西欧那些的能动形式。"① 在另一位被尊称为"大帝"的俄国女沙皇叶卡捷琳娜二世(Екатерина Ⅱ)统治下,俄国内部结构、国家趋势和国际地位发生了质的变化。叶卡捷琳娜二世执政的 34 年(1762~1796)与彼得一世执政年代(1682~1725)构成了前后相连和辉煌的一百年,成为俄罗斯帝国最为鼎盛的黄金时代。

俄罗斯真正让欧洲人刮目相看则是在 1812 年战争后。1814 年 3 月 19 日上午 10 时,沙皇亚历山大一世(Александр Ⅰ)骑着已成阶下囚的法兰西帝国皇帝拿破仑(Napoléon Bonaparte)送给他的那匹名为埃克利普斯(Ecklips)的灰马,在普鲁士国王威廉三世(Friedrich Wilhelm Ⅲ)和反法联军总司令、奥地利陆军元帅施瓦岑贝格(Schwarzenberg)公爵的陪同下,在来自反法联盟 1000 名将军的簇拥下,以胜利者姿态进入巴黎市区。这是 18 世纪彼得一世大规模推行西化改革以来,俄国沙皇第一次不是以法国文化的仰慕者的身份,而是以胜利者和征服者的身份走在巴黎香榭丽舍大街(Champs Elysees)上。1814 年 6 月 2 日,亚历山大一世接受英国牛津大学授予他的法学博士证书,似乎表明俄国沙皇也受到了英国人的仰慕。似乎俄国人用了不到一百年的时间就完成了从野蛮到文明,从弱邦到帝国的历程,似乎俄国人在宗教信仰、生活习俗乃至种族血缘上与欧洲人毫无二致了。

然而,这一切仍然是镜花缘式的"帝国幻象"。当俄国青年贵族军官们贪婪地呼吸着欧洲的"自由和平等"空气时,当粗鲁的哥萨克士兵在巴黎咖啡馆里大声地喊着"快!快!"(быстро!быстро!)② 时,在欧洲人眼中,俄国和俄国人仍然是"欧洲大门口的陌生人"(Strangers at the gate of Europe)。

---

① 斯宾格勒:《西方的没落》,陈小林译,黑龙江教育出版社,1988,第 384 页。
② "快餐店"的法文为 bistro 即来自 быстро。具有讽刺意味的是,随后 bistro 又作为时髦的法国文化进入俄国,音译为俄文的 бистро ("酒吧"或"咖啡馆")。

因此，后来成为十二月党人领袖的彼斯特尔（П. И. Пестель）感叹："难道我们解放欧洲就是为了把锁链套在我们身上吗？难道我们给了法国一部宪法，反而自己不敢讨论它吗？难道我们用血汗换来的国际地位就是为了在国内让人们受侮辱吗？"① 后来成为西方派代表人物的恰达耶夫（П. Я. Чаадаев）也有同感，他在轰动一时的《哲学书简》（Философские письма）中写道："我们推翻了异族的统治，我们与大家庭的脱离，却妨碍了我们去运用这一时期在我们的西方兄弟那儿出现的思想，这时，我们落入了更为残酷的被奴役境地，而且，这种奴役还被我们的胜利这一事实所神圣化。"②

法国著名学者托克维尔（Alexis de Tocqueville）在 1831 年曾赴美国短期考察，随后在 1835 年出版了著名的《论美国的民主》（*De la démocratie en Amérique*）。在书中，他详细、生动地描述和评价了美国的政治制度、社会生活、性别问题、少数族裔、司法制度等等问题，展现了心目中的美国的"国家形象"。然而在上卷的"结论"部分，托克维尔却将神来之笔突然转向俄国，将俄国人和美国人这两个"欧洲大门口的陌生人"做了比较，并且还做出了世纪预言："当今世界有两大民族，从不同的起点出发，但好像在走向同一目标。这就是俄国人和英裔美国人。这两个民族是在神不知鬼不觉中壮大起来。当人们的视线只顾他处的时候，他们突然跻身于各国之前列，而且全世界也几乎同时承认他们的存在和强大。其他民族好像已经接近他们发展的自然极限，除保持原状而别无他图，而这两个民族却在不断壮大。其他民族不是停滞不前，就是因历尽千辛万苦地前进。唯有这两个民族，正在沿着一条看不到止境的道路轻松而神速地前进。美国人在与自然为他们设置的障碍进行斗争，俄国人在与人进行搏斗。一个在与荒野和野蛮战斗，另一个在与全副武装的文明作战。因此，美国人的征服是用劳动者的犁进行的，而俄国人的征服是用士兵的剑进行的。为达到自己的目的，美国人以个人利益为动力，任凭个人去发挥自己力量和智慧，而不予限制。而为此目的，俄国人差不多把社会的一切权力都集中于

---

① Дмитриев С. С. Хрестматия по истории СССР. М., 1949, Т. 2. с. 145.
② 恰达耶夫：《哲学书简》，刘文飞译，作家出版社，1998，第 44、199 页。

一个人之手。前者以自由为主要行动的手段，后者以奴役为主要行动手段。他们的起点不同，道路各异。然而，其中的每一个民族，都好像受到天意的密令指派，终有一天要各主世界一半的命运。"①

值得一提的是，在全书的正文部分，托克维尔只字未提"俄国"，更值一提的是，托克维尔终生没有去过俄国，但上述论述不正是他心目中的俄国的"国家形象"吗？

因此，直至19世纪末20世纪初，俄国的国家形象对于欧洲人来说仍然是模糊和陌生的。

美国著名旅行家、记者兼学者乔治·凯南（George Kennan）② 在1865～1901年先后五次游历俄国，不仅访问了彼得堡和莫斯科等大都市，还深入外省以及西伯利亚进行实地考察。他在自己的著作和演讲中向美国社会展现了他对俄国国家形象的认识过程，即从最初的"遥远的朋友"（distant friend）和"想象的双胞胎"（imaginary twin），最后定位于"野蛮的监狱"（barbaric prison）和"邪恶的怪胎"（evil freak）。

自17世纪初叶，中国与俄罗斯两种文化开始发生了碰撞。但是长期以来，两国政府对对方的地理位置、政治制度、国土面积、民族习俗都不甚了解。在清代早期官方的文书档案中，曾经长期把俄国视为原金帐汗国的一个小藩国，因此称俄国沙皇为察罕汗。1727年的《恰克图条约》签订后，才统称为"俄罗斯国君"。在清代早期的文书和档案中，对俄罗斯的国名也无统一的译法，有"罗刹""罗禅""俄罗斯""斡罗斯""鄂罗斯""察罕汗国"等称呼，18世纪30年代后的外交档案中才较多地称"俄罗斯"。

朝鲜重臣、身为吏朝参议的金景善（字汝行，谥贞文，1788～1853）在19世纪30年代以书状官身份出使北京，其间与俄罗斯人多有交往，并著有《鄂罗斯馆记》（1832）。其中记载："鄂罗斯或称阿罗斯，或称俄罗

---

① 托克维尔：《论美国的民主》上卷，董果良译，商务印书馆，2013，第527～528页。
② 在美国社会赫赫有名的凯南家族中，还有一位与乔治·凯南同名者，就是史学界更为熟知的冷战时期的"遏制政策之父"乔治·弗罗斯特·凯南（George Frost Kennan, 1904.2.16～2005.3.17），前者是后者的叔叔。因此当两者并列时，学术界又习惯地称前者为"老乔治·凯南"（George Kennan the elder）。详情见本书第一章。

斯。以其人皆鼻大，故或称大鼻挞子，即蒙古别种也。"①这足以说明，即使在见多识广的朝鲜官员和知识分子眼中，俄罗斯人不过是蒙古人、鞑靼人之遗族罢了。

关于帝俄的国家形象，欧美学界和社会早已开始研究。

乔治·凯南不仅是考察的亲历者，亦是研究的行进者。他陆续出版了《西伯利亚和流放制度》（*Siberia and the Exile System*, Chicago：Chicago University Press, 1958）、《西伯利亚露营》（载《普特那姆》；"Camping Out in Siberia", *Putnam's Monthly Magazine*, Volume：12, Issue：9, Sept 1868）、《堪察加的帐篷生活》（载《普特那姆》；"Tent – Life in Kamchatka", *Putnam's Monthly Magazine*, Volume：14, Issue：23, Nov 1869）、《西伯利亚：流放地》（载《美国地理社会杂志》；"Siberia：The Exiles' Abode", *Journal of the American Geographical Society of New York*, Vol. 14, 1882）。当代西方学者的研究如安切尔（Eugene Anschel）的《美国的俄国形象（1775~1917年）》（*The American Image of Russia, 1775 – 1917*, New York：Frederick Ungar, 1974），列文（Dominic Lieven）的《帝国——俄罗斯帝国和它的竞争对手》（*Empire：The Russian Empire and Its Rivals*, New Haven：Yale University Press , 2002），福格林森（Davis S. Foglesong）的《美国使命和"邪恶帝国"：1881年以来的"自由俄国"运动》（*The American Mission and the "Evil Empire"：The Crusade for a "Free Russia" since 1881*, Cambridge：Cambridge University Press, 2007），索罗（Norman E. Saul）所著的两卷本《遥远的朋友：美国和俄国1763~1867》（*Distant Friends：the United States and Russia, 1763 – 1867*, Lawrence：University Press of Kansas, 1991）和《友谊与冲突：美国与俄国1867~1914》（*Concord and Conflict：the United States and Russia, 1867 – 1914*, Lawrence, Kan.：University Press of Kansas, 1996），伯班克（Jane Burbank）和哈根（Mark von Hagen）的《俄罗斯帝国：空间、民众、权力1700~1930》（*Russian Empire：Space, People, Power, 1700 – 1930*, Bloomington：Indiana University Press, 2007），布莱恩·J. 波克（Brian J. Boeck）的《帝国的边界——彼得一世时期哥萨克群

---

① 蔡鸿生：《俄罗斯馆纪事》，中华书局，2006，第48页。

体和帝国构建》（*Imperial Boundaries*: *Cossack Communities and Empire-Building in the Age of Peter the Great*, Cambridge: Cambridge University Press, 2000）等。

三　"红色帝国" 69 年

进入 20 世纪，俄国发生了让欧洲人和整个世界为之震惊的翻天覆地的巨变。短短的 12 年内，俄国发生了三次革命，尤其是 1917 年二月革命顷刻将帝制推翻，随即又发生更为激进的十月革命。因此，目瞪口呆的欧美政府和社会最初只能以试探的方式感受俄国国家形象的巨变：全民哗变—帝制被推翻—共和制垮台—布尔什维克胜利—红色苏联的建立。

红色之于苏联，是具有特殊意义的颜色。俄罗斯十月革命一声炮响，震碎了传统的世界政治版图。"红色俄国""红色苏联""红色政权""红色领袖"，这一个个鲜活的政治和历史符号，为 20 世纪的世界历史打上了深深的红色烙印。著名红色诗人马雅科夫斯基（В. В. Маяковский）创作了长诗《苏联护照》（*Стихи о советском паспорте*），他自豪地写道："我潇洒地从宽大的裤兜里掏出这无价之宝。念一念！羡慕我吧！我是苏联公民。"（Я достаю из широких штанин дубликатом бесценного груза. Читайте, завидуйте, я - гражданин Советского Союза)①

在 1917 年二月革命和十月革命后，美国并没有急于对俄国局势的剧变发表看法。为此美国陆续派出鲁特代表团②、史蒂文森代表团③到俄国来考察，并形成报告报送美国总统威尔逊（Thomas Woodrow Wilson）和美国国

---

① 参见 http://pishi-stihi.ru/stihi-o-sovetskom-pasporte-mayakovskij.html。
② 该代表团团长为美国原国务卿伊莱休·鲁特（Elihu Root）。1917 年 6 月 3 日至 7 月 10 日，代表团访问了彼得格勒和莫斯科。代表团的使命是考察俄国临时政府的执政能力和包括布尔什维克在内的其他俄国政党的潜力，以及对俄国社会各方面进行观察，从而为美国政府做出正确的对俄援助政策提供准确的依据。
③ 该代表团团长是美国铁路工程师史蒂文森（John F. Stevens），与鲁特代表团基本同时，成员有铁路机械工程师乔治·吉布斯（George Gibbs）、巴尔的摩-俄亥俄铁路（Baltimore-Ohio Railway）顾问约翰·E. 格雷纳（John E. Greiner）、土木工程师达林（W. L. Darling）和沃巴什货车公司经理米勒（Henry Miller），主要任务是考察俄国的交通运输问题。

会。但是美国政府很快就失望了，并且积极参与了对苏俄的武装干涉，美国与苏俄（苏联）的关系长期处于紧张状态。直至1933年11月17日凌晨0点46分，苏联外交人民委员李维诺夫（М. М. Литвинов）和罗斯福（Franklin D. Roosevelt）在白宫签署正式建交协议书。当天早晨，美国全国广播公司向全世界播发了美国和苏联正式建立外交关系的新闻。罗斯福兴奋地在这一天的日记里写道："我希望我们两国人民现已建立起来的关系永远正常，永远友好。为了相互的利益和维护世界和平，我们两国人民将能够一直合作下去。"①

于是，苏联的国家形象发生了变化，由敌人变成友邦。尤其是在第二次世界大战中，斯大林和罗斯福携手主导了同盟国政治、外交和军事方面的重大决策。苏德战争爆发的第二天（1941年6月23日），罗斯福即宣布："凡是抵抗法西斯'轴心国'的国家，其中包括苏联在内，都将得到美国的援助。"斯大林闻讯非常高兴，他对"美国人说话算数感到十分满意"，他请转告"我的老朋友"，"现在我们一定能打赢这场战争了"。②

1943年的德黑兰会议上，斯大林和罗斯福终于第一次坐在一张桌子前。罗斯福私下里告诉属下："坚冰已经打破，我们像伙伴和兄弟那样交谈。"1945年4月25日，分别来自西线和东线战场的美苏军队在德国的易北河会师。8月12日是苏联体育节，斯大林邀请盟军最高司令艾森豪威尔（Dwight David Eisenhower）访问苏联，并邀请他登上克里姆林宫前列宁墓上的检阅台，标志着美苏之间的合作关系达到了巅峰状态，也标志着美国社会视野下的积极的和正面的苏联国家形象达到了最为辉煌耀眼时刻。

在苏联作家的笔下，美国的国家形象同样立即发生了变化。著名作家西蒙诺夫（М. П. Симонов）在创作的《美国人》（Американцы）中表现了美国人是快乐的伙伴、纪念品收集爱好者、与苏联人具有一样品质的真正战士。作家波列伏依（Б. Н. Полевой）在作品中宣称："俄罗斯人、英国人和美国人是高山，谁想以身试法，他就是不知死活。"③ 美国好莱坞也

---

① 张建华：《俄国史》，人民出版社，2014，第171页。
② 张建华：《俄国史》，第185页。
③ От советского информбюро.. 1941–1945. Публицистика и очерки военных лет М., 1984. Т. 1. с. 191.

拍摄了电影故事片《北极星》（North Star）、《X 同志》（Camarada X），苏联方面也拍摄了电影故事片《易北河会师》（Встреча в Эльбе），相互展示彼此间友好和积极的国家形象。

苏联作家爱伦堡（И. Г. Эренбург）于 1946 年应邀访问美国，在大学、群众集会和官方场合发表演讲，所到之处受到了热情欢迎。爱伦堡和西蒙诺夫被邀请参加一个美国犹太人团体组织的晚宴。他们发现，"来客众多，都想听听'赤色分子'（这是报纸上对我们的称呼）说些什么"。①

在德黑兰会议和波茨坦会议上，罗斯福和斯大林曾设想美苏应该共同主宰世界。但是随着战争的结束，美苏两国首脑发现：彼此间的共同利益越来越少，彼此间的共同语言越来越少，相互间的冲突越来越多，相互间的不信任感越来越深。

1945 年 4 月 12 日，美国总统罗斯福病逝，由副总统杜鲁门（Harry S. Truman）代理总统。杜鲁门一上台就表示，"我已厌倦于笼络苏联人，在与苏联政府打交道中，我准备采取坚定态度"。他认为，"除非俄国碰到铁拳和强硬的抗议，另一次世界大战就可能爆发"。②

1946 年 3 月 5 日，已经下野的英国首相丘吉尔（Winston Churchill）在杜鲁门的陪同下，在其老家——美国密苏里州富尔敦的威斯敏斯特学院发表了长篇演说《和平砥柱》（The Sinews of Peace）。他宣布："从波罗的海的什切青到亚得里亚海边的里雅斯特，一幅横贯欧洲大陆的铁幕已经降落下来。在这条线的后面，坐落着中欧和东欧古国的都城。华沙、柏林、布拉格、维也纳、布达佩斯、贝尔格莱德和索菲亚——所有这些名城及其居民无一不处在苏联的势力范围之内，不仅以这种或那种形式屈服于苏联的势力影响，而且还受到莫斯科日益增强的高压控制。"③

在丘吉尔的演说发表 8 天后，1946 年 3 月 13 日斯大林在莫斯科对《真理报》（Правда）记者发表了谈话，他说："丘吉尔先生现在是站在战争挑拨者的立场上，而且丘吉尔在这里并不是孤独的，他不仅在英国有朋

---

① 爱伦堡：《人·岁月·生活——爱伦堡回忆录》下卷，冯南江等译，海南出版社，2008，第 417 页。
② 张建华：《俄国史》，第 186 页。
③ 齐世荣主编《当代世界史资料选辑》第 1 分册，北京师范学院出版社，1990，第 66 页。

友，而且在美国也有朋友。"①

1947 年杜鲁门在国会参众两院发表咨文并对全国广播。他宣称世界已分为两个敌对的营垒，美国负有领导"自由世界"的责任和使命。

苏联的国家形象在欧美国家再度发生巨变，"极权国家"（Totalitarian State）和"红色帝国"（Red Empire）是美国和西方媒体经常用以指称苏联的代名词。

出生于格鲁吉亚的法国著名历史学家和政治学家唐科斯（Hélène Carrère d'Encausse）在 1978 年所著的《分崩离析的帝国》（L'Empire éclaté）的第一句话就写道："苏联的疆域非同一般，它差不多是横跨欧亚的一整块大陆。苏联的国家性质也非同一般，它几乎是在各种帝国消失了的这个世界上独一无二的帝国。"②

冷战使得整个世界都处于社会主义与资本主义两个世界、两种社会和两种制度的尖锐斗争中，双方往往很容易看到而且专注于二者泾渭分明的意识形态。这是在两国社会中已经固化的对彼此国家形象的定势认识。正如德国社会学家马尔库塞（Herbert Marcuse）在分析冷战背景下的双方"宣传战"和"舆论战"时给出的论说："在自由机制与集权机制竞争时，双方都尽量把敌人形象转变成一股强大的内部力量，依靠它把社会变成一个堡垒。敌人总是存在，不仅在战争期间威胁着我们，在和平时期也同样存在，它以这样或那样的方式变成了一个永远具有力量的体系。"③

在苏联的政治宣传中，美国是苏联的头号敌人，是丑恶的资本主义制度的代言人。1953 年 1 月 8 日，《文学报》（Литературная газета）在讨论第一季度编辑计划时，苏联作家协会副总书记、该报总编西蒙诺夫告诉同事们："我特别请求大家考虑这些题目：美国佬的傲慢、侮辱其他国家、嘲弄其他民族的道德和风俗习惯，嘲弄民族独立和主权意识"，"这就特别需要进行宣传，如果美国人待在他们自己的家里，这或许没有问题，而当他们到处游走，到处废话连篇（гадить），到处惹怒其他国家的人，那么就

---

① Правда 1946 - 03 - 14.
② 唐科斯：《分崩离析的帝国：苏联国内的民族反抗》，郗文译，新华出版社，1982，第 1 页。
③ Маркузе Г. Одномерный человек. М., 1995. с. 133.

应该收拾他了。"① 他强调有经验的宣传是抓住敌人的行为特点，即引发任何人反感的"傲慢""侮辱"行为。这一点由苏共中央在所有宣传者中推广，苏联报纸立即增加关于干涉其他国家事务的报道，如西方的情报机构在保加利亚、波兰的活动，美国在朝鲜发动细菌战、美国国内日益严重的种族主义问题、美国青年的堕落和颓废等等。②

在美国的政治宣传中，苏联是"铁幕"一侧的"红色帝国"，与乔治·凯南半个世纪前笔下的"邪恶的怪胎"没有根本区别。1983年3月18日，美国总统里根（Ronald Wilson Reagan）在佛罗里达州奥兰多市的美国福音教徒联合会（National Association of Evangelicals，NAE）上发表了演讲，再次称苏联为"邪恶帝国"（Evil Empire）。里根号召西方对苏联进行意识形态的"十字军新讨伐"（The New Crusade），并声称要埋葬苏维埃制度。③

而苏联的国家形象也确实经历了第二次世界大战和卫国战争胜利后，持续近30年的辉煌与炫目，但是自20世纪70年代中期开始走上了衰落的不归之路。

勃列日涅夫执政的18年（1964～1982）占据了整个苏联历史的1/4。20世纪70年代中期是苏联在综合国力、国际地位与影响、军事实力、社会发展水平、政治与社会稳定由盛转衰的临界点，老大国家的衰朽之象已经触目可见。此后，苏联的政治、经济和社会发展陷入困境，进入了"停滞"时期。苏联社会主义模式已经成为束缚社会生产力和整个国家进一步发展的沉重桎梏，进行根本性改革已经成为刻不容缓的要求，而且进行改革的客观条件则比以往任何时期都更为成熟。但是，以勃列日涅夫为首的苏联领导人错过了有利时机，未能将自赫鲁晓夫时期已经开始的改革坚持下去，而是回避、拖延改革，从而彻底丧失了苏联历史上最好的改革和调整的时机。

---

① РГАЛИ. Ф. 634. Оп. 4. Д. 407. Л. 6, 8.
② Правда, 1953 – 01 – 27, 1953 – 01 – 28, 1953 – 02 – 14；Литературная газета. 1953 – 01 – 24；Красная звезда, 1953 – 01 – 23；Комсомольская правда 1953 – 02 – 21, 1953 – 02 – 24, 1953 – 02 – 26, 1953 – 02 – 27, 1953 – 03 – 05.
③ 里根：《里根回忆录》，萨本望、李庆工译，中国工人出版社，1991，第162页。

导论　帝国幻象：二百年俄罗斯"国家形象"变迁

尤其是1979年，苏联贸然入侵和占领阿富汗，引起了国际社会的反对和抨击，包括中国在内的许多国家强烈谴责了苏联的侵略行径。联合国安理会为此于1980年召开了特别联大，通过了"要求外国军队立即无条件和全部撤出阿富汗"的决议。

苏联国家形象再度晦暗，克里姆林宫钟楼顶的红星的光辉开始逐渐暗淡。

1991年12月25日18点59分，苏联第一任同时也是末任总统戈尔巴乔夫的形象最后一次出现在苏联中央电视台的银屏上。19时整，戈尔巴乔夫摊开了早已准备好的辞职书，他宣布："亲爱的同胞们！公民们！鉴于独立国家联合体成立后形成的局势，我停止自己作为苏联总统的活动。做出这一决定是出于原则性的考虑。我坚决主张各族人民的独立自主，主张共和国拥有主权。但是同时主张保留联盟国家，保持国家的完整性。事态沿着另一条道路发展，肢解国家和分裂国家的方针占了上风，对此我是不能同意的。……我最后一次以苏联总统的身份向你们发表讲话，认为有必要对1985年所走过的道路做出自己的评价。"①

当日19点38分，在零下35摄氏度的寒流肆虐的夜空中，在世人一片惊叹或惋惜声中，克里姆林宫上空悬挂了73年之久的印有锤子镰刀标志的红色旗帜缓缓降下，俄罗斯人似曾相识的白蓝红三色旗徐徐升起。

当年12月26日，苏联最高苏维埃共和国院最后一次会议在莫斯科召开，在该院主席、哈萨克族作家阿利姆扎诺夫（Ануар Турлыбекович Алимжанов）的主持下，与会代表以举手方式表决，一致通过最高苏维埃的最后一项决议：宣布苏联在法律上停止存在。这个西方视野中的"红色帝国"在法律上判处了自己的死刑。

红色帝国的崩解使整个世界感到震惊，甚至连早在20年前就预言苏联将"分崩离析"的法国学者唐科斯在回答俄罗斯记者的提问时都表示："诚实地说，我不曾想到这件事会发生得这么快，当时我觉得，苏联可能存在到本世纪末。"②

---

① *Правда* 1991-12-26.
② *Правда* 1992-12-04.

13

欧美国家的"苏联学"（Sovietology）是在第二次世界大战后才逐步建立的。因为西方面对苏联国际地位的陡然升起而惊恐万分，"我们不得不吃惊地承认我们对第二次世界大战以前就存在的苏联民族问题实属无知。对美国来说，直到第二次世界大战才略微明白苏联国内存在着许多不同的民族，至于这些民族之间有什么民族问题那就弄不清了"。[①]

"苏联学"研究专业之创建是以乔治·凯南1947年在美国《外交》（*Foreign affairs*）上以"X"笔名发表的《苏联行为之根源》（*The Sources of the Soviet Conduct*）为标志的。20世纪60年代后，美国政府设立了直属国务院的苏联东欧研究全国委员会，协调全美的研究活动。从50年代开始，美国的大学、独立研究所、政府资助的研究机构陆续出版了有关苏联的研究著作。哥伦比亚大学俄国问题高级研究所、斯坦福大学国际问题研究中心和胡佛研究所、哈佛大学乌克兰问题研究所和俄罗斯问题研究中心、麻省理工学院国际问题研究中心都是美国较重要的苏联问题研究中心。60年代中期后，西欧各国也开始重视苏联问题研究。牛津大学的圣·安东尼学院苏联问题研究中心、格拉斯哥大学苏联问题研究所和伦敦大学斯拉夫和东欧研究学院等成为英国的著名研究机构。此外法国、联邦德国等也相继建立了专业的研究机构。

在苏联研究项目的专项实施方面，哈佛大学俄国研究中心的"哈佛苏联社会制度项目"是一个代表性样本。从1950年9月至1951年9月，哈佛大学俄国研究中心在社会学家英克尔斯（Alex Inkeles）和社会心理学家鲍尔（Raymond Bauer）的主持下，实施了"哈佛苏联社会制度项目"（Harvard Project on Soviet Social System，HPSSS），该项目亦称为"哈佛难民采访项目"（Harvard Refugee Interview Project）。哈佛大学俄国研究中心通过采访苏联难民，了解苏联的政党和国家的管理、军队、经济、教育、卫生和民族政策；家庭生活、阶层、职业等方面，获得对"苏联社会制度的战略心理和社会方面的新洞察力"。1952~1953年进行相关采访资料的整理和初步研究。哈佛大学俄国研究中心最终出版了研究报告：《苏联制度是怎样运作的：文化、心理和社会主题》（*How the Soviet System Works*：

[①] 奥尔沃思：《苏联民族问题：再认识》，《民族译丛》1979年第3期。

Cultural, Psychological, and Social Themes, Harvard University Press, 1956）；《苏联公民：极权主义社会中的日常生活》（*The Soviet Citizen: Daily Life in Totalitarian Society*, Mass.: Harvard University Press, 1959）；《苏俄的家庭》（*The Family in Soviet Russia*, Mass.: Harvard University Press, 1968）和《苏俄的社会变化》（*Social Change in Soviet Russia*, New York: Simon and Schuster, 1968）。

许多苏联问题专家也是身兼多任的人物，在学术和政治的"旋转门"（revolving doors）中游刃有余。最著名的当数布热津斯基（Zbigniew Brzezinski），他不仅是美国著名的苏联问题专家，而且长期在美国政府中担任重要职务（曾任总统国家安全特别助理），他的研究成果多以报告或政府咨文的形式直接提供给美国政府。美国历史上第一位女性国务卿，第64任国务卿奥尔布赖特（Madeleine Korbel Albright）曾经是美国乔治敦大学的外交学教授，专攻苏联和东欧问题。美国第66任国务卿赖斯（Condoleezza Rice）也是美国著名的苏联问题专家。

欧美学界对于苏联问题研究分类较细，不仅有"苏联学""欧亚学"（Eurasian studies），还有"克里姆林宫学"（Kremlinology）、"斯大林学"（Stalin studies）、"勃列日涅夫学"（Brezhnev studies）等。关于苏联国家形象的研究成果也较多，如尤金·安切尔（Eugene Anschel）的《美国的俄国形象（1775~1917）》（*The American Image of Russia, 1775–1917*, New York: Frederick Ungar, 1974），戴维斯（Donald E. Davis）和特拉尼（Eugene P. Trani）的《变形的镜子：20世纪美国与俄国和中国的关系》（*Distorted Mirrors: Americans and Their Relations with Russia and China in the Twentieth Century*, Columbia: University of Missouri Press, 2009），奥尔加·哈斯（Olga Peters Hasty）与苏珊妮·福索（Susanne Fusso）合著的《俄国人眼中的美国》（*America through Russian Eyes, 1874–1926*, New Haven: Yale University Press, 1988）、美国《华盛顿邮报》（*Washington Post*）驻莫斯科记者凯文·克劳斯（Kevin Klose）的《封闭社会中的俄国和俄国人》（*Russia and Russians in the Closed Society*, New York: Norton & Company, 1984）、鲍尔的《九个苏联肖像》（*Nine Soviet Portraits*, Cambridge: MIT Press, 1965）、英克尔斯（A. Inkeles）和鲍尔（R. Bauer）的《苏联公民：

极权主义社会中的日常生活》（*The Soviet Citizen：Daily Life in a Totalitarian Society*, Cambridge, Mass, 1959)、柳德米拉·斯特恩（Ludmila Stern）的《西方知识分子与苏联，1920~1940：从红场到左岸》（*Western Intellectuals and Soviet Union, 1920 - 1940：From Red Square to the Left Bank*, London and New York：Routledge, 2007)、迈克尔·大卫·福克斯（Michael David Fox）的《伟大实验的展示：文化外交与西方访苏者，1921~1941》（*Showcasing the Great Experiment：Cultural Diplomacy and Western Visitors to the Soviet Union, 1921 - 1941*, New York：Oxford University Press, 2012)、罗伯特·塔克（Robert C. Tucker）的《苏联政治文化与苏联领导人：从列宁到戈尔巴乔夫》（*Political Culture and Leadership in Soviet Russia：From Lenin to Gorbachev*, Washington：Smithsonian Institution Press, 2001）等等。

值得一提的是，苏联解体后，欧美学界开始从新视角研究苏联历史及国家形象。1996年12月丹麦欧登塞大学斯拉夫研究所（Slavic Institute of Odense University）召开了"苏维埃文明：新的解读"（Soviet Civilization：the New Interpration）研讨会，会后，欧登塞大学主编并出版了与会俄罗斯学者的论文集——《在过去与现在之间的苏维埃文明》（*Soviet Civilization Between Past and Present*, Odense：Odense University Press, 1998），内容涉及苏联的国家形象问题。

1944~1954年担任美国《纽约时报》（*The New York Times*）驻莫斯科记者、著名作家索尔兹伯里（Harrison Evans Salisbury）直至晚年都在研究俄国和苏联问题。1977年，在俄国十月革命60周年之际，他出版了《黑夜与白雪：1905~1917年俄国革命》（*Black Night, White Snow：Russia's Revolutions 1905 - 1917*, New York：Doubleday and Co., 1977），"黑夜"与"白雪"这两个极具想象力的名词作为该书名，是他对那段俄国历史和国家形象的概括。

四 关于本书书名及基本思路

书名是书之灵魂，是对书之主题的高度提炼。本书名《帝国幻象：俄罗斯"国家形象"变迁与他者视野》的确定自然是缘于对俄罗斯国家特性和民族特性的历史与文化因素的考虑。

　　无论就政体，还是国体而言，"帝国"（Empire）都是主权（Sovereignty）、民族自决权（National Self-Determination）和民族国家（Nation States）理念和实践前，世界范围内常见的国家形态。它的基本特征是，以单一的中央集权制加上世袭的君主独裁制为政治体制；以武力手段或以非平等的商业手段来榨取边缘地区的增产价值为经济体制；在民族构成上，具有明显的多民族和多种族特点；在文化构成上，具有更为明显的多宗教和多文化特点；在国家治理方面，以军事警察机构为公开方式，以秘密政治的多极渗透为隐秘方式，依靠忠诚度高的边缘地区的掌权者，防止和打击边缘地区对帝国中央的离心倾向。正如法国启蒙思想家孟德斯鸠（Montesquieu）所言："伟大的帝国必然需要独裁的政权来统治，因为它需要迅速地做出决定以弥补传达决定所需跨越的长远距离，要有畏惧感来控制远方的统治者和长官，以及要有唯一的首脑制定法律来应付一个国家由于幅员辽阔而倍增的偶然事件。没有这些保证，君主国就会分裂成许多部分和国家，它们从被认为是外来的统治之下解脱出来，开始活在自己的法律之下。"①

　　在启蒙思想、法国大革命和拿破仑战争的冲击下，欧洲王朝国家的版图被打得粉碎，民族国家的理念深入人心，随后被迫褪去了被另一位法国启蒙思想家伏尔泰（Voltaire）笑谈为披着"既非神圣，也非罗马，更非帝国"的"神圣罗马帝国"外衣的奥匈帝国、以普鲁士为核心的德意志帝国、俄罗斯帝国以及摇摇欲坠的奥斯曼土耳其帝国等国家虽名为帝国，但已经完成了从王朝国家向民族国家的转型，帝国的意识形态中除原有的君权神授、神政合一、皇道正统之外，又增加了法律界定、公权授予和"政治正确"等现代内容。20世纪后上半期的二次世界大战，将现代帝国体系再度摧毁。在持续半个多世纪的冷战背景下，美国和苏联互斥对方为"帝国主义"，也包括东方阵营内部论战中使用的"社会帝国主义""苏修帝国主义"等概念，但其国体和政体的含意已不存在，强调的是其意识形态和"政治正确"的内容。

---

① Dominic Liven, *Empire: The Russian Empire and Its Rivals*, pp. 201-202.

冷战结束后，"帝国"概念再度频现世界新闻媒体，并且在国际学术界出现了"帝国学"（Empire Studies）的研究热潮。究其原因，无外乎有三。其一，冷战期间意识形态和政治制度的冲突所掩盖的文化文明的冲突上升为当今世界无法解决的主要矛盾。其二，在全球化潮流激荡世界的大背景下，民族国家的概念受到严峻挑战，后殖民运动和全球化运动失去新的"利维坦"（Leviathan）——全球权力的显现。其三，美国在失去竞争对手苏联之后，努力构筑唯我独尊的单极世界，其"美利坚新帝国"（New American Empire）的自我形象跃然于世。

近年来，"帝国"、"霸权"（Hegemony）和"实力"（Power）等词在国际语汇中完成华丽转身，已经不再是"帝国主义"、"殖民主义"、"血与火"或"刀与剑"的代名词。

"帝国学"亦成为国际学术界的翘楚，源于政治学，延续国际关系学，并进而大举渗透历史学界。"帝国"视野下的史学研究，不仅涉及罗马、埃及、印度、蒙古等古典帝国，也关涉荷兰、英国、西班牙、法国、德国、俄国等近现代帝国，以及自称"合众国"（United States）的"特殊帝国"——美国；不仅涉及实体帝国历史研究，也触及帝国史学史与史学理论研究。

中文译著和著作如英国学者尤金·罗根（Eugene Rogan）的《奥斯曼帝国的衰亡：一战中东，1914~1920》（王阳阳译，广西师范大学出版社，2017）、美国汉学家魏斐德（Frederic Wakeman）的《中华帝国的衰落》（梅静译，民主与建设出版社，2017）、印度学者古拉提（G. D. Gulati）的《蒙古帝国中亚征服史》（刘瑾玉译，社会科学文献出版社，2017）、由旅美著名史学家许倬云推荐的欧阳莹之（Sunny Y. Auyang）的《龙与鹰的帝国》（中华书局，2016）、日本"讲谈社"出版的《中国历史》系列之九《海与帝国：明清时代》（上田信著，高莹莹译，广西师范大学出版社，2014）、美国学者约翰·托兰（John Toland）的《日本帝国衰亡史：1936~1945》（郭伟强译，4卷本，中信出版社，2015）。美国学者埃娃·汤普逊（Ewa M. Thompson）的《帝国意识：俄国文学与殖民主义》（杨德友译，北京大学出版社，2009），美国汉学家施坚雅（G. William Skinner）的《中华帝国晚期的城市》（中华书局，2000）。中国学者饶淑莹的《转型时代的帝国研究》（上海人民出版社，2010）。英文版著作如：美国学者列文（Dominic

Lieven)的《帝国：俄罗斯帝国和它的敌人》（*Empire*：*The Russian Empire and Its Rivals*，Yale Nota Bene，2002）、伯班克（Jane Burbank）、哈根（Mark Hagen）和瑞蒙涅夫（Anatolyi Remnev）合著的《俄罗斯帝国：空间、民众、权力（1700～1930）》（*Russian Empire*：*Space*，*People*，*Power*，*1700 - 1930*，Bloomington：Indiana University Press，2007），克里斯托弗·维岑拉特（ChristophWitzenrath）的《哥萨克与俄罗斯帝国（1598～1725）——操纵、反抗及向西伯利亚扩张》（*Cossacks and the Russian Empire*，*1598 - 1725*：*Manipulation*，*Rebellion and Expansion into Siberia*，Routledge，2007），英国皇家历史学会会员卡门（Heny Kamen）的《帝国：西班牙是怎样成为一个世界性大国的（1492～1463）》（*Empire*：*How Spain Became a World Power 1492 - 1463*，New York：Harper Collins，2000），生于英国成长于美国的历史学家弗格森（Niall Ferguson）的《帝国：大英帝国世界秩序的兴亡以及全球性大国应吸取的教训》（*Empire*：*The Rise and Demise of the British World Order and Lessons for Global Power*，NewYork：Basic Books，2002），美国学者莫特（Alexander Motyl）的《帝国的结束：帝国的削弱、崩溃和复兴》（*Imperial Ends*：*TheDecay*，*Collapse and Revival of Empire*，Columbia University Press，2001）。俄文版著作如：茨维特科娃（Н. А. Цветкова）的《文化帝国主义：冷战年代美国的国际教育政策》（Цветкова Н. А. *Cultural imperialism*：*международная образовательная политика США в годы «холодной войны»*，М. Русская панорама СПб.，2007），俄罗斯科学院俄国历史研究所（ИРИ РАН）主编的《俄罗斯帝国从起源到19世纪初》（*Российская империя*：*от истоков до начала XIX века*. М.，Русская панорама，2011），沃伦斯坦（Immanuel Wallerstein/Иммануил Валлерстайн）、阿明（Samir-Amin/Самир Амин）等主编的《美利坚帝国的衰落：危机与冲突》（*Закат империи США*：*Кризисы и конфликты*. М.，2013）、乌特金（А. И. Уткин）的《唯一的当代帝国——美国》（*Единственная современная империя — США*//*Золотой Лев*. № 77～78）。

古今中外，无论是王朝国家，还是民族国家背景下的帝国学研究，都是无法绕开俄国的。因为沙皇伊凡四世和彼得一世统治的16～18世纪的俄国，即是标准的帝国体制。从沙皇叶卡捷琳娜二世到她的孙子亚历山大一世沙皇的18世纪末至19世纪初，俄国作为东欧新兴的民族国家，已经成为"独裁"（绝对专制制度）与"官僚"（严密并且开放的等级代表制度）和"公民"（高等级阶层充分享有自由、平等和人权，低等级阶层部分享有自由、平等和人权，整个国家以追求自由、平等和人权为目标的社会取向）奇异结合的新帝国，已经具备了现代化国家的某些特质。而19世纪60年代至20世纪初，俄罗斯走上了现代化的道路，其帝国的内部结构发生了重大的变化，尽管现代化并未能最后拯救俄罗斯帝国。

1917年的二月革命推翻了俄罗斯帝国和帝制，七个半月后接踵而至的十月革命在"震撼世界的十天"（Ten Day That Shook The World）内建立了一个新的苏维埃政权，并建立了一个新的共和国——苏联（CCCP/USSR）。苏联，最初作为资本主义汪洋大海中颠簸前行的一叶扁舟，到二战后成为庞大的社会主义阵营的天然领袖，努力树立自己的"灯塔"国家形象。但是，它仍然被西方国家视为"红色帝国"，并且仍然称呼在这块已经发生巨大变化的土地上的人们为"Russian"（俄国人），因为在他们的"有色眼镜"中，无论沙皇俄国还是苏联时代，其政治和意识形态都是一脉相承，甚至是毫无区别的。

1991年底，苏联终于轰然解体，俄罗斯联邦面世，并且俄罗斯领导人和政府在最初一段时间急于重返欧洲和融入欧美，甚至采取了对美国单方面的"一边倒"的趋同政策。在美国和欧洲人那里，"Russian"的称呼没有忘记，"俄罗斯帝国"的形象挥之不去。

就在俄美关系乍暖还寒的时候，美国著名政治家兼苏联问题专家布热津斯基（ZbigniewBrzezinski）在1994年著文《过早的伙伴关系》（The Premature Partnership）。他在文中对转型中的俄罗斯的国家性质提出如下问题："俄罗斯是什么？俄罗斯最初是民族国家还是多民族的帝国？"他的回答是，"俄罗斯不是帝国就是民主国家，但是不能二者皆备"；他的解释是："如果俄罗斯不是帝国，它有可能就像法国、英国，或者像早期后奥斯曼的土耳其一样，是个典型的国家（one normal state）。"[①]

[①] Zbigniew Brzezinski, *The Premature Partnership*: *Foreign Affairs*, Vol. 73, No. 2, March/April, 1994.

更值得注意的是，新俄罗斯的领导人也不再羞于谈论或承认帝国，甚至将帝国作为追求目标，俄罗斯总统普京就曾在 2005 年"瓦尔代国际辩论俱乐部"上接连向在场的各国学者发问："何谓帝国？""俄罗斯是帝国吗？""怎样才能成为帝国？"

因此，纵观俄国自公元 862 年诺夫哥罗德罗斯建立以来的 1100 余年国家历程，无论是"自视"还是"他识"，帝国的诉求均伴随其左右，帝国的影子伴随其始终。因此，笔者将书名确定为《帝国幻象：俄罗斯"国家形象"变迁与他者视野》。

鉴于国内外史学界尚未对史学领域的"国家形象"概念和研究范式做出规范性和权威性的界定，笔者在此冒昧提出自己的粗浅看法，并将应用于本书的研究之中。

第一，史学领域的"国家形象"概念仍然是基于认知、情感和行为三要素的心理意识。其关键之处是在历史上长期累积而成并且影响当代的"国家形象"；是在历史研究中所涉及国家（民族）之间的相互差异性认识的个案；历史上的"国家形象"和"民族形象"并非同一概念，尤其是在"民族 - 国家"（nation - state）和"主权 - 国家"（sovereignty - state）形成之前，但是在相当多的情况下，在他者看来，两者或者合二为一，或者相互替代；历史上"国家形象"的自我塑造和他者认识不可避免地包含一定的民族主义或意识形态色彩。

第二，"国家形象"视野下的史学范式专注于研究下列问题。（1）帝国王朝、主权国家、公众和公民在主观上对"国家形象"自我塑造过程。（2）他者视野下对于异国之国家形象认识及其评价过程。（3）政府公文、报纸杂志、文艺作品、民间传说等公共语文和大众言论中所体现的"国家形象"。（4）国家间政府外交、非政府组织间的公共外交和普通民众间的民间外交中所体现的"国家形象"。（5）某种政治理念、政治运动和政治事件，以及某位政治人物或某个政治团体对他国的影响途径及其评估。

第三，"苏联形象"不完全等同于"俄国形象"。"俄国形象"（образ России/Russian Image）通常泛指自 10 世纪基辅罗斯立国，至 18 世纪初俄罗斯帝国建立，1922 年苏联成立，以及当代俄罗斯联邦的国家形象。有时，专门指代 1917 年二月革命前的"帝俄形象"（образ российской империи /Image of Russian Empire）。而"苏联形象"（образ СССР/ Soviet Image）则专指十月革命后和苏维埃政权建立之后，苏联政府通过各种组织形式和宣传工具，营造并向外界展示的迥异于欧美资本主义国家和亚非民族国家的社会主义国家——苏联的外在面貌，借以宣示它所代表的社会主义政治和社会制度的优越性。

第四，"他者视野"是对国家形象观察和评价的关键渠道。本书使用的"他者"，不是西方中心论或后殖民理论中的"the other"，而是指政府、非政府组织（NGO）、其他国家的知识界和民间人士对苏联的政治制度、社会制度和公民生活的认识。"不识庐山真面目，只缘身在此山中"，因此"他者视野"可以较为全面、客观和有针对性地对苏联国家形象进行考察和评价。

第一章　告别帝俄：乔治·凯南视野中俄罗斯"帝国形象"的变迁

俄国素来被欧洲人视为"大门口的陌生人"。直至 19 世纪，绝大多数欧洲人仍然以窥探的目光注视着这个血缘、语言、宗教和文化不尽相同，并且极具政治爆发力和军事威胁力的庞大邻居。大洋彼岸的美国人一方面自认为是希腊罗马文明的最忠实继承人，另一方面又认为自己为"上帝选民"和"天定民族"，负有拯救欧洲文明和欧洲人民的使命，也是以迷惑的目光注视着俄罗斯，在相当多的美国人头脑中还存在对俄罗斯"国家形象"和"民族形象"的种种"想象"。在北美独立战争中，俄国的"武装中立"起到了抵英援美的作用，沙皇叶卡捷琳娜二世被许多美国人尊为"独立之母"；[1] 美国内战期间，俄国是唯一支持联邦政府的欧洲大国，1863 年俄国舰队对纽约和旧金山的访问堪称两国友好关系的顶峰；亚历山大二世（Александр II）曾在 1866 年表示，"两国人民没有可记起的伤疤"。不过，由于距离的遥远和接触机会的贫乏，除了官方友谊之外，普通的美国民众实际上对俄国特别是其国内的具体情况知之甚少。在多数美国人眼中，俄国就是一个"具有异国风情的，充满有趣的人的国度"。[2]

美国著名旅行家、记者兼学者乔治·凯南（1845 年 2 月 16 日至 1924 年 5 月 10 日）就以自己的实地考察和深入思考，向美国社会提供了"遥远的朋友"（distant friend）、"想象的双胞胎"（imaginary twin）、"野蛮的监狱"（barbaric prison）、"邪恶的怪胎"（evil freak）这四个截然不同却又

---

[1] Thomas Andrew Bailey, *America faces Russia: Russian – American Relations from Early Times to Our day*, Ithaca: Cornell University Press, 1950, p. 3.

[2] Helen Hundley, *George Kennan and the Russian Empire: How America's Conscience Became an Enemy of Tsarism*, https://www.wilsoncenter.org/sites/default/files/ACF2B0.pdf, p. 1.

暗含联系的俄罗斯帝国形象。

作为当时为数不多的有过俄国旅行经历，精通俄语，对俄国保持着持久的兴趣和关注，又乐于向广大民众介绍和宣传俄国的美国人，乔治·凯南在19世纪80年代前后引导了美国社会对俄国国家形象的认识和转变。因此，《乔治·凯南和美俄关系（1865～1924）》的作者特拉维斯（Frederick F. Travis）认为乔治·凯南对美俄关系的影响长达半个多世纪，"粗略地算从美国内战结束到俄国内战结束"[1]。

一　横穿西伯利亚

乔治·凯南出生的年代，正是电报被发明和电报业兴起的时代。受家庭环境的影响，乔治·凯南在12岁时就被安排到父亲所在的电报局工作，因此，他从未接受过高等教育。"后来，当人们问起他的大学在哪里读时，他总会回答：'俄国'。"[2] 1865年，西方联合电报公司（Western Union Telegraph Company）提出要建一条穿越阿拉斯加、白令海峡和西伯利亚，直通欧洲的电报线路，得到美国政府的支持。由于三分之二以上的线路位于俄国，俄国政府答应给予支持，并派了一位特派员和一艘军舰陪同调查。特拉维斯在《乔治·凯南和美俄关系（1865～1924）》一书中提到，西方联合电报公司去俄国谈判电报线的问题时，正赶上俄国意欲出卖阿拉斯加，因此俄美电报业务成为"（阿拉斯加出售）谈判的转折点"[3]，这一内幕从前鲜为人知。当时年仅19岁的乔治·凯南参加了电报线路勘测工作，这是他第一次踏上俄国土地。

虽然这条线路的重要性最终因大西洋海底电缆（Atlantic Cable）的成功建成而被掩盖，但对于乔治·凯南来说，这次探险却意义重大，使他逃脱了发报员的枯燥生活，与俄国结下了不解之缘。在探险过程中，乔治·

---

[1] Frederick F. Travis, *George Kennan and the American - Russian Relationship*, 1865 - 1924, Athens: Ohio University Press, 1990, p. 377.

[2] George Kennan, *Siberia and the Exile System*, Chicago: Chicago University Press, 1958, p. x.

[3] Frederick F. Travis, *George Kennan and the American - Russian Relationship*, 1865 - 1924, p. 12.

第一章 告别帝俄：乔治·凯南视野中俄罗斯"帝国形象"的变迁

凯南搜集了大量关于西伯利亚的资料。1868 年 1 月到达圣彼得堡，在那里度过了整个冬天，并学习了俄语。勘测结束后，乔治·凯南取道欧洲回国。

1868 年 9 月至 1870 年 9 月，乔治·凯南在《普特那姆》（*Putnam*）杂志上先后发表了《西伯利亚露营》（"Camping Out in Siberia"）[①]、《与游牧的科里亚克人的帐篷生活》（"Tent–Life with the Wandering Koraks"）[②]、《堪察加的帐篷生活》（"Tent–Life in Kamchatka"）[③]、《北极光》（"Arctic Aurora"）[④]、《冬季北极之旅》（"Arctic Travelling in Winter"）[⑤] 等文章。同时开始了以自己在西伯利亚的见闻为主题的巡回演说——这是当时最流行的宣传方式——西伯利亚独特的气候与自然景观、当地少数民族奇异的风土人情、乔治·凯南等人充满惊险的经历，都引起美国民众的强烈兴趣。1870 年，《西伯利亚的帐篷生活：在堪察加和亚洲北部的科里亚克和其他部落探险》（*Tent Life in Siberia, and Adventures among the Koraks and Other Tribes in Kamtchatka and Northern Asia*）一书出版，这部引人入胜的游记成为乔治·凯南所有著作中最受欢迎和影响最持久的一部。1872 年，美国驻圣彼得堡总领事还曾专门写信给乔治·凯南，表扬他的这本书，并说在俄国有许多人读过，而且喜欢它。[⑥]

1870 年，乔治·凯南赴俄国高加索地区旅行，并在欧俄各大城市参观游历。东西伯利亚首府伊尔库茨克与圣彼得堡、莫斯科的文明程度令乔治·凯南赞叹，他将俄国政府对东北西伯利亚野蛮部落的扩张看作一种进

[①] George Kennan, "Camping Out in Siberia", *Putnam's Monthly Magazine*, Volume 12, Issue 9, Sept 1868, pp. 257–267.

[②] George Kennan, "Tent–Life with the Wandering Koraks", *Putnam's Monthly Magazine*, Volume 13, Issue 13, Sept 1869, pp. 18–27.

[③] George Kennan, "Tent Life in Kamchatka", *Putnam's Monthly Magazine*, Volume14, Issue23, Nov 1869, pp. 574–583.

[④] George Kennan, "Arctic Aurora", *Putnam's Monthly Magazine*, Volume 16, Issue32, August 1870, pp. 197–202.

[⑤] George Kennan, "Arctic Travelling in Winter", *Putnam's Monthly Magazine*, Volume16, Issue33, September 1870, pp. 313–318.

[⑥] Frederick F. Travis, *George Kennan and the American–Russian Relationship, 1865–1924*, p. 41.

步。这与当时美国公众舆论中俄国正面、积极的形象是一致的。正如1870年10月1日《纽约时报》（*The New York Times*）社论所言："沙皇帝国不仅仅是一个王朝，而且是一种文明；它不仅仅是一个大国，而且是一种普遍原则的体现与社会变革的希望。"[①] 但是，与这些几乎完全来自想象的、非常抽象化的，甚至往往是言过其实的言论相比，乔治·凯南虽然也对俄国人民和政府怀有深切的热爱之情，但其演讲与文章大都来源于自己在俄国的经历或搜集的资料，介绍的内容也以俄国的风土民情为主，兼谈一些亲身感受。作为即使不能说是最早，也是较早对俄国进行实地考察和专门介绍的美国人，乔治·凯南极大地丰富和充实了当时对俄国知之甚少的美国人关于俄国的知识，使得美国人眼中的俄国形象渐渐清晰起来。

总之，19世纪60年代末70年代初，在乔治·凯南等人的推动下，美国人眼中的俄国已经逐渐从政府的朋友这一简单的、平面化的形象，转变为尽管依然遥远，但可窥其一鳞半爪的文明国家的鲜活形象。但是，在最初的两次俄国旅行及对俄国的介绍中，乔治·凯南对自然、民俗及民众的兴趣都远远大于政治。应该说，这一时期美国人对俄国的了解依然非常粗浅，美国人眼中的俄国形象还是相当不完整的。

二 俄国："想象的双胞胎"

随着接触的增多，美国人对俄国的了解愈加深入。将美国与俄国进行对比，并找出两者的共同之处，成为当时十分流行的一种介绍俄国的方式。曾在俄国旅行的罗斯·布朗（J.Roth Brown）这样描述俄国人的自然性："对我来说，在此方面俄国人比我所见的任何欧洲人都更像美国人。"无独有偶，1872年3月16日《波士顿环球报》（*The Boston Globe*）一篇署名为"C"的文章这样写道："像我们一样，俄国是一个新的国家，与我们很像。"[②]这些在今天看来很难理解但十分有趣的观点无不揭示着这样一个事实：19世纪七八十年代，美国人对俄国的关注点已经不仅仅停留在自

[①] 张宏毅：《意识形态与美国对苏联和中国的政策》，人民出版社，2011，第82页。
[②] 张宏毅：《意识形态与美国对苏联和中国的政策》，第82页。

然、民众等方面，而是上升到政治、制度等领域；美国人眼中的俄国形象已经超越了"朋友"的界限，成为与美国非常相像的"双胞胎"。而作为各大报纸宣传的最了解西伯利亚和北极事务的人，乔治·凯南对俄国的研究也进一步扩展和深入，并且开始对沙皇政府及其政策予以评价。

乔治·凯南最初的演讲和著作，基本都集中在对西伯利亚地理、气候、民族、习俗的介绍上，很少提到与俄国政府以及政治问题有关的人或事。他最早提到"流放者""流放制度"等词，是在1869年、1870年的演说中。

俄国的流放制度与俄国专制制度（самодержавие）一样独具特色，历史久远，影响深远。广袤的西伯利亚作为寒冷荒芜和人迹罕至的"新大陆"，在近二百年里一直充当着流放犯接收地的角色，因此被称为"罪孽的袋子"。

西伯利亚流放制度，始于1591年的"铜钟流放"。伊凡雷帝（Иван Грозный）去世后，大权旁落皇戚戈东诺夫（Борис Фёдорович Годунов）之手。因伊凡雷帝幼子季米特里（Дмитрий）于1591年在乌格里奇猝死，当地居民认为是死于戈东诺夫派人暗杀，继而发生暴乱。戈东诺夫派兵前往镇压，杀死200余人，将60户居民处以流刑，于1593年押解到西伯利亚彼尔姆城（Пермь），乌格里奇教堂大钟亦被视为有罪，被锯去双耳，一同流放，这就是有名的"铜钟流放"。1760年颁布的行政流放法规定，拥有农奴的个人和机构可以不经法庭审判将农奴及其家属流放到西伯利亚。到18世纪末，流放体制已非常混乱，明显表现出不确定性和随意性。俄国政府针对这一现象采取了一些措施，并加强了监督。1823年，颁布了《流放法》，对流放犯进行登记、安置和监管，流放人数随之增加。

按照犯人被流放的原因，可将西伯利亚流放分为三类：刑事流放，这是最基本的一种流放形式，到亚历山大二世改革时期，最终取消了地主可随心所欲将农民流放到西伯利亚的权力，同时对村社将村民流放西伯利亚的权力做出严格限制；宗教流放，如历史上对旧礼仪派和阉割派教徒的流放；政治流放，即将犯有政治罪的人发配到遥远的地方，在一定期限内或者无限期居住或服苦役。

早期的行政流放是政府强制移民的手段，很多被流放的犯人只是因为一些微小的过失，有的甚至根本就没有犯罪。后期的行政流放犯中政治犯占有很大比例。沙皇亚历山大二世统治后期，特别是1870~1880年，针对政治犯采取的行政流放达到了前所未有的规模。起义的"十二月党人"（декабристы），19世纪40年代彼得堡的进步知识分子团体彼得拉舍夫斯基小组（кружок Петрашевского），五六十年代的革命民主主义者，1830~1831年和1863~1864年两次波兰起义的参加者，19世纪七八十年代的民粹派分子以及19世纪90年代后以普列汉诺夫、列宁等为代表的社会主义者都是流放大军中的一员。因此，西伯利亚流放也被称作俄国"阶级斗争的晴雨表"。1917年3月6日，临时政府宣布政治大赦，4月26日正式取消政治流放，西伯利亚流放制度亦随之结束。

乔治·凯南称他在从伊尔库茨克前往欧洲的途中见到了六七百名流放者。乔治·凯南传记的作者特拉维斯认为，乔治·凯南当时的行程仅有两周，在这样有限的时间里，他不可能和流放者有很多的接触。言下之意，乔治·凯南并没有对俄国的流放者与流放制度进行深入的考察与研究。不过，笔者认为更为重要的是，此时的乔治·凯南之所以提到这些流放者，很有可能还只是将他们当作像东北西伯利亚的科里亚克人[①]一样，可以吸引美国民众目光的趣闻。

乔治·凯南第一次表达他对美俄关系的看法，是在1873年给纽约《论坛报》（Tribune）编辑的一系列信中。目前我们所能看到乔治·凯南关于俄国政治制度的最早的文章则是1882年发表于《美国地理社会杂志》的《西伯利亚：流放地》（"Siberia: The Exiles' Abode"）[②]，这也是一篇演讲稿。在这篇长达57页的文章中，乔治·凯南开宗明义地提出要介绍一些新的关于西伯利亚的内容，那就是西伯利亚各地居民的起源与历史。也正是在这篇文章中，乔治·凯南第一次将哥萨克（Cossack/Казаки）与流放者作为"需要特别注意"的西伯利亚居民的重要组成部分。他不仅回溯了俄国流放制度的历史，而且介绍了当时西伯利亚流放者的数量、组成、分

[①] 科里亚克人（Коряки），英译为Koryak，主要居住在堪察加半岛，以饲养驯鹿、猎捕海兽为生，信奉萨满教，语言为科里亚克语。科里亚克人在18世纪中叶归顺俄国。

[②] George Kennan, "Siberia: The Exiles' Abode", *Journal of the American Geographical Society of New York*, Vol. 14, 1882, pp. 13–68.

布地域与劳动生活现状,并且提到了"政治流放犯"(political exile),不过指出他们所占的比重相当小,20年间的160000名流放者中,只有443名是"政治流放犯"。① 这篇文章可以说是乔治·凯南早期研究俄国的集大成之作,既是对他此前对西伯利亚自然与民俗考察的知识精华的总结,又是对乔治·凯南比较成型的对俄国流放制度的认识的系统表达,起到了承前启后的作用。更为可贵的是,乔治·凯南在表述自己观点之前,还对当时世界范围内对俄国流放制度和西伯利亚流放者有所研究的论著——主要来自俄国和英国——进行了逐一介绍和点评,因此,该文可以说体现了19世纪80年代美国研究俄国流放制度的最高水平。

在这篇文章中,乔治·凯南针对流放制度得出了三个结论,大意如下。

一、曾经在流放中存在的那些状况业已改变,流放者所受到的待遇比其他欧洲国家对犯人的更加人道:流放不会将犯人与他的家人分离,不会剥夺犯人的劳动成果,并且给予犯人一个改过自新的机会和奖励。

二、被流放者是俄国社会中一支不断壮大的邪恶力量,将他们流放到西伯利亚是对欧俄稳定及人民生命财产的保护。同时(西伯利亚的广阔地域和寒冷环境使得)犯人很难从当地逃走或返回家中,从而有效切断了流放者与他曾经所在的犯罪集团的联系。

三、流放制度未来存在与否有赖于其利弊的平衡能否继续保持。(在乔治·凯南看来)如今的流放制度已经是弊大于利,而随着西伯利亚和欧俄人口的不断增加,其弊端将更加明显。因此,流放制度最终会在俄国被废止,正如流放制度(transportation system)在英国被废止一样。②

乔治·凯南希望使美国民众认识到,流放制度并没有那么恐怖,西伯

---

① George Kennan, "Siberia: The Exiles' Abode", *Journal of the American Geographical Society of New York*, Vol. 14, 1882, p. 42.

② George Kennan, "Siberia: The Exiles' Abode", *Journal of the American Geographical Society of New York*, Vol. 14, 1882, p. 61.

利亚流放并不比星室法庭①以及美国的一些监狱残酷，并说"在俄国特权的滥用并不能证明沙皇政权是粗鲁和半野蛮的"②。俄国存在流放制度这样的事实，并没有立刻对乔治·凯南与普通美国民众眼中的俄国形象造成太大影响。"对美国人来说，尽管俄国是君主制政府，但所有那些批判俄国的人都被认为是错的。"③ 这些观点既来源于美国人对俄国传统上的可爱"朋友"形象的深信不疑，又与当时俄国国内的一件大事有关。1881 年 3 月 1 日，沙皇亚历山大二世被民粹派刺死。这一方面加剧了美国人对"扔炸弹的无政府主义者"（bomb - throwing anarchists）的恐惧，另一方面也使盛赞沙皇改革、谴责刺杀④是对自由的冲击、认为将这些"邪恶的革命者"流放到西伯利亚非常必要的论调在美国占了上风。乔治·凯南在这个时候转而研究俄国流放制度并提出其观点，吸引了美国人的极大关注，而他俄国问题专家的地位也由此奠定。

虽然俄国的君主专制政体与美国传统格格不入，但是对于曾经经历过同样是君主制的宗主国英国统治的美国人来说，这并不是什么不能理解的奇怪事物，美国也完全没有必要因为这样的原因去打破美俄之间的友好关系。在这一时期，农奴制改革的推行者亚历山大二世被美国人看作是与林肯总统齐名的"解放者"，俄国民粹派的"到民间去"运动（Going to the People/Хождение к народу）也被认为是类似于美国内战后有教养的年轻

---

① 星室法庭（Star Chamber）是 15～17 世纪英国最高司法机构。1487 年由英王亨利七世（Henry Ⅶ）创设，因设立于威斯敏斯特王宫中一座屋顶饰有星形图案的大厅而得名。当时是专门用来惩治不效忠国王，甚至阴谋叛乱的贵族。成员由枢密院官员、主教和高级法官组成，直接受国王控制。其职权范围不断扩大，刑罚手段十分残酷。英国资产阶级革命前，它成为专制王权用来迫害清教徒的工具，革命爆发后被撤销。参见 http：//en.wikipedia.org/wiki/Star_Chamber。
② Davis S. Foglesong, *The American Mission and the "Evil Empire"：The Crusade for a "Free Russia" since 1881*, Cambridge University Press, 2007, p. 14.
③ Helen Hundley, *George Kennan and the Russian Empire：How America's Conscience Became an Enemy of Tsarism*, https：//www.wilsoncenter.org/sites/default/files/ACF2B0.pdf, p. 2.
④ 1866 年，美国总统林肯遇刺之后的一年，亚历山大二世成功躲过一次刺杀，美国国会专门通过一项联合决议祝贺此事。参见 Norman E. Saul, *Distant Friends：the United States and Russia, 1763 - 1867*, University Press of Kansas, 1991, p. 370。

妇女从北方到南方黑人学校教学的事情。①

19世纪80年代初,美国人眼中的"双胞胎"俄国形象风行一时。但是,将俄国与美国的南方、而不是与全部美国等同,将19世纪的俄国与独立之前的美国等同,将俄国放在一个无论是时间还是空间上都非常落后的维度,这样的等同是不可能长久的。这样的"双胞胎"认识,与其说是基于现实与相互了解,不如说只是出于一种想象。1876年,美国人庆祝独立100周年的时候,圣彼得堡监狱里3000名政治犯偷偷缝制了一面小的美国国旗,并于7月4日勇敢地展示出来。②乔治·凯南一生中最喜欢讲的这个故事,或许显示了美国人对俄国这个"想象的双胞胎"美好的期望。而后来俄国革命选择了法国式而非美国式道路的现实,注定会令美国人失望。不过,美国人眼中俄国形象的转变并不需要等到那样遥远的后来,因为几乎就在同一时期,一些挑战美俄友谊的文章,已经开始在美国的报纸、期刊上出现了。

三 俄国:"野蛮的大监狱"

"解放者沙皇"亚历山大二世遇刺事件虽然没有在第一时间破坏美国人眼中的俄国形象,但引发了一场对俄国专制统治与社会黑暗面的大规模批判和揭露,其中对俄国流放制度的讨论,直接导致了美国人眼中俄国形象的巨变。乔治·凯南"并不是最初挑战他帮助建立起来的对俄国的看法的人,但在改变后却提出了对沙皇政府最具影响力的反对"③。当时反对乔治·凯南看法的声音,主要来自三个方面。

第一,来自英国的相关研究成果。英国是俄国之外较早开始对西伯利亚流放制度进行研究的国家,到乔治·凯南的时代,已经积累了相当数量的这方面的研究著述。当时英国人对俄国的流放制度基本上持否定和批判

---

① Davis S. Foglesong, *The American Mission and the "Evil Empire": The Crusade for a "Free Russia" since 1881*, p. 19.
② Norman E. Saul, *Distant Friends: the United States and Russia, 1763 – 1867*, p. 291.
③ Helen Hundley, *George Kennan and the Russian Empire: How America's Conscience Became an Enemy of Tsarism*, https://www.wilsoncenter.org/sites/default/files/ACF2B0.pdf, p. 2.

31

的态度，着力突出流放生活的黑暗。乔治·凯南在《西伯利亚：流放地》一文中，提到了《伦敦标准》（the London Standard）、《蓓尔美尔街公报》（the Pall Mall Gazette）和托利党人（Tory Party）报纸以及许多英国作家〔如传教士亨利·兰斯道尔（Henry Lansdell）1881年发表于《当代评论》（Contemporary Review）杂志上的《穿越西伯利亚》（Through Siberia）一文〕对西伯利亚流放的研究。乔治·凯南认为这些报纸都具有很强的党派性，这样做是出于国际政治原因，他强调"在整个西伯利亚，都不存在也从没存在过像汞矿（quicksilver mine）这样的东西。在那个被《伦敦标准》形容为'寂静的没有生命的冰冻沼泽'每个夏天都能生长250000磅烟草"[1]。

第二，与乔治·凯南不同或者说一直被乔治·凯南攻击的观点，来自一些西伯利亚当地人。乔治·凯南认为他们是出于经济和生活状况的不佳而攻击政府。其中最著名的是19世纪80年代西伯利亚地方学者、持地方主义者亚德林采夫（Н. М. Ядринцев）。他是土生土长的西伯利亚人，他对西伯利亚的监狱和流放制度进行批判。1882年亚德林采夫出版了《作为流放地的西伯利亚》（Сибирь как колония），书中提供了大量关于西伯利亚的资料。

早在赴西伯利亚之前，乔治·凯南就对亚德林采夫的思想与著作十分了解，并将其列为最想见到的人。而亚德林采夫同样是在俄国对乔治·凯南的西伯利亚流放制度考察计划最感兴趣的人。两人可以说是一拍即合。在乔治·凯南去往西伯利亚之前，亚德林采夫还为他亲手写了一份长达七页的"旅行指导"，列出了他认为乔治·凯南应当会见的人和应当参观的地方。1886年乔治·凯南考察西伯利亚结束之后，再次见到亚德林采夫，两人"从革命的可能性谈到托尔斯泰的'农民田园诗'（Peasant Idyll）"。此后十几年，乔治·凯南与亚德林采夫频繁交流着自己了解的美国与俄国的信息：乔治·凯南提到他经常读的四五本俄国杂志，包括《欧洲通报》（Вестник Европа）和亚德林采夫主办的《东方评论》（Восточное обзрение）等。他列出自己想要的书，付给需要的钱，由亚德林采夫负责找到。反之，他也寄给亚德林采夫《纽约论坛周刊》（the Weekly New York

---

[1] George Kennan, "Siberia: The Exiles' Abode", *Journal of the American Geographical Society of New York*, Vol. 14, 1882, p. 37.

第一章 告别帝俄：乔治·凯南视野中俄罗斯"帝国形象"的变迁

Tribune)、《纽约先驱报》(*the Daily New York Herald*) 等。亚德林采夫的杂志对乔治·凯南的著作给予关注，亚德林采夫的助手戈拉瓦乔夫（П. М. Головачёв）负责翻译乔治·凯南在《世纪》(*The Century*) 杂志上的文章。1894 年亚德林采夫去世，乔治·凯南称亚德林采夫是"这个世界上对于俄国亚洲部分的历史、考古和人类学最见多识广的一个人"。①

第三，来自其他美国学者的相关研究。在美国，乔治·凯南也并"不是第一个用'制度'将这一罪恶记载下来的人，他仅仅是最著名和最有说服力的"②。年轻人威廉·杰克逊·阿姆斯特朗（William Jackson Armstrong）在赴西伯利亚旅行后，于 1884 年写成《俄国的虚无主义运动与西伯利亚的流放生活》(*Russian Nihilism and Exile Life in Siberia*)，这是第一部在俄国之外出版的揭露俄国政府对西伯利亚流放犯处罚的书。这部著作之所以没有获得像乔治·凯南后来的书的影响，仅仅是因为作者的声望不如乔治·凯南。③阿姆斯特朗在书中将俄国看成一个"大怪物"（monster）。而"凯南个人对俄国人民的热爱和他对一些问题的研究使他有了一个先入为主的判断：俄国的政策基本上都是好的"④。这样的观念冲突引发了 1885 年冬天一场公开的争论。阿姆斯特朗的言论令乔治·凯南生气，但他更想通过一次对西伯利亚流放者状况的实地考察，收集足够的资料与他继续辩论。

1885 年 5 月，在《世纪》杂志资助下，乔治·凯南第四次到俄国，在 10 个月的时间里，行程 1600 英里，参观了至少 30 所监狱。乔治·凯南在 1885 年 5 月 13 日到圣彼得堡后，向帝俄政府官员表示其目的在于："据我判断，西伯利亚和流放制度已被那些有成见的作家极大地误报了。我想，对于这个地方、这些监狱、矿的真实描述，对俄国政府将是有利而非有害的。我公开承诺，我将保卫政府，（你们）大可不用怀疑我有意图在西伯利亚寻找那些会动摇我立场的事实。"⑤俄国政府为他的调查提供了出乎意

---

① Helen Hundley, *George Kennan and the Russian Empire*: *How America's Conscience Became an Enemy of Tsarism*, https://www.wilsoncenter.org/sites/default/files/ACF2B0.pdf, p. 2.
② Norman E. Saul, *Distant Friends*: *the United States and Russia*, *1763 – 1867*, p. 281.
③ Helen Hundley, *George Kennan and the Russian Empire*: *How America's Conscience Became an Enemy of Tsarism*, https://www.wilsoncenter.org/sites/default/files/ACF2B0.pdf, p. 3.
④ Frederick F. Travis, *George Kennan and the American – Russian Relationship*, *1865 – 1924*, p. 84.
⑤ George Kennan, *Siberia and the Exile System*, pp. 9 – 10.

料的便利。但是，在这次调查之后，乔治·凯南对流放制度的认识却由于大量的证据而完全改变了。1886年8月，乔治·凯南回到美国，在《世纪》杂志连载6篇文章。这些文章在1891年集辑出版，就是著名的《西伯利亚与流放制度》。乔治·凯南开宗明义地表示："如果现在我所持的看法与1885年所说的不同，那不是因为后来我不诚恳了，而是因为我的观点已经由于大量的证据而改变了。"[①]在这些文章中，乔治·凯南主要从三个层面揭露西伯利亚流放的黑暗。

一是流放条件的艰苦，主要指的是物质层面。与此前的三次俄国之行，即一次从东到西，两次在高加索、欧俄地区不同，乔治·凯南这次的西伯利亚之行，不仅仅是将流放者通常所走的路线行走一遍，而是加入赶赴流放地的流放者队伍，亲身体验沿途行军、监狱生活以及煤矿劳动等。乔治·凯南甚至曾打算和犯人们同住一晚，但因无法忍受监狱内污浊的空气而放弃。他对监狱拥挤和脏乱的情况印象颇深，并得出了政府不愿出钱改善监狱状况的结论。由于越往东走条件越艰苦，流放者所受的刑罚也越重，乔治·凯南对流放制度黑暗的认识也就越深刻。

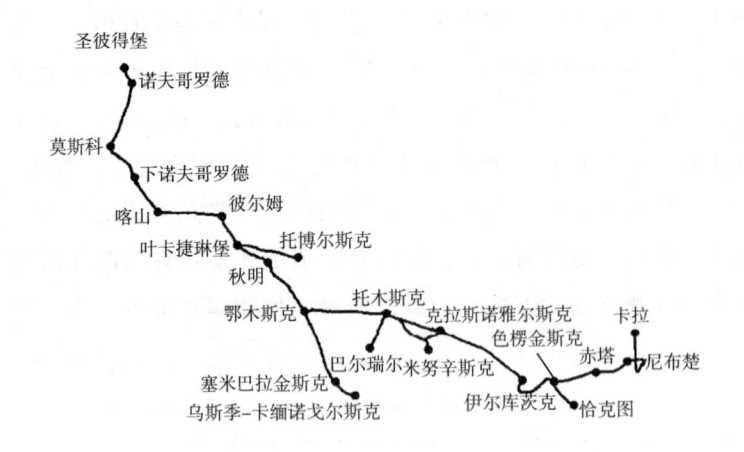

图1-1 乔治·凯南1885~1886年考察西伯利亚流放路线示意图

---

① George Kennan, *Siberia and the Exile System*, pp. 9-10.

第一章　告别帝俄：乔治·凯南视野中俄罗斯"帝国形象"的变迁

二是流放程序的混乱，主要指的是制度层面。在随流放者行进的过程中，乔治·凯南还重视与当地流放者，特别是"政治流放犯"、"不可信任者"（the untrustworthy），以及"通过行政程序被流放者"（exile by administrative process）的直接接触，从他们的经历中了解流放制度。他了解到，西伯利亚流放的惯例除终身监禁的重刑犯，流放者服刑期满后一般会与随行的家人一同留在当地生活，而不再返回欧俄。"简而言之，流放制度就是一个无序的大混乱，其中意外和无常起着几乎同样重要的作用。"①

流放程序的无序与随意性，首先体现为"行政流放"权力的滥用。正如一个西伯利亚当地人所说，"它作为一个简单而容易的方式，去处理那些碰巧令人讨厌或碍事但又不方便被审理或者在公正的法庭宣判有罪的人"②。早在沙皇亚历山大二世统治的后期，运用行政流放方式处理政治嫌疑犯的做法就在不断扩大。1882 年 3 月 12 日，由内务大臣起草，沙皇亚历山大三世（Александр Ⅲ）批准一系列关于政治流放的法令，更提出了"不为惩罚已犯的罪，而为防止犯罪"的宗旨。例如，俄国作家沃尔霍夫斯基（Феликс Вадимович Волховский）被流放的罪名就是"属于一个打算在未来的或早或晚的时间推翻现存政府的团体。"③ 其次，在具体的流放过程中，政府并不会去确认被捕的人是否应该被流放，或是确定被流放的人是否与放逐令上的相同，叫相同名字的人被错误流放的事时有发生，流放者联盟（exile artel）④ 最重要的功能也是改换姓名。再次，在到达流放地之后，地方行政中猖獗的权力滥用现象同样非常严重。在一个流放犯流放期满的时候，当局通过查看他品行记录的好坏而加上 1~5 年的流放期的

---

① George Kennan, *Siberia and the Exile System*, p. 925.
② George Kennan, *Siberia and the Exile System*, p. 67.
③ George Kennan, *Siberia and the Exile System*, p. 100.
④ 通常在离开托木斯克不久的第一个常规驿站，每个流放队伍都会结成一个联盟（artel，即 union），选出一个领头人，首要目标是团结起来反对共同敌人——政府。秘密进行各种活动，背叛组织会被杀掉。不过，流放者联盟最常做的事情是强迫成员改换姓名。有罪的重劳役犯重刑犯买通无罪或者罪行较轻的流放者，二人互换名字。由于押送官对众人不熟，这样的做法是可行的。重刑犯在到达流放地后逃走，而流放者在被送到更远的煤矿后，再报告自己的真名，被释放。官员们早就知道这些秘密犯罪组织的存在，但从没镇压它，还给予某种承认。

做法并不鲜见。1882年4月，由于发生大量的逃跑事件，靠近尼布楚的卡拉河畔监狱的长官决定"给政治犯一个教训"：剥夺政治犯先前拥有的一切权利，拿走一切不是政府发放的东西，将犯人劳动所得的钱据为官方所有，不允许犯人与妻子、子女见面。在犯人们绝食抗议、濒于死亡之后，这一"将监狱简化为命令"的行为才被制止。①

总之，"怪诞的不公正，肆意的残忍，荒唐的'误认'和'误解'，使得俄国的行政流放对于一个美国人来说好像是一个噩梦的独奏音乐会"。②

1849年4月23日被帝俄政府宪兵第三厅破获的"彼得拉舍夫斯基案"，是1844~1849年活跃于彼得堡的平民知识分子的政治团体。它的领导人是彼得拉舍夫斯基。彼得拉舍夫斯基（原名布塔舍维奇－彼得拉舍夫斯基）[Петрашевский（Буташевич－Петрашевский）Михаил Васильевич 1821-1866]，1821年出生于彼得堡一个著名外科医生家庭。他的父亲是著名社会活动家，曾经是沙皇亚历山大一世的教父。1832~1839年，彼得拉舍夫斯基在著名的皇村中学学习。后进入仕途，尽管成绩优秀，但因出身和与上司不和仅被授第14级官衔。1840年在外交部担任翻译，同时在圣彼得堡大学法律系学习，1841年获得法学副博士称号。19世纪40年代初，他的人生道路上出现了精神危机。他表示："无论是从女人那里，还是从男人那里，我都找不到任何实现自己信念的东西，我自己注定要为人类服务。"③

1856年，彼得拉舍夫斯基及其同志被流放到伊尔库茨克，在流放地他不止一次与当地官员发生冲突。到19世纪60年代初，除彼得拉舍夫斯基，其余人均恢复了公民权利重回社会。彼得拉舍夫斯基坚信自己的正义事业，他在给读者的信中说："既然我准备再一次投入与任何暴力和任何非正义的斗争之中，那么对于我来说绝不能为了获得小利和生活的舒适而离开这条道路。""我们所有的俄罗斯人，其任何的垂头丧气的实质在于，我们

---

① George Kennan, *Siberia and the Exile System*, p. 196.
② George Kennan, *Siberia and the Exile System*, p. 83.
③ Шикман А. П. Деятели отечественной истории биографический справочник. М., 1997. с. 297.

第一章 告别帝俄：乔治·凯南视野中俄罗斯"帝国形象"的变迁

感觉独立性的缺乏，用公民思想来看，我们简直是胆小鬼。尽管在拳头镇压下和任何的刑罚中都有勇士：在与政治的对抗中，我们就是胆小鬼。我们甚至在好友圈里也由于害怕而不敢将自己的思想充分表达。我们大家不得不跟着季节风走。我们把任何当局的行头，特别是将军服都看成雷神（Громовержц）。"彼得拉舍夫斯基在伊尔库茨克与流放犯十二月党人扎瓦利申（Д. Завалишин）发起反对东西伯利亚总督穆拉维约夫（Н. Н. Муравьев）的斗争。因为此事，彼得拉舍夫斯基被流放到更艰苦的叶尼塞省舒申斯基村。经过彼得拉舍夫斯基的姐姐的多方奔走，1861年允许他移居克拉斯诺亚尔斯克，1864年彼得拉舍夫斯基因政治活动被驱逐出克拉斯诺亚尔斯克。1866年5月，彼得拉舍夫斯基被转移到距离叶尼塞斯克（Енисейск）100俄里的别林斯基村，当年12月6日因脑出血在此病逝。赫尔岑立即在《钟声》上发表了讣告："米哈伊尔·瓦西里耶维奇·布塔舍维奇-彼得拉舍夫斯基在叶尼塞斯克省的别林斯基村意外去世，终年45岁。他为后代留下了为俄国自由而牺牲于政府的迫害者的纪念碑。"①

三是流放对人性的摧残，这主要指的是精神层面，特别是对于一些被流放到西伯利亚的政治犯而言的。乔治·凯南在托木斯克（Томск）结识亚历山大·克鲁泡特金公爵（Александр Кропоткин）的故事代表了当时许多政治犯的人生轨迹：他并不是什么革命者，只是因为是一个俄国政府讨厌的人——俄国无政府主义的代表人物彼得·克鲁泡特金（Петр Кропоткин）公爵的弟弟。1858年他在圣彼得堡大学第一次被捕，原因是藏有美国思想家拉尔夫·爱默生（Ralph Waldo Emerson）的《论自助》(*Self-Reliance*)一书。1876年或1877年，他第二次被捕，以"不可信任"(untrustworthiness)的罪名被流放到东西伯利亚的米努辛斯克（Минусинск）。由于当地只有他一个政治犯，当局打算再将他送到图鲁克汉斯克（Туруханск），妻子决定送孩子回欧俄后陪他一同前往。后来，他又被转送到托木斯克。在托木斯克，乔治·凯南参观了克鲁泡特金的图书馆。在乔治·凯南离开托木斯克的前一天，克鲁泡特金来到乔治·凯南的房间，托他带信到欧洲。晚上克鲁泡特金又来，要毁掉一切写有他兄长彼

---

① Герцен А. И. *Собрание соченений*. М., 1957. т. 10. с. 335.

得·克鲁泡特金名字的信封。7月25日，亚历山大·克鲁泡特金自杀。乔治·凯南在《东方评论》（*Восточное обзрение*）上得到克鲁泡特金的死讯，大为叹息。

在托木斯克，乔治·凯南第一次感受到流放制度对人性的摧残。在1885年8月26日从托木斯克寄给《世纪》杂志社董事的信中，他写道："流放制度比我想象的要糟糕得多……这个省的总督昨天直白地告诉我，托木斯克监狱的状况很糟糕，但他无能为力……我先前对政治犯的待遇所写和所说的那些，看上去大体还是准确和真实的——至少就西伯利亚而言是这样。但我对于他们人格的那些先入为主的想法被严重动摇了。"① 在乔治·凯南看来，政治犯们都是平和、守法的公民，他们拥有丰富的学识和高尚的品格。"在别的环境，（他们）会致力于给国家有价值的服务……他们在监狱，并不是因为缺少作为一个公民必需的道德和爱国心。"② 同样在俄国统治阶级内部，也有部分有识之士对西伯利亚流放制度持批评态度。例如，阿尔汉格尔斯克省总督巴拉诺夫（Николай Баранов）认为政治流放"不是重塑而是摧残人的品性，引起自杀，不能创造对社会和王位有用的人。而（在监狱中）与那些真正的政府的敌人接触，使他们成为真正的反政府者，是环境让他们发展出了革命思想"③。

回国后的乔治·凯南果断抛弃了那些曾令自己名声斐然的观点，将关于俄国的新的真相告诉美国民众。《世纪》杂志对乔治·凯南关于流放制度的系列文章给予极高的评价，说这是"《世纪》杂志获得过的最高的荣誉和特权"④，堪称"西伯利亚流放者'汤姆叔叔的小屋'"。在乔治·凯南文章的带动下，这一时期《世纪》杂志每期发行量都超过200000册，⑤ 影响很大。1889~1898年，乔治·凯南在各地发表演说超过800次，大部分都是抨击俄国与流放制度的。

---

① George Kennan, *Siberia and the Exile System*, p. 115.
② George Kennan, *Siberia and the Exile System*, p. 56.
③ George Kennan, *Siberia and the Exile System*, p. 88.
④ Frederick F. Travis, *George Kennan and the American – Russian Relationship*, 1865 – 1924, p. 154.
⑤ George Kennan, *Siberia and the Exile System*, p. 172.

第一章　告别帝俄：乔治·凯南视野中俄罗斯"帝国形象"的变迁

《西伯利亚与流放制度》"作为第一部细致地对俄国政府民主政策进行抨击和被美国人广泛阅读的书，乔治·凯南对西伯利亚的研究，或许不可以被认为革命性的，但那至少是一个认识逐渐进化的开始。"① 此后的许多年中，虽然他自己不愿意这样说，但是无论是他的支持者还是反对者都十分确信，乔治·凯南将俄国塑造成了一个"大监狱"形象。他"已经激起了美国人同情和愤慨的热情，让美国人更能感受和理解俄国造反者"②。从前美国人出于对革命者实施暴力的恐惧而对沙皇政府加强流放制度的认同和支持一扫而空，正如 1888 年马克·吐温（Mark Twain）对乔治·凯南的书的评价："如果地那明（解痉药）是唯一能解决这些状况的药物，那就感谢上帝赐予我们地那明！"③ 在 19 世纪 80 年代中期，以对流放制度的评价为切入点，以乔治·凯南为代表，美国人眼中的俄国形象经历了史上最大的一次转变，这个转变无论是对美国还是俄国，无论是对当时还是 20 世纪的国际关系的影响，也不管在当时还是在现在看来，都是非常迅速而惊人的。

四　俄国："邪恶的怪胎"

在承认自己从前对俄国的真实情况了解不足的最初一段时间里，乔治·凯南虽然对沙皇政府对待其人民的方式很不赞同，对政治流放犯们怀有深切的同情和喜爱，但并没有因为存在野蛮的流放制度这一点就将整个俄国贬得一无是处。"即使恐怖主义者也不打算推翻全部流放制度，如果沙皇宣布给一切自由，他们都会放下武器"④，类似的话语在乔治·凯南的文章中多次出现。对俄国的政策决策者，乔治·凯南仍抱有希望。学术界普遍认为沙皇亚历山大三世读过乔治·凯南在《世纪》杂志上的文章，可"并不意外的是，尽管对变化有着极大的期待，说出真相有它的价值，但是在德米特里·托尔斯泰担任内政大臣期间，乔治·凯南的著作在俄国一

---

① George Kennan, *Siberia and the Exile System*, p. 171.
② George Kennan, *Siberia and the Exile System*, p. 177.
③ Norman E. Saul, *Concord and Conflict: the United States and Russia, 1867–1914*, p. 286.
④ George Kennan, *Siberia and the Exile System*, p. 49.

直是被取缔的"①。《西伯利亚与流放制度》刚一出版立即就被译成德文,1890年被巴黎社会革命自由基金会译为法文出版,1892年被译成荷兰语出版,大概同年由在日内瓦的俄国移民团体译成俄文,但是合法的俄国版本直到1906年才在俄国出版。西伯利亚旅行之后的十年间,俄国在乔治·凯南与许多美国人眼中的形象每况愈下,从不完美的朋友,沦为一个代表着野蛮与邪恶的不可救药的怪胎。

乔治·凯南1885~1886年俄国之行的另一个收获,是结识了不少俄国革命者。乔治·凯南在托木斯克结识的革命者沃尔霍夫斯基,在成功从流放地逃出之后,辗转到美国投奔乔治·凯南,成为乔治·凯南的亲密朋友与同事,在后来的"自由俄国圣战运动"(The Crusade for a "Free Russia")中发挥了重要作用。乔治·凯南结识的著名人物还包括有"俄国革命的老祖母"(бабушка русской революции)之称的勃列什卡-勃列什科夫斯卡娅(Е. К. Брешко-Брешковская)、俄国无政府主义之父彼得·克鲁泡特金公爵、民意志党人克拉夫钦斯基(С. М. Кравчинский)以及作家列夫·托尔斯泰。许多正在流放地的革命者在乔治·凯南塑造俄国"野蛮的大监狱"形象的过程中扮演了重要角色或给予了许多支持。而此后与这些革命者们的长期联系和来自他们的单方面影响,②成为乔治·凯南眼中的俄国形象失去活力、渐趋呆板的重要原因。

19世纪最后20年,"自由俄国圣战运动"在美国一些废奴主义者与俄国革命者的鼓吹下极为兴盛,而"几乎一手改变了美国人对俄国的印象"③的乔治·凯南不仅通过其著作鼓舞人心,还帮助流亡美国的俄国革命者们筹集资金,堪称这次运动的"精神领袖"和经济支柱。甚至可以说,"没有乔治·凯南就没有这场运动"④。从前将俄国与美国南方等同的方法得出

---

① Helen Hundley, *George Kennan and the Russian Empire: How America's Conscience Became an Enemy of Tsarism*, 参见 https://www.wilsoncenter.org/sites/default/files/ACF2B0.pdf. p. 11。

② George Kennan, A Visit to Count Tolstoi, *The Century*, Volume 34, Issue: 2, June 1887, pp. 252-266.

③ Donald E. Davis & Eugene P. Trani, *Distorted Mirrors: Americans and their Relations with Russia and China in the Twentieth Century*, University of Missouri Press, 2009, p. 4.

④ Frederick F. Travis, *George Kennan and the American-Russian Relationship, 1865-1924*, p. 198.

的不再是俄国是美国的"双胞胎"的结论,相反,它使得沙皇政府完全沦为落后、野蛮、残暴的象征。"专制独裁的俄国与自由民主的美国没有任何共同之处"①,俄国是美国历史上的朋友这一国家形象被彻底颠覆了。反对沙皇政府的政治压迫、认为俄国人民有能力建立自治政府,是美国人眼中的俄国形象转变为"野蛮的大监狱"之后的必然结果。而这场运动的新鲜与特殊之处还在于它带有强烈的宗教色彩。众所周知,俄罗斯与美国在宗教信仰的近似性上不及美国与西欧,不过在世界近代史上,注重实用的清教和崇尚内敛的东正教之间并没有发生过特别激烈的冲突。在对俄土战争的评价上,俄国甚至被美国人看作基督教文明的使者和代理人。1877年5月26日美国《哈帕周刊》(*Harper's Weekly*)刊登的一幅关于俄国沙皇的漫画,将俄土战争中的沙皇描绘为反对异教徒的基督教十字军战十的形象。②然而,在"自由俄国圣战运动"的鼓吹之下,俄国却沦为基督教文明使命的针对者,俄国落后的根源被归因于东正教会的缺乏生命力,对东正教的改革被认为是俄国社会和政治自由化的必由之路。"文明正迅速地向东扩展,它不能停止扩展或者绕开俄国,无论是以刀剑还是以圣经,它应该被传达到沙皇统治区域的每一部分。"③出身于传统清教家庭④的乔治·凯南一再用宗教语言表达其强烈的是非观:"俄国政治是'一种对神圣上帝的不称职的官僚式取代',上帝甚至(应该)被用来强迫(那些)'不积极的或倒退的基督教徒领取圣餐'。"⑤

在乔治·凯南与"自由俄国圣战运动"的推动下,到19世纪90年代前后,美国人眼中俄罗斯帝国的国家形象已经被彻底改变。需要特别注意

---

① Davis S. Foglesong, *The American Mission and the "Evil Empire": The Crusade for a "Free Russia" since 1881*, p. 21.
② Davis S. Foglesong, *The American Mission and the "Evil Empire": The Crusade for a "Free Russia" since 1881*, pp. 7 – 8.
③ 张宏毅:《意识形态与美国对苏联和中国的政策》,第84页。
④ 乔治·凯南的父亲是长老会信徒,母亲是浸信会信徒。"后来的醒悟与灵魂追寻在他成年之后的性格中扮演了至关重要的角色。"参见 Frederick F. Travis, *George Kennan and the American – Russian Relationship, 1865 – 1924*, p. 5.
⑤ George Kennan, "Siberia and the Exile System. Russian Police", *The Century*, Volume 37, Issue: 6, Apr 1889, pp. 890 – 893.

的有两点：一是这一时期美国人对俄国的否定已经远不止对政府某个政策或是对沙皇专制的否定，而是扩展为对俄国政治、宗教和文化的全面否定，俄国沦为与美国毫无共同之处的"怪胎"；二是以沙皇专制和东正教为主要标志的俄国被视为固守己见的，不得不靠外力（这个外力当然指的是美国自己）予以改变，俄国人民非此不可得解放的一种"邪恶"力量。简而言之，这一时期美国人眼中的俄国形象，既是一种进步，又是一种倒退。之所以说它是一种进步，一方面是因为虽然俄国的形象在经历了由好到坏的转变之后，甚至在这一时期向着更坏的方向发展了，但这毕竟是随着美国人对俄国进一步了解而得出的结论；另一方面是由于我们看到，美国人对俄国的关注点，经过了自然、人民、政治，在这一时期发展到宗教和文化等精神层面，美国人对俄国的了解比从前更加全面了。之所以说它是一种倒退，则一方面是出于对俄国的形象从文明沦为野蛮，甚至被认为与一些确实未经开发的地区等同，可见美国人对俄国的了解尚不完全的慨叹。一家美国报纸将乔治·凯南与非洲探险家亨利·莫顿·史丹利（Henry Morton Stanley）等同，说他们都在野蛮地区促进了文明。亨利·莫顿·史丹利，英裔美籍探险家、记者，在《纽约先驱报》担任记者期间，他获得社方资助前往非洲搜索失踪的著名冒险家戴维·利文斯通（David Livingstone），并以这一事迹闻名于世，后来史丹利成为职业冒险家。[①] 另一方面更是因为看到，美国人眼中的俄国形象，以及美国人看待俄国的思维方式，在经历了由破碎、简单化、理想化到鲜活化、立体化、现实化的过程之后，竟然再次走上了平面化、脸谱化、象征化、妖魔化的道路。至此，美国人眼中俄国形象的转变全面完成，这一渐见僵化的俄国形象随着美俄两国"沿着相反的方向绕地球半圈并在文明最先开启的地方相遇"[②] 而被完全固定下来，并在随后几乎一个世纪的国际舞台上游荡。

当然，乔治·凯南的言行也引发了俄国政府对他态度的转变。俄国驻

[①] Davis S. Foglesong, *The American Mission and the "Evil Empire": The Crusade for a "Free Russia" since 1881*, p. 22.

[②] 张宏毅：《意识形态与美国对苏联和中国的政策》，第85页。

第一章　告别帝俄：乔治·凯南视野中俄罗斯"帝国形象"的变迁

华盛顿公使馆的人员在《世纪》杂志上发文批评乔治·凯南。[①] 美国驻圣彼得堡大使也认为他"做出的是一个对俄国社会状况的误解"[②]。1901 年，乔治·凯南第五次也是最后一次到俄国后不久，就以"不可信任"的罪名被沙皇政府强行送上开往德国的火车。

乔治·凯南并不是科班出身的俄国问题学者或是职业的政治顾问，作为一个普通的美国人，他对俄国的关注是出于作为记者的职业需要和经济需求，但更多的是来自他对俄罗斯持久强烈的兴趣，乔治·凯南在促进 19 世纪七八十年代俄国文学在美国的传播，以及推动美俄两国民众之间相互了解和交流方面的贡献，远远大于他对美国对俄国外交政策制定的影响。

晚年的乔治·凯南，致力于对爱德华·亨利·哈里曼（Edward Henry Harriman）[③] 传记的写作。虽然"如果他不写这本书的话，鲁特使团的历史和美国对俄国的政策，或许会有一个完全不同的更实质性的转变"[④]，但是这本完成于乔治·凯南去世前两年、记载哈里曼这位白手起家的美国"铁路大王"一生事迹的著作，恰恰体现了乔治·凯南终其一生所追求和崇尚的价值准则，而这种价值准则亦贯穿于乔治·凯南了解、关注俄国的各个阶段，成为他衡量、评判俄国各方面的不变标准。

从表面上看，乔治·凯南眼中的俄罗斯国家形象几经转变，但事实上，乔治·凯南一直在以美国人固有的价值准则来评判俄国，试图给予俄国人以美国式的自由和民主，这一点从他对无政府主义者和布尔什维克截然不同的态度中就可见一斑。正如乔治·凯南在《世纪》杂志中的文章所言："我的同情是对人民的俄国，而不是沙皇的俄国；是对地方议会的俄

[①] William Appleman Williams, *American – Russian Relations, 1781 – 1947*, Rinehart &Co., 1952, p. 25.

[②] Norman E. Saul, *Concord and Conflict: the United States and Russia, 1867 – 1914*, p. 289.

[③] 爱德华·亨利·哈里曼（1848～1909），美国金融家和铁路大王，白手起家的美国式成功的代表人物。其联合太平洋铁路公司（Union Pacific Railroad Company）、南太平洋铁路公司（Southern Pacific Railroad Company），都是美国资本主义的样板。其子威廉·埃夫里尔·哈里曼（William Averell Harriman）是二战时期的著名外交官。哈里曼家族至今仍是美国政界拥有巨大影响力的大财阀。参见：http://baike.baidu.com/view/6287467.htm.

[④] Frederick F. Travis, *George Kennan and the American – Russian Relationship, 1865 – 1924*, p. 339.

国，而不是秘密警察的俄国；是对未来的俄国，而不是过去的俄国。"①"乔治·凯南是俄国永远的朋友","俄国革命的老祖母"勃列什科夫斯卡娅这样评价乔治·凯南，"在自由运动史上，永远有他专门的、荣耀的位置"②。

乔治·凯南在去世前几个月写下自己的墓志铭，即"尽管我的一生，围绕着诸多神秘，但我对它仍是满意的。我不必解释这一切，亦不需要关于这一切的解释。我已怀着满腔热爱与乐趣活过、爱过、痛苦过、快乐过，那已足够。"③

五　告别帝俄：万花筒般的俄国形象

在1865~1895的短短30年，在乔治·凯南等人的影响下，美国人眼中的俄国形象经历了"遥远的朋友"、"想象的双胞胎"、"野蛮的大监狱"和"邪恶的大怪胎"四个阶段。表面上看，这四个形象迥然不同，是不同时期俄国国内具体情况的反映，是美国人对俄国了解逐步加深的结果；实际上，这四个形象还存在深刻的内在逻辑，美国人眼中的俄国，并不是真正的完整的俄国，那仅仅是一些关于俄国的片段与更多的来自美国人内心的关于俄国的想象。

在资料来源仍嫌贫乏的年代，美国人关于俄国的知识来源于对历史的追忆和乔治·凯南等旅行家的描述，尽管尚处于盲人摸象的阶段，但与许多国家间以战争和仇恨为开端的历史记忆相比还是非常幸运的，他们所摸索和了解到的恰好是俄国非常友好和充满文明的那一面，"遥远的朋友"的形象由此建立起来，而在美国人心中也就存下了一种先入为主的对俄国的好感。

---

① George Kennan, "A Voice for the People of Russia", *The Century*, Volume 46, Issue：3, July 1893, p. 472.
② Frederick F. Travis, *George Kennan and the American – Russian Relationship*, 1865 – 1924, p. 383.
③ Frederick F. Travis, *George Kennan and the American – Russian Relationship*, 1865 – 1924, p. 367.

第一章 告别帝俄：乔治·凯南视野中俄罗斯"帝国形象"的变迁

在这种友好的氛围中，美国人当然想要对俄国有更进一步的了解，其中，美俄两国的共同之处无疑是最为人们所喜闻乐见的。一些对俄国了解较多的人理所当然担当起寻找联系、发掘共性的任务，如果说在上一个阶段美国人认识到俄国的正面形象是一种历史巧合的话，这时乔治·凯南等人对俄国的介绍已经或许是不经意地，但也是不可避免地存在着有选择和做解释的倾向。"想象的双胞胎"作为四个俄国形象中离现实最远也是存在时间最短的一个，正是这种主观选择的结果。

当然，不仅是旁观者，连许多当事的美国人也感觉到，这样一个完美的俄国不可能存在，而恰好当时俄国国内出现了一些负面事件，这也使得许多美国人意识到，从前塑造的俄国形象，也许是并不完整的。以展现真正的俄国形象为目标，乔治·凯南对俄国进行了更为深入的考察。结果正如我们所知道的那样，俄国固然存在着落后或者说野蛮的一面，但其间的落差和惊讶，也是造成美国人眼中俄国形象发生那样迅速而剧烈变化的一个不可忽略的重要原因。

即使在美国人激烈批判的情况下，俄国（主要是沙皇政府）似乎仍然无动于衷，而且变本加厉。乔治·凯南对于自己从前对俄国美好形象宣传的懊悔或许正与这时他们反对俄国的热情成正比，加之同时关于俄国其他领域的负面内容也在不断增加，这终于使得在外力眼中，俄国变得完全一无是处，成为邪恶的需要外力解救的"怪胎"。

人的世界观、价值观以及基于此形成的对外部世界的考量和评判标准往往是世代相传，潜移默化，也几乎不能在短时间内改变的。扩大到社会、国家范围内，更是如此，当然也无可厚非。无论是乔治·凯南，还是普通的美国民众，他们的世界观、价值观都是与生俱来的美国式的。对于自己国家民主制度的习惯，对于个人自由、个人价值的尊崇，自然也会被他们拿来作为衡量其他国家的不变标准。符合其标准的，会被视为"朋友""双胞胎"；与其标准违背的，自然会被斥为"邪恶""怪胎"。

虽然美国人眼中的俄国形象的变化过程符合理想化的逻辑，虽然美国人在看待俄国的过程中始终在使用其固有的评判标准，但是同样不可忽视的是：在美国人的眼中，俄国的形象是十分特殊，也是十分矛盾的。与同时期美国人眼中中国、朝鲜等传统东方国家的形象不同，也与美国人眼中对英国、法国等传统西方国家的形象不同，甚至与美国人眼中既保留浓厚东方传统，又深受西方影响的日本的形象也不尽相同。19世纪以来，俄国一直在自己属于东方还是西方的问题上摇摆，而19世纪最后30年，美国在了解俄国的过程中也不可避免地遇到这个问题，那就是为俄国究竟属于东方还是西方，是文明还是野蛮而感到迷惑，这一点在对于亚历山大二世遇刺事件的评价上表现得最为明显。即便在美国人眼中俄国的"邪恶"形象基本定型之后，每一段时间，在美国依然会出现一个承认沙皇、承认美俄存在内在一致的思想回潮。例如，1894年沙皇亚历山大三世死后，在美国出现追溯历史友谊、对沙皇予以好评的浪潮；1905年尼古拉二世（Николай II）颁布国家实行君主立宪制"十月十七日宣言"（17 Октября манифест）之后的一个短暂时期，美国报纸也曾庆祝俄国一夜之间由专制帝国变为民主国家。可见，一旦当俄国社会表现出向美国式民主、自由发展的倾向时，美国人仍是由衷为其欢欣鼓舞的。

  19世纪的最后30年中美国人眼中俄国形象的转变过程，可以说正是美国人不断加深对俄国的了解以形成形象，并运用其固有的标准来考量俄国形象的过程。"野蛮"和"邪恶"的俄国形象被最终固定下来，并在随后到来的20世纪被一次又一次地强化。

第二章　迎接苏俄：旅俄华工与十月革命

由于文化隔阂与认识差异，间或历史因素作祟，"中国形象"在俄国长期时阴时明，甚至晦暗无光。两大民族和文化真正全方位的接触则是开始于19世纪末20世纪初，其中1917年的十月革命是一大界碑，而旅俄华工作为一个特殊的和跨国界社会群体，则在沟通两国文化和促进中国形象转变的过程中发挥了特殊乃至不可或缺的作用。

一　彼此想象的中国与俄国

中俄两国，血不同缘，族不同宗，文不同种，教不同类，并且地距遥远，在相当长历史阶段里对彼此形象和信息所知甚少，几近隔绝。

俄国是传统意义上的欧洲国家，尽管来自东方的蒙古－鞑靼人曾征服并统治俄国达两个半世纪，但是俄国人对遥远的东方国家的了解仍然停留在道听途说的阶段。在俄罗斯民族推翻了蒙古－鞑靼人的统治并获得了民族独立之后，特别是随着俄国政府加速对东部地区和东方国家的殖民扩张步伐，东方国家和东方民族才越来越多地为俄罗斯人所知晓。从16世纪中期开始，沙皇政府陆续以武力征服了喀山（1552）、阿斯特拉罕（1556）二汗国，又越过乌拉尔山，将扩张的目标指向广袤无垠的西伯利亚。1563年，沙皇伊凡四世自封为"全西伯利亚君主"，表明了他对西伯利亚的野心。1637年，沙皇政府专门设立西伯利亚事务衙门，主管西伯利亚的毛皮税务征收以及军事、行政、司法等事务。到17世纪40年代，沙皇政府将西西伯利亚、中西伯利亚和东西伯利亚纳入自己的版图，将俄国的东部国界推至太平洋西岸，使俄国的国土面积扩大了2倍多。1689年9月7日，中俄两国政府代表签订《尼布楚条约》，以条约的形式确定了中俄东段国界的走向,使得两国边界在一个多世纪内基本上相安无事。中俄《尼布楚条约》的签订,也使得两国政府间的联系较之以前更加频繁和正常化了。

那么,中俄关系始于何时?有学者认为始于金帐汗国统治俄国以前,证据是在圣彼得堡的艾尔米塔什博物馆里有一件发现于萨拉托夫附近的中国花缎长衫以及大量经装饰加工的中国青铜镜,证明在13世纪40年代以前中国的手工业品早已进入俄国。也有的学者认为始于14世纪的元朝,因为在《元史》中已出现"斡罗思"的字样。据《元史》记载,至顺元年(1330年),就有大批俄罗斯人为元朝保卫边疆。元朝政府给他们耕牛、种子和农具。元朝政府在北京设有"宣忠扈卫亲军都万户府",为正三品官,负责管理俄罗斯军人。还有学者将中俄交往的起始时间推至公元1世纪前后,认为经古都长安,到安息(波斯、伊朗),最后到大秦(罗马)的丝绸之路,除了天山南北二路的干道外,还有其他支路。其中有一条支路贯穿蒙古草原,经西伯利亚沿着叶尼塞河、鄂毕河和额尔齐斯河到欧洲。从西伯利亚和蒙古人民共和国的喀喇和林出土的大量青铜器和汉代漆器以及叶尼塞河上游和贝加尔湖地区发现的中国丝绸,此外高加索出土的中国汉代的剑和玉器,里海西岸发现的汉代铜镜和克里木半岛出土的汉代丝织物就是佐证。还有学者将中俄的交往推至公元前119年,汉武帝任命张骞为中郎将,率领300多名军士,携带金币、丝绸、牛羊牲畜,出使西域,张骞一行行程万余里,曾经到达大宛(费尔干纳盆地锡尔河上游一带)、大月氏(阿姆河地区及今阿富汗境内)等地。

但国内学者一般认为中俄关系始于16世纪中期,因为真正比较翔实的文字记载证实中俄关系始于这个时期。据史料记载,俄国沙皇伊凡四世于1567年派哥萨克首领彼得罗夫(Иван Петров)和耶里希夫(Бурнаш Ялычев),带着沙皇国书,前往东方的中国,要求见中国皇帝,但是他们只到了托博尔斯克。1618年,俄国政府命令伊凡·彼特林(Иван Петрин)来中国,经过近一年的跋涉,彼特林于1619年到达北京。但是,明朝政府视俄国为远方属国,明神宗未能接见他,但彼特林带回了明神宗致俄国沙皇的"敕书"。自此,中俄两国之间开始了官方的外交联系。1655年,俄国沙皇派遣的使节巴伊科夫(Ф. И. Байкóв)来到北京,因为他拒绝按中国礼仪叩头，因此没有见到中国皇帝，但是他带回了顺治皇帝的文书，顺治帝在致俄沙皇敕书中写道："大清国皇帝敕谕俄罗斯国察罕汗：尔国远处西北，从未一达中华。今尔诚心向化，遣使进贡方物，朕甚嘉之。特颁恩赉，即俾尔使臣赍回，为昭朕柔远之至意。尔其钦承，永效忠顺，以副恩宠。特谕。"①

1675年2月，俄国沙皇阿列克谢（Алексей Михайлович）派遣特使尼古拉·加夫里洛维奇（Николай Гаврилович）携带国书来北京，这份国书较为详细地介绍了俄国的地理位置、政权制度的沿革，表示了愿与中国皇帝和中国政府结好的意向。俄国国书称："天佑神护，领有大小俄罗斯、白俄罗斯、莫斯科、基辅、弗拉基米尔、诺夫哥罗德、喀山、阿斯特拉罕、西伯利亚、普斯科夫、斯摩棱斯克、特维尔、尤格拉、彼尔姆、维亚特卡、保尔加利及下诺夫哥罗德、切尔尼戈夫、梁赞、罗斯托夫、雅罗斯拉夫、白湖、乌多尔斯克、奥勃多尔斯克、康金斯克等北方地区，领有伊维里亚、卡尔塔林、格鲁吉亚、卡巴尔达、切尔卡斯、莫尔达维亚等东、西、北地方之阿列克谢·米哈伊洛维奇致各国之共主、中国头等大皇帝奏书：我始祖乃系1600余年前，总管各国之奥古斯都恺撒、大帝之后裔。相继传位于我祖先鲁里格、弗拉基米尔·斯维托斯拉维奇、伊凡·瓦西里耶维奇，以及其子费多尔·伊万诺维奇，直至传位于我父皇米哈伊尔·费多洛维奇。祖先于各国均享有盛誉。弗拉基米尔·斯维托斯拉维奇，在国内亦以英勇著称。我俄罗斯国，即系如此世代相传而来。我国周围之基督教、伊斯兰教等邻国之君主，曾与我祖先和睦相处。其中有些国君，亦曾得到我祖先之援助。惟因我国与中国相隔遥远，故尔我之祖先未能彼此派使往来。尔中国之来文，因我国不通晓其文，不知中国大皇帝以何物为贵。今特派我近侍世臣尼古拉·加夫里洛维奇为使，前来呈递文书，并向中国大皇帝问安。愿闻中国大皇帝欣赏何物。我愿按与罗马皇帝周围各国君主以有波斯国王等交往之例，与中国大皇帝彼此友好往来。若需用我国何物，请来文或派使指点，我必尽力迎合中国大皇帝之意。因我祖先从未与中国交往，不知中国奏疏程式，故未逐一陈述中国大皇帝所辖之国，若

---

① 《清代中俄关系档案史料选编》第1编上册，中华书局，1981，第18页。

有不合之处，幸勿见罪，请以礼款待我所派使臣，并祈尽速遣回。若大皇帝以仁爱之意寄送文书，我必以仁爱之意接受。至于文书内如何尊称中国大皇帝，请予指教，以便嗣后按例缮写中国大皇帝之尊称。我祈祷万能天主，祝愿中国大皇帝万万岁。创世纪1718年2月，于京城莫斯科城谨送。"①

但由于当时中国方面无人通晓俄文，俄国方面也无人通晓中文。因此这些文书长时间在两国的外交文献档案中被搁置，直至1675年由俄国政府外事衙门翻译斯帕法里（Н. Г. Спафарий）率领的俄国使团前来中国时，请耶稣会会士把中国政府以前给俄国政府的4封中文信译成拉丁文后又转译为俄文，才知晓中国政府和中国皇帝的意愿。斯帕法里后来成为著名的中国通，1678年回国后写了一部详细介绍中国和从托博尔斯克到中国边境沿途情况的书。

到了17世纪的下半叶，中俄两国才开始相互派遣使臣，清政府派出的使臣为内阁大臣索额图，俄国方面为图拉省省长戈拉文（Н. Д. Граве）。

1725年前后中俄两国的最高统治者相继病逝，两国的皇位都发生了变化。俄国沙皇彼得一世去世后，由他的妻子叶卡捷琳娜一世（Екатерина I）继位。中国清朝康熙皇帝去世后，由其子雍正帝继位。中俄两国政府互通了信息，并派专人前往对方国都祝贺。俄国政府派遣萨瓦（Савва Лукич Рагузинский－Владиславич）率领一个使节团来北京。萨瓦为一位有经验的外交家兼大商人。他率领随员120人，于1726年抵达北京，受到清政府隆重接待，萨瓦递交了叶卡捷琳娜一世的国书，内称"全俄罗斯国仁爱女皇叶卡捷琳娜·阿列克谢耶芙娜，获悉大亚细亚国大博格德汗即位之信息后，即派本议政大臣为使前来办理诸事，并向普育天下之大博格德汗圣主请安！我俄罗斯国察罕汗彼得驾崩归天后，由女皇即汗位"②。清政府也由理藩院于1730年致函俄国政府的萨纳特（即枢密院，Сенат的音译），内称，"大清国理藩院咨行俄罗斯国家萨纳特衙门：我两国定界以来益坚和好。兹据互换十一款文本之第六款称：两国行文印信最为紧要，嗣

---

① 《清代中俄关系档案史料选编》第2编上册，第40页。
② 《清代中俄关系档案史料选编》第2编上册，第483页。

后，中国与俄罗斯国行文，均照前例盖理藩院印，递送俄罗斯国萨纳特衙门。俄罗斯国与中国行文，盖俄罗斯国萨纳特衙门及托博尔城长官之印，递送理藩院等情。今尔使臣萨瓦公遵照所定条款，送来萨纳特衙门及托波尔城之印样各20份，甚是。将此由本院收藏"。① 这是两国政府外交关系中非常有意义的一次交往，是两国政府间第一次规范化的公文往来，即由清政府的外事机构——理藩院直接发文沙皇政府的外事机构——萨纳特（枢密院）。

斌椿（1804~1871年），字友松，满族，属内务府汉军正白旗人，官职最高仅为山西襄陵县的县令。然而，他在自述笔记《天外归帆草》中自称"愧闻异域咸称说，中土西来第一人"。

这要从1866年说起。这一年，斌椿已弃县令职返回北京家中，屈居清政府海关总税务司文书，专为英籍总税务司赫德服务。是年，赫德要回英国探亲并结婚，他提出可以带同文馆的几个学生到欧洲看看。晚清名臣徐继畲后来在给斌椿出国考察笔记《乘槎笔记》的序言中谈到此事："如英吉利、法郎西、俄罗斯、美利驾诸大国，咸遣使驻京师，办中外交涉事物，欲得中国重臣游历西土，以联合中外之情志。"② 但当时的清朝大官们，一方面视欧洲路远途险，另一方面也担心被"洋鬼""洋俗"所害，而普遍拒绝出行。斌椿地位虽卑，但胸有大志，向往远游。他曾经渡过长江，云游湖南湖北，也曾越过岭南，行至广东。回到北京后，他接触了同文馆的总教习、美国传教士丁韪良，从丁韪良那里了解了地球是圆的，而且会自转的道理。这也使他有了到西方去看看的想法。用徐继畲的话说，"顾华人入海舶，总苦眩晕，无敢应者"，斌椿则"慨然愿往"，亲朋故旧以"云风险涛"相劝止，甚至有人以苏武被扣匈奴相告诫，但他决心亲自一试。尽管此时的斌椿年逾63岁。1866年3月7日，斌椿作为中国使团首席代表，带领同文馆学生凤仪、张德彝、彦慧及他的儿子广英，一行5人，怀揣着徐继畲编纂的《瀛寰志略》，从天津大沽口登船，开始全程6个多月的欧亚之行，其间在欧洲时间将近4个月。

---

① 《清代中俄关系档案史料选编》第2编下册，第526页。
② 斌椿：《乘槎笔记》，岳麓书社，1985，第1页。

1866年六月初五，斌椿一行来到帝俄首都彼得堡（斌椿文中记"彼得尔堡"）。此时的彼得堡在经历了163年的发展之后，俨然已经是欧洲著名的大都会。尽管斌椿已经遍访马赛、巴黎、伦敦、阿姆斯特丹等欧洲名城，但他仍然为彼得堡的城市风光和人文景色而称道。他写道："彼得尔堡，乃俄国都城也，人烟辏集，街衢宽阔，周五十余里，楼阁高峻，宫殿辉煌，人民五十三万六千，洵足称各国都城之冠。酉初，登岸进寓。（俄罗斯境地广漠，东西约长万余里。唐以前属匈奴。懿宗时始立国，筑城邑。五代时，女主嗣位，生十二子，皆分茅胙土，备屏藩。其后治乱不一，宋理宗时，为元太祖割取三部，由是隶蒙古，康熙四十四年，彼得罗立，卑礼招贤，国以大治。又以俄人不善使船，尝变姓名投荷兰舟师为弟子，尽得其术。乃归治舟师，与瑞典战胜，割其芬兰，建新都于海滨，俄始强矣）。""初八日……至王宫。殿宇宏大，陈设宝石器皿极富丽，画图满壁，皆能象生，锦绣金碧，璀璨夺目""初九日。晴。辰刻出郭，乘轮车西行六十里。值操兵。兵一万六千人，枪炮连环，演进攻阵势，颇整暇。王弟与太子在军中，闻予来，旷野止操，立谈少顷。未刻，往彼得尔行宫。殿宇高峻，铺陈华丽。园中水法三十一处，每处用铁管八十埋地中，激水上腾，高十余丈，如水晶柱，溅玉跳珠，池中满而不溢。有如玻璃罩下垂者，有如匹练悬崖者，有如珍珠帘挂于方亭四隅者，巧甲天下矣。虽未及见国主，而备舆游览，晚复设宴公所，遣官款待，礼意优渥。"[①] 斌椿此行，仅为路过俄国，逗留俄国时间仅为7日，但彼得堡的城市风光和彼得大帝夏宫的风采给他留下了深刻的印象，斌椿笔下的俄国实际上是中国人对俄罗斯"国家形象"的第一次正式记载。

二 "东方情调"与"黄祸论"

按照历史发展和地理区域的传统划分，一般以乌拉尔山为界，在地理上将俄国版图划分为欧洲（欧俄）和亚洲（亚俄）两大部分，"乌拉尔"

---

① 斌椿：《乘槎笔记》，第41~42页。

(Урал）一词源于突厥语，意为"带子"，它北起喀拉海岸、南抵哈萨克草原，南北长2000余公里、宽40～60公里，山脉的东西麓的气候、地理、植被、矿产有较大的差异。俄罗斯民族和俄罗斯国家均起源于欧洲的东部，最终散布于广大的俄罗斯平原之上。

然而在随后的民族迁徙和征战过程中，自16世纪中叶起，俄国的扩张势力越过了乌拉尔山。1563年，伊凡四世就自封为"全西伯利亚君主"，表明了他对西伯利亚的野心。到17世纪40年代，沙皇政府将西西伯利亚、中西伯利亚和东西伯利亚纳入自己的版图，将俄国的东部国界推至太平洋西岸，使俄国的国土面积扩大了2倍多。俄国自此在自然地理上横跨欧洲和亚洲，浸润于欧洲（西方）和亚洲（东方）两种文化的影响，造成了它在文化地理上和政治地理（地缘政治）上的独特景观，形成了俄罗斯文化多元性和东西方两大文化体系的结合部特征。这是俄国思想文化界和知识阶层所拥有的历史遗产。

俄国知识分子是在以下三个前提下认识东方（包括中国）的。

第一，自13世纪40年代，鞑靼（蒙古）人的铁蹄踏入东欧土地，所到之处，战无不胜、攻无不克。最后在伏尔加河下游驻留下来，在基辅罗斯的领土上建立了金帐汗国（又称钦察汗国）。从此俄罗斯人经历了长达200余年的鞑靼（蒙古）人的统治，直至15世纪80年代获得民族解放。来自东方异族的长期统治给俄罗斯民族，特别是俄国知识分子留下了极其痛苦的记忆。

第二，中俄两国虽为邻国，但两国相距地域遥远，到1730年才正式建立政府间的外交联系。长期以来，两国对对方的地理位置、政治制度、国土面积、民族习俗都不甚了解。在清代早期官方文书档案中，曾经长期把俄国视为原金帐汗国的一个小藩国，因此称俄国沙皇为察罕汗，或者将"察罕汗"与"俄罗斯国君"、"俄罗斯大皇帝"等名称混用，1727年《恰克图条约》签订后，才统称为"俄罗斯国君"。在清代早期文书和档案中，对俄罗斯的国名也无统一的译法，有"罗刹""罗禅""俄罗斯""斡罗斯""鄂罗斯""察罕汗国"等称呼，17世纪30年代后的外交档案中才较多地称"俄罗斯"。俄国也长期把中国视为西伯利亚以西的一个蒙古汗国，称中国皇帝为大博格德汗（蒙语：中国皇帝）。此外，清政府中长期缺少懂俄语的人，而俄国人视掌握中文为非常困难的事。① 在早期的交往过程中，一般是由西方来华传教士通过拉丁语转译中文和俄语。直到1715年俄国派驻东正教驻北京传教士团和留学生之后，俄国政府和社会才对中国渐有直接的了解。

第三，17世纪中期以来，东方国家的发展为强势的西方殖民势力所阻，1623年英国垄断了印度次大陆的殖民权，1840年中国败于西方坚船利炮。西方派代表恰达耶夫在《哲学书简》的"第六封信"中提出了这个论断，"以这两个国家（即中国和印度）的命运为基础，我们可以认识到，若是没有万能之手在其它地方所给予的新的推力，人类将会怎样。您知道：中国从远古起就拥有三件伟大的工具；指南针、印刷术和火药，这三件工具极大地促进我们人类智慧的进步。然而，这三件工具帮了中国什么忙呢？中国完成环球航行了吗？他们发现过一片新大陆了吗？他们是否拥有更为广博的文献，超过我们在印刷术发明前所有的文献？他们的弗里德里希们和波拿巴们也是在致命的艺术中消耗了自己，就像在我们这里一样？至于印度斯坦，它那起先遭到鞑靼人占领、随后又被英国人占领的可怜命运，正像我所认为的那样，清楚地表明了每一个不立足于直接源自至高理性真理的社会所具有的软弱和僵死。我个人认为，这一作为最古老的自然文明和所有人类知识萌芽之承载者的民族，其不同寻常的毁灭还包含着某种特别的教训。"② 在俄国知识分子眼中，灿烂的东方文化不再辉煌，东方已成落后、颓废、失败和无能的代名词。而且，俄国也品尝了克里木战争中同样败于西欧的坚船利炮的苦果，因此西方派认为俄国断然不能学习东方，更不能成为效尤之蠢辈。

在俄国可考的古代文献记载中，成书于12世纪末的《伊戈尔远征记》（Слово о полку Игореве）中提到了遥远的国家的名字"希诺瓦"（Хинова）和"契丹"（Китай），但很难说这就是中国。俄国特维尔富商、著名旅行家尼基京（Афанасий Никитин）旅行到过印度，1472年他出版

---

① 至今在俄语尚保留的俗语中将无法理解或是难懂的东西称为"中国文书"（Китайская грамата）。

② 恰达耶夫：《哲学书简》，刘文飞译，作家出版社，1998，第140页。

了《三海航行记》（*Хожение за три моря*），在书中提到了中国北方为契丹和中国南方为"秦"（Чин）或称"马秦"（Мачин），后两者的名称可能来自印度语，因为尼基京未曾到过中国，关于中国的信息可能主要来自印度商人。书中提到"那里制造瓷器，并且东西都便宜"。如果通过印度走陆路，半年可达中国，如果走海路，则需4个月。① 《三海航行记》出版两年后，尼基京去世，此书及其关于"中国"的记载并未引起世人关注。

18世纪初，在彼得一世主导大改革后，欧化运动在俄国中心城市和偏远乡村兴起并深入，俄国再度在发展道路和文化选择上靠近欧洲和西方。整个18世纪，在两位大帝——彼得大帝和叶卡捷琳娜大帝时代，俄罗斯走上强国和帝国之路，以欧洲和西方导向为基础的俄罗斯帝国意识形态形成。此时，俄国社会中有关中国的信息逐渐多了起来，甚至在俄国上流社会也出现了"中国风"（Шинуазри / chinoiserie），如在两位沙皇的夏宫——彼得宫和皇村出现了"中国宫""中国桥""中国塔"等具有东方文化象征的建筑，一时间俄国上流社会人士和贵族地主在自己的庄园里竞相效仿。但需要特别说明的是，此时俄国的"中国形象"基本来源于法语、德语、意大利语、波兰语和英语为代表的欧洲文化，"中国风"和"中国元素"甚至是作为欧洲文化的组成部分受到俄国上流社会追捧的。

18世纪盛行于西欧的"中国风"对俄国产生了较大的影响。② 在上层社会生活中也出现了"中国情调"。如彼得堡的叶卡捷琳娜二世夏宫里出现了以"中国宫"命名的建筑，许多贵族世家也纷纷效仿。著名出版家诺维科夫（Н. И. Новиков）在自己所办的讽刺杂志《雄蜂》（*Трутень*）第8期（1770年2月）上发表了《中国哲人程子给皇帝的劝告》。以赞扬中国文化背景下统治者治国的最高理念"立志""立责"和"求贤"为借口，隐晦地讽刺了当政的叶卡捷琳娜二世"叶公好龙"式的"开明君主专

---

① Скачков П. Е. *Очерки истории русского китаеведения*. М., 1977. с. 15.
② 如启蒙运动和百科全书派的领军人物狄德罗在《百科全书》中认为："假如世界上有一个政体，或者曾经有过这么样的一个政体，是值得哲学家们注意，同时又值得大臣们去了解的话，那么，毫无疑问，这就是那个遥远的中国。"另一位重量级启蒙思想家伏尔泰也宣称："由于中国是世界上最古老的民族，它在伦理道德和治国理政方面堪称首屈一指。"参见伏尔泰《路易十四时代》，吴模信等译，商务印书馆，1982，第341页。

制",最终引起女皇的愤怒,下令《雄蜂》杂志停刊。普希金对东方文化,特别是中国文化也是情有独钟的。他在诗歌中想象着自己已经来到"遥远中国的长城脚下……"普希金甚至在构思长诗《叶甫根尼·奥涅金》(*Евгений Онегин*)时,最初的设想应当提到中国的智者孔子。后来他在彼得堡的沙龙里与俄国第一代汉学家、东正教驻北京传教士团成员比丘林(Бичурин)神父相遇,知识渊博的神父给普希金讲述了许多有关中国的故事,并送给他有自己签名的图书。1829年底,普希金给沙皇尼古拉一世(Николай I)和宪兵第三厅厅长本肯多夫(А. Х. Бенкендо́рф)伯爵写信,请求随传教士团赴东西伯利亚和中国考察,但遭到拒绝,未能成行,遂成为普希金毕生憾事。需要说明的是,俄国此时所接受的"中国形象"完全是从法国、德国、意大利和荷兰文献中"转译"过来的形象。如闻名18世纪的中国戏剧《赵氏孤儿》,则是作家苏马罗科夫(А. П. Сумароков)从德文版《中国悲剧》(*Chinesische Tragödie*)转译而来,名为《中国孤儿》(*Китайская сирота*)。

在以上提及当时所能接触的关于东方和中国的信息有限的条件下,俄国知识分子群体对东方和中国的"最初印象"是否定的和消极的。在19世纪乃至20世纪初的俄国思想文化界中,"东方罪恶意识"和"反东方情结"较为流行。它不仅表现在持极端立场的斯拉夫派和西方派的思想之中,也表现在持民主主义和社会主义立场的一些学者的思想之中。

斯拉夫派代表人物和"19世纪下半叶俄国革命派的理想化祖先"[①]别林斯基(В. Г. Бели́нский)在《致果戈理的信》(*Письма к Гоголю*)中把"东方的""鞑靼生活方式"看成是落后的、黑暗的和愚昧的象征。他在1840年写给阿克萨科夫(К. С. Аксаков)的信中谈到俄国落后的原因,他写道:"中国是可厌的国家,但更可厌的,是一个拥有丰富生活资料、欲像软骨病的幼童般撑在铁架子上才站得起来的国家(指俄国)。"[②]著名的"彼得拉舍夫斯基小组"的领导人彼得拉舍夫斯基也断言:"如果是置身于欧洲,我们俄国人在见识上毫无疑问是小弟弟;如果是在亚洲人的圈

---

① 柏林:《俄国思想家》,彭淮栋译,译文出版社,2001,第183页。
② 柏林:《俄国思想家》,第202页。

子里，我们就被证明是有权称老资格的。"① 斯拉夫主义的创始人之一伊凡·基列耶夫斯基在批评俄国社会的落后现象的同时，仍然不忘记将其与中国文化联系起来，认为"迄今为止，我们的民族性还是缺乏教养的，是一种粗鲁的、中国式静止的民族性"，"在俄罗斯和欧洲之间矗立着一条中国长城，只有穿过几处洞眼，西方的启蒙空气才能透向我们。彼得大帝以强有力的手，在这座城墙上打开了几扇大门"。② 作家契诃夫（А. П. Чехов）于1890年7月来到萨哈林岛考察，完全是一副来自欧洲人和白种人居高临下的倨傲的姿态，在他眼里，萨哈林岛完全是蛮荒之地，东方人（中国人和日本人）完全是蛮夷之群。他们是"以手指代替钳子拔牙的日本人"和"无妨在森林里像杀狗一样"可随时开枪杀死的"中国流浪人"，在这里"婚姻被当作一件无足轻重的事，还不及一场痛饮重要"，于是，"注意地听，时间长了，你会觉得：人哪，此地的生活距离俄罗斯何其遥远!""我始终觉得，对于土生土长的阿穆尔人，我们俄罗斯的生活方式也是格格不入的，普希金和果戈理在这里没人理解因而也没人需要，俄国历史他们觉得没意思，我们这些来自俄罗斯的人显得像是外国人。"③ 契诃夫另一篇短论《在莫斯科》（В Москве）中"想概略地描绘一个莫斯科知识分子"，他笔下的"莫斯科的哈姆雷特"承认自己尽管"衣着入时"，"家里陈设豪华"，但"仍然是一个亚洲人，一个缺乏教养的人"，"一个完全不文明的人。"④

高尔基（Максим Горький）在1915年发表的《两种灵魂》（Две души）中认为俄罗斯有两种灵魂，都是外来的，一种来自西方，一种来自东方，俄罗斯一直在两种灵魂中摇摆，无法摆脱外来文化给俄罗斯民族带来的种种弊端，特别是东方文化。他对笔下的东方文化完全给予否定和贬义的评价。他认为："东方政治与经济生活黑暗而混乱，可以用个性受压抑、个性的恐惧及其对理智与意志力量的不信任来解释。东方人千百年

---

① Nicholas Rzhevsky, *The Cambridge Companion to Modern Russian Culture*, Cambridge: Cambridge University Press, 1998, p. 71.
② Киреевский И. В. *Полное собрание сочинений*. М., Т. 2. с. 60 – 61.
③ 契诃夫：《莫斯科的伪善者们》，田大畏译，辽宁教育出版社，1997，第43~44、121页。
④ 契诃夫：《莫斯科的伪善者们》，第204页。

来一直是，而且现在从整体上讲仍然是'非现世的'"，"宗教的不宽容性、狂热主义、狂信——这也是东方情感的产物，尽管几乎所有这些情感也都移给了西方的雅利安人……""东方在感性而抽象地认识自然力后，就将它们神化，并无意志地服从它们，对一切力都表示驯服，然而西欧人却通过研究自然力而掌握之，力求并正在使这种力服从于人的利益和理性"。他甚至认为，"而我们的贵族所明显具有的对奴仆的残酷及在主子面前的奴颜婢膝——这同对我国人民的所有的阶段都很典型的'奥勃洛莫夫性格'一起，都是来自东方的。同样可信的还有：不可计数的大批'多余人'，即各种各样的朝圣者、流浪汉、穿燕尾服的奥涅金、穿树皮鞋和农家呢衣的奥涅金，即内心充满不安和变换所在地的愿望的人们，这也是俄国生活的一种典型现象，这也来自东方，这不是别的什么东西，而是逃避生活，逃避事业和人们"。① 如果按文化认同角度来看，高尔基是纯粹的"斯拉夫派"，但是在谈到东西方文化之差异时，他给予西方文化极高的评价。他强调，"对于欧洲，本质的是它强烈表现出来的它的生活和它的基于研究和行动，而不是基于教诲和教条——这些东方古老文化的因素——的文化积极性"，"欧洲文化的目的是成为全球的文化，在自己的劳动中，在自己的思想中把我们星球的人类都团结在一起"，"西方人早就成熟到懂得劳动的世界意义的程度，对他们来说，行动是唯一能使人从古老残余的俘虏中、从束缚个性精神自由成长的环境压迫下解放出来的原则"②。如此的比较和如此的言辞，使我们不难看出坚定的民主主义者、有"俄国革命海燕"之称的高尔基在东西方文化之比较中的价值取向了。

无政府主义革命家巴枯宁（М. А. Бакунин）描写东方完全采用消极的乃至于反动的笔调。他在 1873 年出版的《国家制度和无政府状态》（Государственность и анархия）中写道："一些人认为，中国一国就有四亿居民，另一些人则认为有近六亿居民，这些居民在这个帝国境内显然住得太拥挤了，于是现在便像阻挡不住的潮流，越来越多地成群结队向外迁徙，有的去澳大利亚，有的横渡太平洋去加利福尼亚，最后，还有大批人

---

① 《高尔基集》，余一中编选，上海远东出版社，1997，第 289～290、295、299 页。
② 《高尔基集》，第 289～290，295，300 页。

第二章 迎接苏俄：旅俄华工与十月革命

可能向北方和西北方移动。那时会怎么样呢？那时，从鞑靼海峡到乌拉尔山脉和里海的整个西伯利亚边区转眼之间就将不再是俄国的了。请想一想，在这个面积（一千二百二十二万平方公里）比法国面积（五十二万八千六百平方公里）大二十多倍的广大地区，居民至今还不到六百万人，其中俄罗斯只有二百六十万左右，其余都是鞑靼或芬兰血统的土著，而军队人数则微乎其微。一群群中国人不仅会充斥整个西伯利亚，包括我们在中亚细亚的新领地在内，而且还会越过乌拉尔，一直前进到伏尔加河之滨，将来怎么可能阻止他们的入侵呢！"他认为："这就是简直不可避免的从东方威胁我国的危险。蔑视这一群群的中国人是不对的。他们人口众多，仅此一点，就已经令人可怕了，令人可怕，因为人口的过渡繁殖使得中国人几乎无法在中国境内继续生存下去了；中国人之所以令人可怕，还因为，不应该按照欧洲商人在上海、广州或买卖城做生意接触的中国商人的情况去评论他们。在中国内地居住的是一些受中国文明的摧残少得多，无可比拟更加刚毅而且必须好战的人，他们由于连续不断的、毁灭掉数以万计和十万计的人们内战而养成了战争的习惯。还必须指出，最近一个时期以来，他们开始熟悉了现代武器的使用和欧式的训练——欧洲国家文明的精华和官方的最新成就。只要把这种训练和掌握新式武器、新式战术同中国人原始的野蛮，同他们身上缺乏任何人类抗议的概念、缺乏任何自由的本能的状态，同极端奴隶般地服从的习惯结合起来，而在1860年最近这次英法进攻中国以后充斥这个国家的许许多多美洲和欧洲的军事冒险家的影响下，这些方面恰好目前正在结合起来，如果再考虑这些不得不为自己寻找出路的居民多得惊人，那么就会懂得从东方威胁我们的危险有多大了。"[1] 1853年巴枯宁被捕后，在写给沙皇亚历山大二世的"忏悔书"中建议："应该坚决地把自己全部的军事力量调往西伯利亚和中亚细亚，带领自己的全体人民去征服东方。"[2] 巴枯宁实际上是在宣扬"黄祸论"[3]，这种论调不仅仅是斯拉夫主义和泛斯拉夫主义的体现，其本质则是殖民主义、民族

---

[1] 巴枯宁：《国家制度和无政府状态》，第 227~229、233 页。
[2] 巴枯宁：《国家制度和无政府状态》，第 227~229、233 页。
[3] 中国学者李显荣认为巴枯宁是"黄祸论"的始作俑者，而不是德皇威廉二世。参见李显荣《巴枯宁评传》，中国社会科学出版社，1982，第 118 页。

主义和大国沙文主义。

这即是18～19世纪俄国社会包括俄国知识界对中国的认识。毫无疑问，中国除了是"落后""停滞"的代名词之外，还是"野蛮""罪恶"的同义词。可以说在十月革命前，俄国社会中的主流"中国形象"仍然是"落后""愚昧""停滞"和"黄祸"等代名称，停留在历史-文化形象之上。俄国社会对于中国人和华工形象的认识，除了承认"中国人不仅能干中国人所熟练的细木工、砖瓦工和铁工等工作，而且不久就学会了粗木工、层顶工、炉灶工、油漆工等手艺"①，以及中国人勤劳、节俭和安分之外，余下的几乎就是粗俗、胆小、病态以及长辫子、小脚女人等负面认识了。

"华工形象"和"中国形象"的真正转变始于十月革命中数万华工的表现，始于列宁和布尔什维克在无产阶级国际主义和世界革命背景下对中国人命运和使命的理解。1917年俄国十月革命前后，旅居俄国的15万中国工人的表现引起了俄国社会的关注，一定程度上树立了新的中国国家形象和民族形象。

三 西伯利亚铁路与"山东蛮子"

在俄文文献中，"中国人"（Китайцы）或"在俄中国人"（Китайцы в России）是最为常见和内容最为宽泛的指代词。"中国公民"（Китайский гражданин, Китайские подданные）则是强调其国籍属性的专用词。"中国侨民"（Китайские диаспоры）、"中国移民"（Китайская миграция, Китайская эмиграция, Китайская иммиграция）、"中国流民"（Китайские поселения, Выходцы из Китая）和"中国移居者"（Китайские переселенцы）则是强调其来源地的专用词。"中国工人"（Китайские рабочие）、"中国劳动者"（Китайские работники）、"中国劳工"（Китайские трудящиеся）、"中国苦力"（Китайские кули）、"中国短工"（Китайское отходничество）、"中国劳动移民"（Китайские трудовые мигранты）和"中国粗工"（Китайские

---

① 翁特尔别格：《滨海省（1856～1898）》，黑龙江大学俄语系译，商务印书馆，1980，第221页。

чернорабочие）则是强调其身份和职业属性的专用词，这四个名词可以统一简称为"华工"。

然而，在俄文文献中，上述名词在通常情况下多混用、并用和连用，并无严格界限，因此本章涉及的专有名词——华工，实际上也常为其他名词指代。

并且，除俄国汉学家的学术著作以外，俄文文献（包括俄国官方文件）中提及的"中国人"等名词，通常仅指其国籍、身份和职业属性，一般不包含其民族属性（如汉、蒙、满、回、藏等），也不包括其省份来源（如山东、河北、吉林、黑龙江等）。

1628 年，漠西厄鲁特蒙古人土尔扈特部首领和鄂尔勒克率其所部及部分杜尔伯特部、和硕特部牧民 5 万户（计 25 万人）西迁，1630 年前后至额济勒河（今俄伏尔加河）下游定居。此为有文字记载最早出现在俄国的中国人。① 1877~1882 年有陕西、青海、甘肃和宁夏的起义回族人，分三批越过天山，移居俄国的中亚地区，他们被称为东干人（Дунган，Dungan），共计 6200 余人，此为土尔扈特人后在俄境居住的最大的中国人群体。② 此外，在 19 世纪末前，在俄国境内还活跃着人数不多，但影响不小的华商群体。其中山西商人居多，清人松筠在《绥服纪略》中记载："所有恰克图贸易商民，皆晋省人。"再以鲁籍商人次之，其中以纪凤台名气最大。③

旅俄华工则是指 1860 年清政府被迫与英法签订《北京条约》，终止 1727 年雍正皇帝所定禁止国人出洋就工的禁律后，所兴起的波及全球的华工潮的组成部分。

1861 年俄国农奴制废除之后，开始其工业和农业方面的结构调整，为解决远东地区缺乏劳动力之虞，沙皇政府于 4 月 27 日颁布新的移民立法，

---

① 1712 年，清奥地学家、康熙朝内阁侍读图理琛奉使途经西伯利亚，两年后至伏尔加河下游，探望土尔扈特部。此为中国官方人士首次俄国之行，而图理琛所写《异域录》也是首部关于俄国风土民情的著作。

② 拉希德·优素波夫：《中亚东干人》，《回族研究》1994 年第 4 期。

③ 纪凤台，山东黄县人，生卒年月不详。自幼随父定居海参崴。毕业于海参崴商务专科学校。初时因收购东北毛皮而发家。1893 年加入俄国国籍，改俄名尼古拉·伊万诺维奇·纪凤台。后借中东铁路修筑和经营而聚敛财富，成为俄远东地区和中国东北的最大华商，最盛时贸易远达河北、河南、山东、安徽等省以及俄国内陆各省份。

吸引和鼓励俄国人和外国人移居黑龙江流域和远东滨海地区，凡定居者除最多分给土地100俄亩，还予以免除兵役10年，免除土地税20年。① 然而这个政策对于刺激俄国人移居东部作用不大。在1859～1882年的24年里，自俄国西部移居远东的人数仅为14409人，平均每年仅约600人。② 因此俄地方政府决定向中国招募工人。19世纪70年代，从中国的山东、吉林招募150名工人，合同期为2年，修筑哈巴罗夫斯克的工事、港口和铁路。此为真正意义上的第一批旅俄华工。③

此后，居住阿穆尔边区的中国人逐年增加，在军事堡垒、海参崴港口、乌苏里铁路建设工地有大量华工。沙皇政府外交部官员戈拉文（В. В. Граве）在赴远东考察后写道："在俄国的远东领土上居住的中国公民人数剧增，极大增加了黄种人的数量。这种现象一方面说明构成阿穆尔河流域总督区治下部分土地，从前属于中国，有中国人居住。另一方面中俄的直接比邻简化了两国移民国界的通道。根据《瑷珲条约》第一款和《北京条约》第一款，俄国政府保证给予居住在上述地区的中国公民以优惠。"在他看来："这是一些从事粗笨工作的人，他们作为伐木者夏天充斥原始森林，作为农业工人充斥着农村，作为工人充斥城市，建造各类房屋，整修街道，在码头上充当搬运工，在小火轮上当水手，总之出现一切需要使用他们粗笨体力的地方。"④

大量中国人移居俄国的原因是什么？戈拉文认为有经济、投机和政治三方面的原因。他认为吸引华工赴俄的首要原因当然是经济因素，即为获得更高的收入。⑤ 俄国驻中国赤峰领事馆1908年给沙皇政府的报告中谈到赤峰当地短工的日工资为15～25戈比，同时期俄国短工的日工资则不低于

---

① 翁特尔别格：《滨海省（1856～1898）》，第64页。
② *Приамурье: Факты, цифры, наблюдения: Приложение к отчёту общеземской организации за 1908 г* М., 1909. с. 52
③ РГИА. Ф. 394. Оп. 1. Д. 7. Л. 88.
④ *Приамурье: Факты, цифры, наблюдения: Приложение к отчёту общеземской организации за 1908 г.* с. 52.
⑤ *Приамурье: Факты, цифры, наблюдения: Приложение к отчёту общеземской организации за 1908 г.* с. 7.

55~87戈比。赤峰当地成年工人年收入不超过42卢布，① 而在俄国华工收入则为152卢布，比在中国能多挣110卢布。②

然而，由于"黄祸论"自西渐东的泛起以及沙皇政府内部的争论，在1886年、1892年沙皇政府连续颁布法令限制外国人在黑龙江流域、滨海地区购买土地，禁止外国人在俄国边境地区居住。但总的来说，这一时期俄国国内以及统治阶层持吸引中国劳动力的论调占优势地位。因此，正如当代俄罗斯学者卢金（А. В. Лукин）所评价的："到19世纪末，中国对于俄国已经不再是单纯的理论问题，而是一个严重的实际政治问题了。"③

从1891年始，横跨欧亚，具有极其重要的军事-战略意义和更为深远的经济-政治意义的西伯利亚大铁路东段（车里雅宾斯克-海参崴）动工了。1896年《中俄密约》签订后，清政府允许西伯利亚铁路伸入中国境内，称中东铁路。而铁路的兴建，无论是在俄国境内，还是后来染指中国东北，都需要大量的劳动力，中国人就成为其主要的来源。在西起车里雅宾斯克，东至海参崴长达7000余公里的西伯利亚大铁路上活跃着10万华工的身影。而中东铁路的横道河子到绥芬河段（3个工区）就有来自山东、河北等地的近4万名工人。

1887年黑龙江的居民人数为40.8万人，到1895年增加到150万人，8年间居民人数增加了约2.7倍。另一组数字表明，1842年东北居民人数为170万人，到1908年增加到15833629人。④

华工赴俄的路线大致有4条。

第一条是从与俄国接壤的东北各边境地区入俄境。水路：兴凯湖—乌苏里江；兴凯湖—乌苏里湾；珲春—图们江—海参崴。陆路：哈尔滨—齐齐哈尔—绥芬河—滨海省；满洲里—外贝加尔。哈尔滨是华工赴俄最重要

---

① *Приамурье: Факты, цифры, наблюдения: Приложение к отчёту общеземской организации за 1908г.* с. 11.
② РГИА. Ф. 394. Оп. 1. Д. 7. Л. 131.
③ 卢金：《俄国熊看中国龙：17~20世纪中国在俄罗斯的形象》，刘卓星等译，重庆出版社，2007，第120页。
④ *Приамурье: Факты, цифры, наблюдения: Приложение к отчёту общеземской организации за 1908г.* с. 346.

的中转站，据沙皇政府外交部官员戈拉文记载，1906～1910年，有24万华工由此赴俄。① 来自山东或河北的华工由关内或者大连乘火车到哈尔滨和宽城子（长春），再经陆路到远东，大连到哈尔滨的火车票是5卢布（后降为3卢布），为路途安全，大部分华工买的是三等车厢票而非四等车厢票，尤其是入俄国境内时。一部分华工从哈尔滨乘车经满洲里或海拉尔抵达俄国的外贝加尔，另一部分华工经瑷珲到滨海省，再有一部分华工到阿穆尔省。

第二条是从山东烟台（时称芝罘）经海路赴俄。烟台是继赴俄第一大陆路口岸——哈尔滨之后的第二大华工赴俄中转站，也是赴俄第一大水路口岸。1906～1910年从烟台出境到海参崴的华工为197879人。同期烟台口岸办理的赴俄就工签证为155078份，仅1906年就达54883份。② 选择此路线出境者基本为山东人。

第三条是经赤峰中转陆路达俄国的弗拉迪沃斯托克（海参崴）。"赤峰口岸成为山东短工出发的主要中转站。"③ 河北籍华工也多选择此条路线。

第四条路线是从大连、营口和丹东到俄国远东地区。1904～1905年日俄战争后，来自吉林和山东的华工也选择此路线，乘坐中国或日本公司的轮船赴俄。

此外，绕道欧洲抵达俄国也是一条线路。十月革命前旅俄华工中有数万人是经西欧随战事进程辗转流落到俄国的。④

在上述陆路、水路和海路口岸都设有俄国人或中国人承包的募工代办处。华工需向他们交纳相较其经济能力而言价格不菲的护照费、签证费、旅行费和手续费，由中俄包工头向俄官方和用人企业以及中国官员交涉并具结，然后将华工从其家乡带到口岸，安排住进专事此业务的旅

---

① *Приамурье: Факты, цифры, наблюдения: Приложение к отчёту общеземской организации за 1908г.* c.112.

② *Приамурье: Факты, цифры, наблюдения: Приложение к отчёту общеземской организации за 1908г.* c.12, 16.

③ Позднее Д. М. *Описание Манчжурии*. СПб., 1897. c.19.

④ 一战期间，法国曾招华工20万人，英国招华工5万人，用于挖战壕、修铁路。一些华工因英法前线败绩成为德奥俘虏，或因伤老病痛而流离欧洲。参见李长傅《中国殖民史》，商务印书馆，1937，第286页。

第二章　迎接苏俄：旅俄华工与十月革命

店，再由店主送华工出境，入俄境后由俄用人企业代表接应并将华工直接送至用人地点和企业。如果华工资金不足，也可赊欠部分川资，待工作期满原路返回时偿还，但包工头或店主要以扣押护照或其他紧要物品为约制条件。在赤峰这样的旅店有数十家，每年此项收入达4000~5000卢布。①

以赤峰口岸为例，募工处的手续费一般为40戈比，包工头为每一华工办理出国文件需向当地道台支付1卢布20戈比，随后向俄驻赤峰领事馆申请签证需支付2卢布25戈比，购买一张去海参崴的船票需支付13卢布，且在登船前必须向随船医生交纳一笔费用。②华工一般乘坐价格较低廉的德国或美国公司的轮船，由于中国乘客要求不高，他们可以和非动物的货物混装。俄国公司的轮船只在最忙季节运输华工。打短工的华工一般每年3~4月赴俄，11~12月从海参崴返回，成年华工平均收入是150~300卢布。③

山东省是华工最主要的来源地。从19世纪70年代第一批华工入俄到1917年十月革命前，山东省是"提供"旅俄华工的"大户"（Лидер по поставке Китайцев），而且来自东北的华工的祖籍也多为山东。因此就不难理解为什么在沙皇政府官方文件和其他俄文文献中留有"山东棒子"（Шаньдунбан）、"山东汉子"（Шаньдунцы）、"山东短工"（Шаньдунские отходники）和"山东蛮子"（Шаньдунские Манзы）等名称了。

1908年海参崴有4万中国人，其中来自山东的有3万人。④仅烟台口岸一地1906~1910年赴俄的山东籍华工人数就有197879人，⑤而且不少人

---

① *Приамурье: Факты, цифры, наблюдения: Приложение к отчёту общеземской организации за 1908г* с. 9.

② *Приамурье: Факты, цифры, наблюдения: Приложение к отчёту общеземской организации за 1908г* с. 9.

③ Сорокина Т. Н. *Китайская иммиграция на Дальний Восток России в конце XIX - начала XX вв* 参见 http://www.omsu.omskreg.ru/histbook/articles/y1998/a013/article.shtml.

④ Петров А. И. Китайская историография и истории Китайцев в царской России. краткий очерк// *Россия и АТР*. 2006. № 1.

⑤ *Приамурье: Факты, цифры, наблюдения: Приложение к отчёту общеземской организации за 1908г* с. 12, 16.

是举家或兄弟相携赴俄的。为此，沙皇政府外交部官员戈拉文认为："有充分理由可认为，在山东有不少这样的家庭，即其家庭成员未曾没有去过阿穆尔边区、西伯利亚和北满洲去挣高工资的了。"①

关于旅俄华工的统计数字是一个难题。当代俄罗斯学者索罗金娜认为："准确统计在阿穆尔地区居住和返回的中国人是极其困难的，因为他们中间的很多人是以步行方式经过没有任何注册的不知名村子出入俄境的。"② 沙皇政府官员施列杰尔认为："中国人总是走在可能只有他们一个人知道的高山和原始森林的小道和我们的国界线上"③。俄国总参谋部上校、俄国皇家地理学会会员纳达罗夫在1886年提供的统计数字表明：1860~1870年乌苏里边区的中国人仅为18人。1879年海参崴中国人数量为1196人。到1885年乌苏里边区和海参崴的常住中国人超过1万人，流动中国人口4000人，同时期该地区的常住俄国人为3万人左右。④

1897年俄国人口普查统计数字表明，远东地区居住中国人57459名，其中男子47431名，妇女10028名。其中有42823人（占总数的74.5%）居住在滨海地区。⑤ 1897年阿穆尔省有中国人11160名，占当地总人口的9.28%，滨海省登记的中国人为31157名，占当地总人口的13.5%。⑥

日俄战争爆发后，沙皇政府限制中国人入境，使华工数量短时间减少。1900年海参崴的华工人数39887名，1901年为44049名，1902年为

---

① Приамурье: Факты, цифры, наблюдения: Приложение к отчёту общеземской организации за 1908г. с.11.

② Сорокина Т. Н. *Китайская иммиграция на Дальний Восток России в конце XIX — начала XX вв* 参见 http://www.omsu.omskreg.ru/histbook/articles/y1998/a013/article.shtml。

③ Шрейдер Д. И. *Наш Дальний Восток*. СП6., 1897. с.200.

④ Сорокина Т. Н. *Китайская иммиграция на Дальний Восток России в конце XIX — начала XX вв* 参见 http://www.omsu.omskreg.ru/histbook/articles/y1998/a013/article.shtml。

⑤ Сорокина Т. Н. *Китайская иммиграция на Дальний Восток России в конце XIX — начала XX вв* 参见 http://www.omsu.omskreg.ru/histbook/articles/y1998/a013/article.shtml。

⑥ Сорокина Т. Н. *Китайская иммиграция на Дальний Восток России в конце XIX — начала XX вв* 参见 http://www.omsu.omskreg.ru/histbook/articles/y1998/a013/article.shtml вв http://www.omsu.omskreg.ru/histbook/articles/y1998/a013/article.shtml。

第二章 迎接苏俄：旅俄华工与十月革命

37024 名，1903 年没有 1 名中国人，只剩下朝鲜人 17376 名。①

从 1906 年开始，赴俄华工人数激增。海参崴当地报纸《我们的边区》（Наш край）描写客货混装船"自由号"离开布拉戈维申斯克（海兰泡）的情景："船上所有的空间实实在在地被前往阿穆尔打工的中国人填满了……码头上站满了从南方来的中国人，他们不得不手持船票按照舱位等级顺序等待登船赴阿穆尔沿岸。由于没有自己位置，每一次轮船离岸后都留下一大批人苦苦等待下一艘轮船的到来。"②

为统计 1906~1910 年赴俄华工人数，沙皇政府外交部于 1911 年特派以官员戈拉文为首的远东考察团赴阿穆尔河流域和中俄边境城市（最南到达中国城市赤峰）对华工人数及生活状况进行调查。戈拉文完成了调查报告《阿穆尔流域的中国人、朝鲜人和日本人：奉使差旅阿穆尔考察团报告》（Китайцы, Корейцы и Японцы в Приамурье Труды командированной по Высочайшему повелению Амурской экспедиции .），于 1912 年在圣彼得堡正式出版。

戈拉文统计 1906~1910 年共有 55 万华工入境，平均每年有 11 万华工入境。大部分华工选择 2~4 月入境，中国春节前的 11~12 月回国。1906~1910 年由中国再度入俄国境的华工人数为 40 万人，永久回国的华工人数大约为 15 万人。③ 华工一般在俄工作 1~3 年就决定永久回国。《我们的边区》报也称："通常中国人在春天里来俄国的阿穆尔河流域打工，这已不是新闻了，但是重要的是，在秋天到来前回国者的百分比却明显地逐年减少，例如去年（1908 年）从阿穆尔河流域回国的中国人数量要比前年低 50%。"④

1910 年的官方统计数字表明，俄境内统计在册的中国人有 11.5 万。

---

① Сорокина Т. Н. *Китайская иммиграция на Дальний Восток России в конце XIX – начала XX вв* 参见 http：//www. omsu. omskreg. ru/histbook/articles/y1998/a013/article. shtml。

② Сорокина Т. Н. *Китайская иммиграция на Дальний Восток России в конце XIX – начала XX вв* 参见 http：//www. omsu. omskreg. ru/histbook/articles/y1998/a013/article. shtml。

③ *Приамурье：Факты, цифры, наблюдения：Приложение к отчёту общеземской организации за 1908г.* с. 21.

④ Сорокина Т. Н. *Китайская иммиграция на Дальний Восток России в конце XIX – начала XX вв* 参见 http：//www. omsu. omskreg. ru/histbook/articles/y1998/a013/article. shtml。

而按照非官方估计，在册和非在册的中国人已达15万。其中在农忙季节和进行重大军事和工程建设季节，会有大量的越境而不在册的中国短工。① 当代俄罗斯学者拉林估计，至第一次世界大战爆发前的1914年，俄国的阿穆尔省和滨海地区的中国人为8万~10万人，而同时期当地俄国居民仅为12万人。② 另一组数字表明，1916年滨海省的华工人数为7.8万人，海参崴居民为8.86万人，其中中国人就有2.9万人。③ 在海参崴设有"中国事务警察局"，专门处理涉及中国人的刑事案件。

1914年11月7日，俄国对同盟国宣战。为解决前线军事需求、巩固后方工业实力，沙皇政府调整移民政策，放松对国外劳动力的限制。华工不仅出现在东西伯利亚、阿穆尔省和滨海地区，而且出现在莫斯科、彼得格勒、巴库、高加索和黑海地区。在俄罗斯最北部的军事重地摩尔曼斯克从事铁路建设的华工近1万人。④ 苏联学者统计，第一次世界大战期间俄国在华招募华工20万~30万人，⑤ 沙皇政府向前线派出的华工共计30余次，人数达8万余名。⑥ "中华旅俄联合会"在1917年12月17日的报告中提及，自1916年夏至今，新招华工人数"已逾十万"。⑦ 根据同期中国驻俄使馆劳务专员提供的统计数字，一战期间，在俄华工有15万人。⑧

表2-1　1886~1900年阿穆尔河流域总督区居住中国人统计数字

年　份	阿穆尔省	滨海省	外贝加尔省	堪察加省	萨哈林岛	总　计
1886	14500	13000	-	0	0	27500
1891	14891	18018	300	0	0	33209

---

① Ларин А. Г. *Китайцы в России вчера и сегодня: исторический очерк* М., 2000. c. 22.
② Ларин А. Г. *Китайцы в России вчера и сегодня: исторический очерк* C. 22.
③ 卢金：《俄国熊看中国龙：17~20世纪中国在俄罗斯的形象》，第123~124页。
④ 卢金：《俄国熊看中国龙：17~20世纪中国在俄罗斯的形象》，第123页。
⑤ *Китайские добровольцы в боях за советскую власть (1918-1922)*. М., осква, 1961. c. 39.
⑥ "中央研究院"近代史研究所编《中俄关系史料：俄政变与一般交涉（1917~1919）》，台北，"中央研究院"近代史研究所，1960，第204页。
⑦ 《中俄关系史料：俄政变与一般交涉（1917~1919）》，第191页。
⑧ 卢金：《俄国熊看中国龙：17~20世纪中国在俄罗斯的形象》，第123页。

续表

年 份	阿穆尔省	滨海省	外贝加尔省	堪察加省	萨哈林岛	总 计
1893	20272	8275	321	0	0	28868
1900	15106	36000	695	0	0	51801

资料来源：Сорокина Т. Н. *Китайская иммиграция на Дальний Восток России в конце XIX – начала XX вв* 参见 http：//www.omsu.omskreg.ru/histbook/articles/y1998/a013/article.shtml。

表 2-2　1910~1914 年阿穆尔河流域总督区居住中国人统计数字

年 份	滨海省	阿穆尔省	堪察加省	萨哈林岛	总 计
1910	60586	31648	234	573	93041
1911	57447	18541	200	485	76673
1912	53698	24156	210	528	78592
1913	48181	29818	135	688	78822
1914	38779	32787	191	472	72229

资料来源：РГИА. Ф. 1284. Оп. 185. Д. 23. Л. 36.；*Записки Приамурского отдела Императорского общества востоковедения* Вып. III. 1915 г. Хабаровск.，1916. с. 186 – 187。

表 2-1、表 2-2 数字是由俄国东方学协会阿穆尔分会于 1915 年提供，以及阿穆尔流域总督区长官 1915 年 6 月 13 日发给彼得堡公务局（Департамент общих дел）的电报中提供的数字组合而成。数字表明，1910 年后在俄华工数量大幅减少，原因是 1910 年 6 月 21 日沙皇政府颁布了限制外国人在俄就业的法令。而在阿穆尔省情况有所不同，因矿山需要劳动力，1911 年上述法令被废止，于是从 1912 年起华工人数大幅回升，滨海省的华工也自然转移到了阿穆尔省。表明在阿穆尔河流域总督区（Приамурское генерал-губернаторство）华工的分布是不平衡的，主要集中在阿穆尔省和滨海省。

四　十月革命与华工大同

早在 1912 年 7 月 15 日，列宁在读了孙中山的《论中国革命的社会意义》之后，写就了《中国的民主主义与民粹主义》。列宁认为："孙中山纲领的字里行间都充满了战斗的、真诚的民主主义。"① 列宁在同年 11 月 8 日发表于《真理报》上的《新生的中国》中再次强调："先进文明的欧洲对中国的新生不感兴趣。四亿落后的亚洲人争得了自由，开始积极参加政治生活了。地球上四分之一的人口可以说已经从沉睡中醒来，走向光明，投身运动，奋起斗争了。"②

自 1860 年以来，在俄各地的华工因受法律、语言、经济以及组织能力的限制，不得不忍受沙皇政府的压迫和资本家的剥削。华俄工人同工但不同酬，俄国工人工资普遍高于华工。据沙皇政府特派远东考察垦殖团提供的资料，1911 年滨海省俄国工人日平均工资为 2.43 卢布，月平均工资为 58.27 卢布，而华工工资仅分别为 1.59 卢布和 38.08 卢布。阿穆尔省的华工工资略高，日平均工资为 2.15 卢布，月平均工资为 50.17 卢布，然而仍远低于俄国工人的 2.89 卢布（日均）和 68.45 卢布（月均）。③ 旅俄侨领刘泽荣④在写给北洋政府的报告中申明："俄人不遵合同，种种虐待；而包工头复种种剥削，苛细备至，甚至私有募巡警，擅立刑讯，毒打工众，工人因此毙命者，所在皆有；因受潮湿，致成残废者，亦指不胜屈。"⑤

正因为如此，绝大多数华工欢迎革命，期待借此改变自己的生活和生

---

① 《列宁全集》第 21 卷，中央编译局译，人民出版社，1990，第 430 页。这是《列宁全集》中以"中国"为题的第一篇文章。写于 1905 年，收入《列宁全集》第 8 卷的《旅顺口的陷落》，虽成文较早，但该文为抨击沙皇政府失败的外交政策而述，内容并未真正涉及中国。
② *Материалы по изучению рабочего вопроса в Приамурье* Вып. 2. 1. *Рабочий рынок Приамурья в 1911г* Амурская область. СПб. ，1912. c. 208.
③ *Материалы по изучению рабочего вопроса в Приамурье Вып 2. 1. Рабочий рынок Приамурья в 1911г* c. 58.
④ 刘泽荣（1892～1970），又名绍周，著名语言学家、外交家和社会活动家，广东高要人。5 岁随父赴俄国办茶厂。毕业于彼得堡大学。1917 年 4 月在彼得格勒发起成立"中华旅俄联合会"（1918 年 12 月更名"旅俄华工联合会"），任会长。曾参加共产国际第一、第二次代表大会，并多次受到列宁接见。1920 年底回国后，初任中东铁路理事会理事，后任东北大学、北京大学、西南联合大学教授。1940 年后任国民政府驻苏大使馆参赞。1944 年任国民政府外交部驻新疆特派员。1949 年后，历任新疆临时外交办事处处长、外交部条约委员会委员、外交部顾问。是第二至第四届全国政协委员。1956 年加入中国共产党。曾任商务印书馆副总编辑，著有《俄文文法》并主编国内首部《俄汉大辞典》。
⑤ 《中俄关系史料：俄政变与一般交涉（1917～1919）》，第 164 页。

第二章 迎接苏俄：旅俄华工与十月革命

存状况。

在十月革命精神的推动和苏维埃政权的帮助下，旅俄中国人和华工也组织起来，维护自己的权利，改变了几个世纪以来在俄国社会中形成的中国人一盘散沙的形象。

旅俄侨领刘泽荣联合其他华人、华商于 1917 年 4 月 18 日在彼得格勒成立俄国第一个华人团体——中华旅俄联合会（Союз китайских граждан в России），刘泽荣任会长，联合会"以辅助旅俄学商工三界为宗旨，无论何界发生何种事故，概由本会竭力设法保护办理"。[①] 联合会与临时政府内务部、彼得格勒自治会、工兵代表苏维埃等机关洽谈，取消华工与俄工之间的不平等待遇，设立华工收容所，仅两个月就收留华人 1000 余人，并提供免费医疗，经费由彼得格勒市自治会拨付 7 万卢布，由联合会自拨 1 万卢布。联合会为华工介绍适当工作，运送病残及失业华工回国，1918 年 5 月已运送 3 万华工回国。

1918 年 12 月 24 日，中华旅俄联合会改名"旅俄华工联合会"（Союз китайских рабочих в России）。会长刘泽荣宣布联合会脱离职业联合会的圈子，拥护布尔什维克的领导，以维护华人华工的合法权益为宗旨。同年 12 月 30 日，在莫斯科召开第一次群众大会，通过了该会章程，选举新的执委会和出席莫斯科苏维埃的代表，出版不定期的刊物《旅俄华工大同报》（Великое равенство），以宣传共产主义思想为宗旨。联合会在萨马拉、萨拉托夫、叶卡捷林堡、上乌丁斯克、彼得格勒、乌克兰、中央亚细亚等地设有分会。

当北洋政府拒绝承认苏维埃政权并召回驻俄外交人员时，旅俄华工联合会是中国公民在苏俄利益的唯一代表，并且使用原中国驻彼得格勒公使馆作为办公地点。1925 年季诺维也夫（Г. Е. Зиновьев）在代表共产国际为孙中山去世所致的唁电中提到："1916 年的一天，当时第一次世界大战方酣，一些布尔什维克在伯尔尼集会讨论民族自决问题。列宁在会上突然建议，布尔什维克将来应和中国革命联合起来。这一提议当时似乎是一种梦

[①] 刘泽荣：《十月革命前后我在苏联的一段经历》，《文史资料选辑》合订本第 60 辑，中国文史出版社，1989，第 201 页。

想。……在 1918 年中国和俄国还被捷克人、社会革命党人和高尔察克分割开来的时候，列宁有一次问到在那些移居俄国的华工中，是否可以挑出革命人士去同孙中山接触。"①

1919 年 3 月刘泽荣以"中国社会主义劳动党"代表的名义参加了共产国际第一次代表大会，受到了列宁的接见，列宁鼓励他："年轻没有失败。希望您继续艰苦拼搏，为广大华工创造更多业绩。"列宁在刘泽荣的通行证上写下特殊批示："要求所有苏维埃政府机关及主管人员对该同志予以一切照顾、关怀。"②

1919 年初，一批华工代表受联合会委派从远东秘密回到中国东北宣传革命。有资料记载："近日由俄国返国的华工开始在中国居民甚至在军队中进行布尔什维克主义的宣传。"③ 1920 年 6 月 15 日，开滦煤矿代总矿师戴莫报告称："我们也可以说从法国、俄国回来大批苦工，带来激进的思想，极近乎布尔什维主义，把这种思想散布在矿上的一些坏人中"。④ 联合会受苏维埃政权委派也曾派人赴广东，试图与孙中山和南方革命政权联系。

1920 年 6 月 25 日，联合会举行第三次代表大会，宣布致力于促进旅俄华工进一步革命化。在这次大会上，成立了"俄国共产华员局"，并于 7 月 1 日得到俄共中央委员会的承认。联合会会员最多时为 10 万人，⑤ 对维护苏俄华工合法权益，促进华工团结起到重要作用，同时对直接提高华工形象、间接提升中国形象发挥了重要的作用。

五 "我们的黄种兄弟"

十月革命爆发后，旅居俄国各地的 6 万华工就积极地参加了布尔什维克

---

① *Правда*，1925 - 03 - 14.
② 刘泽荣：《十月革命前后我在苏联的一段经历》，《文史资料选辑》合订本第 60 辑，第 202 页。
③ *Китайские добровольцы в боях за советскую власть*（1918 - 1922）．М．，1961．c. 42.
④ *Китайские добровольцы в боях за советскую власть*（1918 - 1922）．c. 42.
⑤ *Китайские добровольцы в боях за советскую власть*（1918 - 1922）．c. 42.

领导的革命运动。上海《申报》报道:"约计华侨曾入红军者五万余人,军官亦不下千人。"① 苏联学者波波夫(Н. А. Попов)在《他们同我们一起为苏维埃政权而战》(Они с нами сражались за власть Совета)中称赞:"从彼得格勒到我国北部的喀拉半岛,到我国南部的乌克兰以及高加索地区,到我国西部的战争前沿地带,到我国东部的乌拉尔以及西伯利亚,在所有苏维埃政权受到外国干涉者和国内反革命力量威胁的地方,华工都武装起来,勇敢地参加到十月革命保护者的行列之中了。"②《乌拉尔工人报》(Уральский робочий)写道:"在我们战线上作战的中国团,以其坚强和坚忍不拔的品质而著称,中国团是我们战线上最好的红军部队。"③

数万华工以自己的牺牲赢得了布尔什维克、苏维埃政权和全体俄国(苏联)人民的尊敬,也促进了俄国(苏联)社会重新认识中国文化和中国人,在俄国(苏联)人中形成全新的"中国形象"。在十月革命以及国内战争和反对帝国主义武装干涉苏维埃政权时期,在红军中活跃着由6万华工组成的孙福元中国营、任辅臣中国团、张福荣中国营、伏龙芝中国独立团、包其三中国营、桑富阳中国营、韩喜顺中国支队、敖德萨中国独立支队、比里多诺夫中国支队和别尔米中国支队,他们为保卫苏维埃政权英勇战斗,得到了列宁和俄共(布)、苏维埃政权的嘉奖。④

《共产主义者报》(Коммунисты)载:"中国团队是我们战线上最顽强的部队。中国团之所以有这样顽强的战斗力,在于他们对共产主义事业的无限忠贞,在于官兵间有着血肉相连、生死与共的阶级感情。"⑤

1918年11月23日,著名的中国团团长任辅臣在率队保卫乌拉尔维亚

---

① 《申报》1921年9月26日。

② Попов Н. А. Они с нами сражались за власть Совета. М., 1948. c. 23 – 25.

③ Уральский робочий, 1918 – 09 – 01.

④ 中苏学者对此均有深入研究。俄文代表作有:波波夫《他们同我们一起为苏维埃政权而战》、《为苏维埃政权而战的中国志愿军,1918~1922》(Китайские добровольцы в боях за советскую власть 1918 - 1922, М., 1961)。中文代表作有:李永昌《旅俄华工与十月革命》,河北教育出版社,1988;薛衔天、黄纪莲《中国人民对十月革命的支援》,《世界历史》1987年第5期。

⑤ Коммунисты, 1918 – 10 – 04.

车站的战斗中英勇牺牲，终年 34 岁，后被安葬在车站附近。《公社社员报》（Коммунары）写道："中国团团长任辅臣同志壮烈牺牲了。任辅臣同志在中国侨民中享有很高威信，他把在中国人中间的影响和威信全部献给了苏维埃俄国。由他领导的中国团部队是我们战线上最坚强的、最可信赖的部队。革命战士们将永远记着为全世界被压迫者的事业而献出了生命的中国人民的儿子——任辅臣同志。"① 1921 年，苏俄人民委员会主席列宁在克里姆林宫会见了任辅臣的遗孀张含光及其子女，盛赞任辅臣是杰出的指挥员和真正的布尔什维克。1989 年 11 月 2 日苏联特命全权大使特罗扬诺夫斯基（О. А. Трояновский）代表苏联政府向任辅臣追授苏联最高战斗勋章——"红旗勋章"，并强调："这是为了表彰任辅臣同志在苏联国内战争期间的特殊功勋，表彰他在乌拉尔粉碎高尔察克白匪军战斗中的英勇无畏和自我牺牲精神，表彰他为铸造苏中两国人民的战斗友谊所做出的巨大贡献。"

1919 年 9 月 15 日《武装的人民报》（Вооруженный народ）发表《我们的黄种兄弟》（Наши желтые братья），文章表示："所有帝国主义者都对中国咬牙切齿，他们想让我们相信，中国人是低等种族，中国人生来就是为让美国、英国、日本、俄国和其他任何一个国家的资本家用他们的鲜血养肥自己。……我们不应该驱赶自己的黄种兄弟，而应该启发和组织他们。要知道，俄国的中国工人阶级正在拿起武器，建立自己的队伍，为苏维埃政权、社会主义而英勇牺牲。要知道，在黄皮肤下面流淌着红色的无产阶级的鲜血；在黄色的胸膛里，英勇的心脏与世界无产阶级的心脏合着一个节拍跳动；黄色的双手高举着国际的红色的旗帜。"②

华工是 19 世纪末 20 世纪初跨国界的历史 - 文化现象，而旅俄华工就其历史起源、人口数量、生存际遇和活动区域等方面都堪称鲜见。这一特殊群体及其生存和活动方式，不仅促进了中俄两大民族的相互认识、两大文化的碰撞交流，而且促进了现代中国形象在俄国（苏联）的形成，即超越了俄国（苏联）人乃至欧洲人传统的历史 - 文化视野之下的负面中国形象，初步形成了现代中国的正面的政治 - 革命形象。

---

① *Коммунары*, 1918 - 12 - 28.
② *Вооруженный народ*, 1919 - 09 - 15.

第三章　黑白或灰：克伦斯基与俄国革命的另类标本

"知识分子与革命"这是一个典型的俄国式命题，它时常似幽灵般闪现在每一个俄国历史的重要时刻，既诱惑着俄国知识分子，也迷惑着历史学家以及广大的历史旁观者。

在中国人最为熟悉的苏联老电影《列宁在十月》（Ленин в Октябре）中，行将垮台的"资产阶级临时政府"的"末代总理"克伦斯基（А. Ф. Керенский）是一个拘谨懦弱、优柔寡断，或色厉内荏的失败政客形象。但观众或许不知，这个滚滚革命浪潮之下的"革命死敌"，曾经也是一个叱咤风云和为民请命的"革命之子"呢！

整整一百年过去了，所有的历史之谜已基本解开。依据历史文献档案，我们试图勾画出改变了世界格局的1917年俄国两场大革命的参与者和苏联命运的见证者——克伦斯基的真实面貌。

一　从边城才俊到"革命之子"

克伦斯基于1881年5月4日（俄历4月22日）出生于俄国伏尔加河畔的辛比尔斯克。这一年是俄国历史剧烈变动之年，就在克伦斯基出生的52天前（3月13日），因签署《废除农奴制法令》而获得"解放者沙皇"之称的亚历山大二世倒在了民意党人刺客的炸弹声中，其子新沙皇亚历山大三世登基后即开始了疯狂的报复，而革命派则以更激进的政治恐怖予以还击。

亚历山大是克伦斯基家族的长子，但是中国人已经习惯了他在电影《列宁在十月》中的称呼，而"克伦斯基"在俄国人中几乎是一个绝无仅有的特殊姓氏，克伦斯基的祖父早年曾在奔萨省的克伦基（Керенки）村做东正教教士，后来就将此村名作为自己家族的姓氏——克伦斯基（Керенский）。

克伦斯基的故乡辛比尔斯克是俄罗斯帝国欧洲地区偏中南部的一个古代边城。在金帐汗国瓦解之后，此地成为俄罗斯人、楚瓦什人、乌克兰人、莫尔多瓦人、鞑靼人和哥萨克人的杂居地。早在1648年，罗曼诺夫家族的第二位沙皇、彼得大帝的父亲阿列克谢下令在伏尔加河西岸的山顶上建造了一座名为辛比尔斯克的堡垒，目的是抵御屡犯其东部边境的游牧民族，到了彼得大帝时代（1682~1725）这座堡垒也自然成为俄国向东部扩张的一个立足点。女沙皇叶卡捷琳娜二世统治末年（1796）下令建制辛比尔斯克省，首府即设在辛比尔斯克。极为有趣的是，根据俄国语言学家的研究，"辛比尔斯克"（Симбирск）在当地的楚瓦什语里意为"白色的山"，在莫尔多瓦语中意为"绿色的山"，在突厥语中却是"一座坟墓"之意。①

在这座古老城市里还诞生了另一位影响俄国历史进程的重要人物，那就是比克伦斯基大11岁的列宁［1870年4月22日（俄历4月10日）］。弗拉基米尔（Владимир）是列宁的名字，"列宁"（Ленин）是列宁成为职业革命家后用的姓氏，据说来自北方大河——勒拿河（Лена），乌里扬诺夫（Ульянов）才是列宁真实的姓氏，1924年列宁病逝后，辛比尔斯克改名为乌里扬诺夫斯克（Ульновск），作为对他的纪念。

克伦斯基与列宁是不共戴天的"政治死敌"，但这两位乡党在当年却有着极其特殊的关系。列宁的父亲伊利亚·尼古拉耶维奇·乌里扬诺夫（Илья Николаевич Ульянов）曾身居高位，是辛比尔斯克省的教育督学，而克伦斯基的父亲费多尔（Фёдор Михайлович Керенский）曾担任辛比尔斯克男子贵族中学校长职务。因此，费多尔是伊利亚的部下，但伊利亚的儿子弗拉基米尔（列宁）却是费多尔最喜爱的学生。列宁与克伦斯基自童年开始，两个家庭就结成了亲密的友谊。列宁的哥哥亚历山大也曾是辛比

---

① Барашков В. Ф. По следам географических названий Ульяновской области. Ульяновск. 1954. с. 19.

第三章　黑白或灰：克伦斯基与俄国革命的另类标本

尔斯克中学的优等生。1887年，亚历山大因为参与民意党人刺杀沙皇亚历山大三世行动而被处决，列宁的父亲伊利亚被免除职务，但克伦斯基一家仍然对乌里扬诺夫一家以友情相待。列宁的父亲伊利亚于1886年就去世了，克伦斯基的父亲费多尔校长就扮演了乌里扬诺夫家族子女监护人的角色。

乌里扬诺夫家族被政府和世人视为戴罪之家，但费多尔校长仍然不弃不离，以自己人格和荣誉做担保，颁发给以优秀成绩中学毕业的列宁以金质奖章。费多尔校长在他的毕业操行鉴定上写着："他的举止非常出色，听课和准备功课都没有缺点，书面作业完成得也很优秀。学习刻苦，对各门课程都很好学，特别喜欢拉丁语和数学。"① 继而列宁以优异成绩考入喀山大学法律系，而费多尔校长对他的专业选择非常失望，他原来极力推荐爱徒备考喀山大学历史－语言系，因为他本人就毕业于这所大学的这个院系，他更希望列宁像他一样成为一位拉丁语学家。克伦斯基曾表示，列宁去喀山大学上学的路费也是他父亲所赠。列宁本人后来回忆起这件事的时候，也是对克伦斯基的父亲费多尔校长充满感激的。② 然而，入学仅仅三个月，列宁就因参加民意党被喀山大学开除，而列宁的担保人费多尔校长自然受到牵连。1889年，费多尔校长被派到中亚的塔什干贵族中学担任校长职务，后来他获得了世袭贵族的头衔。

少年体弱多病的克伦斯基，随父迁居中亚，进入塔什干贵族中学读书。中学时代的克伦斯基以勤奋好学而闻名，并且擅长舞蹈和演讲。克伦斯基热衷戏剧表演，他在果戈理的戏剧《钦差大臣》（*Ревизор*）中成功地扮演了纨绔子弟赫列斯塔科夫角色。1899年，克伦斯基以优异成绩从中学毕业，奉父命考入了彼得堡大学历史－语言系，但因兴趣原因最终转到法律系。大学时代的克伦斯基身材高大，黑发鹰鼻，引人注目。但是，列宁在回忆中谈到克伦斯基时，对他的印象并不好，称童年和少年时代的克伦斯基是"小拿破仑""小牛皮大王"。但命运总将两人联系在一起，列宁

---

① Елизарова - Ульянова А. И. Ленин Владимир Ильич//*Деятели СССР и революционного движения России：энциклопедический словарь Гранат*. М.：Советская Эциклопедия，1989. c. 498.
② Логинов В. Т. *Владимир Ленин Выбор пути：Биография*　М.：Республика，2005. c. 210.

因参加政治活动被喀山大学开除学籍,后虽然身为职业革命家,但仍不忘求学,后来以编外学生身份参加彼得堡大学法律系的考试并获得毕业证书。于是,两个乡党再次成了校友兼系友。

众多的西方历史学家和传记作家困惑于一个问题:列宁与克伦斯基自童年至青少年时代,生活的人文地理和社会环境完全相同,家庭环境和所受教育均极其相似,但为何孕育了截然不同的性格呢?一个果断刚毅且审时度势;一个优柔寡断且虚荣善变。这些性格上的差异影响了他们的政治之路。

1904年12月,克伦斯基以优异成绩获得大学毕业证书。他被聘为彼得堡著名律师奥贝尔(Н. А. Оппель)的助理律师。充满工作热情和正义感的克伦斯基参加了为1905年1月9日(公历1月22日)爆发的抗议沙皇政府政治迫害和呼吁结束日俄战争的"流血星期日"事件的受害者辩护的律师团,这也是他接手的第一个案子。① 克伦斯基撰写了社会主义革命公告《海燕》(Буревестник),称赞"流血星期日"牺牲的工农群众是"革命的海燕",发布在《武装起义的组织》(Организация вооружённого восстания)传单上。② 值得一提的是,作家高尔基也是在得知"流血星期日"事件真相后,在同一时间里写下了同名长诗《海燕之歌》(Песня о Буревестнике),他因此被列宁称为"俄国革命的海燕"。克伦斯基激进的政治主张立即引起沙皇政府秘密警察的注意。同年12月23日,克伦斯基被逮捕,警察在他彼得堡的寓所里搜出左轮手枪和《武装起义的组织》传单。1906年4月,克伦斯基因证据不足被释放,而克伦斯基一家被流放到塔什干,同年8月驱逐令解除后,克伦斯基才得以返回彼得堡。

克伦斯基积极参与维护工人和农民权益的政治案件的辩护工作。1909年12月,克伦斯基晋升为大律师。1910年,他成为土尔克斯坦社会革命党案件的主辩律师,以充分的证据和雄辩之才论证了社会革命党人反政府的武装活动是正当行为,最终使社会革命党人免于死刑。

此时的克伦斯基在工人、农民等普通百姓中,在社会民主党和社会革

---

① Федюк В. П. *Керенский*. М.: Молодая гвардия, 2009, c. 35.
② Керенский А. Ф. *Россия в поворотный момент истории*. М., 2006. c. 87 – 88.

第三章　黑白或灰：克伦斯基与俄国革命的另类标本

命党等激进政治组织中已荣获"革命之子"大名。

1912年初，克伦斯基参与了为"亚美尼亚革命联盟"（дашнакцутюн）暗杀团成员做无罪辩护的活动。同年，克伦斯基参加了为著名的西伯利亚连那（Лена）金矿"连那惨案"辩护的公共律师团，抗议沙皇政府军警对罢工工人的射杀暴行。有趣的是，列宁的这个革命姓氏的一个来源据说也是为了纪念"连那惨案"。随后，克伦斯基被基辅高等法院以藐视法庭罪名判处有期徒刑8个月。1913年6月，克伦斯基以其政治威望当选为第四届贸易和工业者全俄代表大会主席。1914年，克伦斯基被萨拉托夫省沃里斯卡市推举为第四届国家杜马议员。也正是在这一年，克伦斯基正式加入社会革命党。成立于1902年的俄国社会革命党是一个比布尔什维克资格还要老的左派政党，其社会基础与布尔什维克相同，因此在工人、农民和士兵中极有政治影响，在20世纪初的三次革命（1905年、1917年二月和1917年十月）中，直至1920年都扮演了重要角色。克伦斯基加入社会革命党，实际上代表了最下层工农百姓群众的政治呼声，他从1915年起就成为国家杜马中左翼"劳动派"（трудовики）的党团领袖。

到1916年，克伦斯基已经成为国家杜马中左翼党团当仁不让的领袖和代言人。他屡屡在国家杜马讲坛上激烈批评深陷战争危机的沙皇政府，指责军队和官场上的贪污腐化和宫廷黑幕。在1916年12月的讲话中，他直接呼吁推翻沙皇专制制度。因此，皇后亚历山德拉（Аласднра феодоровна）曾用法语愤愤不平地表示："这个克伦斯基是最讨厌的和最不可信任的。"[1] 其实，这位来自德国黑森的公主，虽面容靓丽端庄，却屡屡挟夫干政，甚至与来自西伯利亚的拉斯普丁关系暧昧，被世人称为"黑森的苍蝇"！

俄国革命中的另一个重要人物苏汉诺夫（Н. Н. Суханов）在《革命札记》（Записки о Революции）中曾提及，在1917年二月革命前，克伦斯基已成为沙皇政府的眼中钉，他为躲避秘密警察的监视，在大街上时而跳上开动的电车，时而快速奔跑，时而换上另一辆出租汽车，一副时刻警惕的样子。[2] 曾经在美国采访过克伦斯基的历史学家乌杰辛（С. В. Утехин）

---

[1] Федюк В. П. *Керенский*. с. 121–122.

[2] 参见 https://ru.wikipedia.org/wiki/Керенский, Александр_ федорович.

笔下的克伦斯基却是另一个形象:"1916年他不得不摘除一个肾。而1917年,他大部分时间都处在病痛折磨之中。你还记得,他歇斯底里和突然昏倒了的样子,他经历了几乎无法忍受的痛苦。"①

至此,一直站在俄国政治前台的克伦斯基展示于人的形象仍然是业务娴熟和颇具正义感的大律师,是思想激进和为民请命的知识精英。并且,尽管随着年龄增长和政治信念的分歧,克伦斯基和列宁这对童年伙伴几乎失去了面对面交谈的机会,但他们都瞩望社会主义政治理想;尽管他们分属不同的政党组织,但是在推翻沙皇体制方面有着共同的目标和合作关系。

二 辉煌散尽后的"革命之敌"

1917年3月(俄历二月),震撼世界的革命似乎突然到来,统治俄国304年之久的罗曼诺夫王朝和专制制度随即灰飞烟灭。俄国民主革命胜利的取得,是俄国反对沙皇专制制度的各种政治力量"合力"的结果。二月革命之后,列宁就曾指出:"革命胜利之所以那样迅速,而且从表面上乍一看是那样彻底,只是因为在当时那种异常奇特的历史形势下有两个完全不同的潮流,两种完全异样的阶级利益,两种完全相反的政治社会倾向汇合起来了,并且是十分'和谐地'汇合起来了。"② 除了布尔什维克领导的来自最下层的广大人民群众的武装斗争和革命行动之外,资产阶级在上层的政治活动也对革命运动的发展起到了推动作用。20世纪初的俄国,存在着无产阶级革命民主派、资产阶级自由派和地主贵族阶级顽固派三种政治力量,三种力量的分合较量决定着俄国社会的前途、决定着俄国专制制度的命运。从总体上看,资产阶级在两次民主革命中充当了专制制度的政治反对派,长期倾向于民主派阵营,为争取立宪改革及民主权利进行了持久的努力。列宁认为:"这次革命的第一阶段首先向我们表明,当时有两种力量共同打击沙皇制度:一方面是俄国整个资产阶

---

① 参见 https://ru.wikipedia.org/wiki/Керенский,Александр_федорович。
② 《列宁全集》第29卷,第15页。

级和地主连同他们的不自觉的追随者,再加上他们所有自觉的领导者,即英法两国的大使和资本家;另一方面是已经开始在吸收士兵和农民代表参加的工人代表苏维埃。"①

二月革命之后,在短时间内,俄国国内出现了政治真空状态。二月革命时,布尔什维克仅有2万余人,而且列宁和他的战友们,或者流亡国外,或者流放西伯利亚,或者被关进监狱,国内的无产阶级力量严重不足。相反,资产阶级拥有财富和政治经验,并且拥有一些合法活动的阵地,他们广泛利用报纸、刊物等宣传工具,把大量的农民和小资产阶级市民吸引到自己一方,这使得资产阶级具有极大的政治优势。

1917年2月27日(俄历2月14日),是二月革命爆发的前夜。克伦斯基在国家杜马发表的演讲中强调,"俄国人民此刻的历史任务是立即不惜一切代价推翻中世纪制度"。克伦斯基善于用浅显易懂的语言与工人士兵交流,在众多政治活动家中脱颖而出。克伦斯基是最早领导起义士兵的人之一,形成了一个被称为"克伦斯基司令部"(Штаб Керенского)的非正式的指挥机构。它担负起领导起义士兵和工人同旧政权的军警做斗争的任务。在这个过程中,克伦斯基累积了大量的政治资本。

而十月党人和立宪民主党人拥有政治经验,并且控制原国家杜马席位,并且得到欧美国家的承认。因此,在1917年3月15日(俄历3月2日)成立的临时政府中,代表资产阶级的十月党和立宪民主党人占据绝对多数席位,唯一代表中下阶层的就是来自社会革命党的克伦斯基,担任新政府的司法部部长。法国驻俄大使莫里斯·帕列罗格(Maurice Paléologue)在同日凌晨写下的日记中如是说:"这位年轻的议员克伦斯基,他自己创造了自己,他作为一名律师,带着政治进程中所获的荣誉,已经成为新政权中最活跃的和最坚决的组织者中的一员了。"②

而克伦斯基的个人道路和人生也随着这场革命发生了巨变:在身份上,从知识分子变成了政治家;与列宁的关系,由曾经的同道战友变成了死敌;在个人际遇上,由俄国命运执掌者最终变成了个人命运被他人掌

---

① 《列宁全集》第29卷,第12页。

② 参见 https://ru.wikipedia.org/wiki/Керенский,Александр_Федорович。

也正是在3月15日21时，彼得格勒工人士兵苏维埃第一次会议在塔夫利达宫开幕，孟什维克代表齐赫泽（Н. С. Чхеидзе）被选为苏维埃执行委员会主席，社会革命党代表克伦斯基当选为副主席。战斗在另一条战线上的列宁把这种特殊的政治格局称为"两个政权并存"。

列宁这样看待两个政权并存的局面："一个是主要的、真正的、实际的、掌握全部政权机关的资产阶级政府，即李沃夫之流的'临时政府'；另一个是补充的、附加的、'监督性的'政府，即彼得格勒工兵代表苏维埃，它没有掌握国家政权机关。但是它直接依靠显然是绝大多数的人民，依靠武装的工人和士兵。"① 而克伦斯基则成为两个权力中心的唯一中间人与沟通者。

1917年4月17日（俄历4月4日），列宁从芬兰归来，随即在《论无产阶级在这次革命中的任务》（*Задачи пролетариата в нашей революции*）的演讲中宣布将革命进行到底，即推翻临时政府和"全部政权归苏维埃"。临时政府宣布列宁为"德国间谍"，身为司法部部长的克伦斯基开始了对"童年挚友"的追捕。

列宁被迫秘密转移到靠近芬兰的拉兹里夫湖畔，他居住在一个用树枝架起来的草棚里。列宁曾幽默地把这个草棚称为"我的绿色办公室"。在那里，他写成了极其重要的著作——《国家与革命》（*Государство и революция*），阐明了无产阶级通过武装斗争的形式打碎旧的国家机器，建立无产阶级专政的必要性。

1917年5月18日（俄历5月5日），临时政府发生信任危机，克伦斯基出任改组后的陆海军部部长。自此，克伦斯基经常身着军服，留着标志性的盈寸短发（这个"海狸"式发型是他第一任妻子奥丽嘉设计的，他一直保持此发型到去世），面容严肃不苟言笑地出入公开场合，尽管他从来没有在军队服役过，也没有任何军职军衔。当克伦斯基的汽车行驶在彼得堡涅瓦大街上时，蜂拥上来的妇女把手中的百合花和玫瑰花撒到他的身上。临时政府控制的报纸力图将克伦斯基塑造成"救世主"，称他为"革

---

① 《列宁选集》第3卷，中央编译局译，人民出版社，1995，第40页。

命的骑士"（рыцарь революции）、"狮子般的雄心"（львиное сердце）、"革命的初恋"（First love of the revolution）、"人民的代言人"（народный трибун）、"俄罗斯自由的天才"（гений русской свободы）、"俄罗斯自由的太阳"（солнце свободы России）、"人民领袖"（народный вождь）、"祖国拯救者"（спаситель Отечества）、"革命的先知和英雄"（пророк и герой революции）、"人民的第一总司令"（первый народный главнокомандующий）。有人提议设立"克伦斯基人道主义之友基金"（фонд имени Друга Человечества А. Ф. Керенского），甚至连宣布退位命运未卜的末代沙皇尼古拉二世（Николай Ⅱ）在1917年7月的日记中也写道："这个人在当前时刻在自己的位置干得不错，算是他的政权中最精明能干的一个了。"①

克伦斯基坚持把仗打下去，他亲赴前线，劝说士兵不要放下武器，士兵们讥笑他是"劝说部长"（главно‐уговаривающий）。7月22日（俄历7月7日），临时政府进行第二次改组，36岁的克伦斯基被推上了总理宝座，同时兼任陆海军部部长。俄国报刊鼓吹的"克伦斯基攻势"在德军的反击下大败，这耗尽了前线士兵最后一丝士气，也败坏了克伦斯基"救世主"的形象，人们开始贬称他为"沙皇亚历山大四世"（Александр Ⅳ），因为他的名字中也有"亚历山大"。谣传他最喜欢冬宫里末代沙皇尼古拉二世用过的家具，每天睡在皇后亚历山德拉的龙床上。后来，苏联著名诗人马雅科夫斯基为此还赋打油诗一首："皇宫是由拉斯特雷利建造，皇帝老儿在此出生、长大和衰老。皇宫没想有此妄为之徒，皇后也无法想象到：大律师在龙床上伸着懒腰。他忘记了什么阶级和政党，也忘记应尽的政治之道。这个人眼睛像拿破仑，灰色套装整日身上罩。"②

三 共济会的"总书记"

从1915年至1917年，克伦斯基还一直担任一个特殊职务——俄国共

---

① Федюк В. П. *Керенский*. с. 121.
② 参见 https://ru.wikipedia.org/wiki/Керенский，Александр_федорович.

济会"俄罗斯人民大东方"(Великий восток народов России)最高委员会的"总书记"(генеральный секреталь)。

共济会(масон)是典型的18世纪俄国欧化的舶来品,甚至有人认为彼得大帝就是被国外共济会吸收入会的第一个俄国人。与在英国、法国和意大利等西欧国家的共济会不同,原来由"自由石匠"(freemason)等社会中下层建立的共济会,一入俄国就走的是上层路线,即俄国共济会主要在上流社会和贵族阶层中发展成员,如作家普希金、十二月党人甚至包括许多皇室成员,如沙皇彼得三世(Петр Ⅲ)。因此,俄国共济会在18世纪以来俄国的政治和社会变迁中扮演了一个极其特殊的角色。

关于俄国共济会在二月革命及后来临时政府中的作用,俄罗斯学者也做了有益的研究。依据一些新发现的历史档案[即俄罗斯人民大东方共济会组织秘书长涅克拉索夫(Н. В. Некрасов)在1920~1930年所做的笔录],雅科夫列夫(Н·Яковлев)指出,俄国共济会当时在国家杜马和资产阶级夺取政权的斗争中起了影子指挥部(теневой штаб)的作用。当代俄罗斯学者布拉切夫(В. С. Брачев)根据一些参与了二月革命及临时政府活动的共济会会员们的回忆录得出结论:俄国共济会在二月革命的胜利完成及后来联合临时政府的组建、克伦斯基对待战争的态度等方面发挥了巨大作用,事实上成为俄国二月革命的领导中心。[1]

苏联时期历史研究的重要刊物《苏联历史》(История СССР)分别于1989年第6期、1990年第1期刊登了由列宁格勒赫尔岑国立师范学院教授、历史学博士斯塔尔采夫(В. И. Старцев)整理的美国斯坦福大学的胡佛战争、革命与和平研究所(The Hoover Institution on War, Revolution, and Peace)收藏的一些档案材料,材料包含20世纪20年代尼古拉耶夫斯基同一些参加过二月革命的俄国共济会会员的谈话记录,披露了俄国共济会在二月革命期间所起的鲜为人知的作用。此外,1912年制定的俄国人民大东方共济会的组织章程也被公布。

1997年出版的俄罗斯历史学家别尔别洛娃的著作《人与分会:20世纪的俄国的共济会会员们》(Люди и ложи Русские масоны ХХ столения)是

---

[1] Брачев В. *Масоны у власти*. М., 2006. с. 43.

一本研究俄国共济会的必备之作。在书的"档案材料"（архивные материалы）一章，作者披露了20世纪初一些俄国共济会会员的个人材料，包括克伦斯基、古奇科夫（А. И. Гучков）、马克拉科夫（В. А. Маклаков）等人的档案材料。

1998年第11～12期的俄罗斯《历史问题》（Вопросы истории）杂志还刊登了苏联时期国家内务人民委员会分别于1921年、1931年及1939年对原临时政府交通部部长、原俄国共济会领袖涅克拉索夫的审讯记录。在这份审讯记录中，涅克拉索夫供认，俄国共济会在二月革命中"起了一定作用"，这也构成了研究20世纪初俄国共济会与俄国政治关系的重要依据。

美国学者马克·斯坦伯格（Mark D. Steinberg）的著作《罗曼诺夫王朝覆灭》(The Fall of the Romanovs: Political Dreams and Personal Struggles in a Time of Revolution)[①]也披露了二月革命中沙皇政府走向毁灭时的一些书信、电报等，是研究二月革命期间俄国共济会活动的辅助性材料。同样，俄国共济会领袖、临时政府总理克伦斯基和一些二月革命参与者的回忆录构成了研究20世纪初共济会与俄国政治关系的直接材料。

克伦斯基在回忆录《历史转折中的俄国》（Россия на историческом повороте）中谈道："1912年我加入了共济会。后来我被选进国家杜马。再后来经过认真考虑后，我得出结论：我个人的目标与共济会的目标是一致的，因此就接受共济会的邀请。这不是一个平常意义上的共济会，它断绝与外国组织的一切联系，并允许妇女加入。此外，共济会复杂的仪式、等级制度已被淘汰。保留的仅仅是不可或缺的内部纪律，对会员的崇高道德素质的要求，以及严守秘密的能力。"[②]该组织的最高理事会成员还包括另一个阵营——苏维埃政权的领袖齐赫泽、苏汉诺夫等人。

当代俄罗斯学者佩尔武申（Н. Первушин）在所著《1906～1918年的俄国政治共济会》中指出："如果我们仔细地研究一下1917年2月到8月间临时政府的所有成员，那么就会发现，克伦斯基、涅克拉索夫和捷列先

[①] 斯坦伯格：《罗曼诺夫王朝覆灭》，张蓓译，新华出版社，1999，第87页。
[②] Керенский А. Ф. Россия в поворотный момент истории. с. 190.

科这三个共济会员在其间发挥了重大作用。"①

1917年7月3日爆发了群众游行示威事件,彼得格勒工兵苏维埃中央执行委员会主席齐赫泽宣布2周后召开全俄工兵苏维埃第二次代表大会,讨论是否将所有权力收归苏维埃。然而到了7月8日,苏维埃中央执行委员会却宣布克伦斯基的临时政府是革命政府,并将所有权力移交给临时政府。列宁视齐赫泽和苏维埃中央执行委员会的决定为"叛卖"行为,给予了严厉的批判。7月22日,克伦斯基顺利组建了第二届联合临时政府,并如愿登上总理宝座。同一天,克伦斯基以总理名义签署逮捕令,宣布列宁、季诺维也夫和托洛茨基等人为"德国间谍"。

在相当长时间内,同时代人和历史学家无法解释齐赫泽为何"叛卖"?而最新公布的档案文献足以说明一切:尽管在公开场合,临时政府总理克伦斯基与苏维埃政权主席齐赫泽是政治对手,但是暗地里他们却是俄国共济会的"亲兄弟"。临时政府部长办公厅主任加林别林(А. Я. Гальперин)是克伦斯基的密友,身兼俄国共济会最高委员会成员,他后来回忆:"齐赫泽是共济会会员这一事实,大大减少了我遇到的困难,我可以很直率地和他说:还固执什么?因为我们所有人都认为这是错误的,应该改正它并按照我们的方案做。"②

直到十月革命前,俄国共济会最高委员会在政坛上的活动仍然十分活跃。加林别林回忆:"最高委员会的最后一次会议是在9月末或者10月初举行的,因为来了一些基辅人——格里戈罗维奇·巴尔斯基(Григорович-Барский)和切巴科夫。这是整个革命期间唯一一次这样的会议,在其他会议上都没有基辅会员参加,齐赫泽也参加了这次会议。格里戈罗维奇·巴尔斯基和切巴科夫来彼得格勒是为了向政府汇报一些情况,根据他们的说法,是为了揭穿一些乌克兰人的真正意图,这些乌克兰人此时主张把乌克兰从俄罗斯分离出去并转向亲德的立场,他们来彼得格勒的另一个目的是要让政府同这种分离主义做斗争。在最高委员会的这次会议上这些来自基辅的会员痛

---

① Первушин Н. Русские масоны и революция//Олег Платонов, Терно выйвенец России-Тайная история масонства (Документы и материалы). М., 2000. Т. 2. с. 203.
② Русское политическое масонство. 1906 – 1918 гг. (Документы из архива Гуверовского института войны, революции и мира)//История СССР, 1990, №1.

苦地抱怨说，政府在让步问题上走得太远了。所有最高委员会与会发言的成员，包括齐赫泽在内，都认为临时政府有必要采取措施反对乌克兰分离主义。在这样的精神影响下，最高委员会做出决议，决定督促临时政府反对乌克兰分离主义。这是最高委员会的最后一次会议，之后不久就发生了布尔什维克革命，最高委员会召开会议也不再可能：克伦斯基和 H. B. 涅克拉索夫不知去向，很快我也去了芬兰，在那里一直待到1918年4月。"①

但是俄国共济会和共济会内的"兄弟之情"无法拯救克伦斯基的命运。克伦斯基在回忆录和晚年接受采访中多次谈到，他任总理期间犯下的最大错误就是任命科尔尼洛夫（Л. Г. Корнилов）将军为俄军最高统帅。1917年9月7日，科尔尼洛夫以军事政变和率领精锐哥萨克骑兵师进军彼得格勒来"回报"克伦斯基的"知遇之恩"。惊慌失措的临时政府和克伦斯基被迫向彼得格勒苏维埃求援，与其结成反对科尔尼洛夫的联盟，5天后才平息了科尔尼洛夫的叛乱。1967年加拿大广播电台在俄国十月革命50周年时在纽约采访了克伦斯基，他承认："50年来，我对这个问题曾经反复思考过许多次。我发觉在处理科尔尼洛夫叛变案中铸下了大错。科尔尼洛夫事件也许是我的政府的致命伤。……科尔尼洛夫事件对士兵们、彼得格勒的工人以及各社会党的领袖们造成了重大的心理影响，他们对临时政府的信心降低了，因而使政府的地位更为削弱。"②

在这次政治事件中，充分显示了苏维埃政权的力量，从侧面反映了临时政府和克伦斯基的无能与软弱。临时政府的统治危机越来越深，克伦斯基于9月12日（俄历8月30日）宣布自任最高总司令，9月14日（俄历9月1日）宣布成立以他为首的5人执政内阁。同一天，俄国宣布改制为共和国。

10月20日（俄历10月7日），列宁由布尔什维克交通员拉海亚（Лахай）护送，经过化装，戴着假发，乘着一辆煤水车，秘密回到彼得格勒。10月23日（俄历10月10日），布尔什维克党中央召开紧急会议，最

---

① Русское политическое масонство. 1906 – 1918гг. （Документы из архива Гуверовского института войны, революции и мира）//История СССР, 1990, №1.
② 《克伦斯基感慨万端话当年》，台北《春秋》总第248期，1967年。

后以绝对多数票（10 票赞成，季诺维也夫和加米涅夫 2 票反对）通过了列宁起草的决议，并且成立了彼得格勒革命军事委员会。10 月 29 日（俄历 10 月 16 日），布尔什维克召开扩大会议，通过了关于武装起义的决议。

与此同时，克伦斯基和他的政府也在手忙脚乱地筹划着如何镇压即将到来的革命运动。1917 年 11 月 6 日（俄历 10 月 24 日）黎明，根据列宁的指示，约 2000 名工人赤卫队向革命军事委员会所在地斯莫尔尼宫集结。

亲身经历了十月革命的美国记者约翰·里德（John Reed）在他的著名的《震撼世界的十天》中记道："在斯莫尔尼学院，在门口和里门上都站着严密的岗哨，要求每一个人出示通行证。那些委员会的办公室里整天整夜都发出嗡嗡嘤嘤的嘈杂声，成百上千的士兵和工人只要能找到空地方，随即躺在地板上睡觉。楼上那间宏伟的大厅里挤满上千的人，在参加那个喧声震天的彼得格勒苏维埃的大会。"[①]

11 月 6 日 23 时，列宁来到斯莫尔尼宫，亲自指挥起义。斯莫尔尼宫彻夜不眠，彼得格勒通宵战斗。自 11 月 6 日深夜到 11 月 7 日早 8 点，塔夫利达宫、邮电总局、电话总局、尼古拉耶夫车站、波罗的海车站、华沙车站、发电站、米海洛夫练马场、卡拉瓦军事技术学校、阿斯托里亚军人旅馆以及许多重要的战略据点、国家机关和重要企业，均被起义队伍占领。到 11 月 7 日早晨，彼得格勒已经基本上掌握在起义队伍手中。

11 月 7 日（俄历 10 月 25 日）上午 10 时左右，看到大势已去的克伦斯基匆忙登上"雷诺牌"汽车，跟随插着美国国旗的美国大使馆汽车躲进美国大使馆，随后逃出彼得格勒。电影《列宁在十月》和许多苏联的十月革命史著作都强调，当时克伦斯基见势不妙，向临时政府部长们撒谎说，他"决定亲自去迎接开来的增援部队"而溜之大吉。而且克伦斯基还打扮成女护士（一说女佣人），身着女裙，头戴假发，仓皇出逃，一副狼狈的样子。为此，克伦斯基晚年在数次接受欧美记者采访时都坚决否认了这一点，强调他是穿着自己的正常衣服，并且他的汽车沿途遇到的一个起义士兵认出了他，但向他敬礼放行。克伦斯基在《1917 年俄国革命》中做了如下解释："或许，在我离开的一秒钟后，他也无法解释这是怎么回事，他

[①] 约翰·里德：《震撼世界的十天》，郭圣铭译，人民出版社，1980，第 18 页。

不仅放过了这个'反革命','人民的敌人',而且也给了他夸耀的资本。"① 他表示所谓男扮女装完全是有人为了败坏他的名声,但也使他终生对女性的裙子产生恐惧和厌恶之感。

11月7日(俄历10月25日)21时40分,与冬宫隔涅瓦河相望的彼得—保罗要塞的大炮开始向冬宫开炮,"阿芙乐尔"号巡洋舰也响起了大炮的轰鸣声。从要塞打来的炮弹中有一颗击中了临时政府大员们的隔壁房间,吓得他们魂不附体。赤卫队员和革命士兵英勇地发起进攻,深夜1时,起义队伍攻破冬宫大门,高呼"乌拉",如排山倒海般地冲入冬宫。工人赤卫队负责人安东诺夫-奥弗申柯(В. А. Антонов-Овсеенко)站在惊慌失措的临时政府的部长们面前宣布:"我以彼得格勒苏维埃军事革命委员会名义宣布临时政府被推翻了。"②

11月8日(俄历10月26日)清晨,人们醒来后惊讶地在街头看到彼得格勒工兵代表苏维埃军事革命委员会发的布告:"临时政府已被推翻。国家政权业已转到彼得格勒工兵代表苏维埃的机关,即领导彼得格勒无产阶级和卫戍部队的军事革命委员会手中。立即提出民主的和约,废除地主土地所有制,实行工人监督生产,成立苏维埃政府,人民为之奋斗的这一切事业都有了保证。工人、士兵、农民的革命万岁!"③

11月8日,克伦斯基在普斯科夫的北方战线司令部发布命令,调集支持他的克拉斯诺夫将军的骑兵约5000人,向彼得格勒发动进攻,并夸口要在11月11日(俄历10月30日)攻下首都。11月10日(俄历10月29日),克拉斯诺夫将军的部队到达距彼得格勒仅20公里的皇村。布尔什维克政权动员革命士兵和赤卫队,全力组织反击。11月12日(俄历10月31日),克伦斯基向苏维埃政权提出谈判的要求,但是遭到"老朋友"列宁的严词拒绝。克伦斯基眼看大势已去,就在11月14日(俄历11月1日)下午,以政府总理和最高统帅的名义从距彼得堡西南25公里的加特奇纳宫发出了最后一封电报给杜鹤宁(Н. Н. Духонин)将军:"因本人起程赴彼

---

① Керенский А. *Русская революция 1917*. М., 2005. с. 337.
② 张建华:《俄国史》,第133页。
③ 《列宁全集》第33卷,第1页。

得格勒，特要阁下代行最高总司令职务。"① 当天，克伦斯基化装成水兵，搭上开往摩尔曼斯克的塞尔维亚军用列车，逃出了加特奇纳。在苏联时代的相关历史著作中，强调克伦斯基是再次男扮女装钻进加特奇纳宫殿的密道中逃走的，当然克伦斯基在后来接受采访时也坚决地否定了这一点。

四 回归知识分子

人生沧桑，命运拨弄。一场大革命让克伦斯基褪去俄国权力主宰者的辉煌，瞬间变成了风雨浮萍般漂泊他乡的二百万俄国侨民中的一员，也脱去了他政治家的耀眼新装，终于还原了他知识分子的本来身份。

1918年初，克伦斯基冒险回到彼得格勒，目的是参加苏维埃政权承诺的1月5日召开的立宪会议。但社会革命党领导层拒绝了他的想法，他不得不连夜转移到芬兰。1月底，克伦斯基再次秘密返回彼得格勒，5月初去了莫斯科，目的是联系反苏的"俄国复兴联盟"（союз возрождения России）。在捷克斯洛伐克战俘军团发生叛乱之后，俄国复兴联盟邀请他进行秘密谈判，试图组织外国力量干涉苏俄军事行动。

1918年6月，克伦斯基假扮塞尔维亚军官，在英国外交部的帮助下，由活跃在俄国、德国、法国、瑞典和土耳其之间的英国著名特工西德尼·乔治·瑞利（Sidney George Reilly，在英国情报局的编号是 S. T. － 1.）的保护下穿越俄国北部抵达摩尔曼斯克，从那里乘船到苏格兰，再转伦敦。正忙于英国大选的首相劳合·乔治（Lloyd George）接见了他，克伦斯基受邀在工党大会上发表演讲，但此时劳合·乔治领导的自由党和在野的工党都高呼"把英国变成一个无愧于战场归来的英雄们的国家"的口号，对于克伦斯基要求干涉苏俄的建议毫无兴趣。之后，克伦斯基去了巴黎，在那里他待了几个星期，试图获得协约国对社会革命党暂时控制的乌法省的支持，但同样没有成功。1918年11月，高尔察克（А. В. Колчак）在外国武装支持下在鄂木斯克发动政变，宣布成立"西伯利亚政府"，自封"俄国

---

① Мельгунов С. П. *Как большевики захватили власть Золотой немецкий ключ к большевистской революции* . М.: Айрис － пресс, 2007. с. 158.

的最高执政者"和俄国陆海军武装力量最高统帅。克伦斯基在伦敦和巴黎宣布不承认"高尔察克政府",他的口号是"不要列宁,不要高尔察克"（Ни Ленин, ни Колчак）。

1922～1932年,克伦斯基一直在巴黎居住。他编辑发行报纸《时代》（Дни）,出席各种反苏讲座,呼吁西方发起反对苏俄的"新十字军东征"。1935年苏联出版由著名语言学家乌沙科夫（Д. Н. Ушаков）主编的《俄语大辞典》,其中列出一个新的名词"克伦斯基主义"（Керенщина）,解释是:"专指小资产阶级革命政权的政治家,他用空洞的口号偷偷地与大资产阶级勾结。"[①]

20世纪30年代斯大林政权巩固后,西方急需研究苏联问题的专家,克伦斯基作为曾经的临时政府总理,并且精通英语、法语等欧洲多国语言,多次受邀为美国和欧洲各政治报刊写文章,到各国做报告。

1939年,克伦斯基在原配妻子奥丽嘉去世后,与为巴黎和伦敦报纸工作的澳大利亚记者丽迪娅（Lydia Tritton）结婚。在她的帮助下,克伦斯基在法国创办《新俄罗斯》（Новая Россия）杂志。1940年德国纳粹军队占领法国之后,克伦斯基逃到了美国。在1941年法西斯德国进攻苏联时,克伦斯基希望借希特勒之手消灭苏维埃制度,但到了1942年,他认识到德国法西斯主义的本质,认为希特勒不可能成为"俄国的拯救者",克伦斯基改变了自己的观点,写文章希望红军战胜纳粹德国和保卫苏联。

1949年春,克伦斯基和友人在纽约建立了"为人民自由而斗争联盟"（лига борьбы за народную свободу）,在广泛的民主的平台上把反苏力量联合起来。1951年,克伦斯基因政见分歧退出该组织。这是克伦斯基最后的政治活动,随后他彻底退出政治舞台。

1945年,克伦斯基前往澳大利亚的布里斯班,看望病入膏肓的妻子丽迪娅,直至1946年2月她去世。之后他回到了美国,并在纽约定居。他的两个儿子格列勃（Греб）和奥列格（Олег）住在伦敦,并且与他基本断绝往来。初到美国,他没有住房,不得不借住朋友西普逊夫人家里。昔日俄

[①] "克伦斯基主义"（керенщина）辞条,参见乌沙科夫主编《俄语大辞典》网络版, http://www.dict.t-mm.ru/all/kerenxhina.html。

国政治明星此时变成了被全世界遗忘的人,他没有可以推心置腹或倾诉政治抱负的朋友,唯一的安慰是他的女秘书埃伦(Allen)。埃伦的俄文名字是伊万诺娃(Е. И. Иванова)。她出生于中国汉口的中俄混血家庭并在中国长大,父亲是在中俄之间从事茶叶贸易的俄籍商人,因此她通晓俄文、英文、法文和中文。她是1953年斯坦福大学聘请克伦斯基来胡佛战争、革命与和平研究所工作时,特意为年迈而视力严重衰退的克伦斯基招聘的助理秘书,埃伦以后一直伴随克伦斯基直到他辞世。克伦斯基亲切地称她为"总书记",因为在俄文中"秘书长"(генеральный секреталь)和"总书记"是同一写法。

这期间他在美国西海岸的加利福尼亚州的斯坦福大学工作了很长时间。在那里,他从事课堂教学、指导大学生。另一项重要工作就是整理俄国临时政府的档案,后来出版了三卷本档案集《俄国临时政府》(The Russian Provisional Government)。这是他作为知识分子和大学教师所做的巨大贡献,这些档案现在仍然保存在斯坦福大学的胡佛战争、革命与和平研究所,供全世界的研究者使用。

1967年11月,克伦斯基被发现患有胃癌,手术后回到西普逊夫人家里。此时克伦斯基几乎身无分文,并且欧美政府和媒体报刊也不再需要他的演讲和文字了。克伦斯基的生活再度陷入极度窘迫之中。在伦敦的俄侨伊琳斯卡娅公爵小姐是他的追随者和崇拜者,把他介绍到伦敦一家为穷人提供免费诊疗的医院。克伦斯基到伦敦住院后情绪一落千丈,经常处在昏厥之中,醒来便呼唤埃伦的名字,埃伦得知这一消息,马上从纽约飞往伦敦。在她的照料下,他的心情才逐渐有所好转。病情好转后,他想回美国,但无人为其提供返回纽约的机票以及以后的生活费用,埃伦自身也处于一贫如洗的状态。最终她想到了克伦斯基存放在纽约西普逊夫人家中的个人档案资料,希望有人出高价收买这批资料。

埃伦先打电话给克伦斯基曾经工作过的斯坦福大学胡佛战争、革命与和平研究所,遭到拒绝。但得克萨斯大学奥斯汀分校表示有兴趣收藏克伦斯基最后的个人档案文献。1968年12月,得克萨斯大学奥斯汀分校人文研究中心通过档案拥有人——克伦斯基的儿子奥列格和秘书埃伦收购克伦斯基档案,档案估价10万美元,5年付清,每年支付2万美元。

第三章　黑白或灰：克伦斯基与俄国革命的另类标本

后来以这批档案为基础建立了得克萨斯大学人文研究中心克伦斯基档案馆。这部分档案是他1917~1969年的有关文献，共计258个文件。文献分为三个部分：第一部分是克伦斯基的著作，包括书稿、文章、为写文章准备的材料、文件、诗作和日记；第二部分是克伦斯基的信件、演讲稿和来自世界各地的通信；第三部分是克伦斯基移民时期的政治活动材料和自传性文件，有一部分特别标有"M"字母，里面装的是克伦斯基与共济会的通信，这部分卷宗上写着"绝密，只有在克伦斯基死后5年才能启封"。后来，1982年和1988年伊万诺娃又赠送给中心35份文件，主要是克伦斯基的个人书信。自1995年起，该中心的克伦斯基文献对研究者公开。

埃伦在拿到第一笔款项之后，立即赶到伦敦把克伦斯基接回纽约，并在该市市长官邸附近租下一套条件不错的住房，并且为克伦斯基制订了详细的财政支出计划，为的是充分利用有限的资金。

克伦斯基最为潦倒和身心疲惫之时，曾在1968年通过特殊渠道向苏联政府提出回国申请。苏联官方表示欢迎，但提出必要条件，即克伦斯基要发表拥护苏联的政治声明。1968年8月13日一份提交苏共中央委员会的绝密文件中记载："……得到他（克伦斯基）的声明：承认社会主义革命的规律，承认苏联政府政策的正确性，承认苏联人民在苏维埃国家领导下的50年中取得的成就。"这一绝密文件现收藏于俄罗斯"当代文献保管中心"（ЦХСД）。[1] 驻伦敦的俄罗斯东正教主教堂神父别列科夫（А. П. Беликов）承认克伦斯基与苏联方面的谈判是通过他进行的。神父回忆说："克伦斯基承认，1917年10月事件是合乎俄国社会发展逻辑的。他不后悔发生的事情，尽管过了50年，他仍然不清楚究竟是什么原因导致了1917年十月事件。"[2] 但是后来可能是因为苏联于1968年8月21日入侵捷克斯洛伐克的事件，克伦斯基突然收回了回国申请。

---

[1] ЦХСД, ф. 4, оп. 20, д. 1126, л. 10 – 13。

[2] Серков А. И. *История русского масонства 1845 – 1945*. СПб.：Изд - во им. Н. И. Новикова，1997. с. 115.

五　无处安放的孤寂灵魂

1970年4月的一天，克伦斯基在家里跌了一跤，折断了骨头，随即住进医院。生命尚未走到尽头，但他的精神就已经完全垮了，他决定不再给任何人带来负担，只希望早一天死去。他开始绝食。纽约诊所的医生不得不通过静脉注射强行给他注入营养液，但是克伦斯基总是拔掉针头。去意已决的克伦斯基以这种方式与医生和护士斗争了整整两个半月。为了早日结束自己的生命，他甚至恳求埃伦去给他弄来毒药。1970年6月11日，刚刚度过89岁生日（5月4日）的克伦斯基在纽约的家中去世。2008年3月6日，英国BBC报道了俄文记者阿尔德·克列切特尼科夫（Артем Кречетников）的广播稿《微笑的俄国革命英雄》（Герой улыбающейся революции），他认为从某种意义上说，克伦斯基的死亡可以被认为是自杀。①

克伦斯基始终坚持认为自己是社会主义者，也是东正教教徒。他曾在1915年11月出席彼得格勒宗教哲学协会，在演讲中强调东正教应该改革，因为"不仅基督教思想家，而且社会主义思想家也讲平等，自由和博爱"②。克伦斯基从此遭到东正教的反对和敌视。他去世后，纽约当地的俄罗斯和塞尔维亚东正教会都拒绝他入葬东正教墓地，认为他是俄罗斯衰落的罪魁祸首。克伦斯基的遗体被辗转运到伦敦，因为他的儿子奥列格住在那里，最后他被葬于伦敦西南郊普特尼河谷（Putney Vale）的公墓里，克伦斯基的墓穴和墓碑没有任何宗教色彩。这个公墓有一个英国国教教堂，但也接受非宗教的殡葬服务，这里也曾收留普法战争后被迫亡命天涯的法兰西第二帝国皇帝拿破仑三世（Charles Louis Napoléon BonaparteⅢ，1808~1873）的"孤魂"。

1917年7月，36岁的克伦斯基担任俄国临时政府总理，成为20世纪俄国历史上最年轻的最高统治者。而1970年6月去世时年龄为89岁，他

---

① 参见 www.bbcrussain.com. 28 March. 2008。

② Соколов А. В. *Государство и Православная церковь в России, февраль 1917 — январь 1918 гг.* Диссертация на соискание учёной степени доктора исторических наук. СПб., 2014. с. 434.

再次创造了一个纪录：20 世纪俄国历史上寿命最长的政治家。

恢复知识分子身份后的克伦斯基，一方面力图为自己政治实践的失败做出合理解释以及攻击列宁领导的布尔什维克革命；另一方面为了强调自己的社会主义者身份及其革命理想，也是为了解决客居他乡和颠沛流离的生活与生存所需，他用俄文和英文撰写了大量的回忆录和历史著作，整理了大量与 1917 年二月革命和十月革命相关的历史文献，同时还接受了欧美国家大量记者和媒体的采访。

1933 年克伦斯基流亡伦敦时撰写了《自由被钉在十字架上》（The Crucifixion of Liberty）一书。他重点叙述了自己为俄国的自由而奋斗的历程，"试图以这种特别的方式来影响同时代人的想法，敦促他们为自由而战"。[1]《俄国 1917 年革命》也是克伦斯基在 20 世纪 30 年代完成的著作，讲述了 1917 年二月革命和十月革命，对 1917 年所形成的政治形势提出了自己的认识，解释了自己当时所做的诸多决定的必然性，同时也提到了布尔什维克和科尔尼洛夫的作用。克伦斯基还通过自己对罗曼诺夫王朝末期的了解并以一些皇室内部日记、书信和回忆录为基础，撰写了《罗曼诺夫王朝的悲剧》（Трагедия дома Романовых）一书，从多个视角展现了皇室贵胄的没落和沙俄帝国的覆灭。

《历史转折中的俄国》是 20 世纪 60 年代克伦斯基在美国流亡时期写成的。在这本书中他不仅回忆了自己的家庭、学生时代、革命活动和共济会经历，还回忆了俄国末代沙皇尼古拉二世一家以及俄国当时一些重要的国务活动家的情况。克伦斯基称，虽然这是一本以他自述为基础的个人回忆录，但其内容却具有"历史性"和"客观性"。

1917 年 9 月发生的科尔尼洛夫叛乱是决定克伦斯基政治命运的关键事件之一。克伦斯基流亡国外后对这一事件进行了反思和研究，他撰写了关于科尔尼洛夫叛乱的基础性研究著作——《布尔什维主义的序幕》（Прелюдия к большевизму）。作为科尔尼洛夫叛乱的亲历者，克伦斯基通过解读 1917 年 10 月 8 日审讯科尔尼洛夫的记录，客观地向读者揭露了这场叛乱的真相和俄国革命历程的沉痛转折。克伦斯基在字里行间试图向

---

[1] Kerensky A. F. *The Crucifixion of Liberty*, New York: John Day Co., 1934, p.350.

读者传递一个信息，即临时政府是可靠的，是得到了全国人民支持的。

克伦斯基有两本文集收录了他流亡国外时所作的文章，具有鲜明的政治色彩。《来自远方》（Из далёка）收入了 1920～1921 年克伦斯基对苏俄时局的评论、对苏俄与波兰关系的看法以及对外国武装干涉苏俄所持的立场等文章；而《失落的俄国》（Потерянная Россия）一书收集了克伦斯基自 20 世纪 20 年代起在巴黎、柏林、布拉格和纽约等地的俄文期刊上发表的有关二月革命、临时政府时期重要历史事件以及十月革命的回忆性文章，还收集了克伦斯基对苏联领导人和苏联政策的评价等方面的政治日记。

德·阿宁（Д. Анин）编撰的文集《克伦斯基等目睹的俄国一九一七年革命》（Революция 1917 года глазами её руководителей）是研究 1917 年俄国历史的重要文献，收录了克伦斯基、策烈铁里(И. Г. Церетели)、邓尼金（А. И. Деникин）、米留可夫（П. Н. Милюков）、托洛茨基（Л. Д. Троцкий）、普列汉诺夫（Г. В. Плеханов）等各派领导人的回忆录和文章。作为革命事件的亲历者，他们的文章能使读者对 1917 年的历史有一个直观的认识。此外，阿宁为这本书撰写了占全书四分之一篇幅的引言"革命和革命历史著作"，具有极大的研究意义。阿宁认为，怀疑克伦斯基有独裁思想是可悲的错觉，"应该责备的不是他的揽权的欲望，相反，倒是他放松权力，是对紧急改革的拖延……"① 本书收录了克伦斯基的两篇文章：《七月以后的日子和科尔尼洛夫将军的发难》（Послеиюльские дни и выступление генерала Корнилова А. Ф.）和《加特奇纳》（Гатчина）。前一篇文章写于 1932 年，文章详实地讲述了 1917 年 7 月 7 日到 8 月 31 日临时政府内部的人员变动和各社会主义政党、苏维埃领袖们的施压、右翼势力的叛乱等一系列事件。在后一篇文章，克伦斯基详细讲述了自己从俄历 1917 年 10 月 24 日到 11 月 1 日期间同布尔什维克进行的为挽救临时政府而做的最后的斗争。

如果时光可以回到 1917 年，或许可以看出一些克伦斯基政治命运的端倪。克伦斯基在某种程度上是一个理想主义者，他想通过召开立宪会议把俄国建成一个自由、民主的国家。但是，推翻沙皇专制后的俄国一直有两

---

① 德·阿宁编《克伦斯基等目睹的俄国一九一七年革命》，丁祖永等译，三联书店，1984，第 93 页。

股政治力量在博弈。右翼政治力量要求采取强硬措施恢复军队秩序，而左翼政治力量特别是布尔什维克，要求深化革命。他一直在这两种诉求中摇摆不定、优柔寡断，结果是两方都对他不满。克伦斯基一直警惕来自右翼政治力量的威胁，害怕他们抢夺二月革命的成果，而对于来自左翼特别是布尔什维克的威胁没有给予足够的重视，认为是革命同志之间的内部矛盾，这也给了布尔什维克发展壮大的机会。并且，二月革命胜利之后，广大人民渴望立即享有革命成果，想得到土地，停止战争，但克伦斯基政府依然陷于将战争进行到底的深沟泥潭并连连失利，在土地问题上也迟迟没有作为，立宪会议也未能召开，民众对克伦斯基政府的不满与日俱增。最后，以曾经的"革命之子"克伦斯基为首的临时政府被列宁领导的布尔什维克打败，变成了人民的"革命死敌"。

或许历史老人是宽容大量的，或许历史法官不厚薄枉人。尽管36岁的克伦斯基在其政治生涯的巅峰败给了自己童年的伙伴，后来的政治死敌——47岁的列宁，尽管他所领导的临时政府和政治理想败给了布尔什维克和苏维埃政权，但是他却有超长的寿命看见他的政治敌人一个个老去并先于他离世。他目睹了20世纪30~60年代苏联的辉煌，也目睹了60年代初开始的苏联的衰落。他在去世前的一次采访中谈道："年青一代的苏联共产党人，对于为了全世界的无产阶级革命而牺牲自己人民的利益，已丝毫不感兴趣。甚至像我这样的人，在和年青一代的共产党人交谈时，有时也能谈得很投机。例如有一次我问一名到美国访问的苏联共青团员：'你的主要目标是不是实现世界革命？'他听了哈哈大笑，并说：'管它什么世界革命不世界革命，在非洲或者随便什么地方建立共产主义政权，与我们毫无关系。我们的希望是使自己的人民生活过得稍微好一点，有更强大的国防力量来保护我们自己'。"

克伦斯基这个世纪老人还亲历了第二次世界大战、东西方冷战、美苏对抗、中苏关系变迁和科技革命，他几乎成了20世纪整个世界历史进程的见证者和评判者。

但是，如何评价克伦斯基这个历史名人和世纪老人，如果分辨他的政治颜色：黑色，白色，抑或灰色，或许就像如何回答"知识分子与革命"这个世纪问题一样困难，这或许也是一个无法终结的话题。

第四章　红都召唤：罗曼·罗兰和安德烈·纪德们的"苏联"

十月革命后的俄国，成为"红色麦加"和红色焦点。中国共产党早期领导人李大钊断言，"试看未来之域中，定是赤旗之天下"，毛泽东也几乎同时宣布："十月革命一声炮响，送来马克思主义。"从二三十年代到50年代初，各国知识界人士纷纷来到这个曾经被视为"洪水猛兽"的异己国度，试图在第一次世界大战残垣断壁的背景下，或者在1929~1933年世界经济大危机的背景下，或者在第二次世界大战硝烟甫息的恍惚中，去寻找"一块让人类再次得救的新大陆"[①]，寻找"一种新的精神境界"，寻找"人类精神的新方向"。[②] 在这些世界级文学大师的笔下留下了真实的红都苏联，也留下他们真实的思考。

罗曼·罗兰（Romain Rolland，1866~1944），法国作家、社会活动家、诺贝尔文学奖获得者。1912年起专事写作。一战中写出一系列反战文章，汇成文集《超脱于混战之上》。1935年6月访问苏联，写有《莫斯科日记》。

安德烈·纪德（André Paul Guillaume Gide，1869~1951），法国小说家、评论家，诺贝尔文学奖获得者，出生于一个富有的资产阶级家庭。一战期间，在比利时参加救援法国难民的工作。1925年，游赤道非洲，作《刚果游记》，斥责欧洲殖民者的罪行。1936年5月，访问苏联，出版轰动一时的《从苏联归来》并退出法共。

[①] 埃德加·莫兰:《反思欧洲》，康征、齐小曼译，生活·读书·新知三联书店，2005，第27页。

[②] 皮埃尔·勒巴普:《纪德传》，苏文平等译，东方出版中心，2001，第368页。

第四章　红都召唤：罗曼·罗兰和安德烈·纪德们的"苏联"

罗曼·罗兰和安德烈·纪德同为法国同胞，同为法国左翼人士，以及同为诺贝尔奖获得者并且曾经互为好友，他们苏联之行以及后续的影响颇值得关注。

一　快快去"红色麦加"

"红色首都""红色麦加"的寻访者来自世界各地，除了罗曼·罗兰和安德烈·纪德，20世纪这一时期的访苏者还包括以下人物：

瞿秋白（1899~1935），中国共产党早期领导人，著名作家和翻译家。1920年8月，瞿秋白以北京《晨报》和上海《时事新报》特派记者身份出访苏俄，是最早有系统地向中国报道苏俄情况的新闻界先驱。1921年兼任莫斯科东方劳动者共产主义大学中国班的教员。1922年2月在莫斯科加入中国共产党。曾先后出席远东民族代表大会和共产国际第三、第四次代表大会。在苏俄期间，瞿秋白数次见到列宁。他著有《俄乡纪程》《赤都心史》。

瓦尔特·本雅明（Walter Benjamin，1892~1940），德国文学理论家，西方解构主义代表人物。他的代表作有《德国悲剧的起源》《单行道》等。1926年访问苏联，回国后发表了《莫斯科日记》。

泰戈尔（Rabindranath Tagore，1861~1941），印度著名诗人、作家，1913年诺贝尔文学奖获得者。他的主要代表作有《飞鸟集》《园丁集》等。泰戈尔于1930年9月11~25日访问苏联，回国后写下观感录《俄罗斯书简》。

胡愈之（1896~1986），中国著名出版家和社会活动家。1931年，他结束在法国巴黎大学的学业，在返国途中对苏联进行访问，回国后写成《莫斯科印象记》，介绍俄国十月革命后的成就。

曹谷冰（1895~1977），著名记者和《大公报》董事。1931年3~6月，受《大公报》主编张季鸾委派出访苏联。张季鸾一直注意苏联的发展，早在1924年1月21日列宁去世时，他就曾以"一韦"笔名发表《列宁逝世》一文，评论说："列宁逝世之报，将永为人类历史上特书大书之事，何则？由一种意义言之，彼乃千古之一人也。历史上所谓大英雄，其事业往往仅代表一民族或一国家为止，而列宁之理想，则为人类的，其事业则为世界的。"[1] 1931 年 3 月 12 日曹谷冰踏上苏联国土，开始为期四个月的采访，曹谷冰成为当时中苏恢复外交前后第一位连续报道苏联建设成就的中国记者。他到过莫斯科、列宁格勒、基辅、巴库等大城市，也去过高加索、西伯利亚等偏远地区。其间，《大公报》连续开办专栏《赤区土地问题》，他还写了 20 多篇通讯、特写和游记，较为全面和客观地报道了苏联的政治制度、土地制度、人民生活、医疗卫生、文化教育和外交政策。曹谷冰回国后，应《大公报》出版部的要求，把自己关于苏联的报道、特写和游记加以补充，合编成《苏俄视察记》，出版后受到读者欢迎。

茅盾（1896～1981），中国当代著名作家、文化活动家和社会活动家。1946 年，茅盾翻译并出版了苏联小说集《人民是不朽的》《团的儿子》《苏联爱国战争短篇小说译丛》。茅盾应苏联对外文化协会邀请于 1946 年 12 月 5 日至 1947 年 4 月 25 日赴苏联访问。其间，茅盾写下《游苏日记》，内容翔实，文笔细腻，叙述中兼有抒情，生动地记录了茅盾当年访问苏联时的见闻与观感。访苏结束回国，他又著有《苏联见闻录》《杂谈苏联》两部书。

埃德加·斯诺（Edgar Snow，1905－1972），美国著名记者和传记作家，中国共产党和中国人民的老朋友。他不仅在 1936 年突破国民党的封锁，成为进入陕北革命根据地采访的第一个外国记者，并于次年出版了《西行漫记》。而且他还在卫国战争最激烈的年代——1942 年以美国《星期六晚邮报》副主编和战地记者身份访问苏联，著有《战时苏联游记》。全书共九章，分别是"横贯大草原""解放顿河""火""斯大林格勒的史诗""后方""莫斯科之冬""苏联与日本""苏联内幕"，记录了卫国战争时期苏联的军事、外交、经济、政治和社会状况。

沃尔特·格雷布纳（Walte Graebner，1909－1995），《时代》和《生活》杂志驻外通讯记者。1942 年 5 月，《生活》杂志派他到苏联搜集照片和其他资料。临行时，杂志主编告诉他："设法弄清俄国人民的实际状况。

---

[1] 张季鸾：《列宁逝世》，《大公报》1924 年 1 月 24 日。

第四章　红都召唤：罗曼·罗兰和安德烈·纪德们的"苏联"

他们是我们的盟友。我们现在正在同他们合作，我们在战后也将和他们合作。我们必须更多地了解他们、他们在做什么？朝着什么方向？"① 苏联社会给格雷布纳留下了极好的印象，尤其苏联妇女的美丽和勤劳。他说："我所以详细地谈到妇女，是因为她们给我一个深刻的最初印象。"他是列宁格勒被围困前最后离开的外国人。他从苏联带回了几千英尺影片，这部影片是由 160 位苏联摄影师在前线拍摄的，其中因此而牺牲了 32 人。后电影命名为《战时的一日》，编入"时代在前进"专辑中在美国播放，社会反响极大。通常极少对电影进行评论的美国《星期六文学评论》如是评价："《战时的一日》是所出品的纪录片中最诚实、最残酷、最惊人和最恳切的一部影片。"格雷布纳也认为："它大概是这次战争最好的影版。"② 但是，格雷布纳苏联之行影响最大的是他后来撰写的《从俄国旅行归来》（*Round Trip to Russia*），于 1943 年 3 月在美国出版，书中对苏联进行了客观的描写和介绍，引起世界性轰动，也为格雷布纳博得了极高声誉。

在短短的 20 余年间，有如此多的文学大师和国际名人竞相访问苏联并且以各种文学形式表达自己对这个曾经陌生的国家的看法，这种现象完全可以称为"访苏现象"了。而这些来自异国的新奇目光和赞美批评，从一个不可多得的侧面丰富了那一段苏联历史。

1929 年世界性经济大危机以突然之势席卷欧美资本主义国家，覆巢之下，安有完卵？罗曼·罗兰在法国宣布："对欧洲再也不抱任何希望……整个欧洲就是一所疯人院"，他直言"永别了欧洲！……你在坟场中走着，步履维艰。这里就是你的归宿，躺下吧！……让别人领导世界！"③ 各国都在为克服危机寻找出路：美、英推行"凯恩斯主义"，充分发挥国家的调节作用；而有着军国主义残余的德、意、日，却在欧洲和亚洲建立起法西斯军事独裁统治，形成了东西方的战争策源地。各国从自己的国家和民族利益出发，制定和执行对外政策。从而，在英法美的"绥靖政策"和苏联构筑"集体安全体系"失败的情况下，世界又走到战争的边缘，人类的命

---

① 商务印书馆编《近现代外国哲学社会科学人名资料汇编》，商务印书馆，1978，第 914～915 页。
② 《近现代外国哲学社会科学人名资料汇编》，第 915 页。
③ 《罗曼·罗兰自传》，钱林森编译，江苏文艺出版社，2001，第 298～300 页。

运和前途又遇到空前的挑战。

　　瞿秋白则这样评述辛亥革命后的中国："我们的人们由野蛮的军阀和卑鄙的官僚统治着，这些人根本不关心人民的福利而只是考虑自己的私利。在中国，由于军阀官僚的压迫，不仅无产阶级甚至知识分子也蒙受难以描述的苦难。"① 在反帝反封建的斗争中，中国共产党在世界这个大坐标系中，找到了苏联这个参照物，瞿秋白指出："你们的运动不仅具有民族主义的性质，而且具有国际主义的性质，不仅是为了自己的幸福，而且是为了全世界工人阶级的幸福。"放眼世界，"我们无产阶级只寄希望于你们这些勇敢的俄国工人，你们为全人类的幸福而英勇奋斗，建立了苏维埃社会主义共和国，正在实现社会主义原则，克服种种困难，与黑暗势力进行斗争，历尽千辛万苦，而始终没有灰心丧气。"② 可见，苏联成功的经验成为渴求民族解放和国家独立的中国共产党追寻的目标。

　　就在资本主义世界"大萧条"和民族国家深受其压迫的同时，苏联正如同徐徐升起的朝阳引人注目，与资本主义世界形成巨大的反差，一边是繁荣稳定、蒸蒸日上，一边是萧条动荡、江河日下。在第一个五年计划（1928～1933）实施期间，苏联就成为仅次于美国的欧洲第一强国。苏联通过教育的普及和强化，把劳动人民的教育和知识水平提高到世界的第一位。这为泰戈尔所倾倒，他强调：在苏联"理想变成现实"，声称苏联踏上了教育这一"解决我们一切问题的最广阔的坦途"。教育改变了苏联人民的精神面貌，泰戈尔赞叹："哑巴开始说话了，愚昧的人变聪明了，软弱无能的人坚强起来，沉坠在耻辱之湖底面的人，今天走出了社会的暗室获得了和其他人所有人同样的地位。"③ 安德烈·纪德指出："我在苏联最欣赏的，也许莫过于苏联措施：几乎到处都采取了措施。让最普通的劳动者接受教育，这只取决于他们自己提高素质。"④

　　与中国相同命运的南亚文明古国印度，17 世纪以来就成为英国的殖民地，追求国家的独立也是印度人斗争的目标。二三十年代英国为了摆脱资

---

① 瞿秋白：《赤都心史》，广西师范大学出版社，2004，第 161 页。
② 瞿秋白：《赤都心史》，第 161～162 页。
③ 泰戈尔：《俄罗斯书简》，第 3、5、48 页。
④ 安德烈·纪德：《访苏归来》，李玉民译，广西师范大学出版社，2004，第 64 页。

第四章 红都召唤：罗曼·罗兰和安德烈·纪德们的"苏联"

本主义经济危机，加强了对印度的殖民统治，这个时期"正是英国殖民主义加深对印度的掠夺和印度民族意识觉醒、民族运动高涨的时期"。在泰戈尔看来，苏联的实践对印度人民来讲，"无疑具有天然的吸引力"，①"苏联各个领域日新月异的变化，工农业蒸蒸日上，文化事业迅速发展"；"革命摧毁的是列强的势力；轰击的是富家的金库；剥夺的是少数人的特权。"泰戈尔呼吁印度人民与殖民当局做斗争——"那警察的袭击算不了什么，告诉我们的后代，勇往直前吧！"②

半殖民地、殖民地的状况，使这些被压迫地区的人们充分认识到资本主义的罪恶本质。他们自身就对压迫、剥削、奴役人的资本主义制度产生厌恶、敌对的情绪，不可能在西方列强那里得到他们追求的目标——独立、自由、民主、富强。而西方世界在危机和战争的威胁下，似乎一时也找不到根本的出路。所以与西方异质的苏联社会和它所取得的成就，对东西方都有借鉴意义。于是，有良知的知识分子怀着忧患意识，转向新型的苏维埃政权，把它看成人类的希望，纷纷来到东西方结合的文明之所，进行实地的探寻和了解。他们或者以朝觐式的拜谒，或者以记者式的评述，或者以文人式的寻味，奏响了一组访苏的"交响乐"。

来苏联访问的大多是哲学家、思想家、文学家、记者等，他们大都受过"红色"的熏陶，安德烈·纪德、罗曼·罗兰很早就成为法国共产党员，加入社会主义营垒。罗曼·罗兰在瑞士时，通过吉尔博主持的《明日》杂志，与流亡瑞士的列宁、季诺维也夫等进行过深入交往，经受过共产主义学说的洗礼，被苏共视为"苏联的老朋友"。安德烈·纪德称："从心灵、气质和思想来看，我过去一直是共产主义者。"③他与保加利亚共产党有联系，与季米特洛夫等有交往，为拯救被希特勒囚禁的季米特洛夫奔走。

罗曼·罗兰自十月革命以来就一直热情支持苏联的社会主义事业，认为十月革命使人类向前迈出的脚步"比从旧政体跳向法国大革命的飞跃还

---

① 泰戈尔：《俄罗斯书简》，董友忱译，广西师范大学出版社，2004，第1~2页。
② 《泰戈尔游记选》，白开元等译，中国国际广播出版社，2000，"前言"，第5~6页。
③ 皮埃尔·勒巴普：《纪德传》，第373页。

要来得更高更远"。① 20世纪20年代后期，苏联党内发生了激烈的政治斗争。尽管罗曼·罗兰对斯大林党同伐异的做法不甚赞同，但他依然把苏联的建立看作与充满剥削的旧世界彻底决裂的典型事例，认为苏联是代表社会和个人自由的新世界。即使在他目睹了苏联存在的种种弊端之后，这种信念也从未有过丝毫的动摇。罗曼·罗兰于1935年6~7月接受苏联政府和高尔基的邀请，对苏联进行了为期两个月的参观访问。罗曼·罗兰受到斯大林的两次接见，所接触的也多是苏联高层人士。其间，他一直住在高尔基的家中，一切活动均由高尔基和苏联文化机构的安排，以接待社会各界代表团的来访为主，还经常同苏联高层领导人接触，并与他们一起参加重大节日的庆祝活动。值得注意的是，由于健康原因，罗曼·罗兰很少外出，对苏联社会缺乏深入细致的考察。

安德烈·纪德深为苏联五年计划的巨大成就所吸引，宣称接受共产主义，并开始研读马克思主义经典著作。安德烈·纪德本已于1935年接受苏联政府的建议，准备访苏，但此时苏联的"大清洗"运动已拉开序幕。这给他的旅行蒙上了一层阴影，又使他犹豫不决："那边发生的事情让我感到害怕，我非常害怕苏联的局势会转向资产阶级化。"② 直到1936年，法国人民阵线的胜利终于促使他下定决心。促使安德烈·纪德访苏的另一个重要原因是，行前他收到老朋友、俄国作家维克多·绥奇给他的一封信，信中揭露了苏联目前的恐怖局势。受到这封信的影响，纪德希望做一次实地考察，以了解真相。

本雅明生于柏林一个被同化的犹太商人家庭，犹太教的弥赛亚思想塑造了他的救世主义意识。残酷的第一次世界大战给西方有良知的知识分子在精神和肉体上都施以重创，本雅明由于对西方文明极度失望而开始转向有救世主义色彩的社会主义。1926年12月，35岁的本雅明来到莫斯科，在此逗留了近两个月。他的莫斯科之行有两个重要目的：一是到苏联寻找昔日的情人——拉脱维亚女导演阿斯娅·拉西斯，并试图弥合两人之间的裂痕。正是这位女导演使他对共产主义和苏联有了较为深刻的了解；二是

---

① 罗曼·罗兰：《莫斯科日记》，夏伯铭译，上海人民出版社，1995，第192页。
② 皮埃尔·勒巴普：《纪德传》，第394页。

第四章　红都召唤：罗曼·罗兰和安德烈·纪德们的"苏联"

准备近距离观察苏联的现状，并希望与苏联建立某种官方联系，从而解决他在德国共产党内的党籍问题，"近距离观察俄罗斯的情形，以便考虑悬而未决的德国共产党党籍问题。"① 苏联已成为他的参照系。访苏期间，本雅明以城市"相面师"的眼光对苏联政治、经济、文化、艺术和宗教等方面的状况做了生动的描述。

瞿秋白访问苏联时，中国共产党尚未成立，但此时的他已经是坚定的社会主义者。在苏联，他不仅进入莫斯科共产主义大学学习，而且在张太雷的介绍下加入了刚刚成立的中国共产党。

泰戈尔虽然不是共产党员，但有共产主义信仰，不顾"好心人"对他身体的担忧和劝阻，毅然接受邀请，起程访苏。

由此可见，共产主义理想和信仰是来访者的动力之一。他们来苏联为的是寻找心灵的寄宿地和慰藉地，正如安德烈·纪德所言，"在现实的压抑下痛苦地追求真诚和自由的心灵"。②

同时他们还是那个时代的各自国家进步世界的"社会的良心"——知识分子的代表。他们是一个"民族的灵魂"，一个社会的触角，社会良知的体现者，现象的洞悉者。他们是国家文明进步的旗帜，代表着国家的民间思想主流，担当着国家的精神支柱。作为左翼势力的主要代表，来访者在很大程度上代表着他们国家和世界的潮流，有着共同的使命感。他们不仅属于自己的祖国，更属于整个世界，是知识分子精神的体现者。本雅明强调："用发生在俄罗斯的事情来观察评价欧洲……是身在俄罗斯的神情关注的欧洲人义不容辞的首要责任"；安德烈·纪德称："为了颂扬这种新生，当然有必要活着，贡献一生，助其成功。"③ 罗曼·罗兰指出："我自己……毫不犹豫地站在苏联的一边。她是代表着新的劳动世界的唯一堡垒，即使苏联不代表我们的共同理想，她的公敌却是我们的死敌。"④

安德烈·纪德指出："苏联对我们曾经意味着什么？不只是一个遴选的祖国，还是一个榜样，一个向导。我们所梦想的几乎不敢期望的，但始

---

① 陈永国、马海良编《本雅明文选》，中国社会科学出版社，1999，第33~34页。
② 瓦尔特·本雅明：《莫斯科日记》，潘小松译，东方出版社，2001，第1~2页。
③ 安德烈·纪德：《访苏归来》，第64页。
④ 罗曼·罗兰：《莫斯科日记》，第192页。

终致力的却在那里发生了。由此可见,在那片土地上,乌托邦正在变成现实。"而且"已有巨大的成就让我们心中充满向往","赞赏并热爱苏联那里的尝试,前所未有。让我们心中充满希望,期待那种尝试获得巨大的进展,并带动全人类的飞跃。""我们在心中和头脑里毅然决定将文化的前途系于苏联的光辉命运。"①

同时,这些知识分子拥有和平主义、人道主义、世界主义的思想意识。他们的声音是代表全世界的共同心声,他们是和平主义的追随者和执行者。早在1926年4月,罗曼·罗兰就与法国作家亨利·巴比塞合作成立"国际反法西斯委员会",1933年拒收德国总统兴登堡颁发的"歌德奖",并在国际红十字会新成立的"战俘通讯处"工作。1932年他与安德烈·纪德出席世界反法西斯大会并出任主席,并指出"苏联是他们的典范和希望"。安德烈·纪德为西班牙"人民阵线"呐喊。同时,人性、道德也是他们关注的问题。安德烈·纪德宣布苏联之行的目的不在于发现一个国家,而在于发现"人,各种人,他们过去的处境与他们现在的状况"。②

值得一提的是,苏联政府是把邀请国外友人和名人访苏看成重要的政治任务以及政治斗争的手段来对待的。

苏联也希望各国的访问者(尤其是西方)宣传他们所见到的苏联现实,以树立社会主义苏联的形象和地位。因此苏联政府以积极的姿态,邀请各国知识界名流访苏。"访苏现象"在苏联表现出很强的官方性,其中起桥梁作用的是"苏联对外文化协会"(BOKC)。苏联对外文化协会于1925年成立,1958年更名为"苏联对外友好和文化协会联合会",它是苏联各社会团体的群众性志愿联合会,宗旨是发展和巩固苏联同各国人民的友谊和文化合作。

苏联为了达到自己的目的,采取了相应的措施。安德烈·纪德写道,"我们除了卧铺包厢还有一间客厅,到时候就在客厅上菜用餐,好得不能再好","那里对我毫无限制的款待,真叫我害怕……在那里等待我享用的

---

① 安德烈·纪德:《纪德文集》,徐和瑾、马振骋译,译林出版社,2001,第893、891~892页。
② 皮埃尔·勒巴普:《纪德传》,第395页。

特权，实在明目张胆"。"乘坐专列，乘坐最高级的汽车，住最高级饭店的最豪华客房，给我享用的东西是最丰富、最昂贵、最精挑细选的"。① 安德烈·纪德的一位熟悉苏联物价的随同者估计每次宴会包括酒水，每个人要花费300多卢布，向当时一个工人的月工资也不过五六十卢布。罗曼·罗兰在1936年6月26日从莫斯科写给妹妹玛德莱娜信中指出："人们这样接待我，是和我的身份不相称的，有时使我觉得有点吃不消。"② 他对斯大林的接待和谈话的反应是："我老实告诉你，对我来说，这是异乎寻常的，我从来也没有在别的地方像在这里受到过如此好的接待。"③

罗曼·罗兰在高尔基家中所受的待遇就更不必说了，而且，由于健康原因，官方还专门委派专职医生和护士照顾他的起居。罗曼·罗兰一直沉浸于鲜花和荣誉之中，满足于苏联人民对他的尊敬和爱戴；纪德则更敏锐地从中发现了他本不愿意看到的差异和特权。"那边令我烦恼的，却不在于那些缺点，而在于立刻又遇着我所讨厌的那些利益，我所希望取消的那些特权。……使我惊讶的，乃是在这最好的事物和普通的事物中间有如此大的差异；如此平凡或如此恶劣的普通事物旁边，那特权却显得如此过分。"④

苏联政府上述所作所为必然在来访者的脑中产生了疑问。安德烈·纪德指出其中关键之处，"显而易见，他们如此慷慨投资，是另有希图——对苏联发生的一切事情只能说好不能说坏，只能赞扬而不能批判"。⑤

二 访苏者的不同视野

毫无疑问，绝大多数的访苏者是怀着对苏联的热爱，或者是对新制度的无限憧憬，或者是对新事物的强烈好奇踏上苏联这块陌生的国土的。因此他们首先都强烈地感受到一种从未见过的全新气象，那就是在苏联充斥着欢乐、热烈的气氛。苏联人民情绪乐观、健康向上，热情赞颂革命，热

---

① 安德烈·纪德：《访苏归来》，第107~108页。
② 罗曼·罗兰：《莫斯科日记》，译者前记。
③ 罗曼·罗兰：《莫斯科日记》，第4页。
④ 安德烈·纪德：《访苏归来》，第114页。
⑤ 瞿秋白：《赤都心史》，第109，5页。

烈拥护社会主义事业，坚决支持政府的政策，并积极地投身于工业化建设。

由于访苏者迫切地希望了解红色苏联究竟为何种风貌，因此，苏联的群众即成为访苏者的主要观察对象。安德烈·纪德在同劳动者直接接触时，如在作业场、工厂、休养院、花园或"文化公园"，都感受到深刻的快乐。他感受到一种友爱正在新同志中间迅速建立起来，他感到"心花怒放了"。而且在那里，他好多次都由于"过分的快乐"而眼中充满了爱和柔情的眼泪。他体验到："广大的人群都是端谨、正直、尊严和守礼的，可是没有受一点拘束，一切都是自自然然的。""无论在何处，都没有像在苏联，那般轻易，直接，深切和热烈，去同一切的人和任何的人相接触。"①

本雅明是上述访苏者群体中的先行者，而且1926年是苏联工业化和农业集体化全面展开时期。因此，此时的苏联政府和苏联人民给他的印象是全新的、生机勃勃的和不可战胜的。比本雅明晚10年访苏的罗曼·罗兰仍然体会到这种欣欣向荣的社会景象，感受到苏联普通百姓发自内心的主人公精神和公民意识。他在《莫斯科日记》的附记中写道："我从这次旅行中得出的主要印象与感觉到无限高涨的生命力和青春活力的强大浪潮有关；高兴地意识到自己的力量，为成就而自豪，真诚地信任自己的事业和自己的政府，这是成千上万甚至于百万苏联男女所体验到的情感。证明这一点的是类似6月30日盛大庆祝游行那样的，显示人民强大和幸福的全民示威游行，是我在高尔基那儿接待的民族代表团和工人代表团所显示的齐心协力，尤其是从全国各个角落寄给我的信件。"② 对此，就连目光犀利、对苏联颇有微词的安德烈·纪德也感叹不已："然而这点仍是确实的；俄国民众表现快乐。……没有一个地方能像在苏联一样，人民本身，街上所遇见的人，所参观工厂的工人，以及拥挤在休息、文化或娱乐场所的那些群众，是如此笑容满面的"，"我不能设想，苏联以外其他地方，人们能够

---

① 安德烈·纪德：《访苏归来》，第23页。
② 罗曼·罗兰：《莫斯科日记》，第109~110页。

那般深切那般强烈觉到人类的感情"。① 这种快乐极大地感染了安德烈·纪德，使他也感到无比的快乐。高尔基下葬那天在红场演说时，他情不自禁地宣告："我们拥护苏联！"②

罗曼·罗兰在写给妹妹玛德莱娜的信中谈道："人们这样接待我……是十分动人的。……人们没完没了地向我欢呼，不论在剧院外，还是在剧院内，在剧院入口处，接着在第三场中间休息时的片刻；在剧院外面，在台阶上下，在广场上，一群热情的男女向我欢呼。……群众的热情使我十分感动。在纷乱中我努力与一些人握手，可我得有十万只手才够用。"③

泰戈尔为教育改变了苏联人民的精神面貌而感动，不禁写下如下的诗句："哑巴开始说话了，愚昧的人变聪明了，软弱无能的人坚强起来，沉坠在耻辱之湖底面的人，今天走出了社会的暗室获得了和其他所有人同样的地位。"④ 安德烈·纪德也表示："我在苏联最欣赏的，也许莫过于苏联措施：几乎到处都采取了措施。让最普通的劳动者接受教育，这只取决于他们自己提高素质。"⑤

访苏者也看到，苏联公民由于对外部世界缺乏了解，并且基于强烈的苏联公民的自豪感，在与来访者的言谈话语中也体现了无知和自大。一些苏联人多次向安德烈·纪德提出类似"巴黎是否有地铁""法国是否有幼儿园"这样的问题。甚至有"几年前，我们可能向德国和美国学点什么。而现在，再也没有可以向外国学习的了。因此，讲他们的语言还有必要吗？"的话语。安德烈·纪德感觉苏联人从不关心国外发生的事情，即使偶尔关注一下，"他们首先留心的却是，外国人对他们做何感想。他们所关心的，乃在知道我们是否充分称赞他们。他们所害怕的，乃是我们不十分知道他们的功绩。他们所期望于我们的，并不在于指责他们，而在于恭维他们"。⑥ 本雅明则用了一个形象的比喻说明自己的看法："毫无疑问，

---

① 罗曼·罗兰：《莫斯科日记》，第113、23页。
② 安德烈·纪德：《访苏归来》，第61页。
③ 罗曼·罗兰：《莫斯科日记》，第4页。
④ 瓦尔特·本雅明：《本雅明文选》，第13页。
⑤ 安德烈·纪德：《访苏归来》，第64页。
⑥ 安德烈·纪德：《访苏归来》，第15页。

俄罗斯对世界要比世界（除了拉丁美洲国家）对俄罗斯所知要少。……可以说，俄罗斯对世界其他地区的无知很像十卢布的票子：在俄罗斯很值钱，但在国外不被承认为通货。"①

　　苏联人的无知和自大固然有其民族性格之弱点的原因，但在当时，这与政府当局的有意引导也不无关系。对此，本雅明已有察觉："与外部世界的联系基本上是通过党来进行的，主要包括政治问题。"②罗曼·罗兰在日记中也谈道："不仅他们的个人自尊或者工作自尊，而且苏联公民的自尊，都以歪曲真相的代价而得到强化。"罗曼·罗兰感慨："我确信，他们倾向于低估，并且有时甚至过分低估其他民族的生命力。……青年不可能自由地将自己的智力成就和思想与他们的西方朋友的成就相比较。真担心有朝一日突然发生这样的事，就会产生动荡。"③

　　访苏者看到了苏联社会经济基础的薄弱，看到了社会财富的分配不均等社会问题。他们感受到了斯大林提倡的高度集中的计划经济管理体制和片面发展重工业的政策给苏联人民的生活造成了巨大的冲击。在作家们的眼里，大多数苏联人衣衫褴褛、食物单调、住房糟糕、消费品匮乏。这一切令作家们震惊。本雅明和安德烈·纪德的日记中不止一次提到人们一大早在商店门口排长队等候购买当天供应的物品的场景，结果常常是不到晚上物品已被销售一空。据说，当时苏联市场的供应量仅够满足一半人口的需要。由于物品奇缺，人们只能决定"拿与不拿"的问题，却丝毫不敢有选择质量的奢望。"人们甚至可以相信，为限制需求之故，种种衣料物品故意做得尽可能地粗拙，使得人们万不得已时才去购买。"④安德烈·纪德心中社会主义乐园的形象似乎一下子破灭了。就连深居简出的罗曼·罗兰也从妻子玛莎的家人所住的简陋又拥挤的房屋中隐约感觉到苏联的困顿。

　　罗曼·罗兰在乘坐高级轿车旅行途中遇到了这样的情景："向他投去忧郁目光的男子，一个老年妇女向他们显示了一下拳头。"而下层民众的境况又是如何呢？"在阿赫特伦路上有一奇观：女人们手拿一块垫着草的

---

① 瓦尔特·本雅明：《莫斯科日记》，第70页。
② 瓦尔特·本雅明：《莫斯科日记》，第70页。
③ 罗曼·罗兰：《莫斯科日记》，第113页。
④ 安德烈·纪德：《访苏归来》，第123页。

生肉站在那儿，向过路人兜售，有的则拿鸡或类似的东西，她们是没有执照的摊贩，她们没有钱付摊位费，也没有时间排队等着租一天或一周的摊位，当执勤人员出现时，他们拿起东西就跑。"在高层人士的"餐桌上摆满了美味食物：既有冷盘，也有各种火腿，还有鱼——腌制的、熏制的、冻凝的。热菜有虾烧鲟鱼肉，奶油榛鸡以及诸如此类。"① 而在莫斯科，生活对大学生、教师和小职员来说，仍是非常困难。玛莎的朋友利季娅·帕夫洛夫娜对玛莎承认，不久前，她请玛莎以及另外几个朋友吃的一顿简单而冰冷的早餐就花了她86卢布，一块长方形巧克力糖要花25~30卢布。

此外，招待客人之待遇与服务于此的苏联人民生活的差异之大。苏呼米附近有一家西诺卜旅馆，安德烈·纪德认为它完全可以与法国最美和最舒适的沐浴旅馆相媲美，是"尘世间人类觉得最接近于幸福的处所之一"。在旅馆旁边设有一个苏维埃农场，专门为旅馆提供食品。但是跨过那条划定苏维埃农场界线的壕沟，便看到了一列低矮简陋的房屋。"那里每四个人合住一间长2.5米，宽2米的房子，每人每月两个卢布租金。苏维埃农场所设饭馆，每顿就值二个卢布，这种奢侈，每月只得75卢布工资的人，是享受不到的。他们除面包之外，还有一条干鱼就觉得满足了。"② 当然人们设法尽可能地款待宾客，提供最好的事物给他，也是很自然的。不过"在这最好的事物和普通的事物中间有如此大的差异，在如此平凡或如此恶劣的普通事物旁边，那特权却显得如此过分。"③

安德烈·纪德把党的干部和普通群众的工资做了比较。工人小职员、女佣的工资一般在50~250卢布。技术工人可达到400卢布。高级官吏、教授、艺术家、作家工资则一般在1500~10000卢布。有些人每月收入可达200万~300万卢布。工资差异如此之大，也不得不让人想到剥削。用安德烈·纪德的话来说，是"一种剥削，一种如此狡狯，如此巧妙和如此隐秘的方式之下的剥削，以至于被剥削之人不知道应当归咎于什么人。"他不无挖苦地写道："这个正在形成起来的，新资产阶级，具有——我们

---

① 罗曼·罗兰：《莫斯科日记》，第192页。
② 安德烈·纪德：《访苏归来》，第123页。
③ 安德烈·纪德：《访苏归来》，第118页。

的资产阶级的一切恶德。它刚从贫穷中爬上来,就已经看不起贫穷了。它贪图那好久没有的一切好处,它知道应当如何去获得并如何去保持起来","这些是享用革命利益的人"。"他们可以加入共产党,然而心里没有丝毫共产主义者的气味。"①

尽管罗曼·罗兰走的是上层路线,但是细心的他仍然发现:"在毗邻莫斯科的四郊,散布着一些在地图上没有标明的别墅(也包括高尔基的独家住宅),里面住着领导人及其客人,或者是受到特别关注的作家。宽阔的铺有卵石或柏油的道路总是通往别墅,道路沿线还设有警察,他们从树林中暗地里进行观察。在地平线上,可以清楚地看到一幢位于树林中雪白的漂亮的疗养院供政府的上层成员使用。"②

将苏联视为自己生命的罗曼·罗兰仍然认为:"没有理由,也不该有理由认为,保卫国家的伟大的共产主义军队及其领导人正在冒险变成特殊阶级,而且比什么都严重的是,变成特权阶级。"③ 在他看来,官僚阶层利用政治上的权力之便为自己及亲属谋取一些生活上的舒适(如住房、食物和交通工具等),其实是很自然的事,是合乎人的本性的。"有谁会把普遍困难中的享受机会作为自己的过错?!"④ 他表示,即使在苏联出现一个共产主义特权阶层,他也不会大肆宣扬革命的失败。因为他从不认为革命能够立即实现人类兄弟般的团结和无阶级的社会。每次革命都是在通向伟大理想的道路上的一个阶段,苏联的革命可能是人类在通向目标的道路上向前迈进的最大一步。从这个意义上讲,尽管存在这样那样的弊端,但从发展的眼光看,苏联还是值得肯定的。总之,罗曼·罗兰并不把苏联社会中的差异和特权现象归结为社会主义制度的变质和异化。

本雅明则通过对莫斯科路人行色的描述表达了同样的感受:"这里的人并不太关注时间。……很少看见街上的人行色匆匆,除非天气特别寒冷。他们已习惯跟跟跄跄地走路了。"安德烈·纪德认为日常生活中苏联人在极其亢奋的政治热情之外又表现出极其不相称的"松懈","自从民众

---

① 安德烈·纪德:《访苏归来》,第 124~125、114 页。
② 罗曼·罗兰:《莫斯科日记》,第 115 页。
③ 罗曼·罗兰:《莫斯科日记》,第 115 页。
④ 罗曼·罗兰:《莫斯科日记》,第 116 页。

第四章 红都召唤：罗曼·罗兰和安德烈·纪德们的"苏联"

得到自由以后，大部分人都松懈下来了"。① 这使他得出一个结论，所谓"斯达汉诺夫运动"就是用来打破人们懒散习惯的"发明"。安德烈·纪德认为："仔细认真地完成自己职责的人凭什么是英雄？一个国家，所有工人都在做工，本无所用其斯达汉诺夫运动。"② 这样只能增进人们毫无掩饰的虚荣心，互相攀比，以及互相妒忌，甚至敌视。尽管不可否认这种运动有时也会起到榜样作用，但是，即使树立榜样，也完全不必达到授予英雄称号，悬挂他们的画像及诸如此类的大肆宣扬的地步和程度。安德烈·纪德举了一个比较具有讽刺意义的反例：有一队法国矿工来苏联旅行，在参观某矿山的时候，为表示友谊，请求替苏联矿工做一班工作，并无须怎样地发奋努力，他们所做的已经超过斯达汉诺夫的成绩了。

三 苏联光彩的背面

对于苏联这样一个集权化和政治化的社会，访苏者们给予正反两方面的评价。安德烈·纪德发现在苏联"衡量一切的标准是路线"。"一件作品无论如何美，若不是在路线之内，就要受排斥"，"一个艺术家无论如何天才，若不是在路线之中工作，公众的注意就要从他转移开去，或被别人从他引开去"。他不无担忧地思考着："人民选举，无论公开的或秘密的，都是一种玩笑，一种骗局：从上至下都是委派的。人民只有权利选举那些预先指定的人。""无产阶级甚至没有可能选举一个代表来保护他们的被侵犯的利益。""在苏联，预先规定对于无论什么事情，都不许有一种以上的意见。而且那里的人，精神也被调练成这个样子，使得这个附和主义对于他们竟成为容易的，自然的，不觉得的。"③

一个偶然的事情给罗曼·罗兰留下了深刻的印象。苏联医生普列特尼奥夫奉命为罗曼·罗兰检查身体，他因为疲劳过度而导致身体软弱无力，检查完成后，医生心有余悸地对罗曼·罗兰说："好在今天的报纸写到了

---

① 安德烈·纪德：《从苏联归来》，郑超麟译，辽宁教育出版社，1999，第4页。
② 安德烈·纪德：《从苏联归来》，第57页。
③ 安德烈·纪德：《访苏归来》，第124～125、11、131、134～135页。

113

您的疲劳过度，迫使我能说出同样的意思。"① 罗曼·罗兰听后，顿时噤若寒蝉。此话道破了斯大林时代的苏联人缺乏最基本的思想和言论自由，只能听从报纸，进一步确切地说是高层领导人的说辞，而完全没有自由发表个人看法，哪怕是经过实践检验的客观事实的权利。安德烈·纪德则感叹道："游历过一次苏联，就可以使得我们估计到，我们在法国还能享受的那个无可估计的思想自由价值，可是时常给我们滥用了。"② 安德烈·纪德在列宁格勒准备了一篇演说，打算在一个大学生集会上发表，但经过审查后，人们立刻暗示他：这篇稿不在"路线"之内，而且他准备要说的话是不合时宜的，这在后来的确应验了。本雅明也是如此，他为苏联的百科大辞典写的"歌德"词条同样因为不在"路线"之内，而被退回。

安德烈·纪德发现，在苏联，一种非常的"一致性"支配了人们（甚至连服装都是统一的白色基调）。"第一眼看去，这里，个人是混合在群众里面的，没有什么特异之处，以至于谈到人事时候，似乎不需说'众人'，而说一个'人'就够了。"③ 因此，同每一个俄国人说话，就如同与所有俄国人说话一样。纪德还通过对一个集体农庄住宅的描述体现这种一致性："每幢住宅都有同样的丑陋家具、同样的斯大林肖像，此外绝没有什么东西：没有一件个人物品，没有一点个人纪念。各个住宅都是可以互相交换的。"④表面的"一致性"反映在人的精神领域，则是思想自由的完全消失。"每天早晨，《真理报》教他们以合宜知道、合宜思想，合宜相信的事情。超出这个以外，是不好的。评价任何理论、观点和言行是否正确，不是分析它是否合乎实际、合乎逻辑和科学，而是看它是否符合官方制定的'路线'"。⑤ "路线"之内的，怎么说都行，"路线"之外的，则毫无例外地被禁止。即便对文艺作品的评价，也同样如此。一件作品无论如何优秀，如果不在"路线"之内，那么它在苏联的命运只能是胎死腹中。例如，叶赛宁的诗是属于"路线"之外的，叶赛宁的名字自然不允许被公开

---

① 罗曼·罗兰：《莫斯科日记》，第 54 页。
② 安德烈·纪德：《访苏归来》，第 124~125 页。
③ 安德烈·纪德：《从苏联归来》，第 27 页。
④ 安德烈·纪德：《从苏联归来》，第 32 页。
⑤ 安德烈·纪德：《从苏联归来》，第 34 页。

说出，所以，纪德和他的同伴只能趁导游不在时偷偷地朗诵这些诗作。

斯大林的个人崇拜在20世纪30年代中期已经发展到顶峰。访苏者在动身到苏联以前，已经对苏联个人崇拜有所耳闻，但在他们踏上苏联的国土后，还是为苏联大张旗鼓的"迷信"和"崇拜"的阵势所惊诧。

1929年12月21日，是斯大林50寿辰，报纸上连篇累牍地刊登颂扬文章，把斯大林吹捧成列宁的唯一助手和列宁事业的唯一继承人，是"活着的列宁"，就这样"一场新的造神运动"开始了。从30年代开始，各级领导人的讲话都要有一段对斯大林的称颂。在第十七次党代表大会上，每个代表发言时都要有大段赞扬斯大林的套话。安德烈·纪德在苏旅行时就曾碰到这样一件事：到了斯大林的故乡，他想给斯大林发一封电报，表示感谢，于是他在邮局拟了电报稿，其中写有"向你致敬"云云。但翻译告诉他，在"你"字后需要加上"劳动者领袖"或者"人民导师"之类的敬语，否则就不给翻译，不给发电报。最后安德烈·纪德也只好屈服。他在苏联演说时也常常遇到此类修改，这迫使他宣布："在我此次旅行中，用俄文发表的任何文章，我都不承认是我的。"① 在个人迷信时代，国家的重大问题及其决定对群众是严密封锁的，群众没有批评的自由。

罗曼·罗兰尤其感到不解的是斯大林本人的态度，"斯大林对我是一个谜。……他在所有的行为和言论中都表现出自己是一个纯朴和严肃的人，讨厌赞扬。他怎么会允许在苏联出现围绕他的那种气氛，不停地对他大加颂扬？……他的头脑中在想些什么？如果他真的感到恼火，他的一句话就足以推翻这种可笑的崇拜，把一切化为笑谈"。"我无法在两个斯大林之间找到共同点——前天在克里姆林宫与我交谈的斯大林，以及像罗马皇帝一样花了6个小时欣赏自己的封神仪式的斯大林。一排又一排巨大的斯大林肖像在人们的头顶上浮动。飞机在空中划出领袖姓名的第一个字母。人数很多的群众在皇帝包厢前唱起颂扬斯大林的赞歌。人们在行进时，目不转睛地看着举起一个弯着胳膊的手站在那儿的他。斯大林似乎感到腼腆、拘束、不好意思见人，但同时又在展示自己。莎士比亚如能描绘汇集

---

① 安德烈·纪德：《从苏联归来》，第47页。

在一个人身上的这两个恺撒,两个斯大林,他会获得多大的满足!"①

对于斯大林的个人崇拜,罗曼·罗兰明确地表示了批评态度,"对真诚的共产党人来说,这是极其危险的手段。它可能在社会上挑起一个顶礼膜拜的不祥的宗教信仰。"② 个人崇拜的风靡,往往导致个人专制。在苏联,安德烈·纪德指出:"不错,专政,显然的;但那是独夫的专政,而不是无产者共同的专政,不是苏维埃的专政。这里不应当抱幻想,应当干脆承认:这不是人们所要的。再进一步,我们将要说:这恰好是人们所不要的。"③"唯命是从""循规蹈矩"致使"在任何别的国家,哪怕是在希特勒统治下的德国,思想还会比这呈更不自由、更加低三下四、更加战战兢兢、更加俯首帖耳"。④"个人专政"代替"无产阶级专政",不再是"团结一致"的无产者。苏维埃的体制"是他(斯大林)一个人的专政,而不是联合起来的无产阶级专政"。⑤

罗曼·罗兰和安德烈·纪德访问苏联之时正值"莫斯科第二次大审判"的前夜。尽管罗曼·罗兰基本上走"上层路线",更多的是与苏联高层领导人,艺术、文化、教育界高级人物接触,但苏联普通百姓表现出的一些政治恐惧还是被敏锐的作家捕捉到。罗曼·罗兰写道:"苏联青年具有非常好的品质,但同时又是生硬的,甚至是残忍的——这是过早了解死亡和绝望的代价。年轻人知道他们的熟人中有人死了,但晚上照旧去电影院。他们已学会不露声色。而这是可以理解的。不能过于高声说话,否则,就暴露了自己。年轻人彼此不信任。"⑥

斯大林和苏共发动"大清洗"运动的主要理由是战争威胁日益迫近,来自西方国家和敌国的奸细和间谍进入苏联,有的甚至混入苏联高层领导机构,准备颠覆苏维埃政权。正是基于以上理解,罗曼·罗兰把苏联的专政和"大清洗"运动看作特殊历史条件下的特殊需要,是暂时性的,具有

---

① 罗曼·罗兰:《莫斯科日记》,第 126~127 页。
② 罗曼·罗兰:《莫斯科日记》,第 5 页。
③ 安德烈·纪德:《从苏联归来》,第 49 页。
④ 安德烈·纪德:《从苏联归来》,第 37 页。
⑤ 皮埃尔·勒巴普:《纪德传》,第 396 页。
⑥ 罗曼·罗兰:《莫斯科日记》,第 141 页。

一定的合理性。所以，他并不十分担心苏联会变质。罗曼·罗兰的这种理解显然是受到斯大林等苏联领导人的直接影响。在1936年6月28日斯大林会见罗曼·罗兰时，罗曼·罗兰委婉地问起苏联目前正在进行的"肃反"运动，并说是代表法国同志来询问的。而斯大林则轻描淡写地说在基洛夫被谋杀后匆忙处决上百人是受了"感情的支配"。而且在诉讼过程中绝对不给凶手出现在公众面前的机会，以免他们把出庭当作讲坛。在斯大林那里，把残酷无情说成国家的要求，称如果不对所谓"敌人"判死刑，苏联同志会对此感到气愤，会认为这是姑息养奸。他为了解释党和国家著名的有声望的活动家为什么被逮捕及处决时，编出了一个可怕的理由，即苏联存在一个分布广泛的法西斯地下组织——第五纵队。

四　罗兰与纪德之分歧

"生虫的红苹果"，这是安德烈·纪德访问苏联归来后在日记中写到的一个词语。生了虫的红苹果表面上看依旧使人垂涎欲滴，红色光芒的背后隐现的阴影是那么的不和谐。

来访者把自己国家的现实与苏联的现实对照后，必然要产生这样或那样的感受。面对相同的国家、相同的场景、相同的人们，他们的感受是不尽相同的。他们眼中的苏联是一样的，但是他们笔下的苏联，由于他们的个人经历不同、访苏的背景和目的不同、观察问题的视角和访苏期间的具体行程安排不同，他们看到的是一个各自从实际出发的各有偏重的苏联。东西方人眼中的苏联是异样的——西方人看到苏联的，从总体上说，更多的是其阴暗面，并由此产生了巨大的心理反差；东方人一般是"取经般"的崇拜，他们看到的更多的是光明。

如果说在对苏联人民的生活处境和精神面貌的观察中，作家们的观点基本一致（当然每个人了解、认识苏联的程度不同）的话，那么对于这一时期苏联社会和政治形势的看法则存在较大的差异和分歧。而且在各位访苏者中，同为获得诺贝尔文学奖的法国作家，左翼阵线上亲密的朋友罗曼·罗兰和安德烈·纪德是最受关注的。两人对苏联都有着深厚的感情，但两位文学大师笔下的苏联不尽相同。罗曼·罗兰的赞美多于批评，而安德烈·纪德的批评多于赞美。

闻善则喜、疾恶如仇是安德烈·纪德的风格。"对于我们愿意永远称赞的人，我总更加严厉些"，是安德烈·纪德评价任何事物的原则。但是他也满怀深情，同时不无怨恨地承认："那里有好的事情，也有坏的事情。""有最好的事情也有最坏的事情。"与"往往拒绝看到那坏的方面，至少拒绝承认这一方面"的其他访苏友人形成鲜明对比。"以致关于苏联的实话往往被人带着恨说出来，而谎言则被人带着爱说出来。"①

访苏者中，安德烈·纪德的前后反应最为激烈，行前——"我的生命，必须保证苏联的成功，我可为之立即献出生命……就像其他许多人过去和将来所做的那样，我将和它打成一片"，观后——"快乐的情绪缓慢消失了，感官课的理想悄然崩坍了，光明消逝了，苏联并不是一个神秘的国度"。这反映的正是一个真正的知识分子的品质——及时而客观地讲述自己的体会和感受。安德烈·纪德"希望直言不讳坦诚相告会有助于苏联和它在我们看来代表的事业。正是由于钦佩苏联和它已经创造的奇迹，也由于我们对它仍怀有期待；更由于它让我们产生希望，我才要提出批评"。纪德坚信："一方面苏联终将克服我指出的严重错误；另一方面，也是最重要的，即一个国家的个别错误不足以抹杀一项国际性、世界性的事业的真理。"②

安德烈·纪德于1937年公开出版旅行记《从苏联归来》，对苏联的政治、经济、文化状况提出诸多严厉的批评。安德烈·纪德的转向当即招致苏联当局及其拥护者的强烈指责和辱骂，参加这个"反安德烈·纪德讨伐团"的，就有先他12个月到过苏联的法国同胞、曾经的密友罗曼·罗兰。对此，安德烈·纪德又写下了《为我的〈从苏联归来〉答客难》，为自己辩护。

罗曼·罗兰访苏期间一直走的是上层路线。在访苏者中身份最高、接待规格也最高，他对所见也最感矛盾。罗曼·罗兰长期作为"苏联之友"，始终对苏联采取乐观态度，尽管他同样看到了坏的事情，消极之处，同样对斯大林个人崇拜不满。与高层领导人的频繁接触对他影响极大，他习惯于从政治家的角度审视苏联，从苏联所处的国内外形势出发，从苏联当前

---

① 安德烈·纪德：《从苏联归来》，第45、79页。
② 安德烈·纪德：《纪德文集》，第892~893页。

第四章　红都召唤：罗曼·罗兰和安德烈·纪德们的"苏联"

发展的实际需要出发，去观察、分析展示于眼前的具体问题。因而，尽管对苏联存在的弊端有所察觉（当然程度有限），但总的来说，罗兰的态度是赞扬多于批评，即使批评，也只是暗示。罗曼·罗兰对于自己所见的苏联社会和政治的负面现象采取了"鸵鸟战术"。为了不让自己心目中的圣地受到非议，更为了防止访苏日记中"不合时宜的"文字成为他人攻击苏联的武器，罗曼·罗兰在他的日记法文原件的扉页上留下这样的文字："未经我的特别允许，在自1935年10月1日起50年期满之前，不能发表这个笔记，无论是全文，还是片断。我本人不发表这个笔记，也不允许出版任何片断。"① 罗曼·罗兰之所以发表这个声明，不是由于与高尔基的特殊关系，唯恐会嫁祸于他或者是影响他们20多年的友谊。因为高尔基在罗曼·罗兰访问苏联后不到一年就去世了，他完全可以在一年后发表这本日记。也不是由于斯大林的威慑，斯大林虽然对发不发表有一定的影响，但不是主要的。斯大林不会像"大清洗"那样，也把罗曼·罗兰"清洗"掉。斯大林既不会这样做，也无法这样做。罗曼·罗兰作为一个有良知的知识分子不会把真话完全系于个人安危之上。他在自传中讲道："每天早晨，邮差给我带来污言秽语和一札札匿名恐吓信作为我的早餐，这些信件威胁我将遭到与饶勒斯（Jean Jaurès）同样的命运"，"在'广场上的集市'中遭到我无情抨击的文学界那帮乌合之众"，"想借舆论将我置于死地"。②

访苏归国后的罗兰依然是苏联最亲密的、最可信赖的朋友。罗曼·罗兰之所以如此，主要是为了不给自己心目中的圣地和"理想国"增加污色，因为他太热爱这个国家和这种制度了。他始终对苏联的前途满怀信心，并未因某些领导人的失误而动摇。就像他在《莫斯科日记》中一再强调的那样："目前这些政策包含着某种消极的东西，这是不可避免的；任何打算都不可能没有错误。可是，斯大林的政策所包含的积极的东西远远超过所有消极的东西，我丝毫不怀疑，世界更美好的未来是与苏联的胜利连在一起的。"③

---

① 罗曼·罗兰：《莫斯科日记》，第2页。
② 《罗曼·罗兰自传》，第296页。
③ 罗曼·罗兰：《莫斯科日记》，第2页。

第五章　黑旗飘扬：克鲁泡特金之死的中国印象

克鲁泡特金（Пётр Алексееви Кропоткин，1842－1921）是俄国著名思想家和革命家，他的无政府主义政治学说既不同于国际"无政府主义之父"法国思想家浦鲁东（Pierre－Joseph Proudhon 1809－1865）的思想，也有别于俄国"无政府主义之父"巴枯宁的论断，具有鲜明的个人特征并且在国际范围产生了重大影响。他的政治学说和无政府主义思想为世人所关注，在欧美国家甚至出现了"克鲁泡特金学"（Kropotkinlogie）。中国学术界最早对克鲁泡特金生平和思想进行系统研究的学者，也即笔者的业师陈之骅先生曾经评价："克鲁泡特金是在俄国革命运动和国际工人运动中产生过重大影响并且具有相当魅力的一个人物。他的颇带传奇色彩的革命经历，他的独树一帜的无政府主义理论，他渊博的知识和在学术上的贡献，以及他的人道主义伦理思想和道德品性，在他生前就吸引了许多持不同政见和具有不同世界观的人"，"克鲁泡特金是巴枯宁之后最大的无政府主义理论家，也是无政府主义史上最后一个具有国际意义和影响的领袖人物。他被称作是'无政府主义思想之集大成者'"。[①]

20世纪20年代，在中国社会波谲云诡的背景下，克鲁泡特金及其学说不是作为"鲜花"而是作为"火种"被引进中国并引发巨大影响的。中国最早系统译介克鲁泡特金思想之人是著名作家巴金，他在1927年翻译出

[①] 陈之骅：《克鲁泡特金传》，中国社会科学出版社，1986，第1、9页。

第五章 黑旗飘扬：克鲁泡特金之死的中国印象

版的第一本克鲁泡特金著作是《面包与自由》①，他在1933年翻译出版的克鲁泡特金《我的自传》的"中译者前记"中声明："这是我最喜欢的一本书，也是在我的知识的发展上给了绝大影响的一部书。我能够把它译出介绍给同时代的年青朋友，使他们在困苦的环境里从这本书得到一点慰藉，一点鼓舞，并且认识人生的意义与目的，我觉得非常高兴。"② 63年后，巴金在《巴金译文全集》的"代跋"中又强调："我做翻译工作，只是为了借用别人的武器。那些武器帮助过我，我愿意把它介绍给读者。"③陈之骅先生曾经评价："克鲁泡特金的名字在中国是不陌生的。他的思想早在本世纪初年就随同整个无政府主义理论一起开始传入中国。在中国的无政府主义者看来，克鲁泡特金学说是所有各种无政府思想流派中最适合自己国情的。"④ 当代学者李存光在其编选的《克鲁泡特金在中国》中特别提及，"本书的主角是克鲁泡特金。这个名字对今天许多上年纪的人来说，是不大好听的，而对更多的年轻人来说，则是相当陌生的了。殊不知，在20世纪初叶，这个名字和托尔斯泰、马克思、列宁等人一样，曾经是相当'火爆'，相当'走红'的名字呢"。⑤

1921年2月，克鲁泡特金去世的消息传到中国后，中国各地和各界举办各种纪念活动。被称为"俄国社会改革家"的"克鲁泡特金"或"苦鲁巴金"及其"安那其主义"（Anarchism/анархинизм）激荡中国大地，并引领中国社会之潮流，亦成为当时中国社会中一种炫目的"政治现象"。

---

① 克鲁泡特金于1892年以法文完成此书写作，因他身陷牢狱，书名由友人爱利赛·邵可侣（Elisée Reclus）"代取"为《面包掠取》（*La Conquete du pain*），1909年幸福秋水的日译本以《面包掠取》为名出版。克鲁泡特金将俄文版书名确定为《面包与自由》（*Хлеб и Воля*）。《面包掠取》第三章曾被译成文言文，发表于1914年《民声》周刊。巴金依法文版进行全译并于1927年由上海自由书店出版，书名亦为《面包掠取》。1940年，上海平明出版社再版，更名为《面包与自由》。
② 《巴金译文全集》第1卷，人民文学出版社，1997，第1页。
③ 《巴金译文全集》，第509页。
④ 陈之骅：《克鲁泡特金传》，第20~21页。
⑤ 李存光：《克鲁泡特金在中国》，珠海出版社，2008，"编后记"。

121

一 巨人之死

克鲁泡特金1876年6月29日越狱成功后就亡命欧洲，一直流亡了41年整。在欧洲，克鲁泡特金潜心研究法国无政府主义思想家蒲鲁东、英国无政府主义思想家葛德文（William Godwin，1756 – 1836）、德国无政府主义思想家施蒂纳（Max Stirner，1806 – 1856）的理论，他与俄国无政府主义之父巴枯宁交往甚密并且在思想上深受其影响。但是，克鲁泡特金作为一位独立的思想家和革命家，他在理论研究和革命活动中不断思考、修正自己的理论，最终形成了一套独特的无政府共产主义理论，成为无政府主义思想史上最后一位具有国际意义和影响的领袖人物，堪称"无政府主义思想之集大成者"。1910年，克鲁泡特金为自己的思想历程和理论核心做了总结，他写道："著者是共产的无政府党人之一。他曾经为下列的几种事务劳瘁了许多年：（1）说明自然科学和无政府主义的关系。（2）研究社会之中对于无政府主义已有的倾向。罗列而说明之，为无政府主义立一个科学的根据。（3）替无政府主义者的道德立一个规模。若论无政府主义本身，著者认为共产主义比集产主义易于实行；而无政府共产主义（即共产的无政府主义）则又比别种共产主义容易实行。……著者于发明此等思想之外，又尝用生物界无数的事实，证明互助为社会进化的一大因素，以和达尔文的竞争学说对抗。"[①]

克鲁泡特金的政治理想国是他所理解的共产主义，即无政府政治理念下的共产主义——无政府共产主义（анархо - коммунизм）。他在1880年10月召开的"汝拉联合会"上首次提出自己的"无政府共产主义"理论。他认为巴枯宁主张的基于集体主义基础之上的无政府主义理想不是社会主义革命的最终目标，只是革命所经历的一个过程和阶段，"是结束这种错误的时候了，而且只有一种办法能办到，那就是丢弃'集体主义'这个词，公开宣告我们是'共产主义者'。这将澄清我们的'无政府共产主义'概念与1848年以前的神秘共产主义者和各种权威学派所散布的概念之间的

[①] 克鲁泡特金：《社会思想的演进》，重庆平明书店，1938，第14~15页。

差别。这样我们将把我们的理想更好地表达出来，我们的宣传也会得以加强，就会获得共产主义思想所固有的，而集体主义所缺乏的那种蓬勃的精神"。① 在《面包与自由》中，克鲁泡特金指出无政府状态和共产主义是人类两个最伟大的理想，前者是政治制度之考虑，后者是经济制度之考虑，二者是一个不可分割的整体。"无论任何社会，只要废止了私有财产后，便不得不依着共产的无政府方向进行。由无政府主义生出共产制；由共产制达到无政府主义。两者都是近代社会中的主要倾向的表现：即是对平等的追求"。② 出于反对任何国家、排斥一切权威原则的考虑，他认为未来的理想社会应当是没有任何权力支配的各种团体的自由联合，全部生产资料和生活资料归整个社会所有。为了实现这一理想，不能靠社会改良，而是要通过群众自发的社会革命。革命不仅要推翻旧的国家政权，没收有产者的全部财产，而且要在没有任何组织和领导的情况下，依靠"人民的首创精神"立即实行按需分配原则，取消货币和商品交换。他批评马克思主义是"形而上学"的、"强权"的共产主义，标榜自己的理论是"科学"的、"无政府主义"的共产主义，是"自由的"共产主义。克鲁泡特金把社会革命看成先破坏后建设的过程，而且建设的使命要远远高于破坏的目的，即："人类精神若想从事于破坏的事业，对于破坏之后将要代替的制度，至少应先有一个概念。"③

尽管列宁和布尔什维克与克鲁泡特金不属同一政治阵营，但对他的一些政治主张极为推崇。列宁说："他所写的一些著作是那么精彩，他的感情和思想曾经是那么新鲜和充满朝气……他的整个美好的过去，以及他所写的那些著作，对我们来说毕竟是有价值的，而且是珍贵的。"④ 而同是出身贵族、曾经的无政府主义信徒、著名宗教哲学家别尔嘉耶夫（Н. А. Бердяев，1874 – 1948）评价："克鲁泡特金的无政府主义有些不同的形式。他不那么极端，更富有田园诗的情调，他的论证是自然主义的，

---

① 陈之骅：《克鲁泡特金传》，第 153 页。
② 克鲁泡特金：《面包与自由》，巴金译，商务印书馆，1982，第 56 页。
③ 陈之骅：《克鲁泡特金传》，第 176 页。
④ Бонч - Бруевич В. Д. *Избранные сочинения*. М., 1963. Т. 3. с. 406.

他要求很乐观地看待自然界和人。克鲁泡特金相信合作的天赋。"①

　　克鲁泡特金提供了一种人生精神和生活楷模。作为一位学者，一个反沙皇制度的战士，为了政治理想放弃贵族生活和特权，一生颠沛流离，甘愿受苦、坐牢、亡命。他一生坚持的高尚的道德标准，是他经常提到的脑力劳动和体力劳动相结合的典型。因此，他不仅受到民粹派和无政府主义者们的景仰，也得到政见不同者乃至反对者的尊敬。法国作家罗曼·罗兰就非常钦佩克鲁泡特金，他曾表示：列夫·托尔斯泰追求的理想，已经由克鲁泡特金在生活中实践了。

　　1917 年二月革命爆发后，在欧洲侨居 41 年，已经 75 岁高龄的克鲁泡特金在 1917 年 5 月 30 日返回祖国，在彼得格勒火车站受到社会各界的热烈欢迎。他发表了现场演讲，表示："他感到了无比的幸福，因为终于回到了新生的、自由的俄国——这自由的获得不是由于君主的恩赐，而是由于俄国人民的意志。"② 临时政府总理克伦斯基试图劝说他放弃无政府主义的立场，出任临时政府教育部长职务，但立即遭到他的拒绝。克鲁泡特金还拒绝了临时政府提供的每年 1 万卢布的养老金。他表示："我认为皮鞋修理工的行当对我来说更清白和更有益。"③ 8 月 15 日，克鲁泡特金应邀参加临时政府在莫斯科召开的国务会议并发表演讲："为保卫祖国和我们的革命建立和睦之墙，祖国发生了革命，祖国坚信革命到底……最终彼此许下诺言，我们不能分出这个剧院的左边还是右边。要知道我们只有一个祖国，为了它我们应该或站或躺，如果需要的话，我们所有左翼的和右翼的，我们并没有从立法会议中想到什么……如果我们，俄罗斯土地的共同体，大声地表达我们的愿望，俄国宣布成立共和国……我们这样仅仅是减轻了立法会议的工作。"④

　　7 个月后，俄国社会再次发生剧烈政治变动，布尔什维克和俄国左翼政党联合取得了 1917 年十月革命的胜利。克鲁泡特金最初对布尔什维克和苏维埃政权持欢迎态度，他说："我透过这场崩溃看到了现代文明的曙光，

---

① 别尔嘉耶夫：《俄罗斯思想》，雷永生、邱守娟译，三联书店，1995，第 149 页。
② 陈之骅：《克鲁泡特金传》，第 239 页。
③ Гольдман Э. П. А. Кропоткин//Былое. 1922. № 17.
④ Политическ иедеятели России 1917. биографический словарь. М., 1993. с. 125.

但是因此流血带来的痛苦并不少见。""我把十月革命看成将先前的向共产主义和联邦制过渡的二月革命的必然结果。"① 他认为人类社会获得解放的前景无比光明,看到工农自发组成的苏维埃取代政府,由此以为可以出现没有国家的社会。克鲁泡特金在去世前认真地对奉列宁委派前来探望的人民委员会办公厅主任邦契 - 布鲁耶维奇(В. Д. Бонч - Бруевич)说:"愿你们鼓起勇气进行战斗。祝你们获得全胜,但是永远不要忘记正义和高尚气度,不要复仇:无产阶级站得比这还高。"②

在布尔什维克过渡到一党执政和"红色恐怖"之后,克鲁泡特金改变了对苏维埃政权的看法。他给列宁写信,尖锐地批评了布尔什维克专政和大规模镇压反对派的行为,要求释放他身边的朋友、知识分子代表和无政府主义的拥护者。他对一位友人讲:"这种做法埋葬了革命。"他认为布尔什维克的行动,已经证明革命是不能制造的,即革命不能采用专政手段,而必须采用解放的办法去实现。

列宁对他一生中为反对沙皇专制和资本主义统治所做的斗争以及学术上的成就表示尊重,对他晚年的生活也很关心。苏维埃政府给他颁发一张特殊证明,上书:"老革命家彼得·阿列谢耶维奇·克鲁泡特金在苏维埃街(旧名贵族街)居住的房子不得征用,亦不得允许他人搬入合住;这位有功绩的老革命家的财物及其安静必须受到苏维埃政权的特殊保护。"③ 1918~1920 年,克鲁泡特金三次与列宁见面,列宁向他征求对时局和苏维埃政权的意见,克鲁泡特金则直言不讳地批评布尔什维克的政策,维护合作社利益,坚持建立"没有国家的共产主义"理想。克鲁泡特金在 1920 年 3 月 4 日写给列宁的信中谈到了地方政权建设,他表示:"用地方力量进行地方建设是必要的和必需的。没有农民和工人自下而上的建设,新生活的建设是不可能的。"④ 他反映了他所居住的莫斯科郊外的德米特罗夫村的邮电职工和其他劳动群众艰苦的生活情况,并对苏维埃国家机关的官僚主义作风提出尖锐的批评。4 月,他拒绝莫斯科大学数理系地理教研室教

---

① Пирумова Н. М. *П. А. Кропоткин*. М., 1972. с. 195.
② 陈之骅:《克鲁泡特金传》,第 272 页。
③ 陈之骅:《克鲁泡特金传》,第 267 页。
④ Пирумова Н. М. Письма и встречи//*Родина*. 1989. № 1.

授的教职。

在苏维埃政权时代，他拒绝参与政治，也宣布退出无政府主义组织。他在莫斯科会见了俄国无政府主义的著名人物诺沃米尔斯基（Я. И. Новомирский）和波洛沃依（А. А. Боровой）。在大饥荒年代，克鲁泡特金家中缺少粮食、木柴、药品，尽管他身患重病，仍关心大众民生，专注于伦理学研究。他经常出席当地的教师代表大会和合作社大会，建议政府给地方志博物馆资助。1920年12月21日发表致第八届全俄苏维埃代表大会的公开信，对苏维埃国家"肃反"机关的一些行动表示抗议，要求实行出版自由。

1921年1月，克鲁泡特金的心脏病和肺炎加重，列宁特别指示卫生人民委员谢马什科（Н. А. Семашко）带领医术最好的7名医生前去克鲁泡特金家中会诊。邦契-布鲁耶维奇发现当地政府"根本不知道他是一位老革命家，也不了解他是一位著名作家、地理学家和无政府主义理论家。他们只是听说有一位昔日的公爵住在这里的一所旧贵族的别墅里，而且不知为什么还受到优待。我们不得不略为详细地向地方政府代表介绍彼得·阿列克谢耶维奇的全面情况，以便他们充分理解弗拉基米尔·伊里奇（列宁）对他所表示的那种关怀和不安"。[1]

1921年2月8日，克鲁泡特金在莫斯科附近的德米特罗夫村的家中逝世。2月9日，《真理报》（Правда）、《消息报》（Известия）、《贫农报》（Беднота）都在第一版的显著位置发表克鲁泡特金去世的消息和悼念文章。莫斯科工兵农代表苏维埃执行委员会主席团在讣告中高度赞扬克鲁泡特金为"反对沙皇专制制度和资本主义政权的久经锤炼的老革命战士"。[2] 2月12日，克鲁泡特金的灵柩运到莫斯科工会大厦圆柱大厅，有数以万计的民众前来瞻仰。举行葬礼的两天之前，列宁收到了克鲁泡特金女儿的来信，请求"在下葬当天，对目前在押的无政府主义者同志予以假释，以便参加葬礼"。当天，全俄中央执行委员会主席团建议全俄非常委员会酌情假释在押的无政府主义者，让他们参加葬礼。无政府主义者做出了保证，之后在没有军警卫押送的情况下，于他们的领袖下葬的当天获得释放。将

---

[1] 陈之骅：《克鲁泡特金传》，第267页。
[2] Известия，1921-02-09。

第五章 黑旗飘扬：克鲁泡特金之死的中国印象

近午夜十二点时，他们全体又自行回到狱中。根据莫斯科市苏维埃的决定，克鲁泡特金的灵柩暂放在工会大厦圆柱大厅，送殡的队伍由此出发。2月13日，数万人打着无政府主义的黑旗为他送葬，这是国际无政府主义运动的旗帜最后一次出现在俄国首都。"经列宁本人同意，无政府主义者安排了一次大规模的葬礼，这也是俄国无政府主义者的最后一次群众性示威行动。"① 克鲁泡特金葬于莫斯科的新圣母公墓（Новодевичье кладбище），沿途马路两边各种旗帜招展，有人散发自编的《克鲁泡特金专号》（Листок П. А. Кропоткина），上面刊登了全世界无政府主义组织和克鲁泡特金的崇拜者发来的各种文字的唁电和文稿。在克鲁泡特金的墓前有多人发表演说，代表俄共（布）中央的是老布尔什维克莫斯托文科（П. Н. Мостовенк）他在悼词中提到："在墓前，我们不准备把我们的注意力集中在我们的分歧上面。死者留给我们的有价值和巨大的遗产。这是一种强烈的力量，能够把我们今天所有站在他的墓前的人联系在一起的东西。……他留给后人的伟大遗产中，最重要的是他的著名的《一个革命家的札记》（Записки революционера）以及他众多的学术著作。然而，他留给我们更重要的是他的精神，是成为一个新生活的创造者，后成普遍劳动者的美好的回忆。"② 根据列宁指示，人民委员会办公厅主任邦契-布鲁耶维奇也出席了葬礼。俄共（布）中央敬献的花圈上写着："献给一位备受沙皇政府和国际反革命资产阶级迫害的人。"人民委员会敬献的花圈上写着："献给彼·阿·克鲁泡特金——为反对沙皇统治和资产阶级而斗争的老战士。"③ 出席葬礼的人数众多，场面极为壮观。莫斯科市民自发走上街头，为革命老英雄送葬，为人类的伟大灵魂表达哀思，这也是对一名无政府主义者的最高褒奖。为纪念克鲁泡特金，苏维埃政府特将远东的一座城市以他的名字命名。在克鲁泡特金去世一周年日子里，列宁下令允许无政府主义者在1922年2月8日这天出版一期自己的报纸，"以此表达对自己的天才导师的尊敬和纪念"。④

---

① 马丁·米勒：《克鲁泡特金》，王爵鸾等译，黑龙江人民出版社，1982，第340页。
② Правда，1921-02-18.
③ 陈之骅：《克鲁泡特金传》，第274页。
④ Шикман А. П. Деятели отечественной истории Биографический справочник. М., 1997. с. 87.

127

二 克鲁泡特金幽灵在中国

在克鲁泡特金的毕生思想中，没有专门针对遥远中国的著述。尽管在其青年时代也曾有短暂的在中国的游历。1864 年，克鲁泡特金两次参加了帝俄政府派出的远征队，为侵略中国东北搜集资料，也"想去见识那欧洲人所从来不曾到过的地方，这诱惑实在太大了，一个旅行家是无法抵抗的"。[①] 第一次远征队沿着黑龙江航行，直至庙街；第二次由黑龙江出发，开进松花江，到达吉林。事后，他给俄国地理学会提交 221 页的长篇考察报告，题为《1864 年两次满洲之行》(Две поездки в Маньчжурию в 1864 году)，1865 年发表在伊尔库茨克出版的《俄罗斯帝国地理学会西伯利亚分会学报》(Записки Сибирского отдела Императорского Русскогогеографического общества) 第七期和第八期上。

克鲁泡特金在生前没有想到，他的无政府主义思想在中国能够产生巨大反响，也不会想到半个世纪后他的名字会在这个国家留下如此深刻的烙印。但有一点是值得注意的，那就是从 1864 年的这两次探险到 20 世纪初他的代表作《面包与自由》、《互助论》(Взаимопомощь)、《一个革命家的笔记》在中国的传播，克鲁泡特金始终是以学者的身份出现于中国人面前，这一点使他区别于蒲鲁东、巴枯宁等前辈，而与达尔文、罗素、马克思等思想大师站在同样的历史高度。

克鲁泡特金的名字最早见于中国的报纸是在 1882 年，由江南制造总局翻译出版的《西国近事汇编续编》多次提到过他，译作"克拉霸金"。以后的报纸杂志上提到克氏，译名不一，有"克罗波多卿"(《欧美社会革命运动之种类及评论》,《民报》第 4 号)，有"乐波轻"(《社会主义史大纲》,《民报》第 7 号)，还有"苦鲁波金"(《无政府党与革命党之说明》,《民报》第 7 号)、"苦鲁巴金"、"若鲁巴金"、"克若包特金"等。[②] 1907 年刘师培在《天义》上发表《苦鲁巴特金学说述略》等文章，较为系统地

[①] Кропоткин П. А. *Записки революционера*. М., 1966. с. 195.
[②] 吴浪波：《互助论在近代中国的传播与影响》，郑大华主编《西方思想在近代中国》，社会科学文献出版社，2005，第 131 页。

第五章 黑旗飘扬：克鲁泡特金之死的中国印象

宣传《互助论》等无政府理论，指出"苦氏自由结合之说，以物类互相扶助为根据，固属至精之理"。1908年1月，《新世纪》开始连载李石曾翻译的克鲁泡特金《互助论》（第一章），吴稚晖和褚民谊后来加入新世纪派，对克鲁泡特金的无政府共产主义推崇备至。

20世纪初，无政府主义者在中国逐渐形成一个政治派别，而克鲁泡特金可谓无政府主义的集大成者。他的影响力一方面体现在，"在支那的无政府党，大半都是采用克鲁泡特金的学说，所以支那的无政府运动就含着有共产革命的性质和精神在里面"。①另一方面，五四运动前后，许多知识分子和青年学生很自然地接受了主张废除一切国家形式，反对剥削压迫的无政府主义。中国共产党早期领袖澎湃，早期深受无政府主义的影响，他曾绘制了克鲁泡特金的巨幅肖像，与马克思的肖像一起拼在他的办公室。另一位中共早期领袖恽代英1917年10月组织学生社团"互助社"，提出"改造环境，改造自身"。1920年创办《互助》杂志，声明是"取克鲁泡特金新进化论的意义"。在五四运动期间，李大钊全面接受了克鲁泡特金的无政府主义，他在1919年7月6日发表的《阶级竞争与互助》一文中把互助视为人类进化的真理，同时把阶级竞争视为人类前史的特征，是"洗出一个崭新光明的互助的世界"的一条不可避免的路径。

毛泽东于1919年在《湘江评论》发表了著名的《民众的大联合》，这篇体现毛泽东早期思想最重要的代表作中有这样一段话值得注意："联合以后的行动，有一派很激烈的，就用'即以其人之道还治其人之身'的办法，同他们拼命的倒担。这一派的首领，是一个生在德国的，叫做马克斯。一派是较为温和的，不想急于见效，先从平民的了解入手。人人要有互助的道德和自愿工作。贵族资本家，只要他回心向善能够工作，能够助人而不害人，也不必杀他。这派人的意思，更广，更深远……这派的首领，为一个生于俄国的，叫做克鲁泡特金。"② 可见，毛泽东当时对马克思和马克思主义还没有形成完整的认识，反而对克鲁泡特金颇有好感，并存

---

① 《支那的无政府运动》，《自由》第1期，1920年12月。
② 毛泽东：《民众的大联合》，《湘江评论》第2号（1919年7月21日），《毛泽东早期文稿》，湖南出版社，1990，第341页。

有乌托邦式的幻想。这种现象的出现并不是偶然的,五四运动前后一段时间,马克思主义尚未在中国广泛传播,几乎绝少有这方面的理论介绍。由于客观条件的限制,当时在理论上既不可能逾越无政府共产主义和空想社会主义,事实上对当时许多知识分子来说,也不能很好区分无政府主义和马克思主义。夏衍曾说:"沈仲九送给我一本小册子——克鲁泡特金的《告青年》,这本书对我起了很大的影响。在当时,我根本分辨不出无政府主义和马克思主义的区别,看了这本书,只觉得社会太不合理、太黑暗,非彻底改革不可。这样,很自然地参加到'新派'的队伍中去了。"① 这大概说出了当时进步青年的普遍状况。克鲁泡特金和他的《互助论》在当时的中国确有相当大的影响力,直到工读互助运动的失败,这种局面才开始发生转变。

在北京,从1916年起,北洋政府就开始查禁无政府主义书刊,阻挠无政府主义思想在国内散布传播。1920年12月29日,发布《国务院关于严禁无政府主义书刊传播公函》,规定"凡关于无政府共产主义书册、印刷品等件,应即禁止印造,禁止寄送,禁止阅看,倘敢故违,一律从严惩办,以保治安而弭隐患"。② 这样,到1921年,无政府主义在中国的宣传工作进入低潮,许多公开活动转入秘密活动。

1921年2月13日在莫斯科隆重举办的克鲁泡特金的葬礼,时任北京《晨报》和上海《时事新报》驻莫斯科特约通讯员的瞿秋白是见证人。他事后回忆:"12日我们到灵前参观,13日一早去送殡……远远的就看见人山人海,各种旗帜招着。沿路有人发一张《克氏日报》,上面载有许多吊文传志,并且还有克氏死后无政府团体通告全欧全俄全世界的无线电稿,列宁批准暂释在狱无政府党参预殡礼的命令。当日送殡的除种种色色无政府团体外,还有学生会,工人水手等联合会,艺术学会等,社会革命党,社会民主党少数派都有旗帜。最后是俄罗斯共产党,共产国际,还有赤军拿着俄罗斯社会主义联邦苏维埃共和国的赤色国旗。无政府主义者手持旗

---

① 蒋俊、李兴芝:《中国近代的无政府主义思潮》,山东人民出版社,1990,第197页。
② 《国务院关于严禁无政府主义书刊传播公函》,中国第二历史档案馆编《中国无政府主义和中国社会党》,江苏人民出版社,1981,第76页。

第五章 黑旗飘扬：克鲁泡特金之死的中国印象

帜，写着无政府主义的口号，其余各团体也都张着'克氏不朽'的旗。"①

克鲁泡特金逝世的消息很快传到中国。1921年2月25日在上海出版的《东方杂志》刊载了纪念文章《克鲁泡特金之逝世》，文称："当此欧俄统一革命成功之日，克鲁泡特金逝世之消息，忽传闻于全世界。克鲁泡特金不特为一革命家，为一无治主义之泰斗，更为一著名之地理学家、著作家、批评家。其造诣之深宏，涉猎之广博，实足使彼在近代学术思想界，占一重要位置。一旦闻其噩耗，因不仅无治党人如丧考妣，即凡关心于世界学术之人，亦未有不同声悼惜者也。"②

由于北洋政府一直对无政府主义思想传播和无政府主义组织施行打压政策，因此北京的无政府主义者无法公开发表悼念文章，便秘密出版了宣传品《克鲁泡特金纪念专号》。1921年2月19日，潜入无政府主义组织内部的北洋政府密探关谦向北洋军阀陆军上将兼热察绥巡阅使的王怀庆密报称："窃查得近日无政府党出一种《克鲁泡特金纪念专号》印刷品贰千张，由《国报》出版部承印，并纸张、工资皆《国报》尽义务而成此事。本拟出一万张，后因机工无暇，故得贰千张之数，分交北大、高师号房零售，其余由各同志分寄他处及赠友人。"③

广州的无政府主义者在得知克鲁泡特金逝世消息后，"曾在文明路广东高等师范大礼堂，组织举行追悼会，到会群众达千余人。会议由梁冰弦主持，区声白在会上宣传克鲁泡特金的生平，当时陈独秀、陈公博、谭平山都参加了会议，并捐款出版宣传刊物。当天《广州晨报》还出特刊。"④无政府主义者郑佩刚在《无政府主义在中国的若干史实》一文中也回忆，"春末，俄国无政府主义者克鲁泡特金在莫斯科逝世，广州曾举行追悼。大会参加者千余人，发言者颇多，会场是高等师范大礼堂。《广州晨报》是日出一特刊，送到会场分赠"。⑤ 由此可以窥见克鲁泡特金之死在广州也

---

① 《瞿秋白文集》第1卷，人民文学出版社，1995，第45~46页。
② 《东方杂志》第18卷第4号，1921年2月25日。
③ 《关谦关于北京无政府党互助团集会活动及筹资赴俄调查等情致王怀庆呈》，《中国无政府主义和中国社会党》，第79页。
④ 高军等编《无政府主义在中国》，湖南人民出版社，1984，第512页。
⑤ 《无政府主义思想资料选》下册，北京大学出版社，1984，第963页。

引起不小的震动。

克鲁泡特金之死在中国的舆论回响并未就此终结。特别对于无政府主义者来说，克鲁泡特金是他们当之无愧的精神领袖。现实的痛苦与困境总是不断激起他们改变现状的决心与勇气，而克氏的逝世仿佛成为他们的一剂精神解药。1923年，《民钟》杂志为纪念克鲁泡特金逝世两周年，专门开辟了一期《克鲁泡特金研究号》，在《发刊的原因》中，作者这样写道："现在，这位无政府大家克鲁泡特金氏已经死了！他是在1921年2月9日死的。他对于人类的工作，实在做了不少；他一生的事业都牺牲在革命中。我们要哀悼他，钦仰他！然而他死后已经两年了！他的理想，至今实现了没有？唉：羞啊！杀人不眨眼的国家主义者，吮人膏血的资本家，还在这个混沌的世界上扬耀着呢！我们的同志！那里去了？我们勿忘记克氏的训言：'奋斗吧！奋斗就是生活。这样数小时的生活，比那活了几十年，如同蔓草，一般好的多了！你们奋斗，你们便做人了。'"① 这样的声音的确振聋发聩，但对于组织涣散，无力改变时局的乌托邦主义者，克鲁泡特金也只能让他们在精神上获取一丝慰藉与力量，而不能从根本上医治民族的危机，改变中国的命运。

1922年1月，中国著名无政府主义者秦抱朴与黄凌霜到莫斯科拜谒克鲁泡特金之墓。秦抱朴回忆："教堂里的坟墓俱王公，大臣的遗迹，建筑非常宏大精美。上面设置十字架或其他宗教的仪式，教堂共分两部，内建筑稍逊，克氏坟墓即在其中。我们去时，墓前已拥有一大堆人，一个老者正演说克氏的学说，听众中女子占三分之一。坟墓极小，棺外仅有黄土数寸而已。旁有树一枝，刊着克氏的生年死日。这是无政府主义大师唯一的遗迹，但是他的精神还在劳动中表现出来。当时演说者有极力抨击布尔雪（什）维克的人。他们说：'在布尔雪（什）维克的国家里，我们的同志却受尽坐监放逐，枪毙的苦楚。'据说去年克氏出葬时，被捕的人很多。"②

《民钟》在1923年克鲁泡特金去世二周年之际发表纪念文章称："1921年2月8日早三点十分，无政府共产主义的大师，因为患肺炎症，

---

① 《民钟》第4期，1923年2月。
② 《民钟》第4期，1923年2月。

第五章　黑旗飘扬：克鲁泡特金之死的中国印象

很和平地长逝于米多夫城，年 80 岁。各国同志得着消息，或开追悼会，以表哀敬。2 月 13 日举行葬仪，葬于燕子山对面，近河的坟场。当时排出长行的无政府党机关的人员，工人团体，科学及文学的会社，学生团体，一直行至坟场，计相距七俄里远，行了两点多钟。有二百人齐唱'永久毋忘'的安魂曲，有几百枝的深黑色的无政府党旗帜。还有许多多数党，社会革命左党，社会革命党，孟札维克党，布尔札维克党，及第三国际之代表，无政府党，相继演说，赞美克氏。代表外国的则有法国工团党罗斯墨氏，美洲无政府党高尔曼女士，他二人在这当儿，并代表瑞典挪威和丹墨的无政府工团党。直至夕阳在天际线下，唱着无政府歌进城而归了。"①

1924 年 2 月 8 日下午 2 时，北京的无政府主义团体还组织了纪念克鲁泡特金去世三周年的活动，"北京同志在北京大学第二院大礼堂，于阴云蔽日的寒袭中，为吾侪大师克鲁泡特金先生作三周年祭"。②

克鲁泡特金在中国社会几乎成了家喻户晓的名字，甚至还出现了神话克鲁泡特金的倾向。在上海出版的《民铎》（1926 年 5 月）上刊登署名诚言的文章《克鲁泡特金轶事》中特别介绍了克鲁泡特金生前好友列别都耶夫（Lebedyeff）谈过的克鲁泡特金临终前的"异象"："克氏是于 1921 年二月七日到八日的夜间三时十分死的。半夜的时候我与他的女儿，因为好几夜没有睡，太疲劳了，于是到外面吸点空气，忽然看见天空有个异象，非常的奇特，在大的漆黑处，有一个长尾绿光的东西，很亮地照耀天上及地下。这东西慢慢地降落，在天边消灭了。在我的一生，从来没有看见过这样的情况。"③

在克鲁泡特金之后，国际上再没有出现可与之比肩的无政府主义理论家。在克鲁泡特金逝世后的几年里，中国的无政府主义运动也渐趋消沉，甚至走向衰亡。从其自身发展来看，刘师复的离世（1915）和克鲁泡特金的逝世（1921）预示着无政府主义思想资源的枯竭，虽然其他学者对于克鲁泡特金的宣传与介绍从未停止，大量的译著与文章正是在这一时期发表

---

① 《民钟》第 4 期，1923 年 2 月。
② 《民钟》第 8 期，1924 年 2 月。
③ 诚言：《克鲁泡特金轶事》，《民铎》第 7 卷，1926 年 5 月。

的，但他们无力发展克鲁泡特金的理论，中国无政府主义思潮和道路已近黄昏绝唱。

三　1921年：中国政治抉择的分水岭

1921年，注定是中国历史上具有划时代意义的一年。

2月8日，克鲁泡特金在莫斯科逝世，随后中国各地的无政府主义团体以各种方式隆重悼念，并且将纪念活动一直延续到20世纪20年代末，克鲁泡特金和无政府主义思想在中国获得了空前的传播。

7月23日，中国共产党在上海宣布成立，新的救中国的理想和道路就此展开。

如果将这两件事放在20世纪20年代的中国社会的大背景之下，就可以发现它们之间有着千丝万缕的联系。这意味着当时的中国存在着两股进步的社会思潮与力量的抉择：一个是马克思主义，另一个是无政府主义。

时为中国无政府主义重要活动家的郑佩刚回忆："1921年'五一'劳动节，广东的无政府主义者和马克思主义者及其他进步人士，曾共同发动各行业工人罢工，示威游行，游行时谢英伯（刘师复老朋友，属马克思主义派）领队。广州大学生也自由参加游行。当时永汉路（以前叫"双门底"）曾挂上两个大画像，一个是马克思，一个便是克鲁泡特金。当时游行队伍中，赞成共产主义的人佩戴'红领带'，赞成无政府主义的人佩戴'黑领带'。"① 中共广东小组创建的见证人黎昌仁也回忆1924年的"五一"劳动节，广州许多无政府主义者参加工会罢工集会游行，曾挂马克思和克鲁泡特金的画像，许多次"五一"节集会游行活动中都能见到。各工会队伍都有自己的旗帜，会旗上端旗杆有的装饰着"红布条"，有的装饰"黑布条"，有的是加一小"红旗"，有的加一小"黑旗"，红的表示信仰马克思主义的共产主义者组织的队伍，黑的表示信仰无政府主义者组织的队伍。②

可见，20世纪20年代的中国（至少在广州等地），无政府主义与马克

---

① 高军等编《无政府主义在中国》，第512页。
② 高军等编《无政府主义在中国》，第534页。

第五章 黑旗飘扬：克鲁泡特金之死的中国印象

思主义曾经是两种并行的进步的社会思潮，信奉两种主义的人们各自行动，或组织工人运动，或发动工人罢工，实践各自理想，并各自尊奉他们的领袖——克鲁泡特金与马克思，还出现了"黑旗"与"红旗"同时挥舞在同一片天地的独特景象。出现这一现象的原因一方面是马克思主义的发展壮大，另一方面则是克鲁泡特金之死。因为在1921年之前并没有出现这一现象，克鲁泡特金之死无疑激发了无政府主义者的革命热忱与奋斗决心，这股力量与发展壮大的马克思主义者交织碰撞，形成了独特的历史景象——"红与黑"，反映了当时中国社会两种思潮与理论并存的真实状态。

首先，中国共产党与无政府主义者之间曾有过一段密切的合作经历。杨奎松、任武雄等都对此做了深入的研究。其中，有这样一些史实不容忽视：(1) 1920年鲍立维联络无政府主义者成立了社会主义者同盟，其性质是马克思主义者和无政府主义者暂时合作的联合战线，为中国共产党的成立奠定基础；(2) 1920年陈独秀建立中共上海发起组，有无政府主义者参加合作；(3) 1920年5月1日，北京第一次举行纪念国际劳动节时，共产主义知识分子与无政府主义者共同举行活动，散发传单，演讲，撰写文章，争取与维护工人阶级的利益。[①] 这些史实说明，无政府主义者在中共早期建党活动中发挥了重要作用，双方在一定时期内求同存异，共同为拯救民族危机，改变中国命运做出了贡献，这一点是不能抹杀的。

其次，从思想层面来看，克鲁泡特金的无政府共产主义为马克思主义的传播做了铺垫，甚至是理论引入的一种先导。不少知识分子正是先受到了无政府共产主义思想的初步启蒙，后来再转向马克思主义的，李大钊、毛泽东、恽代英等人皆是如此。正如顾昕指出的，无政府主义"在中国激进知识分子当中散播了一种强烈的乌托邦意识，激发起知识分子的浪漫主义的热情和改造社会的冲动。乌托邦的梦想充斥着他们的心灵，他们相信，一个美好的社会，即共产主义社会即将到来。为使梦想成真，他们苦苦求索着革命的道路，并最终选择了马克思主义。"[②]

[①] 杨奎松：《走进真实：中国革命的透视》，湖北教育出版社，2001，第287页；任武雄：《试对"南陈北李相约建党"问题的破解——兼论马克思主义者与无政府主义者合作始末》，《党史研究与教学》2007年第3期。

[②] 顾昕：《无政府主义与中国马克思主义的起源》，《开放时代》1998年第2期。

最后，从意识形态来看，无政府主义与马克思主义有一定相似之处。马克思曾提出，资本主义以后的未来的共产主义社会是一个"无产阶级社会"，它将要"消灭国家政权"。列宁在《国家与革命》中强调，在没有阶级差别的社会里，"国家是不需要的，是不可能存在的"。而克鲁泡特金在讨论无产阶级、阶级斗争和资本主义制度时经常使用马克思主义的词语和理论。[①] 正是存在这些理论上的相似点，无政府主义者与马克思主义者有了合作的可能，特别是克鲁泡特金的《互助论》，及其倡导的"各尽所能，各取所需"的社会目标在国人看来就是共产主义的具体体现，从而成为二者之间联系的桥梁。

四　无政府主义在中国的绝唱

20世纪初的中国充满了各种"主义"之争，其中克鲁泡特金的无政府共产主义无疑是最为光芒耀眼的理论形态之一，它对进步青年有着巨大的吸引力和影响力，因为无政府主义在中国已有十余年的传播历史，相比之下，马克思主义在中国的系统传播从1918年下半年才开始。在五四前后，人们对十月革命和马克思主义仍知之甚少。但不可否认的是，克鲁泡特金与马克思都是当时声名显赫的大人物，也早在20年代之前，关于克鲁泡特金与马克思的比较研究就已出现。李三无著《克鲁泡特金主义之评论》认为："战后因社会情势之迁移，马克斯之思想，风靡一时；留心社会问题者，几于人人研究之；然马克斯思想，于今日之世界，绝非可以久居，行见其日就衰灭；所谓科学的社会主义（Scientific Socialism），今后已无何等价值之可言；取而代之者，当即克鲁泡特金主义。故现今欧美学者之视克鲁泡特金亦较马克斯为重。"[②] 1919年，若愚（王光祈）在《每周评论》上发表《无政府共产主义与国家社会主义》一文。该文在认真比较了克鲁泡特金"互助的无政府主义"与马克思"国家社会主义"后提出："互助的无政府主义，与国家社会主义，对于政治（即组织问题）的意见，是根本上完全

---

① 马丁·米勒：《克鲁泡特金》，第342页。
② 东方杂志社编《克鲁泡特金》，上海商务印书馆，1923，第26~27页。

不同的。对于经济的意见，生产机关和可作生产手段的物品，应归公有，是两派完全相同的。所生产的享乐物品，则前者主张公有、后者主张私有，这是两派不同的地方。互助的无政府主义，常常攻击国家社会主义道：有了国家，便有了强权，又采行集产制度……故不如各取其所需的方法完善了。"

这些今天看来十分荒谬的议论在当时却占据着一些主流媒体，在马克思主义理论体系建立之前，人们对无政府主义做出片面的或不正确的判断其实是十分正常的。这正说明在1920年之前的中国，无政府主义相对于马克思主义有优势。情况的真正转变出现在1921年，以陈独秀为代表的共产党人果断停止了与无政府主义者的合作，并对无政府主义展开了无情的批判，"双方各走各的路"。此后，中国共产党迅速成长，发展壮大，而无政府主义者依旧组织涣散，发展迟缓，并逐渐走向末路。但这一力量转变并不是一夜之间发生的，而是复杂的历史选择的结果。转变出现的根本原因在于无政府主义与马克思主义在世界观、理论体系、政治纲领与方针策略等问题上都存在根本性的分歧，而在中国的革命实践中，那些深受无政府主义影响的人之所以转向马克思主义与俄国革命的方式，其根本原因不在于理论修养的提高，而是现实世界实践检验的结果。

毛泽东等人在1920年鲜明地指出："无政府主义否认权力，这种主义，恐怕永世都做不到。""我对于绝对的自由主义，无政府的主义，以及德谟克拉西主义，依我现在的看法，都只认为于理论上说得好听，事实上是做不到的。"[①] 这是毛泽东在互助工团运动失败后做出的深刻反省，他也和许多青年一样，在此后一段时间内并不排斥无政府主义，但旗帜鲜明地拥护马克思主义，因为他们在经历一次次失败后认识到：再好的理论未必能解决中国的实际问题，而无政府主义在中国的症结即在于此，它走向失败也是必然的。

---

① 邬国义：《毛泽东与无政府主义——从〈西行漫记〉的一处误译谈起》，《史林》2007年第2期。

第六章 "红色恐怖":"季诺维也夫信"事件及其苏俄形象

1924年10月英国大选期间,一封由英国著名媒体《每日邮报》(The Daily Mail)公开发表的信件在英国掀起轩然大波,甚而影响了这次大选的结果。该信件据称是当时的共产国际执行委员会总书记季诺维也夫(Г. Е. Зиновьев)发给英国共产党的,这封信在后来虽然被证明是伪造的,但它在当时造成了极其重大的社会影响。

"季诺维也夫信"(Zinoviev letter)事件发生在1924年的英国大选期间,与当年工党政府的下台、"红色恐怖"情绪的蔓延,以及《英苏协定》签订的困难历程等事件联系紧密。它既牵涉苏英两国的外交关系,也和英国国内的党派斗争相关。仔细研究这一事件的背景、发生经过和影响,可以帮助我们更加清晰地认识这段历史。另外,"季诺维也夫信"作为一封伪造信件,如何被伪造,又如何被认可为一份真实信件,这其中涉及的广泛的社会背景与形形色色的人物,也是值得探讨的。

一 学术史述

英国学者对该事件的研究主要集中在20世纪70年代。这和英国外交部新档案的披露,以及一些知情者的讲述、日记的出版不无关系。由刘易斯·切斯特(Lewis Chester)、斯蒂芬·弗伊(Stephen Fay)和雨果·杨(Hugo Young)等人编著的《季诺维也夫信》(The Zinoviev Letter, Philadelphia: J. B. Lippincott Co., 1968)。这本书是目前所知最为详尽的关于该事件的研究资料。纳塔里·格兰特(Natalie Grant)著有《季诺维也夫信事件》("The Zinoviev Letter" Case),发表于《苏联研究》(Soviet Studies,

第六章 "红色恐怖":"季诺维也夫信"事件及其苏俄形象

Vol. 19, No. 2. Oct., 1967)。他从当时所获资料入手,用大量的篇幅对"季诺维也夫信"事件的背景,包括当时英国和苏联的国内状况,外交政策等做了细致的分析。辛比·克劳威(Sibyl Crowe)著有《重评季诺维也夫信》(The Zinoviev Letter: A Reappraisal),发表在1975年7月出版的第3期(总第10期)《当代史杂志》(Journal of Contemporary History, New York, Sage Publications, Vol. 10, No. 3. Jul., 1975)。剑桥大学出版社主办的《历史杂志》(The Historical Journal, Cambridge: Cambridge University Press, Vol. 22, No. 1. Mar., 1979)在1979年5月出版的第1期(总第22期)上发表了英国著名史学家爱德华·卡尔(E. H. Carr)的《季诺维也夫信》(The Zinoviev Letter)和克里斯托弗·安德烈(Christopher Andrew)的《再论季诺维也夫信》(More on the Zinoviev Letter),两文做了更进一步的研究和比较,各自提出了对这一事件的某些细节的不同看法。

苏联时代,特别是20世纪三四十年代以及冷战时期,主要由于政治原因,苏联官方对此事件持否定或回避态度,因此学术界不可能有深入的研究。当代俄罗斯学者对此问题研究关注亦不多,科斯金娜(Т. Костина)的文章《伪造品的千奇百怪规则》(Парадоксальная правда подделки)发表于巴黎出版的俄侨报纸《俄罗斯思想》(Русская мысль, Париж, № 4260, 1999),当代俄罗斯电视政治评论家姆列钦(Л. М. Млечин)所著《季诺维也夫同志的信》(Письмо товарища Зиновьева)发表在《独立报》(Независимая газета, 2008年4月25日)。历史学家巴尔先科夫(А. С. Барсенков)和维多文(А. И. Вдовин)合著的《俄国史,1917~2004》(История России, 1917-2004. М., 2006)中也提及"季诺维也夫信"事件。俄罗斯学者普遍认为"季诺维也夫信"为伪造,"季诺维也夫信"事件是当时特殊国际环境的产物。中国史学界对于这一事件的关注更少,关于这一事件的记述散见于部分英国史的专著。如阎照祥的《英国史》(人民出版社,2003,第227页),钱乘旦、徐洁明合著《英国通史》(上海社会科学院出版社,2007,第319~320页)等。现有的国内学者所著俄国通史类或苏联外交史类著作均未涉及此问题。苏联和俄罗斯学界缺少研究的原因除政治和外交因素外,还受关键文献和资料缺乏的限制,因为反苏俄侨组织伪造信件,信件在英国及国际的影响均由英文表述或记录。

二 "季诺维也夫信"事件始末

1924年1月,麦克唐纳(James Ramsay MacDonald)率领工党在大选中获得成功,在自由党的支持下建立了历史上第一个工党政府。麦克唐纳政府在外交上积极展开和苏联的沟通合作。1924年2月他知会国会,表示英、苏两国将展开一系列谈判,涉及英国和苏联的通商事宜,以及有关英国臣民持有俄罗斯帝国债券而不获苏联政府承认的问题。接着麦克唐纳政府打算与苏联签署条约《英苏协定》(Anglo-Soviet Treaty),其中提到了苏英的友好通商,并且英政府承诺向苏联贷款,但是相关建议未能取得保守党及自由党的支持。9月,两党更就贷款建议提出猛烈批评,使得谈判告吹。

同年7月,政府遭遇的"坎贝尔案"(Campbell Case)则是麦克唐纳遇到的又一大挫折。左翼报章《工人周报》(Workers Weekly)编辑约翰·罗斯·坎贝尔(John Ross Campbell)在7月25日发表鼓动性言论,号召士兵不要把枪口对准罢工工人。他因此遭到起诉,但是诉讼在不久后迫于政府压力而被撤回。撤回起诉一事遭到保守党强烈抨击,并且保守党还引入一项对政府的谴责动议;同时,自由党则提出另一个修订动议,齐声声讨政府。这两个动议被视为一次不信任投票,任何一个动议获得通过,都意味着国会有解散的必要。结果,自由党的修订动议获得通过,英国国王乔治五世(George V)遂命麦克唐纳解散国会,并举行大选。

在紧接着的10月大选中,英国提供给苏联贷款与"坎贝尔案"两事成为核心讨论议题,人们越来越担心苏联共产主义对英国的威胁。而"季诺维也夫信"事件正发生在这次大选投票日前四天的1924年10月25日。

《每日邮报》[①]率先刊登了耸人听闻的标题:"社会党雇主的内战阴谋""莫斯科对我们的红军的指示""昨日揭露重大阴谋""使陆军和海军瘫痪""麦克唐纳将借给俄国人钱""外交部流落的文件"。据《每日邮报》报道,他们获得一封传闻由共产国际执行委员会总书记季诺维也夫寄给英

[①] 《每日邮报》创刊于1896年,是英国最早的现代报纸,它是知识性很强的通俗日报,属于英国保守派的报纸。

第六章 "红色恐怖":"季诺维也夫信"事件及其苏俄形象

国共产国际执行委员会的信件。信的内容极具煽动性,信中表示无产阶级应当施加压力促使英、苏两国条约尽快确认,并提出要英国工人阶级"协助推动国际及英国无产阶级的革命……为英格兰及其殖民地扩展及发展列宁主义思想带来可能"[1]。甚至还提到了要在英国海军和陆军中宣传马克思主义,发展共产主义势力。信的内容毫无疑问掀起轩然大波。在同一天的晚些时候,英国外交部向苏联驻伦敦代办处提出正式抗议,并说明决定向公众公开有关信件及正式抗议的内容,以示清白。但是这件事始终对工党选举形势构成明显打击。大选中保守党获得绝对优势,重新组阁。

后来的调查表明,《每日邮报》选择在大选投票日前四天公布此信是别有用心的,作为保守党的支持者,公布这封信毫无疑问可以帮助保守党获得更多的选票,而外交部在其后才提出抗议,则是由于一些失误和协调不当造成的尴尬局面。

早在10月10日,离大选还有近20天的一个星期五,外交部官员就已经得到这封信的文本。最先看到这封信的人是当时的常务秘书厄恩·克罗维爵士(Eyre Crowe)。他是最初决定要发表这封信的人。尽管他所看到的只是这封信的一个副本,但他并没有深究,丝毫没有考虑这封信的真实性问题。在接下来的星期二(10月14日),外交部正式登记表明看到这封信,此时看到这封信的人是秘书助理威廉·斯壮(William Strang),他也没有对此信有任何质疑,因为外交部已经收到过许多类似文件,所以他很快地在脑海中草拟了抗议书的内容。在他准备再转呈该信的时候,克罗维的私人秘书内文里·布赖德(Neville Bland)说,他上司对该信十分重视,并准备发表此信。于是威廉·斯壮撰写了关于是否要发表此信的意见,与该信一并送呈给他的顶头上司格里高利(J. D. Gregory)。格里高利看到这封信的时候,曾对此信的真实性表示怀疑,但他是个坚定的反布尔什维克者,出于自己明确的政治观点,他也同意发表此信。这封信和克罗维与格里高利的发表意见一起交给麦克唐纳的时候,麦克唐纳并不在伦敦,他正在为自己的竞选奔走。10月15日晚,在一场漫长的演讲活动之后,他批

---

[1] "季诺维也夫信"的全文收在 Lewis Chester, "Stephen Fay and Hugo Young", *The Zinoviev Letter*, Philadelphia: J. B. Lippincott Co., 1968。

帝国幻象：俄罗斯"国家形象"变迁与他者视野

阅文件的时候阅读了此信和克罗维与格里高利的意见，但并没有引起他足够的重视，他只是批示希望能够证明此信的真实性，并且命令外交部在证实真实性后提出抗辩。后来他表明，他也是20多天后，当事件真正爆发时，才意识到该信所包含的政治意味。在处理这封信件的日子里，外交部并不知道，这封信还有另一个副本也流传至伦敦，并且在某个前情报人员的帮助下，被送至《每日邮报》。直到《每日邮报》告知外交部官员，他们准备发表该信件时，外交部才匆忙做出回应。在《每日邮报》有针对性地报道之下，外交部的抗辩显得很无力，也因此，选民们的投票意向更多地转向了保守党，工党在选举中遭到失败。

但是，只是一封信件的副本，外交部为何毫不怀疑它的真实性呢？这很大原因要归于该信的内容和苏联的外交政策极为吻合，口吻也与季诺维也夫个人风格极为相似。

这封信件大约1200字，主要包括三方面的内容。

首先，它提到当时极受关注的《英苏协定》："英国议会是时候批准苏英协定了。"斥责保守党对此协定的反对"目的是破坏英苏两国的无产阶级为苏英两国正常邦交所建立的联盟。"号召英国无产阶级"在将来与顽固分子的斗争和反对资本家竭力操纵议会取消协定的行动中，应当尽可能地贡献力量"。它声称："只有用于恢复苏联经济的贷款被批准，苏英两国的无产阶级事务合作走向正轨，失业无产阶级大军的地位才有可能提高。"还暗示："工党中赞成这一协定的团体，应当施加更多的压力影响政府和议会来赞成这一协定。"

其次，它批评了工党政府的外交政策和社会党人的和平政策。宣称"武装斗争必须战胜深埋在英国大多数工人阶级心中的妥协倾向。反对进化论和和平消灭资本主义。"在两国关系上，它认为，"两国关系的解决有利于世界范围内宣传革命，和至少是英国无产阶级在英国区域内革命的蓬勃发展。因为英俄无产阶级亲密关系的建立，代表团和工人的交流，有可能使我们推广和发展列宁主义在英国及其殖民地的宣传。"[1]

最后，它提到了希望在军队中发展共产党员。"从你们上次的报告中

---

[1] Lewis Chester, "Stephen Fay and Hugo Young", *The Zinoviev Letter*, pp. 23 – 36.

第六章 "红色恐怖":"季诺维也夫信"事件及其苏俄形象

可以很明显地看出来,在陆军中的鼓动和宣传尚很薄弱,在海军中也没有好多少。"并提出:"希望在军队中的各个单位都有我们的组织。特别是在国家的大的中心地区,以及军工厂和军械库。我们尤其希望对后者进行关注"。因为"在战争的危急时刻,后者的援助以及与运输工人的关系,可以使资产阶级的军事准备陷于瘫痪。并使帝国主义战争变为阶级斗争"[①]。

这封信所提到的三个内容,基本上都是季诺维也夫个人在共产国际公开活动中所积极宣传的,同时这封信的内容涵盖了当时的苏联外交政策的矛盾性:一方面,依然在鼓吹世界革命,并承认英国是最主要的资本主义帝国敌人;另一方面,又迫切渴望和其他国家外交关系的正常化。因此它显得格外真实可信。所以即使是在信件公布伊始,苏联方面就予以否认,但是英方多数人最初却选择相信,因为无论是季诺维也夫还是共产国际,都有太多类似言辞了。所以即使季诺维也夫从来没有写过这封信,但是大部分英国人都相信,他有可能写这样一封信。这样的言辞太符合当时的苏联在英国人心中的形象。在那样一个时刻,许多细节上的问题被忽略。

另外,"季诺维也夫信"的署名和它所记的日期也很耐人寻味。"季诺维也夫信"上有季诺维也夫等三位共产国际主要领导人的联合签名,看上去更加真实可信。它的日期落款是9月15日,当时国会还未解散,在某种意义上,这暗示了工党政府和第三国际之间的亲密关系。

在英国,几个党派对此事做出了不同的回应。

英国共产党自然否认了这封信,但是,这并不具有说服力。

工党在事件发生时,并没有认真考虑信件的真实性,在它造成不可收拾的局面后,他们开始认为"季诺维也夫信"是伪造的,并且做出许多努力和调查,试图查明事件的真相,在1928年麦克唐纳还就此事进行了抗辩。

但是在保守党看来,这封信的"真实"对于本党极为有利,因此他们始终坚持这封信是真实的,尽管他们始终未能拿出这封信的原件。自由党在此事上的态度和保守党一致。

很显然,他们对该信的回应,更多是出于党派利益和对苏英关系的政

[①] Lewis Chester, "Stephen Fay and Hugo Young", *The Zinoviev Letter*, pp. 23-36.

策,并非出自对该信自身的关注。

三 伪造和传播

苏联在"季诺维也夫信"事件发生后,很快做出了回应。他们坚决否认这封信是季诺维也夫写的。季诺维也夫本人在 10 月 27 日,距离英国大选投票日还有两天的时候,发表声明表明他自己从未写过这封信,也未授意任何人以任何方式发表这封信。并且认为它和另一起美国伪造信件事件如出一辙。① 但是,当时的苏联内部,正进行着复杂的党内斗争,季诺维也夫正逐渐从权力中心被分化出来,所以,这一事件在当时并没有得到更多、更加认真、细致的调查。

直到 1927 年,信件的伪造者、白俄侨民谢尔盖·德鲁依洛夫斯基(Сергей Дружиловский)因非法入境苏联而被捕,整个事件的真相才逐渐被人们知晓。

德鲁依洛夫斯基只在审判时供认他参与了伪造季诺维也夫信事件,并提供了案件线索。苏联有关部门出于缓和苏英关系的目的,向英国提供了他们的调查结果,尝试澄清此事。但是英国保守党政府坚持此信的真实性不容置疑。苏英关系不可避免地陷入僵局。因此,对"季诺维也夫信"的伪造过程,在 1928 年的苏联调查之后便不了了之。

1966 年,《星期日泰晤士报》(The Sunday Times)②的几位颇具洞察力的记者刘易斯·切斯特、斯蒂芬·弗伊和雨果·杨在事件参与者特纳③(Im Thurn)的日记中发现了一些新的线索。同时,他们找到了"季诺维也夫信"的另一个伪造者亚历克斯·贝莱格瑞德(Alexis Bellegarde)的遗

---

① 1923 年 11 月,在美国国务卿查尔·埃文斯·休斯提出一项极其敌对苏联的外交政策后不久,美国收到了一封煽动美国工人革命的信件,据称是季诺维也夫写给美国共产党的,美国共产党很快否认此事,但政府并没有相信。季诺维也夫本人认为这两封信的炮制如出一辙。

② 《星期日泰晤士报》是每周日出刊的英国报纸,由泰晤士报业公司(Times Newspapers Ltd.)发行。该报创办于 1821 年,最初的名称是《新观察家》(The New Observer),1822 年起更名为《星期日泰晤士报》。

③ 特纳是英国情报人员,协助将"季诺维也夫信"交给《每日邮报》,并曾就此事写了日记。

第六章 "红色恐怖":"季诺维也夫信"事件及其苏俄形象

孀伊莲娜·贝莱格瑞德夫人(Irina Bellegarde),并采访了她,从她那里得到了更多的关于信件伪造的资料。在已知史料的基础上,结合这些新资料,他们撰写了这本书。该书详细叙述了整个"季诺维也夫信"①事件如何发生与发展,产生了怎样的影响,又有哪些人参与其中。

贝莱格瑞德夫人所提供的"季诺维也夫信"的伪造者和伪造过程,与苏联方面的调查结果大体是一致的,只是在细节上略有出入。

这就印证了苏联在1928年3月坚持"季诺维也夫信"是在柏林伪造的说法是确定的事实。当时的柏林,是东方社会主义与西方资本主义冲突的集中点,也是俄国和德国技术和工业交流中心。1917年十月革命以后,苏维埃政权驱逐了大量的反共人士。这些白俄侨民分散在世界各地。在当时的柏林,有最具反共情绪的白俄分子。他们建立了大量的反革命组织。当时苏联国内忧患重重的状况也让他们认为,回到俄国时代是有可能实现的。正是这些白俄侨民中的几个年轻人,精心伪造了这封影响1924年英国大选的信件。

"季诺维也夫信"主要的伪造者是时年26岁的亚历克斯·贝莱格瑞德和时年27岁的亚历山大·古曼斯基(Alexander Gumansky)以及德鲁依洛夫斯基。他们都是圣乔治兄弟会(Brotherhood of St. George)②的成员,完成了"季诺维也夫信"文稿的拟订。

贝莱格瑞德的祖父是法国贵族,在法国大革命期间向叶卡捷琳娜大帝写信请求移居俄国。他的父亲在沙皇俄国时期拥有很高的地位,曾一度担任爱沙尼亚的总督。1912年,他的父亲在国家杜马任职,而他自己则在俄国军队中任职。十月革命开始后,他们父子开始了逃亡。先是到里加,1918年到达柏林。他们都极其憎恶布尔什维克,在柏林很快就参与到侨民的反苏政治活动中。苏联方面认为他们在当时侨民的政治活动中是十分有影响力的。

《反苏伪造物》(Anti-Soviet Forgeries)③ 一书提及在20世纪20年代

---

① Lewis Chester, "Stephen Fay and Hugo Young", *The Zinoviev Letter*, pp. 13 – 14.
② 圣乔治兄弟会是柏林当时著名的白俄反苏团体。
③ *Anti-Soviet Forgeries*, London, Workers, 1927, pp. 59 – 60.

中期圣乔治兄弟会遭到怀疑和查禁后，转为地下的斯维亚托戈尔团（Svyatogor League）。其理事会成员就有亚历克斯·贝莱格瑞德的父亲老贝莱格瑞德，宣传部门由亚历克斯·贝莱格瑞德负责。

古曼斯基是贝莱格瑞德亲密的朋友，原来是白俄军官。他很早就投身反对苏共的侨民活动中了，是个"天才的谋划者"，[①] 也是最早接受这个任务的人。

除了古曼斯基和贝莱格瑞德，后来在莫斯科被审判的德鲁依洛夫斯基也参与了伪造该信件，他被苏联方面认为是伪造信件的主谋，但是贝莱格瑞德夫人认为他在这一事件中无足轻重。《反苏伪造物》中简单介绍了德鲁依洛夫斯基的履历：

> 他是俄国莫吉廖夫省人，是警察局官员的儿子。在第一次世界大战时期，他是俄国空军军官。他曾为波兰总参谋部工作。在俄国和波兰和平协定签订的那一年，他去了里加。并且为波兰做了很多有益的事情。回到华沙后，他被判犯有叛国罪，并在1922~1923年被流放到但泽。然后他去了柏林。[②]

另一个伪造信件的参与者是爱德华·弗里德（Edward Friede）。他是贝莱格瑞德家里的一位拉脱维亚人，也为反苏组织工作。他是伪造者中出力最少的人，在整个信件伪造过程中，他的"最大贡献"是伪造了季诺维也夫的签名。

除了这些直接参与伪造的人，还有一些人在"季诺维也夫信"事件中发挥了重要的作用。弗拉德米尔·奥尔洛夫（Владимир Орлов）是柏林的反苏俄侨组织与英国议会之间的接线人，贝莱格瑞德夫人称他频繁游历各国并和伦敦有密切联系。1929年7月，他因另一起伪造档案和文件的案件在柏林被捕并接受了审判。1924年，他与古曼斯基非常亲密，却遭到贝莱格瑞德家庭的怀疑。古曼斯基很有可能是从他这里接到了伪造"季诺维也夫信"的任务的。

[①] Lewis Chester, "Stephen Fay and Hugo Young", "*The Zinoviev Letter*", p. 54.

[②] *Anti-Soviet Forgeries*, p. 19.

第六章 "红色恐怖":"季诺维也夫信"事件及其苏俄形象

帕斯奥科夫斯基(Jerzy Paciorkowski)是波兰驻柏林大使馆的随员。在"季诺维也夫信"事件之后三年,帕斯奥科夫斯基成为华沙总参谋部的陆军上校,他和此事有密切关系,并且可以解释为什么到达英国的信件只是副本,原件不存在。

20世纪60年代,对于整个信件的伪造过程,贝莱格瑞德夫人是唯一幸存的知情者。事件发生时她20岁左右,目睹了整个过程。

对于开始筹划信件伪造的精确时间,贝莱格瑞德夫人已经很难记得清楚。但是她对整个信件的伪造过程还是很了解的。

信件伪造始于1924年夏末。某一天,古曼斯基很激动地拜访了贝莱格瑞德。他的激动缘于他听说了某个计划,这个计划据说可以让工党倡导的《英苏协定》完全"破裂",他向贝莱格瑞德讲了伪造"季诺维也夫信"的构想和大纲。古曼斯基暗示说这封信是某个英国的权威人士要求伪造的。

据贝莱格瑞德夫人所知,这封信是某个英国议会中人出于自己的目的而要求伪造的,此目的他们并不明晰。这个目的和反布尔什维克密切相关,所以很快取得了贝莱格瑞德圈子的支持。他们决定接手这项工作。

最初,这封信的起草并没有经过深思熟虑。草稿完全出自古曼斯基和贝莱格瑞德之手。

古曼斯基和贝莱格瑞德当时面临的问题是,他们需要取得一些官方的信纸,让整封信看上去更加真实。于是他们找了德鲁依洛夫斯基,他答应帮他们从苏联大使馆偷一些共产国际的信纸。经过几个星期的焦急等待后,德鲁依洛夫斯基带给他们的信纸只有一张。这让贝莱格瑞德非常灰心,因为它意味着伪造整封信只有一次机会,根本没有修改和涂改的机会。

于是最初的草稿被写在草纸上,然后古曼斯基和贝莱格瑞德花了大约两周的时间斟酌字句,他们翻阅大量的革命图书和马克思读本,包括季诺维也夫的演讲材料,所有这一切,都是力求在内容和口吻上实现以假乱真。

古曼斯基、贝莱格瑞德夫妇和他们的朋友佛里德四人见证了"季诺维也夫信"的出笼。在喝了几杯伏特加后,爱德华·弗里德在众目睽睽之下在"季诺维也夫信"的末尾签上了花体的"季诺维也夫"。在此之前,他已经对共产国际宣传单上季诺维也夫的签名样式进行了多次模仿练习。

这几位"季诺维也夫信"伪造者,当时并没有料到它会在英国引起如此大的反响,他们只是单纯地认为这也许可以破坏《英苏协定》,却不知道它被用于大选中的党派斗争。

这封信件伪造完成后,被转手送到欧洲情报机关的流通渠道。要使信件流入英国,通过波兰情报机关显然要比英国情报机关"可靠",因此一直负有特殊使命的帕斯科沃斯基所参与的正是这一部分。帕斯科沃斯基之所以参与,显然是出于他所服务的波兰政府的国家利益考虑。当时的波兰,比任何白俄侨民都希望苏联解体。在1921年苏波战争结束后签订的《里加条约》(The Treaty of Riga)①,让波兰获得了原属于俄国领土的广阔区域,他们非常不希望俄国强大,而这封信,对于阻止英国对俄国的贷款,是十分有价值的。波兰的情报机关同时发现"季诺维也夫信"的"原件"有许多不足之处,为了防止阴谋败露,他们没有让"原件"出现在世人眼前,而是制作了几个副本,并在信的末尾的签名上添加了另外两个共产国际领导人的名字,从而使信件的真实性更不容易被怀疑。然后才让"季诺维也夫信"流入英国。

四 "红色恐怖"在欧洲

这封信造成了不容忽视的影响,所有影响都来自此信引发的大规模"红色恐慌"(Red Terror)。

最直接的影响,莫过于其后的英国大选结果。这次选举中,鲍德温(Stanley Baldwin)领导的英国保守党在下院的议席增至413席,共增加了155席,毫无争议地获得了本次选举的胜利。麦克唐纳领导的英国工党较

---

① 《里加条约》是1921年3月18日波兰与苏俄在里加正式签订的,又称《波兰与俄罗斯和乌克兰和平条约》。其主要内容是:缔约双方承认乌克兰和白俄罗斯的独立,划定了波兰东部边界(将乌克兰和白俄罗斯的西部地区划归波兰),这时波俄边界线约在寇松线以东150英里处。根据该条约,波兰获得西乌克兰和西白俄罗斯以及立陶宛的一部分,苏俄在这场战争中损失了大片领土。

第六章 "红色恐怖"："季诺维也夫信"事件及其苏俄形象

上次选举失去40席，但仍然保有151席；劳合·乔治领导的英国自由党失去了118席，流失超过100万票，在下院仅余40席，成为最大输家。除了选举的结果，这一事件也影响了当时社会民众对苏联和社会主义的态度，在英国，"红色恐慌"的情绪也像在美国一样蔓延，英国共产党的势力，在其后更加薄弱。

同时，它还造成当年苏英关系的破裂和苏联外交环境变坏。英国保守党政府上台后，几乎废止了所有工党政府在对苏关系上的努力，苏英关系自1924年开始逐渐走下坡路。甚至整个欧洲和苏联的关系，都在这一事件之后出现明显的转变。1924年，在"季诺维也夫信"事件之前，苏联和其他欧洲国家间的关系是逐渐回温的，"1924年好像是许多资本主义国家在同苏联建立外交关系上互相比赛的一年"①。这一年，苏联国内经济恢复基本完成，在苏联的积极努力与欧洲其他国家急于遏制经济衰退的客观现实双重作用下，苏联和许多国家逐步建立外交关系。2月，英国首先承认了苏联的国际地位，接着又和苏联开始一系列的外交谈判。意大利也在随后宣布承认苏联，接着是挪威、法国、德国。甚至和苏联关系一直处于僵化状态的美国，它的民间组织"美国工商业联合会"也开始和苏联进行通商事务的沟通。但是"季诺维也夫信"事件发生之后，这些国家对苏联的敌对情绪又开始加深，1925年到1928年，苏联在对外关系上，处于广泛地被孤立状态。

并且，"季诺维也夫信"的影响还要更深远一些。

就英国国内看，它也影响了整个20年代保守党和工党的执政方针。保守党无疑是"季诺维也夫信"事件最大的获利者。此事件有力打击了工党，使其在选举中获得胜利。站在保守党的角度看，它也有效地遏制了苏共的渗入。因此，这一事件之后，保守党内的顽固势力不可避免地加强了，英国在鲍德温政府的领导下，在对莫斯科的政治外交政策上越来越严厉，英苏关系越来越冷淡。同时，出于对工人革命的恐惧，保守党对于国内的工人压制也越来越苛刻。保守党政府对工人的强硬政策，在某种程度上激化了1926年的全国大罢工和同年的矿工罢工；在经济恢复无望的情况

---

① Ивашин И. Ф. *Очерки истории внешней политики СССР*. М., 1958. c. 115–116.

下，保守党名望也因此下跌，并且最终在1929年失去了政府领导权。

工党在1929年重新组阁后，因为之前由"季诺维也夫信"事件所引发的对其苏联外交的指责，比起1924年，更加关注本土事务，在对苏关系上更加审慎和保守，外交政策上更亲近美日。

而英国，作为帝国主义的头号强国，其对苏政策的转变，无疑引起了整个资本主义世界对苏联外交上的孤立和打压。

就苏联本国看，它深刻影响了苏联的外交政策。相对于之前矛盾的外交政策，苏联逐渐开始有所取舍。该事件发生后苏联变得更加孤立了。在欧洲，它被排除在集体安全计划之外。该事件还使得苏联对西方的看法发生了明显的变化。越来越多赞成斯大林"在一国建成社会主义"论的人，取代了为世界革命辩护的人。苏联在外交上开始奉行这样一种政策：它以苏联国家利益为出发点，目的是保护苏联国家的"生存""切身利益和国际地位"。因此，苏联积极声明主张世界和平，愿意同世界各国政府建立正常关系，和外国资本展开合作。另外，在西方的孤立和排斥下，它开始逐步放弃在经济发达的西方资本主义国家掀起无产阶级革命的方针。它在外交上，开始更多地关注东方各国，支持东方的民族解放和独立斗争。对于共产国际，苏联的态度也越来越明朗化。在1925年12月回答法国记者关于共产国际与苏联政府关系的问题时，苏联外交人民委员齐切林（Г. В. Чичерин）曾这样说："共产国际和我国政府没有任何关系……假如英国工党政府使共产国际执行委员会不担心遭到迫害，那么它就可能会搬到伦敦去，这样共产国际的活动也就会给英国政府带来麻烦。我们不可能拒绝共产国际把执行委员会设在我们国家。"[1] 很显然，苏联对于共产国际所带来的"麻烦"已经不胜其烦，极力撇清和共产国际之间的关系。而撇清与共产国际的关系，也就意味着苏联政府放弃了世界革命的目标。可以说，这封信促成了苏联在其初期矛盾的外交政策上的最终选择。

---

[1] Чичерин Г. В. *Статьи и речи по вопросам международной политики 1918 – 1928.* М., 1961. с. 478.

第七章 虚实苏联：美国记者杜兰迪视野中的苏联形象

20世纪二三十年代，这一时期在美苏早期关系史上的地位十分重要，是美苏关系从紧张到缓和直至建交的一个重要时期。在有关苏联国家形象的宣传中，西方记者扮演了极其重要的角色。

美国《纽约时报》(*The New York Times*) 的记者瓦尔特·杜兰迪（Walter Duranty）是进入苏联的第一批西方记者，并且在苏联居住了12年。杜兰迪的报道几乎涉及苏联所有的重要新闻：农业集体化、五年计划、斯大林体制、乌克兰大饥荒等。令人惊奇的是，苏联政府对于杜兰迪的报道工作给予了较高评价，苏联最高领导人斯大林认为他"说出了我们国家的真相"[①]。美国方面亦对杜兰迪的工作表示赞赏。杜兰迪因报道苏联获得了1932年的普利策奖（Pulitzer Prize），评委会认为，"他解释苏联所用的方法和心理过程十分适合西方人"。美国总统富兰克林·罗斯福（Franklin D. Roosevelt）也是杜兰迪的苏联报道的读者，并曾就与苏联建交的相关问题询问过他。

《纽约时报》的实际创始人是亨利·贾维斯·雷蒙德（Henry Jarvis Raymond），他曾担任纽约州副州长（1855~1856）。1851年9月18日亨利·贾维斯·雷蒙德和银行家乔治·琼斯（George Jones）联合投资10万美元创办了该报。该报最初名为《纽约每日时报》（*The New-York Daily Times*）。初创时该报在新闻业非常发达、竞争极其激烈的美国报业中毫无名气，每张报纸仅售1美分。他们当时打算发行一份比较严肃的报纸，来打破当时在纽约盛行的"花花绿绿"的新闻报道方式。因此《纽约时报》

---

① Walter Duranty, *I Write As I Please*, New York: Simon and Schuster, 1935, p. 117.

因传统的版面风格高贵、严肃,但拘谨保守,版面上一片灰色,被称为"灰贵妇"(The Gray Lady)。1869 年,雷蒙德去世后,《纽约时报》的发行人由乔治·琼斯接替。在他主持期间,《纽约时报》因揭露坦慕尼协会巨额舞弊案而轰动一时。[①]《纽约时报》的周日版是每周篇幅最大的一版,除新闻报道外其中还包括许多专栏,如食品、旅游、艺术和其他文化专题。例如 1983 年 11 月 13 日的一期星期日版达 1572 版,重量达 4.5 公斤。《纽约时报》在全世界发行,[②] 该报在美国的影响可谓巨大而深远,是高档报纸和严肃报刊的代表,长期以来拥有良好的公信力和权威性,成为美国人生活中不可或缺的一部分。在纸质媒体盛行的 20 世纪 90 年代以前,每天早晨在上班前,从地铁站花 2 美元买一份《纽约时报》已经成为许多美国人生活中的一部分。

由此可见,杜兰迪和《纽约时报》在美苏早期关系史上扮演着一个特殊角色,杜兰迪眼中和笔下的"苏联"实际上是美国及西方社会窥视苏联的重要窗口。

一 苏俄不受欢迎的记者

杜兰迪出生于 1884 年,是英格兰利物浦一个中产家庭的独子。当杜兰迪 10 岁时,他的父母在一次火车事故中丧生。[③] 此后,杜兰迪和他的叔叔生活在一起,但是他的叔叔微薄的薪金不足以支持两个人的开支,杜兰迪就学习瓷器方面的知识,用买卖瓷器获得的收入补贴家用。后来,杜兰迪

[①] 坦慕尼协会(Tammany Hall)由爱尔兰人威廉·穆尼(William Mooney)于 1789 年 5 月 12 日建立,最初是美国一个全国性的慈善团体。从 19 世纪 20 年代开始,随着爱尔兰人移民潮的到来而不断壮大并逐渐成为一个以纽约市为中心的地方性政治组织,同时是纽约市民主党的核心机构。1854~1871 年,协会在费尔南多·伍德(Fernando Wood)和威廉·马西·特威德(William Marcy Tweed)领导下达到鼎盛,成为明目张胆的"腐败帝国"。坦慕尼协会通过买通计票人重复计票或伪造证件将无资格的爱尔兰新移民变成有资格的选民等手段赢得选举优势,伍德 3 次当选市长,直接控制市政府 6 年;特威德推了 4 位市长,间接控制市政府 11 年。

[②] 《纽约时报》中文版网址 http://www.ftchinese.com。

[③] Walter Duranty, *I Write As I Please*, p. 154.

第七章　虚实苏联：美国记者杜兰迪视野中的苏联形象

进入了叔叔的朋友所开设的中学，接受古希腊文学的教育，这为他之后从事记者工作打下了基础。熟悉杜兰迪报道的人都能够在他的文章和字句中发现他对于古典文学的喜爱，以至于古典隐喻成为他文章的特色。

杜兰迪中学时成绩优秀，拿到了哈罗公学（Harrow School）奖学金。在哈罗公学学习期间，他忍受着贵族同学对他身世的歧视，这种求学时留下的自卑和不安全感在其一生都有迹可循。1907年，杜兰迪从剑桥大学伊曼纽尔学院（Emmanuel College）毕业，同年他的叔叔去世。年仅23岁的杜兰迪靠给富人的孩子教拉丁语为生，后来杜兰迪找到了一份在伦敦《每日新闻》（Daily News）担任记者的工作，不过仅仅6周后，他就被解雇了，他的老板说杜兰迪是他这辈子见过最糟糕的记者。[1]

杜兰迪此后给一家伦敦的瓷器公司打工，以倒卖瓷器为生，并借此周游欧洲。随后，杜兰迪注意到美国《纽约时报》巴黎分部正在招聘，他于1913年12月获得了这份工作，主要职责是报道第一次世界大战中巴尔干半岛的战事。初期，杜兰迪因缺乏经验没能获得前线记者的任命，只能从前辈记者的报道中搜寻消息。随着战争的日益扩大，杜兰迪被派遣到前线去支援其他记者的工作，而他的报道也逐渐获得了认可，尤其是在战争的后期，经常被《纽约时报》刊登。

随着一战停战协议的签订，美国媒体关注的重心逐渐从欧洲转移，《纽约时报》开始缩减驻欧洲记者的名额。眼看杜兰迪将要再次失业，不过这次他又获得了新的任务。1919年秋天，大量的国际军队在波罗的海集结，其中包括尤登尼奇（Николай Юденич）的俄国白卫军、戈尔茨（Colmar Freiherr von der Goltz）的德军、美军以及意图向波罗的海国家进攻的苏俄军队。这个区域再次吸引了世界的注意力，杜兰迪争取到了派驻波罗的海的机会。

1921年夏天，苏俄陷入了史无前例的饥荒，上千万人挣扎在死亡线上，新生的红色政权岌岌可危。8月2日，苏俄政府发表了一份名为《俄罗斯苏维埃联邦社会主义共和国政府给各国政府领导人的通告》（Note From the Government of the RSFSR to the Heads of All Governments）的饥荒的正

---

[1] Walter Duranty, *Search For A Key*, New York: Simon and Schuster, 1943, pp. 115–116.

式公报。该公告由外交人民委员齐切林签署,公告中称:"苏维埃政府欢迎所有不涉及政治意图的帮助。我们感谢所有提供帮助的外国组织和团体。"①

1921年7月23日,苏俄著名作家高尔基联合一些文化界、科学界的知名人士和前政府官员组成了一个非官方委员会,代表苏俄政府向西方国家发出呼吁,寻求它们的帮助。美国一战后成立的救济署(American Relief Association)很快同意提供援助。1921年8月,苏俄副外交人民委员李维诺夫(Максим Литвинов)与美国救济署驻欧洲主任布朗(Walter Lyman Brown)来到拉脱维亚的里加,对援助的具体细节展开谈判。美国救济总署向苏俄提出条件,要求苏俄尽快释放在押的美国人。苏俄政府同意了这一要求,但也要求美国救济人员不得从事任何政治和商业活动,其活动范围应限定在苏俄设定的地区。苏俄只希望美国救济署人员在灾荒地区活动,不希望他们进入莫斯科、彼得堡等大城市。经过谈判,双方互相做了让步:时任美国救济署署长胡佛(Herbert Clark Hoover)同意救济署人员不参加政治、商业活动,严格限定在救济工作范围内,并在必要的条件下接受苏俄政府的监督。而苏俄则不干涉其工作,保障美方人员的行动自由。在双方协商的基础上,美苏双方最后达成了《里加协定》,美国开始向苏俄提供救济。美国记者抓住这一机会获得进入苏俄进行采访的权利,《纽约时报》也得到苏俄政府的许可,派记者进驻苏联,杜兰迪成为第一批幸运者。

1920年7月,杜兰迪被派驻波罗的海。其间,杜兰迪找到了时任苏俄驻爱沙尼亚的全权代表李维诺夫,对他进行了采访。杜兰迪报道了李维诺夫对于此次波罗的海谈判的目的,及其打算与英国官员在哥本哈根会晤的计划。当时苏俄官方不允许西方记者进入,杜兰迪向李维诺夫建议:"如果不让外国记者进入莫斯科,西方永远不会获得布尔什维克的真实看法。"李维诺夫回应杜兰迪说:"我们欢迎《曼彻斯特卫报》(*The Manchester Guardian*)和《每日先驱报》(*Daily Herald*)这些对苏俄持支持态度的媒

---

① *U. S. Department of State*: *Foreign Relations of the United States* (*FRUS*), 1921, v. 2, U. S. Government Printing Office, p. 811.

第七章 虚实苏联：美国记者杜兰迪视野中的苏联形象

体，而对于像《纽约时报》这样怀有敌意的媒体我们则不会考虑。"①

也许是因为李维诺夫的傲慢态度，杜兰迪在接下来的几周都发出了反对苏俄的声音。1919年1月3日，苏俄红军占领了里加。自此之后，拉脱维亚一直想要收复失地，杜兰迪跟随拉脱维亚军队走上前线。《纽约时报》刊登了杜兰迪的报道，他声称红军是如此不堪一击，而拉脱维亚士兵十分英勇。② 杜兰迪还认为如果有足够的补给，盟军可以在几周内颠覆布尔什维克。但是现实并没有按照杜兰迪的预想发展，盟军没有联合的意愿，并且在进攻苏俄的问题上一直犹豫不决，杜兰迪无奈地批评道："拉脱维亚政府无疑在勇敢地和坚强地抵抗布尔什维克……时间是宝贵的，我们要知道红色的宣传攻势是非常有效，并且生生不息的。"③

1919年12月，拉脱维亚逮捕了一名想要前往美国进行宣传的共产国际工作人员，并缴获了大量针对美国共产党的宣传材料，杜兰迪旁听了对他的审判。由于当时美国正处于歇斯底里的反共浪潮中，《纽约时报》连续5天把杜兰迪对此事的报道放在了报纸头版。在文中，杜兰迪描述了所缴获的材料，其内容枯燥却具有极强的煽动性，杜兰迪还对共产主义所带来的恐慌进行了评价。"这个事件给美国的教训是什么？首先是在莫斯科的布尔什维克不值得信任……事实证明，苏俄代表在哥本哈根所宣称的和平背后隐藏了巨大的阴谋。"④ 在另一篇报道中，杜兰迪还表示："这些宣传文件证明，不管我们是否愿意与苏俄进行战争，苏俄却与我们处于战争状态。虽然他们目前没有装备军队，但是这种武装的方式更加危险，它有着内隐性和潜伏性的特点……他们的目的就是在某个时刻打破友善的伪装，彻底摧毁我们。"⑤

杜兰迪还在之后的报道中，批评苏俄在军队中招募儿童、动用"肃反委员会"实施"恐怖统治"。"事实上，社会主义是暴力、恐怖、间谍行为

---

① Walter Duranty, "Says Litvinov Shows No Willingness To Let American News Correspondents Learn Truth About Russia", *The New York Times*, 1919 – 11 – 21.
② Walter Duranty, "Bolshevik Cause Hangs on Battle", *The New York Times*, 1919 – 10 – 24.
③ Walter Duranty, "Food Lack Hampers Lettish Campaign", *The New York Times*, 1920 – 01 – 02.
④ Walter Duranty, "Seize Red Courier On His Way Here", *The New York Times*, 1919 – 12 – 25.
⑤ Walter Duranty, "Reds Seek War With America", *The New York Times*, 1919 – 12 – 30.

的结合体,需要冷酷无情地思考与执行。很多社会主义的狂热宣传者还不了解它的真实情况,这是十分遗憾的。"① 由于当时美国社会对社会主义的恐慌,这些言论使得杜兰迪似乎成为与社会主义最不可调和的批评者。1920年1月,杜兰迪返回巴黎,这时候他的身份已经是《纽约时报》在东欧和苏俄方面的专家,他仍然在不遗余力地向读者宣传共产主义的"邪恶",认为几乎每一个劳工运动背后都有苏俄的支持,杜兰迪还谴责与苏俄展开贸易的国家,并且向读者保证苏俄已经走向崩溃的边缘。② 1920年下半年,苏波战争进入高潮,杜兰迪预测波兰会毫不费力地赢得战争,在他的文章中,他声称一个拥有机关枪的士兵就可以抵挡整个苏俄军队。③

二 "斯大林的辩护士"

1920年10月,苏波战争停火,苏俄虽然受到了冲击,但是其政权还是保留了下来。苏波战争的结果,使得杜兰迪明白了自己之前的预测是错误的,而自己是最有可能被选为《纽约时报》驻苏俄记者。同时,随着外国调停势力的介入和美国国内反共浪潮的退去,杜兰迪开始重新考虑自己对于苏维埃政权的态度。此外,由于之前《纽约时报》对苏俄的报道极为片面,引发了大量的批评,甚至有人称其"丢失了关于苏俄的所有客观性"④。部分批评的矛头直指《纽约时报》的驻外记者,其中就包括杜兰迪。这些批评使得《纽约时报》此后在对待苏俄的态度上投鼠忌器,变得圆滑起来,杜兰迪的态度也随之转变。

1920年饥荒开始从伏尔加盆地肆虐,随着形势的日益恶化,美国政府表示,为了救援饥荒,愿意搁置政治分歧。杜兰迪意识到应当抓住这个美苏和缓的时机,使外国记者同救援物资一起被苏俄承认。

1921年7月,时任美国救济署署长赫伯特·胡佛派代表来到里加,同

---

① Walter Duranty, "Communist Terror Holds Red Armies", *The New York Times*, 1920-01-06.
② Walter Duranty, "Soviets Weakness Becoming Clearer", *The New York Times*, 1920-04-28.
③ Walter Duranty, "May to September", *The New York Times*, 1920-09-15.
④ Charles Merz and Walter Lippmann, "A Test of the News", *The New Republic*, XXIII, No. 296 (August 4, 1920), p. 42.

第七章 虚实苏联：美国记者杜兰迪视野中的苏联形象

苏联在关于救援的问题上展开谈判。杜兰迪也再次回到波罗的海地区报道此次谈判，这次来到波罗的海地区，杜兰迪的任务同前几年已经有所不同。例如，在回到里加后的第一篇报道中，他采访了坚定的亲苏派参议员约瑟夫·弗兰斯（Joseph I. France），这在以前是不可想象的，而现在他却为此花费了两天时间。约瑟夫·弗兰斯在 1917~1923 年任美国共和党马里兰州参议员。他于 1921 年出访苏俄，是十月革命后第一位访问苏俄的美国参议员。此外，杜兰迪还在报道中刊登了这位参议员对《纽约时报》的评价："说谎的样板，用毒药一般的报道去污染美国人对于苏俄的认知。"①

同时，过去对苏俄新经济政策嗤之以鼻的杜兰迪，此时却对此大加称赞，他撰写了《列宁放弃了作为国策的国有制》（*Lenin Abandons State Ownership As Soviet Policy*）②的头条报道，称列宁新经济政策的实施虽然意味着对先前政策的全部否定，但是成效是显著的。在文中他引用了苏俄官方于 8 月 9 日公布的有关法令，即苏俄宣布放弃对很多经济部门的国家垄断。杜兰迪在报道中解释了这部分的法令，并且他加以夸张的解读，称列宁"放弃了国有制"。杜兰迪还把新经济政策与西方国家的经济措施相比较，认为现在苏俄国内一些特别重要的经济部门仍由国家控制，这与西方国家在战争时期的做法如出一辙。虽然事实远非杜兰迪认为的那样，但是此时此刻的苏俄正需要杜兰迪式的夸张，因为只有让西方国家感觉苏俄已经告别革命，对其不再恐惧，把布尔什维克当作有理性的、可以打交道的政权，西方国家才会把它们的资金、技术和物资用来救济苏俄，普通的西方民众才可能支持由政府和慈善机构所组织的救济活动。杜兰迪在美苏援助协议达成之后，评论道："毕竟布尔什维克是苏俄政府的唯一代表，如果它有合法化的意愿，而我们不给机会让他付诸实践，这是十分遗憾的。"③

杜兰迪于 1921 年 8 月进入苏俄，刚到苏俄的时候，苏俄新闻出版机构

---

① Walter Duranty, "Senator France Sees Russia Going Back to Capitalism", *The New York Times*, 1921-08-01.
② Walter Duranty, "Lenin Abandons State Ownership As Soviet Policy", *The New York Times*, 1921-08-13.
③ Walter Duranty, "Relief Conference in Riga Suspends", *The New York Times*, 1921-08-16.

仅仅给予了杜兰迪一个临时证并对他的行动处处设限。杜兰迪及时转变报道的态度，极力赞扬苏俄的经济政策，以欣赏的笔调报道俄国人的日常生活，这让苏俄政府对杜兰迪十分满意。随后，他被允许进入克里姆林宫采访苏俄领导人。他陆续采访了共产国际书记卡尔·拉狄克（Карл Радек）、苏俄中央执行委员会主席加里宁（М. И. Калинин）和苏联革命军事委员会主席托洛茨基。1921年末，苏俄政府解除了对杜兰迪的限制。《纽约时报》也提高了他的报酬，并且把莫斯科作为一个常驻记者站。杜兰迪在莫斯科期间学习俄语，凭借自己的语言天赋较快地掌握了俄语。由于杜兰迪认为以美国人的习惯去了解苏俄是十分困难的，他尝试在报道中通过自己的理解和视角为美国读者解读苏俄，这也让他的报道更受欢迎。

1922年，杜兰迪帮助一位苏俄朋友偷运了一车厢的食糖，此事让杜兰迪大赚一笔。他选择搬家，离开由苏俄当局提供的简陋阴暗的小屋。在他的新家中，杜兰迪过上了别样的生活，他十分好客而且健谈，他的家成了一个外国人聚集点，通常都在夜晚举行聚会。1922年，杜兰迪成为第一个有私人汽车的外国记者，由于他的高调和故意炫耀，他被称为莫斯科的"哈伦·拉希德"[①]。随后有谣言称，杜兰迪有如此优越的生活是因为他同苏俄当局达成了一个特殊协定：杜兰迪需要做的就是不遗余力地美化苏俄的生活方式和苏联社会。[②] 英国《曼彻斯特卫报》驻莫斯科记者、作家马尔科姆·姆格里奇（Malcolm Muggeridge）在1977年写给朋友的信中称，杜兰迪"肯定从苏联人那里获得了好处"，"我的一位朋友在莫斯科很多年，他跟杜兰迪很熟。我的朋友相信杜兰迪获得了一些资助，这使他选择全力支持苏联"[③]。

1924年11月，杜兰迪经历了一场车祸，他的左腿有两处骨折，为了活命，左腿最终被截肢。1925年以后，杜兰迪报道的影响力日渐提升，他

[①] 哈伦·拉希德（Harunal - Rashid），阿拉伯帝国阿拔斯王朝最著名的哈里发，因与法兰克国王查理曼大帝结盟而蜚声西方，更因世界名著《一千零一夜》生动地渲染了他的许多奇闻逸事而为众人所知。

[②] William Henry Chamberlin, "Under Lenin and Stalin", "The Moscow Correspondent - A Symposium," *Survey//A Journal of Soviet and East European Studies*, July, 1968, pp. 126 - 127.

[③] J. W. Crowl, *They Wrote as They Pleased：A Study of the Journalistic Careers of Louis Fischer and Walter Duranty, 1922 - 1940*, Charlottesville：University of Virginia, 1978, p. 55.

第七章　虚实苏联：美国记者杜兰迪视野中的苏联形象

作为西方驻苏记者以及苏联事务专家的声誉逐渐建立起来。

英国新闻史学者泰勒（S. J. Taylor）称杜兰迪为"斯大林的辩护士"（Stalin's Apologist）。[1]

三　谁统治红色俄国？

在20世纪20年代俄共（布）内部权力斗争时期，杜兰迪一直在考虑应采取怎样的个人立场。关于权力斗争，克里姆林宫的对外隐瞒工作做得很好，杜兰迪表示："由于领导人参与其中，这往往要保密。虽然事实的片段可能会泄露出来，但其细节仍被刻意隐瞒。"[2]

在当时，很多人对托洛茨基和季诺维也夫这些声望和资历仅次于列宁的布尔什维克领袖寄予厚望，杜兰迪仔细评估了其他潜在接班人的实力，根据他的直觉对苏联未来的领导人进行了预测。1923年杜兰迪第一次提到了斯大林是列宁的接班人。在文中，杜兰迪认为李可夫（А. И. Рыков）、加米涅夫（Л. Б. Каменев）、托洛茨基、捷尔仁斯基（Ф. Э. Дзержинский）都无法与列宁相比，能够跟随列宁脚步前进的只有斯大林。这场权力斗争就如同一场"赛马"一样，虽然比赛的过程还没有结束，但是"赛马"的结果已经确定，他下注支持的那一匹"种马"必将胜利。[3]

事实上，杜兰迪以个人身份见到的"第一个政治首脑"正是斯大林，斯大林给他留下了深刻的印象。即使在列宁去世之前，杜兰迪也敏锐地意识到斯大林背后的力量。他认为斯大林是"苏联最卓越的人并且最有影响力的人之一"[4]。他还写道："斯大林有着不逊于列宁的判断力和分析力，他最伟大的地方在于创立了一部足以载入历史的宪法。虽然是托洛茨基帮他起草的，但是斯大林的思想在指引着托洛茨基。"[5] 杜兰迪对托洛茨基的

---

[1] S. J. Taylor, *Stalin's Apologist*: *Walter Duranty, The New York Times' Man in Moscow*, New York and Oxford: Oxford University Press, 1990.

[2] Walter Duranty, *I Write As I Please*, pp. 214 – 215.

[3] Walter Duranty, *Duranty Reports Russia*, New York: Viking Press, 1934, pp. 104 – 106.

[4] Walter Duranty, *Duranty Reports Russia*, p. 106.

[5] Walter Duranty, *Duranty Reports Russia*, p. 106.

评价也很高，称他是"俄国的启示录"（Trotzky himself was a revelation），并且把托洛茨基的才华和个人魅力与英国首相劳合·乔治相比较，认为二者同样"文雅、机智，既能够尖刻地批评讽刺，也能够娴熟地回避令人尴尬的问题"。①

当托洛茨基和斯大林之间的冲突看起来胜负难分时，杜兰迪认为，托洛茨基派"倾向于拥护城市无产阶级"，而斯大林派"想要提升农民的地位"；② 此外，托洛茨基派有一种马克思主义国际化的理想，而斯大林派的目标是"在一个国家建设社会主义"。③ 相较于托洛茨基，斯大林的目标更加务实，也更加符合苏联的现状。这足以看到杜兰迪卓越的理解能力与对时局的把握能力。

1929年1月中旬，杜兰迪报道称，斯大林已经"坐稳了克里姆林宫的位子"④，而托洛茨基当月则被驱逐出境。杜兰迪认为斯大林是"一个真正的、伟大的政治家"⑤，尽管他主张的农业集体化并不完美，但是应当给予他正面评价。

1931年6月，杜兰迪在《统治红色俄国的是斯大林主义而不是共产主义》⑥ 一文中第一次明确提出"斯大林主义"（Stalinism），解释了其如何在第一个五年计划中实施应用，还说明了"斯大林主义"是苏联的新"国教"（state religion）。广泛的选题使杜兰迪受到很多同行和读者的尊重。他认为把斯大林个人统治称作"斯大林主义"，是因为缺乏一个更好的名称。⑦ 杜兰迪认为，斯大林做了列宁所要尝试的，他"重新建立了帝国的独裁并且亲自管理"，斯大林从来不认为自己是一个独裁者，而是"神圣火焰"的守护人。⑧ 斯大林取缔了新经济政策是因为他没有政治对手，政

---

① Walter Duranty, "Genoa Parleys as Seen by Trotzky", *The New York Times*, 1922-01-19.
② Walter Duranty, "Russian Prosperity May Split Soviet", *The New York Times*, 1926-06-23.
③ Walter Duranty, "Domestic Politics Spurs Red Terror", *The New York Times*, 1927-06-27.
④ Walter Duranty, *Duranty Reports Russia*, pp. 162-165.
⑤ Walter Duranty, "Musical Play Gets the Pulitzer Award", *The New York Times*, 1932-05-03.
⑥ Walter Duranty, "Red Russia of Today Ruled by Stalinism, Not by Communism", *The New York Times*, 1931-06-14.
⑦ Walter Duranty, *Duranty Reports Russia*, p. 131.
⑧ Walter Duranty, *Duranty Reports Russia*, p. 238.

第七章 虚实苏联：美国记者杜兰迪视野中的苏联形象

治上的真空使得他有足够的权力按照自己的方式改造和管理国家。杜兰迪认为，斯大林的五年计划事实上就是一种尝试影响和改造苏联人生活方式的手段。同时，他认为指导苏联的精神不再是马克思主义，而是一种激进的马克思主义和列宁主义的联合体。① 杜兰迪认为斯大林体制的残酷是不能忽视的，但这种独裁和残酷又是不可避免的，因为只有独裁者才能长久地统治苏联。

杜兰迪认为这对于西方读者来说有些难以理解，因为这是西方的价值观所无法解释的。首先，斯大林"重建了最高独裁的、神化的帝国观念"，杜兰迪认为这在西方人看来虽然是"厌恶和错误"的，却是适合苏联人的，因为这"熟悉、自然并且正确"。② 据杜兰迪所说，这正是斯大林"权力的关键"，尽管他是格鲁吉亚人，但他像列宁一样，他认识到苏联人的性格，知道他们需要一个强大甚至专制的领袖。其次，杜兰迪把五年计划视为"斯大林主义的实践"以及"统治秩序的实际应用"。这项计划旨在通过在工业和农业中建设社会主义集体化，将"被动的奴隶"转化为"主动的工人"。③ 最后，杜兰迪相信斯大林"比当代人都要伟大，拥有不寻常的精神和身体"。他身上有列宁的影子：坚持、耐心、意志力、无所畏惧的勇气以及冷酷。④ 此外，杜兰迪还认为斯大林可逐渐学会控制自己的脾气，更有效率地使用他的能量。这是西方第一次使用"斯大林主义"一词，后来斯蒂芬·科恩（Stephen F. Cohen）引用杜兰迪的话，认为苏联20世纪30年代的指导思想是斯大林主义而不是列宁主义或者马克思主义。⑤

1933年，斯大林进一步控制了政治言论，大部分的西方报纸逐渐无法如实报道新闻。杜兰迪却在这一事件中发现了积极的信号：这证明斯大林已经完全掌握了政权，可以随心所欲地对新闻施加影响。他认为斯大林再

---

① Walter Duranty, "Red Russia of Today Ruled by Stalinism, Not by Communism", *The New York Times*, 1931-06-14.
② Walter Duranty, "Soviet Merciless With Insurgents", *The New York Times*, 1927-11-16.
③ Walter Duranty, *Duranty Reports Russia*, pp. 239-241.
④ Walter Duranty, *USSR: The Story of Soviet Russia*, Philadelphia: J. B. Lippincott Company, 1944, pp. 168-172.
⑤ Stephen F. Cohen, *Rethinking the Soviet Experience: Politics and History Since 1917*, New York: Oxford University Press, 1985, p. 174.

也不需要担心克里姆林宫的冲突了，只需要集中力量解决农村地区的冲突以及日本的军事威胁。① 当斯大林已经战胜了国内的全部对手，日本也没有发动战争时，杜兰迪写道："党内的斗争耗费了苏联领导人近四年的时间和精力，留下了至今无法愈合的伤疤。但是由于解决了这些事情，它所带来的好处远大于坏处……在斗争中没有仁慈的人才能活到最后。"② 杜兰迪深信他的"种马"已经获胜，但是他不知道这场"赛马"还远没有结束，争斗仍然没有解决，伤疤也没有治愈，而是很快被再次揭开。

回到美国后，杜兰迪回首斯大林为了地位的稳固，残酷地发动了"大清洗"的过程，他开始重新考虑斯大林是否真的是一位残暴的独裁者。1953年在斯大林去世后，杜兰迪才敢于说出自己对于这位"极权暴君"的真正感受。他写了一篇文章《红色暴君斯大林死了》（Stalin, The Red Tyrant, Dies），没有在《纽约时报》上发表，而是发表在无名小报《奥兰多晨哨兵报》（Orlando Morning Sentinel）上。在文中，杜兰迪恢复了自己的习惯，用一些严厉的形容词来讲述真实的故事，例如"冷酷、粗暴、无情、不人道"等。他提到斯大林毫不留情地杀害了列宁的朋友，对于斯大林的遗体，杜兰迪希望苏联人可以聪明地在远离莫斯科的地方为他修建一个墓地，因为毕竟他不是真正的俄罗斯族人。③

随着20年代末审查制度的日益严格以及30年代早期对于活动区域限制的扩大，杜兰迪和他的同事越来越难如实报道了。因而，平铺直叙的报道方式逐渐让步于更加晦涩的表述形式。杜兰迪高超的新闻写作技巧也变得越来越重要。杜兰迪小心翼翼地避免被驱逐，不仅仅因为他需要在苏联享受成功，还因为他同一个苏联女人珍妮·谢伦（Jeanne Cheron）同居。他必须时刻注意自保和保护家人。

1924年1月31日，苏联第二次苏维埃代表大会通过《苏联宪法》（Конституция СССР）。早在1923年7月，杜兰迪就阅读了该宪法的草案，听取了苏联官方的解释。他注意到虽然该宪法中没有关于苏联共产党

---

① Walter Duranty, *USSR: The Story of Soviet Russia*, p. 164.
② Walter Duranty, *I Write As I Please*, p. 271.
③ Walter Duranty, "Stalin, The Red Tyrant, Dies", *Orlando Morning Sentinel*, 1953 – 03 – 06.

第七章 虚实苏联：美国记者杜兰迪视野中的苏联形象

的描述，但是苏共起到的决定作用是毋庸置疑的。他还评论道，在美国，自由受《人权法案》(Bill of Rights)的保护，而在《苏联宪法》中找不到保护自由的条款，或许"只有当环境允许的情况下才会被添加上"①。杜兰迪认为这部宪法中的部分条款不够成熟，不会给苏联民众带来自由和民主，这对于西方民众业已形成的独裁形象并无大的改观。《苏联宪法》并不会对苏联政体有任何实质的改变，苏联仍将如以前一样实行专制统治。②但让杜兰迪印象深刻的不是宪法中的条款，而是法律中透露出的改造苏联的决心。杜兰迪认为《苏联宪法》是教育苏联人民接受新政权的第一步，让人民从熟悉现代政体的概念开始，使苏联人学会用法制和民主来思考和行动。

虽然杜兰迪承认苏联是独裁政权，但是他坚持认为苏联人已经开始接受公民自由和宪法政府的概念。杜兰迪辩解道："英美两国的言论自由和出版自由是靠几个世纪漫长的斗争所争取来的。怎么能期待刚刚从黑暗暴政中恢复过来的苏联一蹴而就呢？"③

杜兰迪认为，在苏联利用社会为个人谋取利益，是一个比谋杀还严重的罪行。他还比较了苏联和西方的法律体系，认为西方法律的关注点在个人——"对于个人和财产的保护"，而苏联法律倾向于保护国家和社会。在这个体系下，杜兰迪认为，"国家即是一切，个人一文不值"。④ 此外，他认为不像西方在面临指控时使用无罪推论，在苏联更倾向于使用有罪推论。

政治"大清洗"是苏联历史上最残酷的事件。虽然在政治"大清洗"的高潮（1936年），杜兰迪已经离开了莫斯科，但是他仍然花费了大量时间关注苏联的数次政治审判。事实上，杜兰迪在新经济政策实施初期曾经目睹了一次早期的"大清洗"，那时候有25%的党员被驱逐或者被处缓刑。⑤ 杜兰迪在1933年的报道表明他已经关注到苏联国家警察干涉审判的

---

① Walter Duranty, "Soviet Constitution Approved in Moscow", *The New York Times*, 1923-07-06.
② J. W. Crowl, *They Wrote as They Pleased: A Study of the Journalistic Careers of Louis Fischer and Walter Duranty, 1922-1940*, p. 69.
③ Walter Duranty, "Soviet Still Bars Freedom of Speech", *The New York Times*, 1923-09-13.
④ Walter Duranty, *I Write As I Please*, p. 204.
⑤ Walter Duranty, *The Kremlin and the People*, New York: Reynal & Hitchcock, 1941, p. 116.

情况。① 1934 年，基洛夫被暗杀。此后，国家政治保卫局开始变本加厉地干涉司法。

杜兰迪认为基洛夫并不仅仅是斯大林忠实的支持者，还是斯大林最亲密的朋友之一。基洛夫希望对反对派能够宽大处理，但对于这个建议不管是斯大林还是国家政治保卫局局长雅戈达（Г. Г. Ягода）都不愿接受。杜兰迪认为雅戈达不愿意接受基洛夫和平主义的观点，他与基洛夫被谋杀直接相关。②

基洛夫事件结束了权力斗争的调解阶段，拉开了"大清洗"的序幕。加米涅夫和季诺维也夫被指控谋杀基洛夫，30 年代中期开始对其以"叛国罪"进行审判。在杜兰迪看来，对于他们审判的过程只是"决定他们罪行的程度并给予惩罚"③，毫无疑问是一场"作秀公审"（Show Trial）。

对于拉狄克的审判让杜兰迪相信这是"最愚蠢的判决"。④ 杜兰迪认为苏联人应当认识到，反对斯大林就是反对党的神圣路线，这是拉狄克、季诺维也夫以及加米涅夫需要供认的。⑤ 这些"被告"应当意识到自己的"错误"，但他们只是斯大林体制的牺牲者，而不是真正的罪人。杜兰迪认为，雅戈达不同于别人，他是一个真正的罪犯。正是他担任国家政治保卫局局长的时期，直接导致了这一灾难。据杜兰迪观察，雅戈达担任国家政治保卫局首领后，国家政治保卫局干涉苏联司法体系的情况更严重了。然而这还不算糟糕，在雅戈达被自己的部门所逮捕，"像一只蜘蛛在自己的网中进退失据后"⑥，取代他的是叶若夫（Н. И. Ежов）。杜兰迪认为叶若夫是"狂热的嗜血分子，如果说雅戈达杀害了几十人，那他杀的人则数以千计"⑦。正是在叶若夫的领导下，"大清洗"进入高潮，国家政治保卫局横扫了整个苏联，用捏造的间谍、叛国等罪名摧毁了所谓的"人民的敌人"。

---

① Walter Duranty, *Duranty Reports Russia*, pp. 335 – 340.
② Walter Duranty, *The Kremlin and the People*, p. 28.
③ Walter Duranty, *The Kremlin and the People*, p. 42.
④ Walter Duranty, *The Kremlin and the People*, pp. 48 – 49.
⑤ Walter Duranty, *The Kremlin and the People*, p. 50.
⑥ Wawruck – Hemmett, Ruth Constance, *The Great Interpreter Walter Duranty's View of the Soviet Union, 1921 – 1949*, Winipeg and Manitoba: The University of Manitoba, 1989, p. 123..
⑦ Walter Duranty, *The Kremlin and the People*, p. 76.

第七章 虚实苏联：美国记者杜兰迪视野中的苏联形象

杜兰迪对于"大清洗"的评价多汇集在《克里姆林宫与人民》一书中。杜兰迪认为审判使得苏联民众患上了"怀疑恐惧症"，"认为叛徒可能出自每一个人"，这种心理上的影响导致很多无辜的人被当作"人民的敌人"。对于杜兰迪来说，他更关心的是西方世界对于苏联的看法。长期以来，杜兰迪通过报道，在他的读者中培植了对于苏联社会特殊的同情和支持，但是"大清洗"把这些都消磨殆尽，苏联的声誉被彻底毁坏了。此外，杜兰迪还担心"大清洗"所导致的"坏印象"被希特勒（Adolf Hitler）所利用，会让美国和西方社会将苏联与纳粹德国等同类比，得出共产主义和法西斯主义是一家的结论。[1]

杜兰迪最后认为，他所支持的实际上是一匹黑暗的"赛马"。斯大林放弃了夺取权力时所使用的权谋和诡计，采用了更直接、更冷酷、更无情的方式来宰割对手，以此来保证地位的稳固。杜兰迪在1930年时认为，列宁的继承人斯大林将发扬列宁主义，可是斯大林不但改弦更张，更是向"列宁的追随者"举起了"屠刀"。[2]

需要注意的是，杜兰迪认为"大清洗"中的被告是主动认罪的。为此他提出一个著名的说法——"斯拉夫灵魂"（Slavic Soul）。杜兰迪说如果西方人觉得难以相信的话，那是因为他们不了解俄国人特殊的气质。杜兰迪奉劝这些人读一读陀思妥耶夫斯基（Ф. М. Достоевский）的作品，因为在他看来，这位俄国大作家揭示了俄国人灵魂中一种神秘的特质，即愿意主动承担自己没有犯下的罪孽，只有少数人愿意做出冷酷无情的自我牺牲，多数人才能避免受苦受难。因此，这种对罪孽的承认实际上是一种特殊的尊贵，认罪者把一些肮脏的罪名揽到自己身上之时，就是整个民族从这种罪孽中解脱出来之日。杜兰迪说这就是"用恶的手段去达到善的目的"的这种"超级美德"的表现。

表面上看，杜兰迪的这番关于"斯拉夫灵魂"的提法暗示了大审判的罪名是不真实的，但实际上他是说罪名的真假在这里并不重要，重要的是

---

[1] Walter Duranty, *The Kremlin and the People*, p. 87.
[2] Walter Duranty, *Stalin & Co.: The Politburo, The Men Who Run Russia*, New York: William Sloane Associates, 1949, p. 21.

布尔什维克正在以牺牲一部分道德上最优秀的成员为代价来救赎整个民族。因此合乎逻辑的推论是：牺牲者和迫害者在合演一出悲壮无比的历史正剧，而只有懂得"俄罗斯灵魂"的人才能参透这出悲剧的精髓。

四 蒸蒸日上的"红色经济"

杜兰迪对于苏联经济并不像政治那样感兴趣，但是他被苏联人争取美好生活的愿望所打动，期望看到这种愿望能够付诸实践并最终实现。他也希望看到苏联人能够打破旧经济体制的束缚，建设一种全新的经济体制。

杜兰迪到苏联的第一篇报道《莫斯科再次出现买卖》（Moscow is Buying and Selling Again）里就写到了新经济政策的重要性："有足够证据证明共产主义的时代已经结束了，个体将有很多机会来提升自身和家庭的生活状况。"① 他称赞列宁"潇洒、有远见、有理性"②，并且赞扬列宁"抛弃了已经被证明不切实际的理论，为新苏联奠定了坚实的基础"。③

刚进入苏联时，杜兰迪看到的是一个满目疮痍的苏联，几乎每天都可以在报纸上读到房屋倒塌的报道。"不仅仅是物质上的损毁，在莫斯科还能感受到肮脏、破旧以及压抑的气氛……城市中的很多设施都在战争中损坏了，很多人逃亡乡下。他们把废弃的建筑拆除，用来修建房子或者取火。"④ 1922 年，杜兰迪注意到莫斯科的许多商店重新开张了，一些街道和建筑已经被修复了。杜兰迪在题为《居住在莫斯科的俄国人的新生活》（Russians' New Life as Lived in Moscow）的报道中声称，莫斯科的工人比历史上任何一个时期都更加幸福，因为他们"现在的福利比以前普遍都要好，房间更加干净、通风以及舒适"⑤。

尽管杜兰迪承认苏联在战后毁坏严重，经济的恢复有诸多困难，但是他仍然认为新经济政策本可以进一步发挥刺激经济的作用。杜兰迪表示，

---

① Walter Duranty, "Moscow is Buying and Selling Again", *The New York Time*, 1921-09-10.
② Walter Duranty, "Russia Opened Up By Famine Crisis", *The New York Times*, 1921-10-06.
③ Walter Duranty, "Hard Facts Shape Policy of Lenin", *The New York Times*, 1921-10-05.
④ Walter Duranty, *I Write As I Please*, p. 111.
⑤ Walter Duranty, "Russians' New Life as Lived in Moscow", *The New York Times*, 1921-09-14.

第七章 虚实苏联：美国记者杜兰迪视野中的苏联形象

政府在解放企业以及让渡所有权方面的工作做得不足，苏联的失业率正在上升，他认为这是没能解放企业的后果。此外，他认为经济没能恢复的原因是国家所有权问题以及混乱的官僚体制，高度集中的体制在战争中是必需的，但是在战争结束后就过时了。杜兰迪指出，苏联经济的管理者是不懂经济的社会主义理论家，虽然他们在政治上值得信任但是不能胜任这个职位。杜兰迪表示，"只有政府不再对叛国恐惧，同时前资产阶级政府的官员认识到苏维埃政权已经稳固建立"[1]，才能让那些有实践经验的管理者来恢复经济。

杜兰迪还建议苏联应当建立一个独立的经济部门来管理外国贸易和投资。在现有体系下，外国企业同苏联交易货物的过程十分烦琐。杜兰迪认为，这些烦琐的手续使得很多外国投资商望而却步，应当对其进行简化，并设立专门的部门来管理。

杜兰迪对新经济政策中的农业项目十分关注，认为其能够使乡村走向繁荣。他对读者详细解释了这个项目，并与战时的农业政策做了对比。在战争时期，为了供给城市及红军，政府要求农民缴纳粮食，这使得农民只留有很少的一部分粮食，同时种粮的积极性也不是很高。在新经济政策中，余粮收集制被粮食税所代替。粮食税只占农民收成的一部分，通常为10%，不超过20%。杜兰迪还说，在农作物生长前，粮食税率就已经固定，农民可以提前知道应当向国家交付多少粮食。[2] 因此，粮食税可以提高农民种粮的积极性，可以让农民为了获得更高的产量而辛勤劳动。他称赞这项政策"开始越来越多地考虑农民的利益"[3]。杜兰迪评价道："也许有一天历史会公正评判苏共为恢复经济所做的努力。也许他们的理论是不切实际的，但是即使是敌人也不得不承认他们的贡献。客观来讲，他们就像狂热的宗教信徒一样，从不考虑自己，虽然生活在贫瘠的土地上，却精力旺盛；列宁也经常强忍着身体上的病痛坚持工作。"[4]

---

[1] Walter Duranty, "Trade Guarantees Lacking in Russia", *The New York Times*, 1922-06-25.
[2] Walter Duranty, "Soviet Now Counts on $100,000,000 Tax", *The New York Times*, 1922-07-17.
[3] Walter Duranty, "Peasants Hold Key to Soviet Policy", *The New York Times*, 1922-07-06.
[4] Walter Duranty, "Trade Monopoly Keeps Russia Back", *The New York Times*, 1922-12-24.

由此看来，对于苏联的经济政策杜兰迪虽赞赏有加，但更多是被布尔什维克的献身精神所感动。他认为苏联领导人是某种意义上的理想主义者，实际上每一个人都知道苏联经济真正需要的是什么——不是理想主义而是现实主义。但是，杜兰迪认为在苏联这样一个国家，现实主义在取得成绩方面不如坚定的决心的作用大。换句话说，即使苏联领导人的行为以平常的思维来看是错的，但是只要他们改变这个国家的决心是坚定的，其结果对于苏联来说也是好的。

杜兰迪在他晚年的作品中也提到了列宁的新经济政策。杜兰迪认为新经济政策的实施，并不意味着资本主义对社会主义的胜利，而只是一个权宜之计，列宁想要"主动刺激瘫痪的经济，重振奄奄一息的商业，修复农民的信任和忠诚，促进工业的发展"[①]。

1929年6月，杜兰迪再次来到了伏尔加农业区。他高兴地在报道中写道，这里同8年前的状况已经大不相同，他认为由于生活水平的提高，90%的农村人口都支持苏联政权。杜兰迪声称，西方媒体所认为的农民对政权抱有敌意，这完全是他们的臆想。在农村地区的各种抱怨都可以归结为地方官员权力的滥用，但是这并不意味着地方官员滥用权力是由莫斯科批准的，同样，农民对于地方政府不满意也不代表对于整个苏联政权都不满意。这一时期，杜兰迪的报道都在不遗余力地赞扬集体化，并且把业已取得的成就归功于斯大林的领导。他认为，斯大林具有强大的领导力，他敢于公开对敌人宣战，甚至对于抵制集体化的牧师也毫不留情。

20世纪20年代末杜兰迪参加了一项对苏联经济的调研，该项调研由格哈德·杜伯尔特（Gerhard Dobbert）编辑成册，以《红色经济》（Red Economics）为名出版。在这本书的"导论"（Introduction）中，杜兰迪认为苏联经济的发展紧密地团结在一个目标——建设社会主义周围。他还讨论了苏联经济史的三个阶段：第一阶段是革命与内战，沙皇统治被推翻，经济体系重建；第二阶段是列宁采用新经济政策，用某种程度的资本主义方法建设新经济，为未来的社会主义打下基础；第三阶段是五年计划，杜兰迪认为这将是建成社会主义最终目标的宏伟蓝图，"不仅仅要建设一个新

[①] Walter Duranty, *I Write As I Please*, p.198.

第七章 虚实苏联：美国记者杜兰迪视野中的苏联形象

的经济体系，还要重塑人民的思想"①。

对于五年计划苏联并没有拿出额外的时间和金钱在西方进行宣传。杜兰迪在报道中认为，苏联人希望避免这种颠覆性的活动，因为这会引发战争，如果外部环境不稳定，那么对于五年计划来说是致命的。此外，杜兰迪认为没有必要沉迷于这种宣传性活动，其他地区都在经历大萧条，五年计划的蒸蒸日上已经是在这些地区进行的最好宣传了。②

二三十年代，杜兰迪在报道中经常会写到社会中的"战争气氛"，在乡村中这种气氛尤甚之。杜兰迪认为，政府的宣传给人营造"一种'狂飙突进'（Sturm und Drang）的情绪"③，苏联政府在五年计划中要求人民"就如同参与战争一样投入和自我牺牲"④。杜兰迪认为早在 1930 年，斯大林就已经觉察到五年计划的急切冒进会引发很多问题，加大经济上的压力，于是他做了《胜利冲昏头脑》的报告。斯大林认为有些人被集体化的重大成就冲昏了头脑。他承认集体化运动破坏了自愿原则，他指出农业集体化"不是公社而是劳动组合"，建议现阶段采用的集体农庄形式只把土地耕畜和大机器社会主义化，而母牛、绵羊、猪、鸡等家畜保留为私人财产。⑤ 全国每一张报纸都刊载了这篇文章，几百万册单行本在流传。农民骑马到城里去，不惜用高价购买最后尚能买到的一本，就为了拿到当地组织者面前炫耀，好像这是他们的自由宪章。⑥ 杜兰迪评论道："如同斯大林所说，集体化运动以难以想象的速度展开，这足以说明农民是支持这项运动的。但是那些过于'热情'的官员的行动有些过火了。斯大林就是要这种行动恢复正常。"⑦ 但在杜兰迪看来，农民并没有理解报告的内涵——"超工业化"和集体化仍需继续，只是要放缓速度。农民们却单方面地以

---

① Gerhard Dobbert ed., *Red Economics*, New York: Houghton Mifflin Company, 1932, Introduction, p. xxi.
② Walter Duranty, *Duranty Reports Russia*, pp. 245 – 250.
③ Walter Duranty, *I Write As I Please*, pp. 314 – 315.
④ Walter Duranty, *USSR: The Story of Soviet Russia*, p. 157.
⑤ 中央俄文编译局和中共中央宣传部斯大林全集翻译室编译《斯大林全集》第 12 卷，人民出版社，1960，第 167~174 页。
⑥ 安娜·路易斯·斯特朗：《斯大林时代》，石人译，世界知识出版社，1979，第 48 页。
⑦ Walter Duranty, "Peasants Rejoice Over Stalin Order", *The New York Times*, 1930 – 03 – 08.

169

为可以停止集体化了。

杜兰迪不仅仅解释了五年计划在工业和农业上的项目,还对苏联的国际贸易政策进行了说明。杜兰迪表示,相比生产多余货物以供出口,苏联政府认为农业集体化更为重要。① 虽然这可同西方建立日益紧密的贸易关系和友谊,但杜兰迪深信斯大林已经放弃了传统的社会主义或者托洛茨基的国际主义。

五 "俄国有饥饿,但没有饥荒"

苏联历史上发生过三次重大饥荒,分别为1922~1923年、1932~1933年、1946~1947年。其中,1932~1933年饥荒,以乌克兰地区的灾情最为严重,此次饥荒波及范围广、救援迟缓、死伤人数众多,灾情极其严重,给乌克兰社会造成了沉重打击,损失惨重,不仅影响了乌克兰以后一段时间的社会发展,还成为部分西方媒体指责苏联政府非人道主义统治的理由。由于苏联政府对饥荒灾情的隐瞒,乌克兰受灾地区得不到及时救援,为之付出了惨重代价。独立之后的乌克兰一直谴责苏联政府在乌克兰大饥荒中的"欺骗"和"不作为",甚至直接称之为苏联政府的"种族灭绝"(геноцид/genocide)政策,其影响在一定程度上延续至当代。

1932~1933年,苏联发生了严重的饥荒,尤以乌克兰地区最为严重。《纽约时报》希望杜兰迪增加一些对于饥荒的报道。当时的杜兰迪十分谨慎,开始只报道一些食品短缺,营养不良和部分地区人口减少的消息。他认为大概有200万的苏联人死于饥荒。② 《纽约时报》希望杜兰迪可以获取到第一手材料,于是1933年9月起,杜兰迪开始在灾区进行调查与采访。他先去了北高加索,发表了两篇报道——《苏联正在赢得农民的信任》(Soviet is Winning Faith of Peasants)③ 和《北高加索的大丰收》(Abundance

---

① Walter Duranty, *Duranty Reports Russia*, pp. 242-245.
② Walter Duranty, "Famine Toll Heavy in Southern Russia", *The New York Times*, 1933-08-24.
③ Walter Duranty, "Soviet is Winning Faith of Peasants", *The New York Times*, 1933-09-11.

第七章 虚实苏联：美国记者杜兰迪视野中的苏联形象

Found in North Caucasus)①。从中我们看到的是农业生产欣欣向荣，农民生活安居乐业的景象，完全没有饥荒的影子。杜兰迪斥责那些有关苏联饥荒的消息是一派胡言，传播那些消息的西方记者根本没有调查研究，不少人所做出的死亡人数估计过于夸张了，而他自己之前做出的 200 万的估计也必须收回。

但是，当他到达乌克兰时，他的报道开始转向了。他看到了饥荒给农民带来的不幸，并且承认有大规模的饥荒。杜兰迪的这次采访持续了 10 天，到了最后几天，杜兰迪的报道又开始回到最初几天的乐观态度：总的来说，虽然有饥荒，有饿死人的现象，有政府政策的失误，也有农民的消极抵抗，但农村青年是站在政府一边的，克里姆林宫正在赢得这场集体化战斗的胜利。"苏联人食物短缺了，这并不是大饥荒。"② 事实上，这并不是杜兰迪的真实想法，后来他给英国驻苏联大使馆写了一份内部报告，报告中详细写到了饥荒的真实情况，"乌克兰的血已经流干了"，"苏联在 1931 年和 1933 年饿死的总人数据估计至少有 1000 万"。③

需要指出的是，一名《纽约时报》的流动通讯员于此时来到莫斯科，同行们设宴欢迎。当她听到杜兰迪提到在乌克兰有上百万人饿死时，她大为吃惊，问道："瓦尔特，你不是开玩笑吧？真的有几百万吗？"杜兰迪说："当然不是开玩笑，我这还是保守的估计。"接下来他说了一句所有在场的人都永远不会忘记的话："不过他们都是俄国人。"④

杜兰迪认为苏联在乡村的措施是导致乌克兰大饥荒的原因之一。农业上的强制集体化，使得本来就遭受天灾的地区更横遭人祸。过度追求集体

---

① Walter Duranty, "Abundance Found in North Caucasus", *The New York Times*, 1933 - 09 - 14.
② Walter Duranty, *The Kremlin and the People*, p. 125.
③ Marco Carynnyk, Lubomyr Y. Luciuk, Bohdan S. Kordan, Great Britain Foreign Office, *The Foreign Office and the Famine: British Documents on Ukraine and the Great Famine of 1932 - 1933*, Kingston, Ont. Vestal, N. Y., Limestone Press, 1988, p. 146.
④ 程映红：《三个西方记者与乌克兰大饥荒》，参见 http://www.21ccom.net/articles/sdbb/2014/0103/98198.html。

化导致食品和货物的短缺。① 此外，富农群体的消失对于农业生产所造成的损失也是不可估量的。在列宁时代，布尔什维克消除了统治阶级的专制特权，现在同样的命运降临到 500 万富农身上。他们将"无依无靠，被分离或清洗"，"在烈火中被清算，成为流亡的无产阶级大众"，这些人们要么被送到西伯利亚，接受改造重新加入苏联社会，成为社会地位低下的局外人；要么无法接受改造，"这样的敌人最后的命运就是死亡"。②

杜兰迪认为还有两个方面的原因导致了 30 年代的饥荒问题：经济大萧条以及日本的威胁。实际上，杜兰迪更强调后者，他认为，正是由于战争的威胁使得五年计划的目标从"和平发展"变为防御准备。③ 如果日本进攻，红军则没有足够的粮食来打仗，由于面对这种迫切的情况，斯大林加大了粮食收集以及汽油的供给定量，而这两者在乡村中的需求量也很大，这使得自然灾害变为"人为的饥荒"。杜兰迪坚持认为，数百万人的死亡不是因为斯大林"残忍的决策"，而是由于日本的威胁，苏联领导人不得不减少食物和燃料的储存量。④ 杜兰迪相信，日本最终没有侵略苏联是斯大林的计划起了作用。"斯大林在逆境中得以胜利，却让苏联人民在准备战争的过程中付出了惨痛代价。"⑤

杜兰迪还为自己在大饥荒的报道辩解："我没有像一些同事一样，把死亡人数报得很多，很多人就认为我的报道是不准确的。我不认为我在苏联的报道有任何不准确的地方。就如同在一战前线，我报道战争的胜利远比牺牲了多少士兵更为重要。我是一个记者，不是人道主义关怀者，作为一个记者不能'只见树木，不见森林'。"⑥ 由此看出，对于杜兰迪来说，在农业的"前线"上，报道谁获得了"胜利"比报道死亡人数更为重要。他把农业集体化视作"斯大林最激烈的战争"，认为"战争"的胜负关系

---

① Wawruck – Hemmett, Ruth Constance, *The Great Interpreter Walter Duranty's View of the Soviet Union, 1921 – 1949*, p. 66.
② Walter Duranty, *USSR: The Story of Soviet Russia*, p. 213.
③ Walter Duranty, *I Write As I Please*, p. 282.
④ Walter Duranty, *USSR: The Story of Soviet Russia*, p. 192.
⑤ Walter Duranty, *USSR: The Story of Soviet Russia*, p. 193.
⑥ Walter Duranty, *I Write As I Please*, p. 309.

第七章 虚实苏联：美国记者杜兰迪视野中的苏联形象

到苏联人能否建成社会主义，"战争"的结束就是斯大林最大的胜利。①

因此，直至1933年3月底，杜兰迪在乌克兰大饥荒问题上所持的观点是："俄国有饥饿，但没有饥荒。"②

20世纪二三十年代，有很多西方媒体在莫斯科派驻记者，例如《纽约时报》、《纽约晚报》、《曼彻斯特卫报》、《国家》（The Nation）、《纽约论坛报》（The New York Tribune）、《巴尔的摩太阳报》（The Baltimore Sun）等。当时的驻苏记者，除了杜兰迪，还有费舍尔（Louis Fischer）③、张伯伦（William Henry Chamberlin）、姆格里奇和琼斯（Gareth Jones）等人，他们眼中的苏联和乌克兰大饥荒与杜兰迪有较大差异。

英国记者姆格里奇在1932年来到莫斯科接替张伯伦成为《曼彻斯特卫报》驻苏记者。他原来思想"左"倾，对苏联共产主义很是向往。但在苏联待了一段日子后，他很快就对这个制度开始失望和怀疑，于是决定对众说纷纭的饥荒展开调查。1933年他在未经苏联官方许可的情况下偷偷前往乌克兰和高加索地区，在那里他目睹了饥荒的惨状。但由于他的调查是"非法"的，同时又不得不回避苏联的审查制度，姆格里奇把采访得来的消息通过他在英国大使馆的关系，以外交邮袋的方式送出了苏联。1933年3月下旬，《曼彻斯特卫报》以匿名方式发表了马格里奇的三篇采访，其中一篇题为《苏维埃与农民——乌克兰的饥荒》，署名是"一个匿名的观察者"，文章报道了乌克兰饥荒的惨状。④ 讽刺的是，《曼彻斯特卫报》一些编辑人员对他揭露和批评苏联的行为大为不满，认为是夸张、不实。1934年，姆格里奇出版了小说《莫斯科之冬》（Winter in Moscow, New York, 1934），其中描绘了"社会主义乌托邦"的真实图景，讽刺了西方新闻界对苏联一厢情愿的憧憬和偏袒。他打电话给杜兰迪，称杜兰迪是"我在新闻界遇到的最大的骗子"（the greatest liar I have met in journalism）。⑤ 他后

---

① Walter Duranty, *Stalin & Co.: The Politburo, The Men Who Run Russia*, p. 98.

② Walter Duranty, "Russians Hungry, But Not Starving", *The New York Times*, 1933-03-31.

③ 费舍尔（1896~1970），美国《国家》（The Nation）杂志记者，1922年来到苏联，出版了数本关于苏联的著作，因为过分美化斯大林体制招致美国本土媒体人的批评。

④ 程映红：《三个西方记者与乌克兰大饥荒》，参见 http://www.21ccom.net/articles/sdbb/2014/0103/98198.html。

⑤ 参见 https://en.wikipedia.org/wiki/Malcolm_Muggeridge#cite_note-5。

来在解释自己的政治立场上时自嘲："我是以愤怒的心情进行写作，但我现在觉得很荒唐：不是因为愤怒本身是不对的，是因为有这样引发愤怒的人和事，像转瞬即逝的空气一样令人可笑。"①

英国记者兼旅行家琼斯（Gareth Jones）1930～1933年三次访问苏联，在《西方邮报》(*The Western Mail*)、《曼彻斯特卫报》、《每日快讯》(*The Daily Express*) 和《纽约时报》等多家报纸上报道了苏联的情况。早在1930年，琼斯就提到苏联出现了食物短缺的情况，在写给父母的信件中说："苏联现在处在一个非常糟糕的境况中，除了腐烂的面包，农民没有其他食物。"② 1932年10月，琼斯就预言式地在《西方邮报》上分两期发表了题为《还有点儿汤吗？——在俄国恐怖的冬天降临的时候》(Will there be soup? Russia Dreads the Coming Winter) 的报道，揭示苏联农村正面临着严重的食物短缺问题，农民已经没有食物可以过冬了。在五年计划的最后一年，苏联为什么出现了食物短缺的恐慌？琼斯带着这样的疑问，于1933年到苏联农村进行实地考察，农村的景象与当时苏联农业部长描述的完全不一样。苏联政府推行的农业集体化运动使农民的一切私有财产变成了集体农庄的公有财产，农民仿佛在一夜之间变得"一无所有"。在农村，随处可见衣衫褴褛、面黄肌瘦的大人和小孩。琼斯在苏联考察途中遇到许多受灾的农民，其中一个农民向琼斯抱怨："在集体农庄下生活的农民过着像狗一样的生活，我们被迫失去了土地、奶牛、面包，不知道该怎么度过这个漫长的冬天。"③

1933年乌克兰大饥荒的消息已经通过各种渠道传到了西方，同年3月，琼斯为了了解乌克兰大饥荒的真相，再次踏上苏联的国土。他先后走访了莫斯科和乌克兰的一些地区，访问了20多个村庄，证实了苏联大饥荒的存在。1933年，琼斯深入饥荒最严重的北乌克兰地区进行考察，并把当

---

① Malcolm Muggeridge, *Chronicles of Wasted Time*: *Chronicle 1*: *The Green Stick*, Quill, New York, 1982, p. 274.

② Lubomyr Luciuk, *Not Worthy*: *Walter Duranty's Pulitzer Prize and the New York Times*, Kingston: Kashtan Press, 2004, p. 180.

③ Gareth Jones, "Will there be soup? Russia Dreads the Coming Winter", *The Western Mail*, 1932-10-15.

第七章　虚实苏联：美国记者杜兰迪视野中的苏联形象

时考察的所见所闻写成了新闻报道《没收土地，屠杀牲口——农民以土豆和牲口饲料活命》（Seizure of Land and Slaughter of Stock—Peasants Subsisting on Potatoes and Cattle Fodder）。"莫斯科、中部黑土地地区、北乌克兰，是苏联最重要的三个产粮区，我走访了其中的二十个村庄，发现农民们都没有面包，每个村庄都有被饿死的人……路边乞讨的妇女向我哭诉，他们（集体农庄政策执行者）夺走了我们所有的粮食。村庄里被饿死的不仅仅是人，就连牲畜也被饿死得所剩无几，原本村庄里有 300 头奶牛，由于饥荒，现在只剩下 30 头了。"[①]

在琼斯的描述中，苏联饥荒情况一直在恶化，1933 年灾情最为严重，饥荒致死的现象在苏联农村已经不足为奇。饥荒严重地区主要集中在乌克兰、北高加索的农村。

琼斯认为乌克兰大饥荒发生的原因是多方面的，但是人为原因是最主要的，尤其是苏联政府推行了错误的政策。具体来说，第一，集体农庄政策严重挫伤了农民的生产积极性，客观上导致粮食减产。苏联政府推行农业集体化运动，农民的土地和一切私有财产都要归集体所有，这在一定程度上引发了苏联农民对农业集体化政策的消极抵抗，挫伤了农民的生产积极性。第二，沉重的农业税加重了农民的负担，农民收获的粮食都拿去交税了，留下的微乎其微。第三，过度的粮食出口贸易。苏联政府为了获得外汇从国际市场上购买工业化建设所需的机器设备，只好从农民手中大量征收粮食出口到国际市场。第四，自然灾害的影响。1931 年，苏联遭遇严重的干旱，导致粮食大规模歉收，加上苏联漫长的寒冬也影响了农作物的生长，素有"粮仓"之称的乌克兰和北高加索地区也遭遇了粮食歉收的沉重打击，自然原因导致粮食减产，为饥荒埋下了隐患。此外，农业生产方面出现的一些问题，比如播种不及时、拖拉机数量不足等也在一定程度上影响了粮食的收成。

从苏联回国之后，琼斯在多家西方报纸上发表了揭露苏联大饥荒的新闻报道。因为公开揭露饥荒，琼斯被苏联政府列入反苏黑名单并禁止其入

[①] Gareth Jones, "Seizure of Land and Slaughter of Stock—Peasants Subsisting on Potatoes and Cattle Fodder", *The Western Mail*, 1933 - 04 - 08.

175

境。1934年琼斯开始了他漫长而危险的远东之行，琼斯想借机调查日本向远东扩张的意图。他先后到达日本、菲律宾、新加坡、泰国等国家，最后经香港北上到达北京，冒险去了中国东北，不幸在返回张家口的路途中被土匪绑架，于1935年8月12日遇害。

六　世纪评说杜兰迪

1932年，杜兰迪获得了普利策奖，该奖项旨在表彰新闻报道工作中做出突出贡献的记者，颁发给"年度记者工作的最佳榜样"，"其所做的报道应当是准确的、简洁的并且为大众所关心和尊重的"。[①] 而30年代的苏联足以吸引大众的注意力。1931年，来自《纽约晚报》(The New York Evening Post) 的尼克博克 (H. R. Knickerbocker) 关于"红色恐怖"的系列报道获得了普利策奖。第二年，杜兰迪一系列关于苏联五年计划的报道也获得了该项殊荣。

1933年12月，在美苏建交之后不久，杜兰迪辞去了《纽约时报》驻莫斯科记者的工作，返回美国。从1921年到1933年，他在苏联度过了12年，获得了"记者之王"的称赞。接下来的几年，他保持了与《纽约时报》的联系，前往西班牙和日本等国家旅行，不时发回报道。杜兰迪无法割舍同苏联的联系，除了定期回到莫斯科进行工作交接，在他的余生还对苏联的事务保持了长久的兴趣。杜兰迪用他在报道和写书方面的天赋向读者继续描述苏联人和他们的生活。

杜兰迪在20年代末和30年代初就写了一系列的小故事，大部分都是基于真实的故事，发表在三本作品集中，其中两本在离开苏联之后出版：《奇妙的彩票与苏联司法部的其他故事》(The Curious Lottery and Other Tales of Russian Justice, Books for Libraries, 1969)、《没尾巴的孩子们》(Babies Without Tails, Wildside Press LLC, 1939)、《黄金列车和其他故事》(The Gold Train and Other Stories, H. Hamilton, 1938)。在这些故事中，所占比例最多的是关于苏联司法体系的。此外，杜兰迪还发表了一系列研究和分析

[①] John Hohenberg, *The Pulitzer Prizes*, New York: Columbia University Press, 1974, p. 20.

第七章　虚实苏联：美国记者杜兰迪视野中的苏联形象

苏联的文章。这些都收录在美国外交政策协会（American Foreign Policy Association）的论文合集中，例如出版于1935年的《欧洲：战争还是和平？》（*Europe*：*War or Peace*? World Peace Foundation，1935）。

杜兰迪在离开苏联后的作品进一步展现了他的天赋和学识，他用灵活的语言再辅以多年观察、分析和认真解读形成的深厚知识，让读者透过他深入理解苏联社会。杜兰迪还尝试用小说向读者解释难以理解的事物——社会主义、布尔什维克和苏联司法。虽然杜兰迪从来没有被认为是一位大师级的小说家，但是他的小说对于研究社会主义和苏联的司法体系来说非常重要。例如，在杜兰迪的第一本小说《一条命一戈比》（*One Life*，*One Kopek*）中，主人公伊万·彼得洛维奇·彼得罗夫（Иван Петровичи Петров）先后作为农民、士兵和工人，这些都是革命时期典型的人物形象。在小说中，伊万阅读《资本论》，加入红军抵抗白军，进入工厂，接受办联社会主义教育，他知道"对社会主义来说纪律没有例外"[①]。伊万最后为一位遭流放的年轻人牺牲了生命，他的一生都在打破旧秩序，建设社会主义国家。

杜兰迪观察苏联人的日常生活，并把自己的所见所想融入小说的角色，对苏联人物形象的刻画入木三分。故事主人公的死亡代表着苏联人生命的脆弱，人的生命仅仅如同一个戈比般低贱；杜兰迪还在故事中展示了布尔什维克所要求的绝对纪律以及自我牺牲，这些因素都表明了杜兰迪个人对于苏联人的评价和看法。他的支持者认为这部小说很好地用人性化的手法来解读革命史。一些书评者认为这部书根本不是一部小说，而像是一部纪实文学。"杜兰迪太擅长于写报道了，以至于不能掌握小说的写法。"[②]在杜兰迪非小说的作品中，他经常回溯在莫斯科时期所发生的重要事件，例如1921年饥荒、新经济政策、斯大林主义、五年计划、30年代的饥荒和大清洗等，他尝试"返回事件发生之前，了解事件的影响，寻找事件的原因"[③]。杜兰迪在他这些作品中重申了莫斯科时期形成的对苏联的认识，

[①] Walter Duranty, *One Life, One Kopek*, New York: Literary Guild of America, 1937, p. 123.
[②] Wawruck-Hemmett, Ruth Constance., *The Great Interpreter Walter Duranty's View of the Soviet Union*, p. 90.
[③] Walter Duranty, *The Kremlin and the People*, p. 7.

同时增加了一些对苏联内政和外交的看法，以示自己对苏联社会和苏联政治保持着兴趣。

1957年，杜兰迪在美国佛罗里达去世。而在30年代杜兰迪报道乌克兰大饥荒时，他就已经被很多同行记者以及政治家所批评了。美国著名记者约瑟夫·艾尔索普（Joseph Wright Alsop）曾经评价杜兰迪，"谎言永远在他的交易之中"[①]。除了大饥荒，杜兰迪在"大清洗"、苏联体制等问题上一直为斯大林辩护，这也引起了很多人的不满。《时代》（Time）杂志认为杜兰迪"一直在尝试忽略斯大林的罪行，并为其罪行开脱"[②]，很多人一直在讨论是否应该取消杜兰迪的普利策奖。2003年，普利策奖委员会开始重新调查杜兰迪。随后他们发现杜兰迪的报道是不公正的，并且是不准确的。调查员声称"为了《纽约时报》的荣誉，应当取消杜兰迪的普利策奖。"[③] 但是最终董事会决定不剥夺杜兰迪的普利策奖，原因是"在这例案子中，并没有令人信服的证据证明杜兰迪是故意欺骗"。[④]

在相当长一段时间内，关于杜兰迪的研究和评价几乎全部集中在是否应该取消杜兰迪普利策奖以及杜兰迪个人品质上。这些文章和论著多把焦点放在他对乌克兰大饥荒的报道中，批判《纽约时报》的不负责任和不作为，认为杜兰迪违反职业道德和人类良知，故意隐瞒此事等等。

卡罗尔（James Crowl）的《斯大林天堂里的天使：西方记者在苏联（1917～1937）》（*Angels in Stalins Paradise: Western Reporters in Soviet Russia, 1917-1937*, University Press of America, 1981）该书着眼于美苏关系正常化之前的时期，对访苏记者瓦尔特·杜兰迪和路易斯·费舍尔这两位著名记者进行了研究，并对他们在苏联的活动进行比较。卡罗尔认为他们在报

[①] Lubomyr Luciuk, *Not Worthy: Walter Duranty's Pulitzer Prize and the New York Times*, Kashtan Press, 2004, p. 25.

[②] Karl E. Meyer, "The Editorial Notebook: Trenchcoats, Then and Now", *The New York Times*, 2016-09-30.

[③] 《〈纽约时报〉敦促撤销1932年普利策奖》（N. Y. Times urged to rescind 1932 Pulitzer），参见 http://usatoday30.usatoday.com/news/nation/2003-10-22-ny-times-pulitzer_x.htm.

[④] 《关于瓦尔特·杜兰迪的声明，哥伦比亚大学2003年》（*Statement on Walter Duranty, Columbia University*, 2003），参见 http://www.pulitzer.org/durantypressrelease.

第七章 虚实苏联：美国记者杜兰迪视野中的苏联形象

道中隐瞒了苏联的缺陷，单方面宣扬苏联的美好，给读者营造了一个"斯大林天堂"的错觉。当杜兰迪成为驻苏记者时，他抛弃了之前的反苏观点，不遗余力地把自己与新政权融为一体。此外，1933 年大饥荒并未在一开始就引起西方民众的关注，杜兰迪和费舍尔应当在其中负主要责任。

在泰勒的《斯大林辩护士：瓦尔特·杜兰迪：〈纽约时报〉驻莫斯科的代理人》（Stalin's Apologist: Walter Duranty, The New York Times' Man in Moscow）一书中，泰勒认为杜兰迪是世界上最著名的记者之一，他对苏联的判断和报道使自己的事业达到了顶峰，20 年内横扫《纽约时报》的头版头条。杜兰迪是一个智慧、风趣与张扬的人，他用自己的努力帮助美国承认苏联。他有着极高的政治敏感度，预见了布尔什维克的长期执政以及斯大林的上台。他为了名誉不择手段，极力美化斯大林，甚至抛出了"要做鸡蛋馅饼必须要先把鸡蛋打碎"的论断来为斯大林主义服务。

戴维斯等人在《斯大林、粮食库存与 1932～1933 年饥荒》（Stalin, Grain Stocks and the Famine of 1932 – 1933）一文中，更是直斥杜兰迪是"臭名昭著的、奸诈的"记者，他为斯大林辩护"远东的战争威胁使得苏联必须保持足够的粮食库存，而不能支持灾区的农民"[1]，并称这是 1933 年乌克兰大饥荒发生的客观原因。

鲁修克（Lubomyr Y. Luciuk）在《名不副实：杜兰迪的普利策奖和〈纽约时报〉》（Not worthy: Walter Duranty's Pulitzer Prize and The New York Times）一书中认为虽然普利策奖董事会宣布，杜兰迪仍然保有普利策奖，但是整个世界都知道他是不应当获得该项殊荣的。原因在于他对于斯大林的"洗白"以及对乌克兰大饥荒的不实报道。该书作者号召在北美的全体乌克兰人团结起来，加入反对斯大林和杜兰迪的运动中。

加里尼克（Marco Carynnyk）的《让新闻便于刊发：瓦尔特·杜兰迪、〈纽约时报〉与 1933 年乌克兰大饥荒》（Making the News Fit to Print: Walter Duranty, The New York Times and the Ukrainian Famine of 1933）一书也对《纽约时报》和杜兰迪持批判态度。该书认为杜兰迪隐瞒了事实，他通过在苏联

---

[1] R. W. Davies, M. B. Tauger, S. G. Wheatcroft, "Stalin, Grain Stocks and the Famine of 1932 – 1933", Slavic Review, Vol. 54, No. 3 (Autumn, 1995), pp. 642 – 657.

的生活，学会了能够让新闻刊发的写法。而《纽约时报》不前往实地调查就发布报道，也是一种不负责任的做法。随着大饥荒数据和档案的解禁，越来越多的资料被公开，新近的数据证明了乌克兰大饥荒的严重性。

姆格里奇甚至认为，杜兰迪对苏联的误判和不诚实来自他与生俱有的自卑，而他的自卑则来源于他矮小的身材、残疾、少年时代被家庭背景好的孩子所欺凌的经历。[1] 这让杜兰迪渴望证明自己的实力，他想让自己成名并且受尊敬。这意味着他除了自己的名气，不关心所谓的价值观和准则。马格里奇认为，杜兰迪对于"权力至上"有一种认可和迷恋，苏联政权的强大吸引着杜兰迪，杜兰迪常常写苏联的国土如何辽阔，人口如何众多。"自1928年以来，苏联的工业产值从世界第五上升到第二，仅次于美国，比英国和德国要高。"[2] "我有一种感觉，当评价苏联的残忍和冷酷时，杜兰迪就像一个孩子，既崇拜又害怕地仰望着巨人。这也许就是他被斯大林、希特勒这类政权所吸引的基础。他们弥补了杜兰迪的弱势和不足。"[3]

但也有研究者从当时的苏联国内政治和杜兰迪的个人处境角度试图理解杜兰迪的所作所为。卡仁（Rothmyer Karen）在《赢得普利策奖：当代最佳新闻封面背后的故事》（*Winning Pulitzers: The Stories Behind Some of the Best News Coverage of Our Time*, New York: Columbia University Press, 1991）中认为由于杜兰迪在莫斯科的处境，他不得不成为斯大林政权的辩护人，这使得他在撰写报道的时候难以保持足够的公正性。作者认为杜兰迪能够准确地预见苏联事务的发展，这是他记者职业生涯最为成功的地方。[4]

七 美国人"制造"杜兰迪？

在两次世界大战之间的20年中，杜兰迪是在苏联最有影响力的西方记者。当他在20年代早期进入苏联时，苏联对大多数美国人来说是陌生的，

---

[1] Malcolm Muggeridge, *Chronicles of Wasted Time: Chronicle 1: The Green Stick*, pp. 254 – 256.
[2] Walter Duranty, "Soviet in 16th Year, Calm and Hopeful", *The New York Times*, 1932 – 11 – 13.
[3] Malcolm Muggeridge, *Chronicles of Wasted Time: Chronicle 1: The Green Stick*, pp. 254 – 256.
[4] Rothmyer, Karen., *Winning Pulitzers: The Stories Behind Some of the Best News Coverage of Our Time*, pp. 85 – 89.

第七章　虚实苏联：美国记者杜兰迪视野中的苏联形象

对未知事物所产生的恐惧，限制了美苏关系的发展。当他在30年代中期离开苏联时，两国建立了外交关系，美国民众也逐渐熟悉苏联，甚至出现了很多的左派人士支持苏联。在这种转变中，记者的报道起了重要作用。

一方面，杜兰迪对美国读者有着很大的影响。由于《纽约时报》在美国传媒界的重要地位，杜兰迪在左派人士中的影响力很大。杜兰迪一直就是一个有独立思想的记者，并不受反苏偏见的影响。相反，他精心撰写关于苏联和社会主义的报道，对克里姆林宫的政策进行了合理的解读，他深信苏联应当受到很多美国人的同情和支持。同时，杜兰迪的文章中呈现了严谨的逻辑性和毋庸置疑的说服力，这让读者更好地了解社会主义。1929年经济危机席卷美国，经济面临崩溃。而通过杜兰迪的报道，人们发现一个逐渐崩溃的西方和一个欣欣向荣的苏联，这种观点恰恰同当时美国不景气的经济相呼应，也迎合了对美国失望的人们。这也让杜兰迪的报道受到了更多自由派和知识分子的欢迎。而对于不是自由派，也不关心苏联发展的普通人来说，杜兰迪则对他们说不用害怕苏联。他向不是自由派的读者保证：俄国人需要共产主义，这是他们的应得和特权。但是杜兰迪相信，自己所描写的共产主义只适合集体化的社会。想明白这一点，西方就没有理由恐慌。

另一方面，杜兰迪介绍苏联，对于提高苏联的国际地位有着毋庸置疑的影响力。毫无疑问，以《纽约时报》为载体，杜兰迪的报道超越了美国，具有全球性的意义。例如，他曾经为《奥兰多晨哨兵报》、伦敦《每日新闻》等撰写报道，这些同他在《纽约时报》报道中所持的观点是一样的。他告知商人苏联经济的好转，向学者介绍苏联教育的奇迹，并对法律界和医学界的人士介绍苏联法律和医疗的现代化。他致力于描述苏联的强大，领导人的精神属性以及苏联人民的热情，并且认为每一个国家都不应该错过与苏联建交的机会。他在报道中积极交换美苏两国对于外交正常化的看法，促进美苏关系正常化，并最终促成美苏建交。在美苏建交后，美国左派和自由派的媒体把杜兰迪捧为美苏建交立下不朽功勋的伟大记者，因为他告诉了美国人民一个伟大的国家。这个国家领导坚强有力，人民勇于牺牲，充满了理想主义。20世纪二三十年代的苏联，正需要一个为他们在国际上发出声音、展示自我的传声筒，这不仅仅是为了国家声誉，也是为了同西方国家开展贸易、建立外交关系。在这方面，杜兰迪功不可没。

从20年代初到30年代末，杜兰迪的报道成为美国人民了解苏联的一个重要来源。在杜兰迪的报道中，虽然有很多真实的故事，反映了苏联生活的许多侧面，但在一些重大的问题上杜兰迪滥用了读者的信任，误导了舆论，例如斯大林主义的性质，布尔什维克政权究竟在多大程度上代表了人民的利益，苏联人民在五年计划和集体化的过程中所遭受的苦难等。总之，在对苏联的一系列报道中，杜兰迪用一切方法为苏联领导人"开脱"，他会把苏联大饥荒的原因归结为日本的威胁，也会把集体化的挫折归结为地方官员的热情；谈到审查制度，他就说这比一战期间的审查宽松许多；谈到国家政治保卫局，就会说他们懂得用最小的恐怖来换取最大的利益。虽然杜兰迪也曾对苏联高度集中的政治经济体制发表过微词，也曾对用人力换取经济增长的方式发表过担忧，也曾对"大清洗"中"作秀公审"嗤之以鼻，但是他认为不能"只见树木，不见森林"，应该学会跨越生死来看待事物的发展，即这种冷酷的体制和计划是符合苏联人性格的。事实上，他从未发自心底地深爱这个国家，为了自己的事业，只是"逢场作戏"。即使离开苏联，他依然不愿意放弃谋生的工具——苏联。杜兰迪行走在"赞赏苏联"和"鄙夷苏联"的中间，事实上这与他坚持认为苏联适合社会主义但是社会主义不适合美国是一脉相承的。

而在苏联人民的问题上，杜兰迪一方面认为苏联人是坚强的，"苏联人都像斯大林一样，虽然生命中最好的年华在恐慌、危险、苦难、监禁以及流放中度过，但是他们永远不会被国家警察强加的困境所压垮。斯大林认为苏联人习惯于困境，革命释放了大量的能量，如果巧妙地加以利用就能够见证奇迹"[①]。但是另一方面，他又被苏联人的宿命论和命定论所震惊，觉得这是苏联人未开化的一个证明。在公开报道中他用"要做馅饼就要打破鸡蛋"来为斯大林政权给苏联人民带来的灾难辩护。在背后他说得更露骨，上千万俄国人的死亡根本算不了什么，因为他们"都是俄国人"。总之，杜兰迪在对待苏联人的问题上是鄙夷大于尊敬，他同一些其他的西方记者一样，相信苏联人低人一等，就连坚强这种美德也是无法对命运抗

---

① Walter Duranty, *USSR: The Story of Soviet Russia*, p. 138.

第七章 虚实苏联：美国记者杜兰迪视野中的苏联形象

争而逆来顺受的美德，看起来就像杜兰迪施舍的悲悯。

杜兰迪报道的苏联是制度先进、欣欣向荣的社会主义国家。政治方面，杜兰迪认为斯大林体制是适合苏联社会现实的，有利于苏联社会主义现代化建设。经济方面，杜兰迪认为新经济政策是苏联探索自己道路的良好开端，而五年计划和农业集体化是为社会主义经济建设服务的。在新闻报道中，杜兰迪对斯大林的领导方针给予高度肯定，大力赞扬苏联社会主义建设所取得的成就。他认为，五年计划让苏联在最短的时间内从农业国变为工业国成为可能；在农村推行的农业集体化运动，消灭了富农阶级，集体农庄政策集聚了广大农民的财产，为苏联农业现代化铺平了道路。然而，在杜兰迪的报道中，鲜少见到苏联社会消极的一面。即使在面对1932年乌克兰大饥荒之时，杜兰迪的态度是否定苏联存在饥荒。总结杜兰迪报道苏联的特点：他过于夸大苏联社会的发展成绩和积极因素，而完全忽略了社会存在的问题，因此，杜兰迪对苏联的报道也具有片面性。

分析杜兰迪"鼓吹"苏联的原因，杜兰迪主要是受个人因素驱使，他渴望通过报道苏联获得名声。20世纪20年代，苏联对西方世界来说还比较神秘，如果能够进入苏联并对其进行报道，向外界揭开这个"神秘"国家的面纱，这对初出茅庐的小记者——杜兰迪来说，是一个获得关注，增加知名度的好机会。通过一些努力，杜兰迪争取到了美国《纽约时报》驻苏记者的身份。作为第一批获得苏联官方准许进入苏联采访的记者，对西方世界和苏联来说，杜兰迪的报道都有着巨大的传播价值和现实意义。西方世界通过杜兰迪的报道，可以更好地了解苏联；同时，苏联正好可以借杜兰迪之笔向外界做宣传。然而，苏联政府对外国记者发送的新闻内容要进行严格的审查，不符合苏联规定的内容是不能被顺利发表的。于是，为了能够获得更多采访和发表新闻的机会，杜兰迪采取了迎合苏联官方需求的态度：在西方报纸上，对苏联进行选择性报道，即向外界传递苏联社会欣欣向荣、积极向上的一面，对苏联存在的社会问题避而不谈。因此，在苏联严格的审查制度之下，杜兰迪的采访工作"如鱼得水"。

在政治上，杜兰迪认为斯大林体制是适合苏联的传统和现实的，社会主义只适合苏联这种集体化的国家。即使苏联还处在政治上的萌芽阶段，宪法还有不足,民主还不完善,但是至少他们有这种努力的倾向,我们应当予以尊重。他崇拜强权,认为斯大林是当代最伟大的人之一,虽然有吹嘘的成分,但是杜兰迪认为独裁也是社会主义苏联的一部分。杜兰迪晚年认为,斯大林是一个实用主义甚至保守主义的人物,他强调斯大林使得苏联的社会主义更加灵活而且更加符合实际。在对外关系上,杜兰迪一直希望美苏双方能够搁置怀疑和误解,实现双方关系正常化,这对于彼此来说是利大于弊的。苏联应当被看成是一个安全并且值得相信的盟友,面对日益临近的战争,美苏应当和谐相处。

在经济上,杜兰迪认为新经济政策就是苏联探索自己道路的一个良好开端,列宁的思想能够帮助苏联恢复经济,赢得信任。对于五年计划,他认为这是苏联那些年最重要的报告,"曾经最愚昧、最反动的国家已经走上了社会、经济和政治变革的前线。陈旧的农业体系已经实现现代化和机械化;小型手工工场也已经变大并且自给自足;文盲们经过教育和训练也学会欣赏和享受集体化的成就"。[1] 而对于集体化运动,杜兰迪认为只要农民按照斯大林的要求,就一定能在农村地区建成社会主义。除了五年计划和集体化运动,杜兰迪还称赞斯大林制定了严格的婚姻法律,提高了东正教的地位,实行了工资平等,提高了工厂厂主和工程师的社会地位。

有的研究者认为不应过分追究杜兰迪的个人责任,因为实际上是《纽约时报》"培育"了杜兰迪,美国人对苏联的好奇心理"培育"了杜兰迪。《纽约时报》需要杜兰迪成为一位"斯大林的辩护士"。十月革命后,《纽约时报》并不看好社会主义的发展,对其也只是以片面的报道为主,此举招致部分左派人士的批评,称其"完全不值得信任"。[2] 正是由于这种指控,《纽约时报》一定程度上转变了对苏报道的基调,它开始允许甚至鼓励以往有偏见的记者转型为社会主义的辩护人。对于杜兰迪在苏联的工作,《纽约时报》显然是非常满意的。甚至有人认为,《纽约时报》内部的

---

[1] Walter Duranty, *USSR: The Story of Soviet Russia*, p. 276.
[2] Charles Merz and Walter Lippmann, "A Test of the News", *The New Republic*. XXIII, No. 296, (August 4, 1920), p. 42.

第七章　虚实苏联：美国记者杜兰迪视野中的苏联形象

编辑就直接把杜兰迪看作"斯大林的辩护士"。[①] 当时在苏联，斯大林政权需要一个在西方的"传声筒"；而在西方，虚构和维持一个理想社会的神话又成为对在经济和社会危机中挣扎的人们的精神慰藉，杜兰迪对这些需求十分清楚，因此在苏联和在西方都颇得"宠幸"。

[①] Gay Talese, *The Kingdom and the Power*, New York: Dell Pub. Co., 1981, p.438.

第八章 "回首俄国"：索尔兹伯里眼中"苏联人民的命运"

美国记者索尔兹伯里（Harrison Evans Salisbury），1908年11月14日生于美国明尼苏达州明尼阿波利斯。1930年他毕业于明尼苏达大学，随即进入美国合众社工作，先后任记者、驻伦敦分社经理、驻莫斯科记者以及外事新闻主编。1944年始在《纽约时报》任驻莫斯科记者。1954年回国后担任《纽约时报》国内新闻主编，后升任该报副总编辑，曾获国际普利策新闻奖。

索尔兹伯里是战地记者出身，被誉为"天下第一记者"，进而跻身历史学家和文学家行列，还曾担任美国文学艺术学会主席和全美作家协会主席等职，曾被聘为众多大学客座教授并接受世界上众多大学授予的名誉博士学位。1993年6月5日他因病去世，以《纽约时报》为代表的新闻界以极其隆重的方式纪念他。[①] 纵观其一生，他与苏联、中国都保持了密切的关系。

一 关注红色中国和红色俄国

索尔兹伯里是中国人熟知的美国作家。这是因为他在1985年由美国"麦克劳-希尔"（McGraw-Hill）出版公司出版了长篇纪实性文学作品《长征——前所未闻的故事》（*The Long March: The Untold Story*）。1989年该书中文版由解放军出版社出版。

《西行漫记》（*Red Star Over China*）的作者斯诺早在50年前就说："总

[①] "Harrison E. Salisbury, 84, Author and Reporter, Dies", *The New York Times*, 1993-07-07.

第八章 "回首俄国":索尔兹伯里眼中"苏联人民的命运"

有一天会有人写出这一部惊心动魄的远征的史诗。"①《西行漫记》影响了索尔兹伯里并使他许下宏愿以完成斯诺之愿。索尔兹伯里对中国怀有浓厚的兴趣。1972年以后,他曾多次访问中国。1977年,他在北京见到了邓小平。很显然邓小平富有活力的精神面貌给他留下了深刻的印象,他曾经说,邓小平"强有力的步伐曾使我浑身震动"。②

为了写作《长征——前所未闻的故事》,索尔兹伯里在十多年前就开始酝酿和准备。他收集和研究了大量有关长征的各种不同来源、不同观点的材料。1972年美国总统尼克松(Richard Milhous Nixon)访华,索尔兹伯里向周恩来提出踏访长征路的请求,并于1983年终获得中国政府的批准。1984年,靠心脏起搏器维持生命的76岁高龄的索尔兹伯里专程来到中国。他在自己70岁的妻子夏洛特(Charlotte)的陪伴下,踏访长征路,同行还有中国人民革命军事博物馆馆长秦兴汉将军,外交部译员张援远,美国退役外交官谢伟思(John S. Service)。同样是75岁高龄的谢伟思是美国资深外交官和著名汉学家,1933~1945年在美国驻中国大使馆任职。他曾经在1944年率团访问延安,在延安居住三个月,与毛泽东、周恩来和朱德等中共高层领导人有过密切交往。在一定程度上,是他最先把长征的故事讲给索尔兹伯里的。索尔兹伯里等人从江西的于都河畔出发,沿着中央红军即红一方面军的行军路线乘车行进,途中也涉足了红二方面军与红四方面军的部分地区,穿过七八个省份,历时74天,到达了当年红军长征的终点——陕北的吴起镇。沿着当年红军长征的路线,进行了实地采访。他以红军般的勇敢和坚毅,带着打字机,爬雪山,过草地,穿激流,登险峰,中途战胜病痛折磨,走完了"红军男女战士用毅力、勇气和实力书写一部伟大的人间史诗"的旅程。索尔兹伯里认为此行是踏访长征遗迹中最令人难忘的一页:"不亲自到长征路上看看就不能深刻理解红军,也不能深刻领会长征的意义。"③ 沿途他

---

① 闫洪:《美国人索尔兹伯里:古稀之年重走长征路》,《小康》2016年第11期,第20~22页。
② 闫洪:《美国人索尔兹伯里:古稀之年重走长征路》,《小康》2016年第11期,第20~22页。
③ 闫洪:《美国人索尔兹伯里:古稀之年重走长征路》,《小康》2016年第11期,第20~22页。

考察体验了自然界的复杂地理环境和多变的气象，向老红军、老船工、老牧民们了解历史和现状，以及民俗风情，遍觅革命遗迹，博采逸闻逸事。更为重要的是，他有机会亲自访问了参加过长征的许多领导人和健在的老将军，会见了不少党史军史研究人员，多方探索和考证了长征中的一些问题。《长征——前所未闻的故事》在美国一经出版，立即引起全美的轰动，《时代》周刊等许多报刊大量报道，接着欧洲、亚洲一些主要国家也竞相表示要翻译出版。

索尔兹伯里在晚年非常关注中国的现实与国情。他还在 1973 年出版了《去北京和跨越：关于新亚洲的报告》(*To Peking and Beyond: A Report on the New Asia*, Berkley medallion book, 1973)。在 1983 年出版了《中国革命 100 年》(*China: 100 Years of Revolution*, Holt, Rinehart, and Winston, 1983)。在 1989 年出版了《天安门日记：6 月里的 13 天》(*Tiananmen Diary: Thirteen Days in June*, Harper Collins Publishers Ltd., 1989)。他在去世的前一年还出版了《新领导人：毛泽东和邓小平时代的中国》(*The New Emperors: China in the Era of Mao and Deng*, Boston, Toronto, London, 1992) 等。1993 年，哈里森·索尔兹伯里告别了一生钟爱的新闻工作。按照其生前嘱托，那台伴随他半个世纪，从苏德战场到万里长征的老式打字机留给了儿子；那个随身携带踏访长征路的心脏起搏器送给了中国。同年 5 月，当年陪伴索尔兹伯里走完长征全程并是《长征——闻所未闻的故事》中译者之一的张援远把这件遗物转交中国军事博物馆。

其实，索尔兹伯里早在 40 余年前就以第二次世界大战中最著名的战地记者闻名于世了。因为他在第二次世界大战东线最惨烈的苏德战场工作，他亲身经历了列宁格勒被德国法西斯围困的 900 天。在他漫长的记者和创作生涯中，他的足迹深入苏联卫国战争前线，遍访世界大战的许多战场。他的名著《列宁格勒被围困的九百天》(*The 900 Days: The Siege of Leningrad*, Harper & Row, 1969) 已成为反映第二次世界大战中苏联前线情况的经典作品。

1944~1954 年，他长期担任美国《纽约时报》驻苏记者，还报道了大量的苏联国内新闻。他及时发出的报道和评论是欧美国家了解和认识苏联

第八章 "回首俄国"：索尔兹伯里眼中"苏联人民的命运"

的最便捷的途径。然而苏联的书报审查制度使得索尔兹伯里这样的新闻老手同样无可奈何，以致经常被指责"对共产主义太过宽容"[1]，1955年回国后他撰写的14篇"回首俄国"（Russia Re-Viewed）系列报道有力地回击了此类苛责，在西方世界引起关注，并获得1955年普利策国际报道奖（Pulitzer Prize for international reporting），与此同时，索尔兹伯里由苏联的朋友变成不受苏联欢迎的对象。晚年时期，索尔兹伯里继续研究俄国和苏联问题，1977年，在俄国十月革命60周年之际出版了《黑夜与白雪：1905~1917年俄国革命》（*Black Night, White Snow: Russia's Revolutions 1905-1917*, New York: Doubleday, 1977）

二 "苏联人民的命运"

1954年9月24日哈里森·索尔兹伯里在《纽约时报》上刊登了他的第6篇报道《回首俄国：苏联人民的命运是一场持续性抗争》（"Russia Re-Viewed: Life of Soviet Common Man Is a Constant Struggle"）。此文是其结束在苏联的记者生涯回国后于1954年开始撰写的系列报道"回首俄国"的第6篇，展现了索尔兹伯里对普通苏联人日常生活的关注和思考，进而引人思考整个苏联社会在卫国战争结束后的潜流式变化。

索尔兹伯里特别强调："这篇文章是本系列中难度最高的一篇——因为在这将近六年的苏联之旅中，要结交任何苏联朋友都是不可能的。"在报道中他选取了三位苏联人作为采访对象，[2] 分别是木工伊凡、出版社职员德米特里和护士玛利亚。为了防止被采访者在莫斯科被人认出，许多真实细节被置换和模糊化，但索尔兹伯里认为这样做并不会有损报道的真实性，他写到这三个人的案例时称，"为本篇报道提供了关于苏联当今生活现状所能达到的最好的插图"。

---

[1] John B. Oakes, "Harrison E. Salisbury (14 November 1908 - 5 July 1993)", *Proceedings of the American Philosophical Society*, Vol. 139, No. 2 (Jun., 1995), p. 192.

[2] Harrison Evans Salisbury, "Russia Re-Viewed: Life of Soviet Common Man Is a Constant Struggle", *The New York Times*, 1954-09-24. 按，本节关于三位采访对象的叙述均出自此文献，不再一一注明。

第一个案例的男主角伊凡（Ivan）是一个39岁的木匠，出生于距莫斯科一百公里的农庄，仅上过四年学，在卫国战争中负伤，1945年复员后结婚生下两男一女。接受采访时他就业于莫斯科城郊的一个小木工车间，住在农村贫民窟类似于军营的单层木质建筑中，沥青纸屋顶，热辐射瓷砖炉供热，共有8户人家住在这个建筑内。

伊凡每周工作6天（共计48个小时），月工资600卢布，时薪约3卢布。而他的月租金只需14卢布，每月供暖需8~9卢布，电费2~3卢布。在饮食支出上，他的妻子种植马铃薯、出售鸡蛋和饲养肉猪，基本上无须开销。衣物方面，伊凡本人仅有两套衣服，一是工作套装，另一件是三年前购买于政府委任商店（Government "commission" shop）中的二手蓝色哔叽（blue serge），价值900多卢布，相当于一个半月的收入。他的妻子也只有四件女装，最好的一件500卢布同样是二手的。他们各自拥有一件冬大衣，但如果想再添置则需要耗费伊凡两个月以上的工资。另外一个较大的开支是酒水，伊凡酗酒，而半公升伏特加酒就得耗费他20卢布，相当于他月工资的1/30。

将该部分报道整合成一个简单的表格（表8-1），我们不难发现对于工资只有600卢布的伊凡而言，生活似乎总是在捉襟见肘的窘迫状态和发现"蚊子肉"的满足感中挣扎。房子只够遮风挡雨，食物全靠自给自足，衣服是奢侈品，旅行是题外话，精神生活则几乎一片空白。

表8-1 木匠伊凡的生活简况

生平简历	出身农家、上过四年学、二战重伤、复员结婚、木工车间工作、月收入600卢布					
家庭成员	木匠伊凡（39岁）、妻子、一个女儿（9岁）、两个儿子（7岁、5岁）、小姨子、小舅子					
住	8户人家合住单层木质建筑	房租	供暖	电费	油费	话费	水费
		14卢布	8~9卢布	2~3卢布	—	—	—
衣	伊凡	旧工作套装	二手蓝色哔叽		旧冬大衣各一件	
	妻子	棉质女装2件	毛织女装2件			
行						
精神生活	酗酒、无文字阅读习惯、对新旧事物和民兵组织困惑、对外部世界畏惧					

第八章 "回首俄国"：索尔兹伯里眼中"苏联人民的命运"

索尔兹伯里在对伊凡的生活进行描述的过程中并没有做出任何评价，他只是插入了一个"价格的自动比较"（Prices on Auto Compared）的小标题，向他的读者说明了600卢布的价值——官方4∶1的汇率不过是一种理论，实际上往往高达10∶1。因此600卢布一个月的工资，亦即每小时3卢布，实际上等同于每个小时只赚30美分。这样的对比，已经使得伊凡生活的"抗争"显得相当艰苦，索尔兹伯里却再次指出，考虑到物价的不同，一个最客观的比较方式是用购买某物所需耗费的劳动时间进行直接对比，例如，如果伊凡要买10枚蛋，他需要劳动5~6小时，但一个美国木匠则只需要工作不到15分钟就可以买到一打（12枚）蛋。

他的第二个案例主角德米特里（Dmitri）在接受采访时是一名33岁的出版社职员，他曾在坦克军团服役并遭受重伤。1946年康复后回到战前就读的专业语言学校完成学业，得到德语学位，娶同院法语系女子为妻，现在为莫斯科一家大型外国语言出版社工作。他的底薪是一个月1500卢布，加上各种各样的翻译任务，他平均每个月的薪酬大概有3000卢布。

尽管在不久的将来他们有望在列宁格勒拥有私人公寓，但目前德米特里一家住在莫斯科阿尔巴特街区（Arbat quarter）的一座老建筑里，七房的公寓每间住一户，共用一个厨房，每月房租是20卢布，包括电费以及他们共用的厨房煤气。每个月薪酬的3%必须支付工会会费（trade union dues）、社保扣除（social security deductions）等，薪资的另外5%交作政府储蓄债券金（Government savings bonds），作为回报，他们可以获得夏日旅游胜地的折扣票。餐饮和服装是德米特里及其妻子预算中的重头，一天的食品花销大约是30卢布，出于社交需求，每个月与其他夫妇在饭店里就餐一次。衣服则主要是他妻子在添置，平均每件在700~800卢布。德米特里本人最奢侈的花销是买书，他几乎将餐饮、服装和房租外剩下的工资全部花在买书上，因为他认为这是一项很好的投资。如表8-2所示。

表 8-2　出版社职员德米特里的生活简况

生平简历	坦克军团、专业语言学校获德语学位、娶法语系女子为妻、外国语言出版社工作、每月收入 3000 卢布
家庭成员	出版社职员德米特里（33 岁）、妻子、两个孩子
住	阿尔巴特街区公寓七个房间中之一（20 卢布包月）；列宁格勒私人公寓	3% 用以支付工会会费、社保扣除；5% 政府储蓄债券金（斯大林时期高达 10%）
食	30 卢布每天；每月饭店就餐 100 卢布以上
衣	百货公司衣料＋时尚杂志＋小裁缝店（700~800 卢布/件）
行	夏日旅游胜地折扣票＋旅馆费用（500 卢布/人）；没有私车（一辆莫斯科维奇轿车＝9000 卢布＝3 个月收入）
精神生活	剩下的工资全部花在买书上；德米特里及妻子都曾是共青团员，对时事感兴趣，但不愿入党；两个孩子接受东正教洗礼；阅读公报并紧跟苏共文学辩论前沿，认为苏联在国际事务上正确无误，不明白西方为何敌视苏联；喜欢美国电影

第三个案例主角玛利亚（Maria）女士是一位 60 岁的妇女，1917 年二月革命爆发前刚在彼得格勒结婚，丈夫是一个工程师，两人都为推翻沙皇感到兴奋不已。警察在 1937 年"大清洗"期间的一个晚上逮捕了她的丈夫，他的儿子死于二战，现在只剩下一个女儿。

玛利亚在莫斯科一个大型工厂工作，职业是类似于"专业护士"（trained nurse）、"医生助理"（feldsher）之类的医务工作者。她每个月工资 800 卢布，一周工作 48 小时，工作内容简单轻松。玛利亚的开销很小。她独自住在邻近莫斯科中心的一栋老建筑里，每月房租 16 卢布，公共厨房的费用不超过 5 卢布，电费差不多 12 卢布。她一年到头几乎不在穿着上花钱。当初在彼得格勒做新娘时的一些物件被她存放在一个箱子里，不过她的大多数财产都已经在 1937 年丈夫被抓的那段艰苦岁月里变卖了。如表 8-3 所示。

表 8-3　专业护士玛利亚的生活简况

生平简历	1917 年二月革命前出嫁，工程师丈夫在 1937 年"大清洗"被捕，1944 年丧子，专业护士，每月 800 卢布
家庭成员	玛利亚（60 岁）、女儿
住	房租 16 卢布、公共厨房 5 卢布、电费 12 卢布
衣	几无新衣；出售旧物品（银质汤勺 150 卢布）给女儿买了两双"卡普伦"长袜
行	闭塞
精神生活	没去过剧院，小电视机（1200 卢布一台），不读报纸

第八章 "回首俄国"：索尔兹伯里眼中"苏联人民的命运"

在后两个案例中，索尔兹伯里同样并没有留下任何评价性的语句，甚至在通读全文时读者并不会发现类似"入不敷出"的信息，奇怪的是，"苏联人民的命运是一场持续性抗争"的印象却潜移默化地影响着读者。不过，当将这些信息简化成单个的表格时，问题似乎变得清晰了一些：索尔兹伯里所见证的苏联人民仿佛生活在某种临界线上——不至于威胁生存，却处处受制于生存。如果将三个案例的某项状况横向列出，并同"美国普通人的平均数据"进行对比，问题就几乎一目了然了。

三 走进普通苏联人的生活

索尔兹伯里的这篇报道反复强调以下几个问题。

首先，他多次使用不同的汇率换算方法隐晦地说明美苏双方在认识对方经济状况时存在的谬误，他说："卢布与美元的官方汇率是四比一，但这是建立在无视卢布实际价值的基础上的。这一关于卢布与美元官方汇率的想象被苏联心照不宣地采纳到国际贸易关系中，但这些贸易关系的定价实际上赋予卢布一个低相当多的价值。"实际上，他的目的在于使读者相信他的计算方法是正确的，从而进一步证明苏联人民的实际生活状况并不乐观。

前述内容已清晰展现了这三个被采访者的工作、报酬和消费状况，其中最值得探讨的是住房问题。哈里森·索尔兹伯里承认苏联人的房租负担相对于美国人而言几乎可以忽略不计，他写到木匠伊凡的"月租金只有14卢布，换而言之，一天的费用至多是半个卢布多一点点。对一个美国普通工人而言……他们通常要花费月收入的1/4到1/3在房租上。"在整篇报道中他十分详细地对三个受访人的住房支出进行说明，如表8-4所示。

表8-4 住房状况和房租对比

木匠伊凡	出版社职员德米特里	专业护士玛利亚	普通美国工人
莫斯科郊外8户人家合住的单层木质建筑	阿尔巴特街区公寓七个房间中之一	邻近莫斯科城中心的老建筑	普通美国工人的平均住房水平
每月约25卢布，占总收入600卢布的4.2%	每月约20卢布，占总收入3000卢布的0.67%	每月约33卢布，占总收入800卢布的4.1%	占其平均收入的1/3~1/4

通过表8-4我们知道，木匠伊凡的房租只占其收入的4.2%，专业护士玛利亚的房租占4.1%，而出版社职员德米特里的房租仅占其收入的0.67%，这相比于美国人需要耗费自己收入的1/4乃至于1/3在房租上而言，无疑是令人羡慕的。但实际情况是，美国人的住房标准是"100~150平方米的四房套间对于4个成年人组成的家庭是必需的"①，而在苏联"凡超过9~12平方米定额的居住面积一平方米一卢布，所以相同的居住环境苏联人需要支付50~100卢布"②。哈里森·索尔兹伯里本人的报道中并没有直接提出这一事实，但他详细地描写了三位受访者的房间面积、住房条件和入住人数，使读者自然地产生出这一疑问。

在以客观数据和计算来反映苏联人民生活不易的同时，他还反复强调苏联人民在精神生活上是匮乏、沉闷乃至于无知愚昧的。他提到了木匠伊凡酗酒十分严重甚至影响了家庭经济："如果伊凡不喝酒的话，他和他的家庭本可以生活得很好。他一个月领两次工资，而他在被朋友搀拉回家之前喝上100卢布是很平常的事情。半公升伏特加酒就得耗费他20卢布。他和他的那四五个朋友一旦开始喝酒，在酩酊大醉前总是杯不离手地牛饮豪喝。"而他的妻子对此表示司空见惯。索尔兹伯里还提到，"伊凡无法顺利阅读苏共官方报刊《真理报》，对于苏联共产党宣传员的演讲丝毫听不明白，"和他的朋友喝醉了之后聚集起来攻击角落里的民兵"。

如果说木匠伊凡的情况只是个案，那么对外部世界的无知蒙昧和对战争的恐惧则是这三个人的共同点。关于伊凡，索尔兹伯里写道，"伊凡知道苏联和美国之间关系暧昧并不融洽，他有点担忧战争爆发"，因为他在木工车间的一个朋友告诉他，美国人"是你从未见过的最强大的人……还有那些机器！它们让我们可怜的苏联机器看起来就像是玩具一样！"德米特里无疑是三位受访者中知识水平最高的一位，但他和他的朋友们"很不能理解为什么美国看起来那么仇视苏联。他们询问为何会有人想要去反对苏联。他们的政府在国际事务上是那么的正确无误"。至于玛利亚，"很早

---

① 阿·伊凡诺夫：《美苏人民的生活水准》，《新俄罗斯言论报》（1981年1月3日），顾幸工摘译，毛信仁校，转引自《苏联问题参考资料》1982年第2期，第47页。
② 阿·伊凡诺夫：《美苏人民的生活水准》，《新俄罗斯言论报》（1981年1月3日），顾幸工摘译，毛信仁校，转引自《苏联问题参考资料》1982年第2期，第47页。

第八章 "回首俄国"：索尔兹伯里眼中"苏联人民的命运"

之前她就对公共事务丧失兴趣。唯一偶尔能触动她的事情就是一些暗示可能再次爆发战争的词句和谣言。玛利亚很清楚地知道如果战争爆发自己要做些什么。她会在战争爆发的第一天自杀，就如同她的一些朋友在1941年所做的那样"。

最后，哈里森·索尔兹伯里反复强调的另外一个事实是：苏联人民的生活随着斯大林的去世而得到了改善，并且苏联人民本身对此十分清醒并肯定。例如他写道："伊凡和他的朋友发现自从斯大林去世后生活变得稍微好了一些。"至于德米特里，前文已经提到他薪资的5%是要交作政府储蓄债券金的，而"曾经这笔费用要占其工资的百分之十，但自从斯大林死后政府就将这笔扣除金减半了"。他的妻子也喜欢新政权，"因为新政权使她的生活更加舒适愉快"。对于玛利亚，"新政府和斯大林的去世给了她点鼓励，但她又不敢期待太多。……正如她和她的一些朋友所说的那样，希望来得太迟了。已经没有什么可期待的人了"。

这就是哈里森·索尔兹伯里这位杰出的作家和新闻人试图传达给读者的三个印象：第一，苏联人民的经济生活十分穷困可怜，但整个社会却对此心照不宣、习以为常；第二，在物质匮乏的基础之上，苏联人民的精神生活一片荒芜，且对外界所知甚少；第三，斯大林的去世和新政权的开始对苏联人民而言是一场福音，苏联人民对此十分清醒，但并不敢抱太大的期望。那么哈里森·索尔兹伯里对苏联人民日常生活的上述报道和其反复强调的内容是否真实可信呢？鉴于其报道的核心内容是这三个案例的经济生活，笔者试图通过考察和对比苏联该历史时期的相关数据，分析索尔兹伯里报道的可信度。

四　谁代表苏联人民？

在冷战的背景下，哈里森·索尔兹伯里作为《纽约时报》的知名记者发表这样的对苏报道，不得不使人深思他的立场和出发点。因为即便通篇报道真实无误，仍然存在这样几个问题：被采访者是否真正典型？是否能代表广大苏联人民？在选取报道材料时是否有所侧重？是否存在片面性误导？基于以上问题，笔者对当时的相关经济数据进行了进一步的了解。

根据由 G7 在都柏林设立的苏联经济研究委员会（the Commission for Study of the Soviet Economy）1989 年报告数据，整个苏联经济在 1941～1950 年的增长率是负 0.6%，1951～1960 年恢复到 9.3% 之后又下降到 4.2%[①]。从而，我们可以得出一个基本的前提，在索尔兹伯里访苏期间（1949～1955），苏联经济正值二战重创后的重建期，经济重新得到发展，但并非一帆风顺。

现代国家的经济发展无疑与工业密切相关，因此先从工业方面对这一时期的历史事实着手进行考察。二战前出于战备考虑，"苏联的工业生产率从 1928～1937 年的每年 10%～12% 下降到 1937～1940 年的每年 2%～3%"[②]，之后整个经济又在战争期间遭受严重下滑。尽管战后的第四个五年计划旨在重建工业，并且"许多战前指数都在 1950 年得到了反超"，但需要强调的是这种变化在重工业和轻工业之间存在着较大不同——"第四个五年计划（1946～1950）被以 117% 的额度完成，重工业的完成率是 128%，而轻工业则只有 95%"[③]，也就是说并没有 100% 完成计划。无论如何，二战后的苏联的工业的确得到了很好的恢复，在 1947～1950 年整个工业产值几乎以平均每年 25% 的增长率发展（分别为 26.8%、23.2%、28.7%、25.4%）[④]，但在 1950 年以后增长速度明显变缓，1951 年为 16.6%，1952 年为 12.1%，1953 年为 11.6%，1954 年为 13.7%。[⑤]

工业的发展状况不仅影响整个国家的经济走向，而且对各类产品的价格造成复杂影响。1950～1955 年，"燃料、冶金业、化工制品、机械生产

---

① Michael Alexeev, Shlomo Weber edited, *The Oxford Handbook of The Russian Economy*, New York: Oxford University Press, 2013, p. 40.
② Barbaba G. Katzal, "Purges and Production: Soviet Economic Growth, 1928 – 1940", *The Journal of Economic History*, Vol. 35, No. 3, (Sep. 1975), p. 567.
③ Paul R. Gregory, Robert C. Stuart, *Soviet Economic Structure and Performance*, New York: Happer & Row, 1986, p. 129.
④ Roger A. Clarke, Dubravko J. I. Matko, *Soviet Economic Facts, 1971 – 1978*, New York: St. Martin's Press, 1983, p. 11.
⑤ Roger A. Clarke, Dubravko J. I. Matko, *Soviet Economic Facts, 1971 – 1978*, p. 11.

第八章 "回首俄国"：索尔兹伯里眼中"苏联人民的命运"

部门以及基建材料等部门的相关价格呈现下降趋势，而食品工业则持续上升"。① 轻工业产品的情况不会比食品工业乐观多少。数据表明以1928年为基期，1949年苏联人民的生活成本指数（Cost of Living Index）是294，到1954年虽有所下降，但仍保持在178的高水平。② 零售品价格指数（Retail Price Index）情况基本相同，1949年为268，1954年下降为170。③ 尽管以1928年为基期可能增加了这一数据的夸张程度，但考虑到经济总水平的增幅有限，当时的生活成本确实不低。

下面将对象缩小到住房问题。快速的工业化进程使得大量农村人口涌向城镇，当一战爆发时苏联的城镇人口总数只有2500万，但在1926～1939年有1850万农村人口向城镇移民，④ 其结果就是租房紧缺以至于出现了"公共平房"（communal flats）的概念。二战的到来加剧了这一情况，一方面是被损毁的住房，另一方面是越来越多涌入城镇的人口。"截至18世纪50年代中期，住房问题变得十分严峻，每个城镇居民的平均居住空间只有7平方米。"⑤ 对比前文提到的美国人每家100～150平方米的住房标准，结合三位受访者的住房条件，我们就不难得出和索尔兹伯里一样的结论。

基于以上分析，索尔兹伯里在苏期间（1949～1954），苏联的经济大环境、工业发展状况、物价和生活成本、住房条件等情况与哈里森·索尔兹伯里报道中所反映的情况基本吻合。另外，1962年6月1日发生在新切尔卡斯克的流血事件也可视为这一情况进一步发展的一个佐证。长期以来"车间劳动条件差""厂内缺乏安全技术保障""日常生活处境窘迫"等因

---

① Steven Rosefielde, *Economic Welfare and the Economics of Soviet Socialism: Essays in Honor of Abram Bergson*, New York: Cambridge University Press, 1981, p. 204.
② Roger A. Clarke, Dubravko J. I. Matko, *Soviet Economic Facts, 1971–1978*, p. 216.
③ Roger A. Clarke, Dubravko J. I. Matko, *Soviet Economic Facts, 1971–1978*, p. 216.
④ Novosti Press Agency Publishing House Prepared, *Soviet Economy Today: with Guidelines for the Economic and Social Development of the USSR for 1981–1985 and for the Period Ending in 1990*, London: Aldwych Press, 1981, p. 205.
⑤ Novosti Press Agency Publishing House Prepared, *Soviet Economy Today: with Guidelines for the Economic and Social Development of the USSR for 1981–1985 and for the Period Ending in 1990*, Moscow: Novosti Press Agency Publishing House, 1981, p. 206.

素导致了这场冲突,"工人们在这种物价和工资的同时挤压下,群情激愤"。①

五 索尔兹伯里:记者还是作家?

通过对哈里森·索尔兹伯里"回首俄国"系列第6篇报道《苏联人民的命运是一场持续性抗争》的翻译、解读和核实,在肯定其客观性、真实性的基础上,笔者认为应肯定该报道及该类新闻报道的史料价值。

长期以来,新闻报道在史学研究中一直被作为"对象"而不是"史料"加以研究。例如研究它们的"主题"(thematic analysis)、"热度"(attention analysis)、"社论关系"(editorial - news analysis)② 等,进而分析刊登该报道的目的或该报道刊登后产生的社会影响,而非研究新闻报道本身的内容。造成这种研究倾向的原因,可能主要由于此类材料主观性太强,又极易受政治、舆论等因素的干扰,以至于研究其"反映了作者的何种目的倾向"比研究其"反映了何种内容"来得更为可信而直接。这样的研究方法不仅更加客观科学也极具思辨色彩,是值得肯定和学习的。但与此同时,如果过分忽视和否定新闻报道内容所具有的史料价值,将很可能错失一批及时可信又保存得十分系统完备的珍贵资料。因此,笔者认为应该重新审视此类资料的史学价值。

当然,并非所有的新闻报道都具有史料价值,笔者之所以肯定索尔兹伯里该系列报道的价值,除了通过前文对其第6篇报道的分析和核实而得出的结论外,还基于以下三个原因。

第一,19世纪30年代以来美国新闻界客观性法则的确立。新闻报道的发展往往经历"由自由而堕落而客观"的三个阶段,③ 美国报业也不例外,其早期报道"往往带有明显的主观意识和宣传色彩"④,自然不能直接

---

① 徐元宫:《鲜为人知的苏联工人罢工事件》,《同舟共济》2013年第6期,第70页。
② Martin Kriesberg, "Soviet News in the 'New York Times'" *The Public Opinion Quarterly*, Vol. 10, No. 4 . Winter. , 1946 – 1947, pp. 541 – 543.
③ 彭家发:《新闻客观性原理》,台北,三民书局,1994,第25页。
④ Frank Luther Mott, *American Journalism*, New York:Thoemmes Press, 2000, pp. 79 – 85.

第八章 "回首俄国"：索尔兹伯里眼中"苏联人民的命运"

引用为史料。19 世纪 30 年代《纽约太阳报》（The New York Sun）创办，该报将促进大众阅读作为报纸首要任务，抓住底层民众的兴趣，刊登的主要是自杀、犯罪、审判、失火等社会新闻。并且每份报纸售价极其便宜，仅一便士或一美分，因而大受读者欢迎，被称为"便士报"（Penny paper）。"便士报"在内容上面向社会中下层，以广大平民百姓为主要读者对象，尽量迎合大众口味，突出人情味、离奇性，只要是大众喜爱看的就可以成为报道内容；在立场上，标榜"超党派"，强调独立性；在经营上，实行企业化管理，商业经营，广告是主要的收入来源；在形式上，文字简短通俗，编排活泼。《纽约太阳报》的最大特点在于它的商业性，受众则为平民大众。《纽约太阳报》一扫政党报刊死气沉沉、长篇大论的做派，大量刊登富有人情味的社会新闻、公众关心的本地新闻以及耸人听闻的黑幕。这就为该报吸引了大量的读者。

"便士报"的产生以及之后《纽约时报》将"社论"（editorial）和"新闻"（new）分离改版，十分有效地将"观点纸"变为了"新闻纸"，实现了美国新闻界的"政教分离"原则。作为美国新闻界最高奖项的普利策新闻奖尤其关注新闻报道的客观性，哈里森·索尔兹伯里的系列报道能在 1955 年获得普利策国际报道奖，应当具有基本的客观性。

第二，《纽约时报》的性质。创办于 1851 年的《纽约时报》被称为美国的"记录新闻"（the newspaper of record），作为"便士报"发行，一开始就避免了哗众取宠的业界弊端，以一种节制的、客观的方式进行报道。[①]与它标于报纸左上角的座右铭"报道一切适合报道的新闻"（All the News That's Fit to Print）相符，它还拥有"货品俱全的新闻超市"和"忠诚的历史记录者"等美誉，[②] 与《泰晤士报》一起被称为"报纸中的报纸"[③]。截

[①] 《纽约时报》，"大英百科全书"（"The New York Times", Encyclopedia Britannica, 17 Nov., 2015, http://global.britannica.com/topic/The-New-York-Times）2015 年 11 月 17 日。
[②] 迈克尔·埃默里、埃德温·埃默里、南希·L. 罗伯茨：《美国新闻史——大众传播媒介解释史》，展江译，中国人民大学出版社，2004，第 119 页。
[③] 中美联合编审委员会编《简明大不列颠百科全书》第 2 册，中国大百科全书出版社，1985，第 93 页。

至 2015 年,《纽约时报》在普利策各类奖项中共获奖 991 次,[1] 其中获普利策新闻奖 117 次,远超其他报纸。尽管无法否认《纽约时报》的政治倾向,但其在美国报界的权威地位和一贯的办报理念都要求了所刊登报道的真实性和客观性。

第三,哈里森·索尔兹伯里不仅是第一流的记者,还被认为是一位历史学家、社会评论家、编辑和作家。[2] 作为历史学家,"索尔兹伯里关于 20 世纪俄国和中国的作品以其深度和可读性著称",[3] 在他出版的 29 本著作中有多达 20 本是关于苏联的,其对 20 世纪苏联历史和政治、社会环境的了解绝不能被单纯地当作一个记者看待。而作为一个新闻人,他还具有极高的政治独立性和职业操守。1980 年,他出版了《毫无畏惧和绝不偏袒:〈纽约时报〉及其时代》(*Without Fear or Favor: The New York Times and Its Times*, New York, Times Books, 1980),为此不惜与"成为美国中央情报局长期红人"[4] 的苏兹贝格(Cyrus L. Sulzberger)决裂。因此,笔者有理由相信即便在美苏冷战的大环境下,哈里森·索尔兹伯里的对苏报道仍然有可能是相对客观的。

我们认为在以严谨的史学态度对新闻材料的发表时期、所刊登报纸、执笔者及其所述内容进行合理的考察和核实后,此类材料是可以被作为史料直接使用的,其真实性和客观性并不一定低于传统史料。相较于传统史料,新闻报道内容还具有涉及面更加广泛、更贴近人民日常生活、更加及时具体等优势,应该加以重视。

---

[1] "普利策:普利策奖"(Pulitzer: The Pulitzer Prizers)参见 http://www.pulitzer.org/faceted_search/results/new-the-times-york。

[2] John B. Oakes, "Harrison E. Salisbury (14 November 1908 – 5 July 1993)," *Proceedings of the American Philosophical Society*, Vol. 139, No. 2 (Jun., 1995), p. 192.

[3] Michael S. Sweeney, "Book Review: The Reporter Who Knew Too Much: Harrison Salisbury and the New York Times, by Donald E. Davis and Eugene P. Trani," *Journalism and Mass Communication Quarterly*, Vol. 90, No. 4 (Dec., 2013), p. 813.

[4] Matthew Jones, "Journalism, Intelligence and the New York Times: Cyrus L. Sulzberger, Harrison E. Salisbury and the CIA", *History*, Vol. 100, No. 340, (Apr., 2015), p. 229.

第九章　正义之剑：苏联空军援华及其与国统区的互识

苏联航空志愿队（советские летчики－добровольцы）[①]援华是抗战初期中苏关系中的一个重要历史事件，更是一段鲜为人知的秘密。它是1929年7月中苏断交之后，两国首次大规模的友好行为；是双方面临共同的敌人和维护国家安宁和世界和平的责任，而捐弃前嫌，联合抗击日本法西斯势力，创造的一段超越意识形态、语言文化隔阂的历史佳话；是历史视野下中苏关系的特殊年代和中国特殊政治区域——国民党统治区社会各界认识苏联的特殊时段，更是苏联方面重塑"苏联形象"和认识特殊年代的"中国形象"的双向过程。

一　揭开尘封往事

抗战初期苏联航空志愿队自1937年10月21日第一批苏联飞行员及战机抵达兰州，到1941年10月24日苏联政府宣布终止援华，计5万名苏联军事人员（其中空军人员3665名）来华参战。关于苏联飞行员在华人数有多种说法：赵士国在《抗日战争时期苏联对华政策解读》（《世界历史》2007年第1期）中认为有2000多人；李嘉谷在《合作与冲突：1931~1945年的中苏关系》（广西师范大学出版社，1996）中认为有5000多人；北京航空联谊会、世界华侨华人社团联合总会编印的《中苏美空军抗日空战纪实》（北京，2005）给出的数字为3665人；台湾"空军司令部情报

[①] 也译为"苏联空军志愿队"、"苏联援华飞行队"、"苏联志愿援华抗日空军联队"、"苏联援华空军志愿队"、"苏联义勇敢死队"和"正义之剑"等。

署"编印的《空军抗日战史》第 9 册（台北，1983）提供的数字为3000余人。笔者认为，较为准确的数字来自当代俄罗斯学者的研究著作。①

苏联派员援华实为1923年《孙文越飞联合宣言》签订并建立国民党与俄共（布）［РКП（6）］的党际关系，以及1929年中苏国家关系断交之后，两国首次大规模的友好外交行为。

这一事件发生于中苏关系的特殊年代，其中牵涉复杂的国家关系、政权关系、党际关系以及难以避免的意识形态因素，并且由于当事各方的刻意回避和文献缺位，这一问题的研究始终未得充分展开。

中国大陆学者代表作有李嘉谷的《抗日战争时期苏联对华贷款与军火物资援助》（《近代史研究》1988年第5期）；李嘉谷的《合作与冲突：1931~1945年的中苏关系》。台湾学界对苏联航空志愿队的研究甚少，能够检索到的仅有王正华的《抗战时期外国对华军事援助》（台北，寰球书局，1987）、台湾"空军司令部情报署"编印的《空军抗日战史》第 9 册。其中涉及苏联航空志愿队仅有寥寥数十页内容，但关于美国飞虎队的内容却极为详尽。俄罗斯（苏联）学者的研究也多包含在抗战时期中苏关系的通史性著作中。②

---

① 参见丘多杰耶夫主编《在中国上空（1937~1940年）：苏联志愿飞行员回忆录》（Чудодеев Ю. В. В небе Китая 1937－1940 Воспоминания советских летчиков－добровольцев. М., Наука. 1980），莫斯科，科学出版社，1980；加列诺维奇《俄罗斯与中国：六个条约》（Галенович Ю. М. Россия－Китай: шесть договоров М., Муравей. 2003），莫斯科，蚂蚁出版社，2003。

② 参见博罗金《抗日战争时期苏联给中国人民的援助（1937~1941）》（Бородин Б. А. Помощь СССР китайскому народу в антияпонской войне 1937－1941 М., Мысль. 1965），莫斯科，思想出版社，1965；阿格科夫、波贝列夫和马纳耶夫《苏联给予中国人民解放斗争的军事援助》（Агенков К. П. Бобылев П. Н. Манаенков Т. С. Военная помощь СССР в освободительной борьбе китайского народа. М., Воениздат. 1975），莫斯科，军事出版社，1975；杜宾斯基《中日战争时期的中苏关系（1937~1945）》（Дубинский А. М. Советско-китайские отношения в период японо-китайской войны, 1937－1945 М., мысль. 1980），莫斯科，思想出版社，1980。相关论文有列多夫斯基《1937~1945年的苏联与中国：苏联外交官札记》，莫斯科《近现代史》（Ледовский А. М. СССР и Китай в 1937－1945 гг. Записки советского дипломата. //Новая и новейшая история）1990年第5期；丘多杰耶夫《1937~1942年苏联军事顾问在中国》，莫斯科《远东问题研究》［Чудодеев Ю. В. Советские военные советники в Китае（1937－1942）//Проблемы Дальнего Востока］1988年第2期。俄罗斯学界较新的研究成果有：卡杰林基科夫和杰明《苏联轰

第九章　正义之剑：苏联空军援华及其与国统区的互识

在国内外已有的相关研究中出现了两种突出的现象：第一，无论是中国（包括台湾）学界，还是俄罗斯（包括苏联时期）学界，大部分研究成果乃关注抗战时期中苏关系的走向以及对苏联援华政策的动机和性质的评价，直接涉及苏联航空志愿队的研究相对较少。

关于苏联援华的动机和性质，一直是国内外学界研究和评论的热点，各方已多有论述，亦非本章重点，不做论述。撮其要者，可划分为三类。其一，苏联援华是正义事业和国际主义原则的体现，苏联学者较多持此观点。① 其二，苏联对华政策及其援助首要动机是维护其国家安全和国家利益，其次才是履行国际主义和反法西斯的国际义务，当代中国学者和西方学者较多持此观点。② 其三，认为抗战时期的苏联对华政策是矛盾的，国际主义、民族利己主义、大国沙文主义兼而有之。③ 台湾地区学者王正华的《抗战时期外国对华军事援助》对苏联援华多有批评之辞。张文撰写的《来自莫斯科的一张友谊相片》（台北《中国的空军》总610期，1997年7月）中几乎开篇就强调，"谈到抗战时的俄国志愿队飞行员，很多空军先进对他们没有好感"。

第二，在中俄（苏）已有的涉及苏联航空志愿队的成果中又较多地关注苏联援华空军物资和苏联飞行员的军事行动，对苏联飞行员在华的日常生活以及个人的精神体验关注甚少。事实上，苏联航空志愿队在华战斗、工作和生活四年整，一直身处中国政治、经济和文化的核心区域——国民党统治区（简称"国统区"）。这一特殊群体与国统区的中国社会发生了非常年代的特殊接触与民间互识，并且对中国社会已有的"苏联形象"产生

　　炸机在中国（1937～1946年）》，莫斯科《航空和空间》［Котельников В. Демин А. Советские бомбардировщики в Китае（1937-1946 гг.）//Авиация и космонавтика］，1999年第2期。

① 参见博罗金《抗日战争时期苏联给中国人民的援助（1937～1941）》（Бородин Б. А. Помощь СССР китайскому народу в антияпонской войне. М., 1965）；列多夫斯基《中国命运中的苏联和斯大林——1937～1952年事件参加者的文献和证明》（Ледовский А. М. СССР и Сталин в судьбах Китая Документы и свидетельства участника событий 1937-1952. М., Памятники ист. мысли 1999），莫斯科，历史思想纪念碑出版社，1999。

② 李嘉谷：《合作与冲突：1931～1945年的中苏关系》。德国学者迪特·海茵茨希也持此观点，参见其著《中苏走向联盟的艰难历程》，新华出版社，2001。

③ 赵士国：《抗日战争时期苏联对华政策解读》，《世界历史》2007年第1期。

了重要的影响。本章将依据中俄（苏）解密档案和两国亲历者回忆文献探讨这一问题，相信该问题的拓展对于丰富抗战时期中苏关系史研究具有一定的学术意义。

值得一提的是，对于上述问题的研究，文献资料的匮乏是一大制约因素。由于抗战时期中苏两国政府在外交上的考虑和保密方面的约定，在当时的两国报刊中几乎没有关于苏联航空志愿队的报道，随后在中国和苏联都发生了政治变故，尚未解密的档案文献亦有较多散佚。在部分见证人回忆录中出现相关内容描述，如时任国民政府航空委员会总顾问陈纳德（Claire Lee Chennault）著《飞虎将军陈纳德回忆录》，时任国民政府军事委员会第三厅厅长郭沫若著《洪波曲》等，但其篇幅极为有限。该事件的重要当事人——苏联航空志愿队员在回国后严守秘密，未对此事件做公开讲述和著述，并且大部分人在20世纪六七十年代以后相继离世。原苏联航空志愿队总政治委员雷托夫（А. Г. Рытов）和苏空军上校波雷宁（Ф. А. Полынин）分别于1968年和1972年由莫斯科军事出版社（Воениздат）出版自传《第五大洋骑士》（Рыцари пятого океана）和《战斗航线》（Боевые маршруты）。1977年莫斯科科学（Наука）出版社出版了由苏联科学院远东研究所研究员丘多杰耶夫（Ю. В. Чудодеев）主编的《在中国土地上：苏联志愿者回忆录》（На китайской земле. Воспоминания советских добровольцев 1924 - 1945）。其中，苏联志愿者包括了从20世纪20年代的赴中国担任国民革命军总顾问的布留赫尔（加伦）[В. К. Блюхер（Галин）]到抗战期间担任国民政府军事顾问的崔可夫（В. И. Чуйков），也包括几位苏联航空志愿队员。1980年莫斯科科学出版社出版了由丘多杰耶夫主编的《在中国上空（1937~1940年）：苏联志愿飞行员回忆录》（В небе Китая 1937 - 1940. Воспоминания советских летчиков-добровольцев），该书第一次完整地展现了苏联航空志愿队在中国的战斗与生活，也是苏联政府第一次大规模解密抗战时期苏联援华所涉文献。因此该文集可谓弥足珍贵，是研究抗战时期中苏关系的重要文献，也是研究苏联航空志愿队援华事件的第一文献来源。该文集收录了原苏联航空志愿队员波雷宁《履行国际主义义务》（Выполняя интернациональный долг）、萨宾（П. Т. Собин）《阿拉木图—兰州空中之桥》（Воздушный мост Алма-Ата—Ланьчжоу）、雷托夫《在战火中的中国》（В сражающемся Китае）、马钦（М. Г. Мачин）《中国航线》（Китайские маршруты）、库德莫夫（Д. А. Кудымов）《丢失王冠的"空中之王"》（《Короли неба》 теряют короны）、杜申（А. З. Душин）《援助中国人民》（На помощь китайскому народу）、克兹洛夫（Н. Г. Козлов）《在中国上空》（В небе Китая）、多宾什（Ф. И. Добыш）《东方航线》（Курс на Восток）、普希金（А. И. Пушкин）《从莫斯科到汉口》（Москва-Ханькоу）、谢里瓦诺夫（И. П. Селиванов）《深藏心中的记忆》（Память сердца）、斯留萨列夫（С. В. Слюсалев）《中国空战》（В воздушных боях над Китаем）、柯察金（А. К. Корчагин）《外贝加尔人在战火中的中国》（Забайкальцы в борющемся Китае）、杰姆梁斯基（В. Д. Землянский）《为了你，宋！》（За тебя, Сун!）、科基纳金（К. К. Кокинаки）《剑与盾》（Щитимеч）和费托罗夫（С. Я. Федоров）《永志不忘的历史篇章》（Не забытые страницы истории）。

二 "中国上空的俄国鹰"

1937年七七事变后，日本发动对华北和华东的全面进攻。中国空中力量告急。中国空军能够投入战斗的飞机仅为91架，尽管在航空委员会档案记录上有500架，[①] 尽管有高志航率领空军第四大队在1937年8月14日创下击落日机13架，分队长乐以琴单人单机击落日机4架的辉煌战绩，但中日在空军方面的差距是巨大的。到1937年10月，中国空军可用作战飞机只剩12架，时任中国航空委员会总顾问陈纳德感叹："中国空军似乎也走到尽头了。"[②] 而日本用于侵华的陆军航空队飞机约300架，海军航空队飞机550架。[③] 中国的制空权实际上全部落入日军手中。

中国急需来自国外的空军援助和军事支持，英、法、美等同盟国在绥靖政策的背景下，或者为本国危机所困，或者与日本有所勾连，均借口"严守

[①] 陈纳德：《飞虎将军陈纳德回忆录》，王湄、黄宜思等译，浙江文艺出版社，1998，第59页。

[②] 陈纳德：《飞虎将军陈纳德回忆录》，第87页。

[③] 《中苏美空军抗日空战纪实》，第53页。

中立"而拒绝了国民政府的军援请求,并且停止向中国出售军用物资。

1929年中东铁路事件后,中苏国家关系中断。九一八事变后,两国关系发生转机。苏联的农业集体化和工业化尚未完成,通过发展经济贸易巩固国防的计划刚刚起步。在国家安全和战略防御上,西线的德国成为苏联最大的威胁,而东线的苏日关系总体处于平和状态。苏联政府极不愿意与日本发生正面冲突乃至战争,这样将使苏联处于东西两线作战的困境。因此,苏联政府希望通过暗中援华抵消日本势力"西进"并延迟对日战争。苏联国防人民委员铁木辛哥(С. К. Тимошенко)在1940年的一次谈话中清楚地表达了苏联援华的意图:"……如果发生两线作战,就会因为交通线过长而产生很大的困难……鉴于德国进攻的威胁,日本是一个主要的问题。"① 崔可夫在1940年12月派赴中国担任驻华总武官和驻中国总军事顾问前,斯大林明确地指示他:"您的任务、我们在华所有的人的任务就是牢牢地束缚日本侵略者的手脚。只有在日本侵略者的手脚被束缚住的时候,我们才能避免两线作战。"② 丘多杰耶夫也认为:"当时苏联在远东致力于和平,同时求助国际联盟采取有效措施制止侵略行为。中苏统一战线能够保障阻止日本在这一地区的侵略。"③

1931年11月,首任驻华大使、后任苏联副外交人民委员的加拉罕(Л. М. Карахан)拜会在莫斯科参加中东铁路事件善后会议的中国代表莫德惠,指出由于"满洲的冲突",恢复两国之间的关系很有必要。④ 1932年6月26日,颜惠庆在日内瓦国际裁军会议代表中国政府向苏联外交人民委员李维诺夫提出恢复中苏外交关系和签署互不侵犯条约的建议。1932年12月12日,中苏两国恢复正常外交关系。1933年初,鲍戈莫洛夫(Д. В. Богомолов)被任命为驻华大使赴任南京。他在同年10月24日发回莫斯科的报告中提到中国社会正在讨论苏联与日本的未来冲突和发生战争

---

① Чуйков В. И. *Мисся в Китае*. М., Воениздат. 1983. с. 48.
② Чуйков В. И. *Мисся в Китае*. с. 53.
③ Чудодеев Ю. В. *В небе Китая 1937–1940. Воспоминания советских летчиков-добровольцев*. М., Наука. 1986. с. 7, 8.
④ Дубинский А. М. *Советско-китайские отношения в период японо-китайской войны, 1937–1945*. М., Мысль. 1980. с. 35.

的可能性，并寄希望于苏联。① 1934 年秋，苏联副外交人民委员斯托莫尼亚科夫（Б. С. Стомоняков）向秘密访苏的中国特使蒋廷黻表示："今天我们要确定与中国的政治关系，包括确定与在中国有着领导作用的蒋介石的关系。当然，我们绝不是从回忆和个人情感出发，而是从我们的国家利益和真诚地希望巩固两国关系的愿望出发。我们对待蒋介石就像对友好国家的领袖一样，我们尊敬他就像尊敬友好国家的领袖一样。任何的个别事情和任何的偏见都不能左右我们的这种立场。"② 1935 年 10 月 19 日、12 月 19 日和 1936 年 1 月 22 日，蒋介石三次召见鲍戈莫洛夫，讨论中苏签约和接受苏联对华援助问题。1937 年 7 月 29 日鲍戈莫洛夫通知中国，苏联决定向中国出售飞机、坦克，并提供 5000 万美元的低息贷款。③ 蒋介石立即电告在英国参加英王加冕典礼的孔祥熙，要求他指派空军第一军区司令沈德燮前往苏联购机。电文级别为"急"。④ 1937 年 8 月 21 日，苏联政府与中国国民政府签订了《中苏互不侵犯条约》（Советско-китайский договор о ненападении），为苏联援华提供了法律的依据。尽管签约时斯大林和蒋介石均不在场，但这份文件在中苏关系史上仍被称为"斯大林蒋介石第一协定"（первый пакт Сталина - Чан Кайши）。⑤ 1939 年 6 月，中苏政府代表在莫斯科签订《中苏通商条约》（Советско-китайский торговый договор）。苏联政府于 1938 年 3 月、7 月和 1939 年 6 月三次向中国提供低息贷款 2.5 亿美元，年息 3 厘，用来购买抗战急需的飞机、大炮、坦克

---

① Виноградов А. В. *Русско-китайские отношения в ХХ в.* М., Пермь. 2010. Т. 3. с. 231.
② Запись беседы заместителя народного комиссара иностранных дел СССР с неофициальным п редставителем Чан Кайши профессором Цзян Тин - фу от 16 октября 1934 года//Деев Г. К. Доля Ф. П. Крутиков К. А. Попов В. И., и др., *Документы внешней политики СССР (01 января 1934 - 31 декабря 1934.* М., Политизда. 1971. Т. 17. с. 642.
③ 孙科：《中苏关系》，中华书局，1946，第 15～16 页。
④ 《蒋委员长致赴英庆贺英皇加冕典礼特使孔祥熙请派空军第一军区司令官沈德燮前往苏俄购机电（1937 年 8 月 8 日）》，秦孝仪主编《中华民国重要史料初编——对日抗战时期》第 2 编第 3 册，台北，"中央文物供应社"，1981，第 64 页。
⑤ Кузнецов В. В. Советско-китайские отношения перед началом Великой Отечественной войны (1937 - 1941 гг.)//Вторая мировая война：Предыстория，события，уроки международная научная конференция，посвящённая 70 - летию Великой Победы над немецким фашизмом и японским милитаризмом. Чита. Забайкальскийго сударственный университет. 2015. с. 65.

等军事装备。

苏联援华贷款实际使用数额及中国购买武器数额亦是学术界关注的问题。国内学界最早从事抗战期间中苏关系和苏联援华研究的李嘉谷先生利用俄文文献并比照中国国家第二历史档案馆文献，给出可信的统计数字：1937 年 9 月至 1941 年 6 月，国民政府实际动用苏联信用借款 1.73176 亿美元（而中苏签订 3 个信用借款条款，可贷款额度总计 2.5 亿美元）。国民政府分 9 批购买苏联武器装备，总计：飞机 904 架（中型和重型轰炸机 318 架，驱逐机 542 架，教练机 44 架），坦克 82 辆，牵引车 602 辆，汽车 1516 辆，大炮 1140 门，轻重机关枪 9720 挺，步枪 5 万支，子弹约 1.8 亿发，炸弹 31600 枚，炮弹约 200 万发，以及其他军火物资。①

同时期苏联给予中共的援助则微不足道。时任共产国际执行委员会总书记季米特洛夫（Г. М. Димитров）日记中有相关记载，1938 年 2 月 17 日，"援助中国共产党——50 万美元"；10 月 19 日，收到中共驻新疆代表邓发的电报，言已训练好 24 名飞行员和 17 名技师，并请拨给 3 架飞机；1939 年 2 月 14 日，"（林彪说）需要：1. 钱，2. 武器，3. 干部"；1940 年 2 月 25 日：斯大林同意援助中共 30 万美元；1941 年 7 月 2 日，中共要求提供经费 200 万美元；7 月 3 日，前提 200 万美元经费中的 100 万美元已获批准；7 月 18 日，中共要求弹药援助。②

苏联政府下令组成由副航空国防人民委员、空军司令罗科基昂诺夫（А. Д. Локтионов）中将和空军副司令斯穆什克维奇（Я. В. Смушкевич）少将指挥的苏联航空志愿队来华直接参加对日作战。

从 1937 年 10 月到 1941 年底，苏联以轮换方式先后分批派出以总军事顾问德拉特文（М. И. Дратвин）、卡恰诺夫（К. М. Качанов）、切列帕诺夫（А. И. Черепанов）、崔可夫为首的各兵种军事顾问 89 人。其中空军顾问有日加列夫（П. Ф. Жигарев）少将、特霍尔（Г. И. Тхор）少将、阿尼西莫夫（К. А. Анисимов）上校、雷恰戈夫（П. В. Рычагов）上校等，共

---

① 李嘉谷：《评苏联著作中有关苏联援华抗日军火物资的统计》，《抗日战争研究》1994 年第 2 期。
② 华谱编译《季米特洛夫日记中有关中国革命重大事件的记述》，《中共党史研究》2001 年第 5 期，第 75~79 页。

第九章　正义之剑：苏联空军援华及其与国统区的互识

派遣了1091名飞行员，此外还有2000余名机械师、工程师等各类航空辅助人员，连同空、地、勤、政工人员，共计3665人。①

苏联航空志愿队员主要来自外贝加尔军区（забайкальской военный округ）和太平洋舰队所属航空部队，也有少量来自哈萨克、巴库和乌克兰地区，入选人员集中到莫斯科的茹科夫斯基空军学院（военно-воздушная академия им., Н. Е. Жуковского）集训，然后以平民身份集体从莫斯科乘火车到阿拉木图，其中一些飞行员是刚刚从西班牙载誉归来，在那里他们也是作为航空志愿队员参加了反对佛朗哥（Francisco Franco）叛乱的"国际纵队"（Brigada International）。所有人员临行前必须保证不向家人和朋友吐露来华行踪。实际上大多数人是到了阿拉木图后，才知道自己将被派往中国。来华后其真实军人身份对外界严格保密，外出以化名方式旅行，而化名多与"鸟"相关，如索洛金（Сорокин）、拉斯多奇金（Ласточкин）和奥尔洛夫（Орлов）。② 作战飞机也经拆解后运到阿拉木图，在那里重新装配。再由飞行员驾驶从阿拉木图出发，经过伊宁、石河、迪化（今乌鲁木齐）、古城（今奇台）、哈密、安西、肃州（今酒泉）、凉州（今武威），最终抵达兰州机场。

1937年10月21日，苏联航空志愿队的第一批10架ДБ-3③重型轰炸机和447名飞行员及技术人员经阿拉木图—伊宁抵达兰州。值得一提的是，抗战时期中国境内最早出现苏联航空志愿队的地区是在盛世才控制的新疆。1933年12月，盛世才在迪化（今乌鲁木齐）与苏联签署秘密协定，苏联援助新疆价值300万卢布的武器物资，其中包括30架飞机，并派出飞行员和技术人员。兰州是苏联航空志愿队在中国的第一个基地，来自各地的苏联飞行员和技术人员在此集结，自阿拉木图飞来的各型战机在此调试，然后转飞南京、汉口、南昌、成都等机场。所有飞机均除去苏联标识，重新涂上中国空军军徽，④ 就连方向舵上也涂上了蓝白相间的斑马条

---

① Галенович Ю. М. *Россия - Китай: шесть договоров*. М., Муравей. 2003. с. 78.；《中苏美空军抗日空战纪实》，第81页。
② 在俄语中分别与"喜鹊""燕子""鹰"发音接近。
③ 民国档案和台湾文献中记为DB-3型轰炸机。
④ 即中国国民党党徽，为国民党军空军机徽。

209

纹，一般情况下是蓝白各 6 条。① 苏联航空志愿队员库德莫夫回忆："在兰州，我们的'雄鹰'被粉刷一新，画上中国标记。穿好衣服，我们穿上了中国的飞行连裤装，胸口印着红绸边带字的白色标牌。"② 白色的标牌即是中国政府为解决文化和语言的不便，为苏联航空志愿队员配发的特殊标记，上以中文写明"来华助战洋人，军民一体救护"，苏联飞行员称其为"保命证书"（охранная грамота）。

执行作战任务的苏联飞行员被编入中国空军部队，但实际上由空军司令部的苏联军事顾问通过中国军官下达命令。国民政府航空委员会为苏联航空志愿队配备了通晓俄语的中国军官和协同训练的中国飞行员。库德莫夫回忆："接下来我们要转飞上海，中国飞行员董、罗和李为引航小组，其中董可以多少讲一点俄语，他是东北当地人，童年时与从达斡尔（Давария）来的俄国猎人有过交往。董每天向我们学习一个俄文单词，其他两人则不愿意这样做。后来，我与中国飞行员成为朋友，他们都是勇敢的飞行员，董告诉我，罗和李是有钱家庭的后代，因此不愿意与平民交流，而董好像是乡村医生的儿子，或者是神职人员的儿子。但罗和李都是优秀的飞行员。"③ 此外，苏联在兰州、伊宁、绥宁和成都等地创办了空军训练基地和航空学校，由苏联飞行员担任教官，对中国飞行员进行技术训练。苏联飞行员在中国每天的作战活动、损失和设备维修以日报形式报往莫斯科。

1937 年 12 月 1 日，苏联航空志愿队抵达南京，立即升空参加了当天的南京空中保卫战，一举击落日机 6 架。④ 此为苏联航空志愿队赴中国的第一场空战，立即赢得了南京各界民众的欢迎。波雷宁回忆："当日机被我们打下来时，中国人热烈欢呼。城市市民一下子知道是苏联飞行员在空中作

---

① Котельнкиков В. В. Демин С. А. Советские бомбардировщики в Китае (1937 – 1946 гг.) //Авиация и космонавтика, No. 2. 1999.

② Чудодеев Ю. В. *В небе Китая 1937 – 1940. Воспоминания советских летчиков- добровольцев.* с. 134.

③ Чудодеев Ю. В. *В небе Китая 1937 – 1940. Воспоминания советских летчиков- добровольцев.* с. 134 – 135.

④ Чудодеев Ю. В. *В небе Китая 1937 – 1940. Воспоминания советских летчиков- добровольцев.* с. 31.

第九章　正义之剑：苏联空军援华及其与国统区的互识

战。当我们出现在街道上时，人群就包围了我们，欢乐的人们大声感谢我们。"①

1938年2月23日是苏联红军建军20周年纪念日，苏联航空志愿队由波雷宁上校率12架СБ-2②轰炸机对台北日军陆军航空兵基地实施空中打击。在这场袭击战中，苏联飞行员共投弹280枚，炸毁日机40余架、兵营10座、机库3座，以及3年的油料储备，击沉击伤船只多艘并毙伤大量日军，松山机场完全处于瘫痪状态。第二天在武汉发行的英文报纸报道了中国空军在外国飞行员的指挥下对台湾的日本陆军航空兵基地成功实施大轰炸。很多读者猜测是美国飞行员文森特·施米特（Vincent Schmidt）率领的第十四轰炸机中队。因为在苏联航空志愿队来华前，中国空军曾从美国、英国等国招募12名志愿人员来华服役，以施米特为首编为国民政府空军第十四轰炸机中队。但真相大白后，文森特·施米特只好不辞而别，航空委员会宣布解散第十四轰炸机中队。苏联航空志愿队英勇精神和辉煌战绩让国民政府放弃了继续招募其他外国志愿飞行员的打算。

在庆祝苏联航空志愿队空袭台北日军陆军航空兵基地的庆功宴上，苏联飞行员得到了最高的礼遇，国民政府航空委员会秘书长宋美龄亲自提议为苏联飞行员干杯。担任苏联航空志愿队总政治委员的雷托夫回忆："我们的飞行员、技师和技工感受到了中国人的热情，每个人可以自豪地说：今天我们大获全胜。人们开始唱歌，有人吹起了口琴。有人跳起了舞，把地板踏得咚咚响。中国人打着舌头叫着'卡拉少（Карашо）！卡拉少（Карашо）！'"③ 俄文"好"（Харашо）的准确发音是"哈拉少"，卡拉少（Карашо）是不准确的发音读法。最后推出巨型蛋糕，上边用俄文写着"向苏联工农红军和航空志愿队致敬"（В честь РККА. Летчикам - добровольцам）。

苏联航空志愿队在华作战4年期间，共派出1091名飞行员和1250架

---

① Чудодеев Ю. В. *В небе Китая 1937–1940. Воспоминания советских летчиков-добровольцев.* с. 31.
② 民国档案和台湾文献中写为SB型轰炸机。
③ Чудодеев Ю. В. *В небе Китая 1937–1940. Воспоминания советских летчиков-добровольцев.* с. 86.

211

飞机，参加了南京、武汉、南昌、成都、重庆、兰州等地的25次重大战役。4年总计击落日机275架，炸毁日机264架，炸沉日军各类船舰70余艘。① 郭沫若因此强调："……更有苏联的飞机和义勇队在帮助我们守卫上空，并配合着前线作战。苏联曾以SB轰炸机和E-15和E-16战斗机源源向我补充，详细的数目可惜我不知道。苏联义勇敢死队号称'正义之剑'，在空战中有不少的人受了伤，更有不少的人牺牲了。"②

到1940年6月，屡经恶战的苏联航空志愿队损失惨重，只剩下一个驱逐机大队，随即停止直接参加作战行动。1941年6月最后一架УТИ-4驱逐机移交中国。随着《苏日中立条约》（*Пакт о нейтралитете между СССР и Японией*）于1941年4月13日签订，同年10月13日苏联将中国的唐努乌梁海"划为"其"自治区"，中苏之间的信任与合作关系变冷。1941年6月22日苏德战争爆发，苏联政府于同年10月24日宣布终止对华空军军事援助，年底苏联援华人员基本撤尽。同年12月12日，斯大林致电蒋介石，强调苏联正忙于苏德战争，正式拒绝苏联对日宣战的要求。③ 早在1941年8月1日，蒋介石就下令成立由美军退役上尉陈纳德担任大队长的美国航空志愿队（American Volunteer Group），至此，苏联航空志愿队撤离留下的真空由这支"飞虎队"（Flying Tigers）填补。

三　中苏形象互识

苏联航空志愿队在华四年，实际是1929年中苏国家断交之后，"苏联形象"首次以民间非官方形式、长时间并且近距离、多层面和多受众的方式在国统区的展示，同时亦是来自两个不同的历史、文化传统以及政治制度和意识形态主导国家的个体和群体的相互认识过程。

在苏联航空志愿队员眼中，中国是一个经济落后、土地贫瘠、政治腐败、外交软弱和贫富严重分化的国家，这自然激起他们对中国社会的

---

① 统计数字参见《空军抗日战史》第9册。
② 郭沫若：《洪波曲》，人民文学出版社，1979，第173～174页。
③ Дубинский А. М. *Советско-китайские отношения в период японо-китайской войны, 1937–1945*, с. 213.

第九章　正义之剑：苏联空军援华及其与国统区的互识

批判意识以及对下层民众的同情。苏联航空志愿队员在日常生活中亲身感受到中国社会，形成了他们视野中粗浅的"中国形象"。

在第一批队员驾驶飞机降落在哈密旋而转飞兰州、南京和汉口机场之后，他们看到"大城市由于轰炸遭受特别大的灾难，燃烧弹引起了无数场火灾，成千上万的人在火灾中死去。日本飞机骄横跋扈，我看到的是士气低落的中国居民和军人"。[①] 他们看到："在城内长江的左岸是富人居住区，在城边上住的则是最贫困的人。在街道上根本无法行走，因为一下子在我们周围冒出一群穷人的孩子，向我们乞讨，嘴上说着：'没有爸爸，没有妈妈，没有饭吃！'我们试图求助警察，但警察却置之不理。"[②]

苏联航空志愿队员来自主张公民平等和人民主权的社会主义国家，他们对于国统区的贫富分化和政治腐败予以了批判，并对中国下层民众表达了真诚的情感，提供了帮助。

雷托夫在九江的街市上看到一个中国军官飞扬跋扈地坐在人力车上，在其他城市里他再次看到了这一场景，他明白这是中国的现实。他认为："在中国任何城市都有人力车和衣衫褴褛或半裸着的人力车夫，他们为微薄的车资可以送你到任何地方去。还能做什么？没有其他的工作，必需活着，家里有饥饿的家人。他们只能从早到晚在街上奔跑。他们中间很少有人拥有自己的人力车，因为购买人力车要付出一大笔钱，他们的贫困生活根本无钱购车，只能用一半的工资向车主租车。所有的人力车夫都很瘦，眼睛凹陷，手脚肿胀，慢跑一会儿便休息一分钟，然后再次加速奔跑，全身汗水淋漓，而烈日炎炎无处避暑，但车座上的有钱人却在愤怒咆哮。"因此当人力车夫将苏联飞行员视为有钱的洋人，多次请求他们乘车时，雷恰戈夫不得不同意"使用他的服务"，给了人力车夫 10 美元，但并没有坐车，而是让人力车夫拉着他的帽子跑，于是"人力车夫大概是一生中第一次开怀大笑了，因为这些俄罗斯怪人只付钱不坐车，或者是我们自己按照

---

① Чудодеев Ю. В. *В небе Китая 1937－1940. Воспоминания советских летчиков-добровольцев.* с. 29.

② Чудодеев Ю. В. *В небе Китая 1937－1940. Воспоминания советских летчиков-добровольцев.* с. 232.

顺序轮流当车夫和乘客。"①

中国军队和军队生活是苏联飞行员认识中国的一个重要场所。波雷宁发现："在那时的中国军队中存在着严格的纪律。士兵不被当人看。他们来自农民，只是在军队中'做工的黄牛'，实际上没有任何权利。军官来自社会的有钱人阶层，他们严厉地对待下属。对于他们来说，殴打士兵直至流血，士兵饿死，或冻死，或热死都不算什么。有一次我们看到军官毒打未来的飞行员，仅仅是因为放起落架声音太大。士兵像死人一样站在那里，并不躲避军官的拳头。而当惩罚结束后，士兵还要'为教训'向军官鞠躬致谢。"② 陈纳德在回忆录中也提到当时中国空军飞行员和中国航空学校学员大多是"精心选自上层社会的"。③

为此苏联航空志愿队员更加亲近下层民众，波雷宁回忆："所有这些事情使得我们更加尊重普通人，而他们也对我们付出了敬意。有人送来一篮子苹果，我们的灵魂被感动：'拿着！吃吧！好吃。'我们努力拒绝了礼物，但感觉得罪了这些民众。"④ 回忆录原文为"拿着！吃吧！好吃"（На, кушай. Карошо кушай），是中俄文夹杂的句子。

波雷宁将中国社会的根本问题归结为上层社会的为富不仁和政治腐败。"中国的悲剧在于：国家的政治和军事权力掌握在那些把个人利益凌驾于民族利益之上的人的手中。在军队里盛行着贿赂、贪污、腐败、官僚主义和不加掩饰的作弊。"⑤ 他们的批判还包括国民政府和国民党最高层，包括身为航空委员会主席的蒋介石和航空委员会秘书长的宋美龄。

专司政治思想工作的雷托夫对蒋介石和宋美龄的评价很低。他认为："在中国，很多人对我们谈起蒋介石，因此给了我一个关于他非常不好的

---

① Чудодеев Ю. В. *В небе Китая 1937–1940. Воспоминания советских летчиков-добровольцев*. с. 99–100.

② Чудодеев Ю. В. *В небе Китая 1937–1940. Воспоминания советских летчиков-добровольцев*. с. 27.

③ 陈纳德：《飞虎将军陈纳德回忆录》，第55页。

④ Чудодеев Ю. В. *В небе Китая 1937–1940. Воспоминания советских летчиков-добровольцев*. с. 22.

⑤ Чудодеев Ю. В. *В небе Китая 1937–1940. Воспоминания советских летчиков-добровольцев*. с. 30.

第九章 正义之剑：苏联空军援华及其与国统区的互识

形象，人们说他是个冒险家和腐败、言不由衷的人。……他身材单薄、驼背、含胸，向沿途的中国人挥着手，微笑的脸上露出一排大黄牙。一到中国，我们就受到蒋介石妻子宋美龄的接见。她询问我们的健康状况，询问我们怎么到中国的。对于我们打算做什么，怎么考虑与日军飞机作战，她并不感兴趣。但仔细地询问了接待我们的中国将军的优点和缺点：哪些人可以信任，哪些人不可信。让人感觉，在中国军队的最高层存在着一些阴谋诡计，这是蒋介石的妻子最感兴趣的。"① 苏联飞行员康斯坦丁诺夫写道，"宋美龄掌管着国家的、军事的和商业的事务，以及航空委员会的秘密，担任各种慈善组织的领袖，等等"，"在蒋介石假意微笑和他的极具魅力的妻子背后隐藏着我们自己经历过的背信弃义"。② 值得思考的是，身为国民政府座上宾，蒋、宋个人朋友的美国空军退役上尉陈纳德也对当时中国上层社会的醉生梦死和政治腐败提出了批评："整个上海沉浸在昏昏沉沉的安全假象之中，而南京的混乱政局已经到了白热化的程度，从北方的城市到南方的广州，如同一根紧绷绷的神经。"③

在国统区社会各阶层眼中，苏联航空志愿队的英雄事迹展现了苏联政府在中华民族危难之际率先伸出援手的友邦形象，苏联红军是威武之师和正义之师。

苏联航空志愿队严明的纪律与自律精神最为国统区各界称道。原因在于苏联飞行员是秘密援华并不宜声张，同时随队的政治思想工作人员发挥了重要作用。为隐藏身份和便于作战，苏联飞行员经常住在机场附近，生活条件相对艰苦，也没有娱乐和文化活动，但他们努力克服这些困难，经常用自制的足球和简单的乐器充实业余生活。"在成都，我们没有收到过苏联报纸，只有很少的信件。我们迫切想要知道自己的祖国发生的事情。"④ 曾拒绝苏联政府高薪邀请但一直与苏联军方高层保持联系的陈纳德

---

① Чудодеев Ю. В. *В небе Китая 1937–1940. Воспоминания советских летчиков-добровольцев.* с. 90.

② Чудодеев Ю. В. *В небе Китая 1937–1940. Воспоминания советских летчиков-добровольцев.* с. 352.

③ 陈纳德：《飞虎将军陈纳德回忆录》，第 52 页。

④ Чудодеев Ю. В. *В небе Китая 1937–1940. Воспоминания советских летчиков-добровольцев.* с. 372.

对于苏联飞行员的个人品德和组织纪律大加赞赏:"一旦上岗,苏联人遵守着铁一般的纪律,与美国兵站岗时吊儿郎当或在警卫室打扑克的习惯形成鲜明的对照。……苏联飞行员是吃苦耐劳、英勇果敢、极具旺盛斗志的战士,他们能经得起连续24小时警备防务或极为艰苦的空战,但也能通宵达旦彻夜狂欢。我至今从未见过哪个民族可以与之相比。他们当中大多数比美国飞行员年龄大,而且更成熟,对战事似乎永不疲倦。"并且因为苏联飞行员作战勇敢,于是在"一般情况下,日本人总是避开他们认为有苏联飞机部署的机场"。①

苏联最早从事苏联航空志愿队问题研究的学者、《在中国上空(1937~1940年):苏联志愿飞行员回忆录》主编丘多杰耶夫认为:"苏联飞行员到了中国后,危险常常伴随着他们,他们必须用坚强的意志和勇敢来对付它。要经过中国西北的沙漠和崎岖的山区道路,简陋的中转机场根本不适于降落重型轰炸机,彼此之间不能进行联络,完全不了解当地的天气状况等信息。而我们的飞机携带弹药和人员,稍有不慎就可能导致灭顶之灾。""我们的飞行员在中国还有更大的困难等待他们,他们到了一个完全不熟悉和具有挑战性的环境中战斗。"②

在1938年4月29日的武汉空战中,苏联飞行员古边科(А. А. Губенко)在炮弹打光后,撞向日机使日机坠毁,自己驾机平安降落。他开创了抗日战争中中国战场上的"第一撞"。古边科荣获中华民国金质奖章,后被苏联政府授予"苏联英雄"称号。时任国民政府军事委员会第三厅厅长、著名作家郭沫若目睹了武汉上空这场激烈的空战,他用诗一般的语言描写了这一场景:"晴朗的太空中泛着团团的白云,高射炮更射出朵朵绒花。高射炮的轰鸣、飞机的拍音、炸弹的爆炸、机关枪的边响,构成一个四部合奏。双方的银翅在日光下穿梭翻腾,或上或下,或反或侧地搏斗。据术语说,那是在演着'狗斗战'(Dog-fighting),怕应该称为'鹰斗战'(Eagle-fighting)吧。忽然有的放出红光,泄着黑烟,划空而坠,有的又在空

---

① 陈纳德:《飞虎将军陈纳德回忆录》,第91、92页。
② Чудодеев Ю. В. В небе Китая 1937–1940. Воспоминания советских летчиков- добровольцев. с. 8–9.

第九章　正义之剑：苏联空军援华及其与国统区的互识

中爆炸了。真是有声有色，鬼哭神嚎的画面呀。那样足足有30分钟光景，宇宙复归于沉寂了。那是最热烈的一场大空战，辉煌的战果，击落了敌机21架，我方损失5架。'正义之剑'不仅斩杀了空中的鹰，而且还斩杀了水上的鲛。据统计，在长江里面炸沉了敌舰92艘，炸毁了16艘。这些毫无疑问，也就是延缓了武汉陷落的重要原因。可惜得很，我自己没有参预过这一方面的工作，不能知其详。我希望参预过的朋友们能够把详细的情形报导出来，让全中国的人民认清这些'正义之剑'，更拿来和今天的美帝国主义的态度比较一比较"。①

每当苏联飞行员胜利归来之际，隆重的庆祝典礼、丰盛的晚宴、全市大游行等成为固定的仪式。上至国民政府高层，下至普通市民都真诚地祝贺苏联航空志愿队的胜利。苏联飞行员杜申回忆："大部分居民看到了苏联志愿者不惜生命，与日本飞机英勇作战。日本人曾试图破坏当地居民与我们的关系。从飞机上撒发的传单中说苏联派到中国的都是最差的飞机和未经训练的飞行员。在这场战斗中，苏联飞行员再次驳斥日本的谎言。第二天一大早，在我们去机场之前，南昌居民就带着橘子等水果作为礼物来到我们住的宾馆……为纪念我们的胜利举办了一场盛大的晚宴，邀请了所有的苏联飞行员和中国代表参加。"② 苏联飞行员马钦回忆："在南昌，我们感觉到中国人普遍的友好态度，几个在兰州跟我们学习的中国飞行员在这里和我们住在一起，与我们混合机组和执行作战任务。我们每次胜利归来，中国农民和街上商人都会送来成堆的橘子、苹果和香蕉，送来煮好的鸡蛋，这都成了一个固定的规则了。于是在飞机周围开始了热情和友好的谈话，显然普通中国人对于苏联和苏联人民都非常感兴趣。"③

苏联飞行员牺牲人数（227人）接近苏联援华人员总数的10%。每当有苏联飞行员英勇牺牲，举国上下为之悲痛祭奠，亦成为固定的仪式。

---

① 郭沫若：《洪波曲》，第174~175页。雷托夫在《在战火中的中国》里引用了《洪波曲》俄文版这段话。参见 Го Можо. *Песнь о бушующей волне. Воспоминания об антияпонской войне.* М., Восточная литература. 1962. с. 145–146。

② Чудодеев Ю. В. *В небе Китая 1937–1940. Воспоминания советских летчиков-добровольцев.* с. 158.

③ Чудодеев Ю. В. *В небе Китая 1937–1940. Воспоминания советских летчиков-добровольцев.* с. 128.

在中国牺牲的苏联飞行员中，以轰炸机大队长库里申科（Г. А. Кулишенко）军阶最高，事迹也最为著名。1939 年，库里申科受苏联政府派遣，率两个"达沙式"轰炸机大队来中国援助抗日。库里申科以朴素、坚实、谦逊、热情和对工作忘我的态度，赢得了当时中国飞行员的尊敬和高度赞誉。他不知疲倦地向中国飞行员详细讲解飞机性能、特点，并把先进的操作技术无私地传授给中国飞行员。

库里申科在 1939 年 10 月 14 日率队飞赴汉口，轰炸日军军事基地，机群飞临武汉上空时遭受日军机群的拦截。激战中座机受损，返航时座机失控。为了飞机免遭破坏，库里申科用高超的技术操纵飞机，平稳迫降重庆万县附近的长江里，机上的轰炸员和射击员跳水游到岸上。由于长期操劳过度，经过几小时激烈战斗的库里申科再也无力跳出机舱，无情的江水吞没了他年轻的生命。万县老百姓全体出动，打捞出他的遗体并且予以厚葬。国民政府军事委员会、万县政府和苏联军事顾问团的代表参加了追悼大会。由于苏联援华人员都是极端保密的，库里申科家人只知道他在卫国战争中牺牲，但并不知晓他长眠于中国。1958 年，库里申科的女儿尼娜（Нина Григорьевна Кулишенко）在莫斯科机床制造学院学习，中国留学生朱育理告诉她，在中国有一位家喻户晓的、支援中国抗战牺牲的苏联飞行员也姓库里申科时，库里申科的妻子和女儿才在他牺牲 16 年后知道他的归宿。[①] 2009 年 9 月 14 日，库里申科被中国政府授予"100 位为新中国成立做出突出贡献的外国英雄人物"称号。

苏联飞行员斯留萨耶夫详细地记载了安葬牺牲的苏联飞行员的场面，"当我们到达广场上时，已经聚集了庞大的人群，人们不断涌来，包括很多神职人士，有佛教徒、天主教徒和伊斯兰教徒。飞行员遗体放在白色的床上，身上盖上了白布，旁边是一口高大的橡木棺材。市长在讲话中热情地感谢苏联政府和苏联志愿者，感谢他们为了中国人民的幸福而献出生命。在演讲结束时，市长呼吁所有居民感谢苏联飞行员。然后，他开始喊传统口号，每一次人群都予以呼应：'万岁！'（вань суй！）意为活一万年"。[②]

[①] 曹慧民、丁小炜：《长江上空的鹰》，《解放军报》2015 年 8 月 12 日。
[②] Чудодеев Ю. В. В небе Китая 1937 – 1940. Воспоминания советских летчиков - добровольцев. с. 287.

第九章　正义之剑：苏联空军援华及其与国统区的互识

四　国统区的苏联人

苏联航空志愿队以他们英勇作战和不怕牺牲的精神感动了国民政府高层和中国百姓，一个重要的参照物即是同时期在中国的来自欧美其他国家的志愿飞行员的所作所为。苏联航空志愿队与此前中国空军中从美英等国招募的12名志愿者组成的第十四轰炸机中队以及后来组建的美国飞虎队形成了鲜明对比。

1937年12月，刚到南京机场的苏联飞行员通过中国军官张上校向美国飞行员转达提议：共同协作打一次空战。张上校回来报告说："美国人问：'他们给多少钱？'"雷托夫回答："要多少钱，俄国人就给多少钱！"但美国飞行员回答："为了好好活着，我们不愿意打仗，还是让苏联人干吧！"① 有一次，一个美国飞行员问波雷宁："你真打算打仗？"波雷宁回答："怎么？那为什么来的？我是来帮助中国人抗日的。"美国飞行员笑着说："有必要冒险或求死吗？"波雷宁反问："为什么是'死'？"美国飞行员说："中国早就败了，中国人不会打仗！"波雷宁说："我不同意你的说法，中国人最终要把日本从自己的土地上赶走。"美国飞行员说："呃！这是做梦！"苏联航空志愿队员普罗科菲夫表示："他们住在城里，从城里到机场又慢又迟，总是中午到达。如果空袭警报响起，他们不是跑向自己的飞机，而是赶快乘车回到城市中的国际区，躲在挂着各国旗帜的大使馆的屋檐下。真是个安静的好地方！"波雷宁说："中国人不喜欢这些外国飞行员。不难理解，这些花花公子一点都不想打仗。"②

苏联航空志愿队一方面经常居住在偏远城郊，另一方面有政治工作的有效约束，因此在个人品德和修养方面表现优秀。相比之下，后来的美国飞虎队则是另一种形象，其队员嫖娼、酗酒以及私生活不检点则是公开的秘密。美国《时代》周刊记者白修德（Theodore Harold White）在1942年

---

① Чудодеев Ю. В. *В небе Китая 1937–1940. Воспоминания советских летчиков-добровольцев.* с. 83.
② 本段叙述参见 Чудодеев Ю. В. *В небе Китая 1937–1940. Воспоминания советских летчиков-добровольцев.* с. 30、224.

219

采访陈纳德时,陈纳德承认:"我那个妓院,使我操心,大兵们总要有女人,弄不到干净的,不干净的也可以。"中国战区参谋长、中缅印战区美军总司令史迪威(Joseph Stilwell)少将在给美国国务卿马歇尔(George Catlett Marshall)的一封绝密函件中也说:"今日我们一架运输机将13名妇女弄到了昆明……我已命令督察去那里,立即进行调查。"①

苏联航空志愿队完全是义务赴华参战,其工资和津贴待其回国后由苏联政府发放。② 美国飞虎队在华期间,则由中国政府支付其高额工资。飞虎队普通飞行员每月600美元,小队长每月650美元,中队长每月750美元,地勤技术人员每月350~400美元,每人每年1个月的带薪休假,报销旅费、住宿费以及每月30美元的伙食费,每击落一架日机有500美元奖金,③ 而1942年美国陆军航空队飞行员月薪最多347美元。④ 美国飞虎队大队长陈纳德月薪为1000美元。⑤ 陈纳德承认:"每年毫无例外,我实际得到的报酬比我开的价要多。"⑥

对比之下,苏联航空志愿队的高大形象自然形成。苏联飞行员费多罗夫表示:"我们知道,在中国有来自其他国家(美国、德国、英国、法国)的志愿者。他们也在成都,但是究竟他们在做什么,我们不知道。我和我的同志们不记得他们有飞行任务,尽管给他们的'服务'支付很多钱。他们住在豪宅里,每个人都有仆人,尽情享受长时期休假和许多其他特权。而我们是一个团结的集体,为了既定的目标,那就是帮助中国人打仗。我们从第一天开始就准备履行战斗使命。"⑦

苏联航空志愿队不仅来自一个语言、文化、习俗和制度与中国迥异的

---

① 本段引文参见刘立军《秘密援华的苏联航空志愿队》,《文史精华》2010年第12期。
② 陈纳德:《飞虎将军陈纳德回忆录》,第92页。陈开科认为苏联航空志愿队员与美国飞虎队一样从中国政府获得高额的薪水和补贴。参见陈开科《档案里的真相:苏联空军志愿队的几个问题》,《俄罗斯东欧中亚研究》2018年第3期。
③ 《中苏美空军抗日空战纪实》,第151页。
④ Bowman Martin, *USAAF Handbook 1939-1945*, Mechanicsburg, Stackpole Books, 1997.
⑤ 《中苏美空军抗日空战纪实》,第151页。
⑥ 陈纳德:《飞虎将军陈纳德回忆录》,第78页。
⑦ Чудодеев Ю. В. *В небе Китая 1937-1940. Воспоминания советских летчиков-добровольцев*. с. 374.

第九章 正义之剑：苏联空军援华及其与国统区的互识

国度，而且在他们身上体现了另外一种政治信念和政治理想，而后者恰恰是让国民党政权担忧，让普通百姓感觉新奇，让进步人士为之鼓舞之处，这即是"苏联形象"客观的和特殊的体现。

苏联飞行员柯察金在回忆录中用很大篇幅谈及中国百姓对苏联政治和社会生活的理解。他谈到了为他飞机服务的中国机械师，"有一次机械师靠近我，几乎是附在我耳边哼起了'国际歌'的旋律。然后他问：'好不好？'我不能在国民党中宣传无产阶级的国歌，我们是被严格限制的。因此，我没有回答机械师的提问，但实际上，他明白一切。他告诉我：'列宁，斯大林——好！蒋介石——坏！'我明白了，这意味着，对苏联和中共地区来说，国际歌——好，对于蒋介石的中国来说，国际歌——坏。机械师读中文报纸时，上面有蒋介石的肖像。我问：'这是蒋介石先生？'机械师回答：'是的，蒋介石先生。'我问：'好？不好？'机械师回答：'有钱人说蒋介石先生好。没钱人说蒋介石先生坏。'这意味着，当他的长官在场时，蒋介石好，当长官不在时，蒋介石坏"。[①] 还有一次，机械师非常高兴地向他展示英文杂志上关于苏联五年计划的报道。"差不多我们所有的中国助手都以钦佩和喜悦的态度谈起莫斯科，并且不隐藏想在抗日胜利后访问苏联的愿望。"还有一次，柯察金与战友身着便装乘车出行，在街上遇到了示威游行的群众队伍，"有工厂工人、码头工人、铁路工人、黄包车夫，一些官员和其他群体的代表也参加了。尽管政府发布了禁令，但是人们还是走上街头。我们惊喜地看到许多示威者举着列宁的画像"。他们的汽车被游行人群挡住，并且很快被人们认出他们的真实身份。"在知道我们是帮助中国抗日的飞行员后，他们以打手势、微笑向我们致意。其中一个女学生走近我们，她平静地说了一个单词：同志（Товарищи！）。只是一个单词！没有明显的颤音 P，没有爆破音。没有任何外部因素，这个单词立即被游行的人们注意到了，他们高呼：同——志！同——志！同——志！（Това‐рищи！Това‐рищи！Това‐рищи！）这个单词被人们重复上百上千遍，这种情况持续了约两个小时。我们的车上撒满了鲜花

[①] Чудодеев Ю. В. *В небе Китая 1937–1940. Воспоминания советских летчиков-добровольцев.* с. 323–324.

和传单。'同志！同志！同志！'的叫声来自四面八方。我们开始时感到困惑，谁曾想到，在这里，在蒋介石的中国，我们能遇到这种友善的对待？我们知道，人们亲近我们是表达对苏联的敬意。我们应如何对热爱苏联的人们做出回应呢？我们站在车上，尽力微笑着，比游行者低调些，反复用低沉的声音回应：'同志！同志！同志！'我们被堵了很长时间，但是我们没有感到失望。在这几个小时里，我们真正为苏联人民和国家而感到自豪。"[1]

苏联航空志愿队在日常生活和军事行动中与中国各阶层人士都有不同程度的交往，一方面加深了他们对中国社会真实情况的了解，另一方面在客观上使中国社会各界人士通过他们的言行举止感悟他们所代表的"苏联形象"。

五 再造苏联形象

1917年十月革命后，苏俄政权为世界革命考虑，发表了两次对华宣言，引起了中国人和进步政党的积极回应，在中国社会树立了完全不同于"帝俄形象"的"苏联（俄）形象"。在1924年北京大学所做的民意测验中，59%的受访者认为苏俄是中国之友。[2] 孙中山和国民党更是突破政治理想和意识形态的差异，与苏联共产党[3]建立了密切的党际关系以及政治、外交和军事上的密切合作。1924年10月，陈启修在《晨报·社会周刊》上发表了《帝国主义有白色和赤色之别吗？》，引发了全国各界人士参与的"联俄"还是"仇俄"的争论，最终还是"联俄"的声音占据了主导地位。蒋介石在十月革命八周年纪念日（1925年11月7日）的讲演中仍然强调："我们实行总理遗嘱，不是在形式的，要真正的实行遗嘱，要真正的革命成功，一定要照俄国革命的方法去做，才是总理真正的信徒。"[4] 因

---

[1] Чудодеев Ю. В. *В небе Китая 1937 – 1940. Воспоминания советских летчиков - добровольцев*. с. 323 – 325.

[2] 朱务善：《本校二十五周年纪念日之"民意测验"》，《北京大学日刊》1924年3月4~7日。

[3] 时称全联盟共产党（布尔什维克），简称"联共（布）"[ВКП（Б）]。

[4] 蒋中正：《总理实行中俄联合的意义和世界革命统一指挥的必要》，章进编《联俄与仇俄问题讨论集》，台北文海出版社，1982，第268页。

第九章 正义之剑：苏联空军援华及其与国统区的互识

此，在孙中山生前及去世后一段时间内，中国社会中总体的"苏联形象"是积极的和正面的。

随着1926年3月20日"中山舰事件"爆发、蒋介石与汪精卫等国民党右派于1927年分别在上海和武汉发动"清党"和"分共"运动，国民党与中共和苏共关系逐渐破裂。1929年"中东铁路事件"中苏联趁机占领中国领土黑瞎子岛，中苏两国彻底断绝外交关系。随后苏联出于其自私的国家利益考虑，在1932年9月23日宣布承认日本扶植的傀儡"满洲国"，从而极大影响两国关系正常化进程。中国社会的"苏联形象"也发生了从辉煌到晦暗的急剧转变，尤其在国统区里的"苏联形象"已由正面转向负面。正如鲁迅所言："我记得曾有一个时候，我们很少能够从本国的刊物上，知道一点苏联的情形。虽是文艺罢，有些可敬的作家和学者们，也如千金小姐的遇到柏油一样，不但决不沾手，离得还远呢，却已经皱起了鼻子。"[①]

苏联航空志愿队正是在这一历史背景下来到中国并且在国统区工作、战斗和生活四年，以英勇的牺牲精神、严格的组织纪律与和善的待人态度影响了国统区社会的各个阶层。他们虽然不能根本改变国统区长期固化的"苏联形象"，亦无法完成在此期间重新塑造"苏联形象"的重任，但对中国社会尤其是国统区认识苏联同样产生重要的影响。实际上，苏联航空志愿队的最大贡献是在一定程度上改变了国民党政权宣传并已经弥漫于中国社会中的妖魔化了的"苏联形象"，也促使国民党政权重新认识苏联实力以及与苏联关系的重要性。

国民党和国民政府方面给予苏联航空志愿队以极高的和真诚的评价。在庆祝苏联航空志愿队轰炸台北松山日本陆军航空兵基地凯旋的宴会上，担任航空委员会秘书长的宋美龄盛装出席，她提议为苏联飞行员干杯并发表讲话："你们用这次空袭表明，俄国人不是在口头上，而是在实际上帮助中国人，在危难中援助了中国。"[②] 国民党实力派、时任第五战区和第四战区司令长官白崇禧在晚年回忆录中谈道："抗战初期，中苏订有友好条

---

① 《鲁迅全集》第6卷，人民文学出版社，1973，第481页。
② 《中苏美空军抗日空战纪实》，第106页。

约，苏俄曾派驱逐机 E5、E6，轰炸机 SB、DB 及 500 以上空军战斗员来华与我并肩作战，并派有军事顾问若干人，至中央与各战区服务。"① 另一国民党实力派、时任国民政府军事委员会副委员长冯玉祥曾经真诚地对苏联朋友说："当使用美国汽油的日本飞机向平静的中国城市扔着美国钢铁制成的炸弹的时候，从苏联派来了带着武器和弹药的飞行员和志愿者，帮助我们抵御外国侵略者。在我眼里，苏联飞行员在中国医院里因伤病牺牲，而美国人卖给日本人钢铁和汽油，再给中国送来药品。现在，我们自己应该想想，谁是中国人民的真诚朋友。"② 无独有偶，另一个特殊的见证人和评论人陈纳德在回忆录中做出与冯玉祥当年极其相似的评价："日本攻占上海后不久，中国发出呼吁，请求列强援助，只有苏联做出反应。当苏联的国家利益与中国休戚相关时，苏联人毫不犹豫地放弃了政治偏见，将所有的援助都提供了蒋介石的中央政府。……在一段时间内，苏联为中国提供援助，而美国却向日本出售大量废铁和高品位辛烷航空汽油——这一切最终都投在弹痕累累的中国城镇和乡村。"③

郭沫若在抗战时期的特殊身份，使其对国民政府和军事高层决策有较深了解，他对苏联航空志愿队的认识也更有价值。他认为："苏联朋友是不喜欢自我宣传的，他们决不像美国那样，把'援助'、'救济'等字样刻在自己的额头上。苏联义勇队，生活纪律特别严，他们是在飞机的银翼下过着天幕生活的。无论星期日或节日，都决不到市面上招摇。像后来的美国兵那样旁若无人地四处胡闹，坐着吉普乱撞，乱拉女人，那更是无法联想的了。因此一般的人很少知道有过这么一回事：抗战前期苏联朋友曾经帮了我们许多的大忙，而且为了保卫大武汉，更有不少的义勇队为我们把性命牺牲了。当时苏联未同日本宣战，故援助的情形不愿公开，反动派是讳莫如深的，更乐得有所借口了。反动派从来不曾把苏联援助的情形发表过。平时把苏联顾问团和义勇队，当成间谍一样监视着，一些照拂顾问团和义勇队的人们，大抵都是非是'统'字号的朋友。他们有时还在小圈子

---

① 《白崇禧回忆录》，解放军出版社，1987，第 298~299 页。
② Капица М. С. *Советско - китайские отношения*. М.，Государственая политика. 1958. c. 285 - 286.
③ 陈纳德：《飞虎将军陈纳德回忆录》，第 89~90 页。

第九章 正义之剑：苏联空军援华及其与国统区的互识

里面放些谰言对苏联污蔑。他们昧着良心这样说：苏联送来的飞机，并不是好飞机，派来的人员也并不是好人员，苏联把我们中国当作战地演习。但大家总还记得吧，在二次大战中，保卫斯大林格勒的大将崔可夫将军，扭转了欧洲战场的胜负，那是全世界知名的人物了。他在回国之前是在中国充任总顾问的，我们能说这是苏联派来的不好的人员吗？"[1]

抗战时期的中苏关系不同于国民革命时期（1923~1927年）的党际关系和军事援助。史料记载，1923年，苏联援助孙中山领导的国民党200万墨西哥银元（时值100万美元），1924~1927年援助国民党1600万卢布，[2]此为苏共与国民党两党间的关系。但是苏联航空志愿队此次援华及其与中国方面的主要关系形态是国家间关系而非党际关系。其原因除共产党与国民党在道统与法统方面皆殊途迥异之外，还包括影响愈来愈大的美国因素从中作梗，更缘于中共政治影响和军事实力足以对国民党政权造成威胁，以及蒋介石等国民党政权对共产主义的"红色恐怖"的畏惧心理。其中更是包括苏联时常为本国利益考虑，屡屡向日本妥协，甚至趁机图谋中国领土，而导致国民党政权以及中国社会各阶层的强烈反应和产生戒心因素的影响。苏联航空志愿队来自共产党执政的苏联，在他们到了政治制度与意识形态与苏联迥异的国统区后，彼此间政治上的矛盾以及相互戒备是无法回避的重要问题，相较而言，国民党政权方面表现尤甚。

为提高苏联飞行员的战斗士气，尤其是确保他们坚定的政治信念，不为国统区的"非无产阶级思想"所影响，苏联派出了随队的政治工作人员，但他们真实身份严格保密，公开身份为"总领航员"。雷托夫作为苏联航空志愿队的总政治委员，临行前对在国统区以秘密身份开展政治思想工作极度担忧，"晚上返回宾馆，我长久地思考摆在我们面前的任务。我们与中国政府应如何相处？我作为政治工作者，在这种复杂的环境中怎样发挥作用？"为了不引起国民党方面的注意，雷托夫经常以召开同乡会的方式过党团员的

---

[1] 郭沫若：《洪波曲》，第173~174页。
[2] Андрей Почтарев, Тайваньская карта Сталина: Советские летчики рассматривали китайский остров через бомбовые прицелы//Независимая газета. 2005-09-23.

组织生活,"它经常被伪装成纯事务的会议,因为我们要注意随时跟随我们的中国翻译。有时候,在会议刚刚开始而中国翻译闯进来后,我们的党代表就必须讲一些冠冕堂皇的话,给人感觉真的在开事务会议。"①

国民党方面亦视苏联航空志愿队为政治异类,格外关注苏联航空志愿队的政治活动及社会影响,甚至长期派员监视。苏联航空志愿队员谢里瓦诺夫回忆录中提到的中国翻译张先生毕业于列宁格勒的大学,精通俄语并且喜爱托尔斯泰和屠格涅夫的著作,日常与苏联飞行员关系极其融洽。但是他也经常提问:"你们中间有共产党员吗?"或者"你总是开会谈什么?"苏联飞行员们回忆道:"通常我们不得不回答我们中间没有党员,都是工会会员,我们开会讨论如何飞行和战斗,如何更好地帮助中国人民。"② 苏联学者丘多杰耶夫评价:"苏联航空志愿队的英雄主义和奉献精神赢得了中国老百姓的爱戴和尊敬。但是统治集团却担心苏联国家威信的增长和中国劳动大众对苏联同情的加剧。因此他们竭力催扰苏联航空志愿队履行国际主义使命,为了这个目的,他们造谣中伤,人为地为苏联飞行员的日常生活和军事活动设置障碍,经常监视他们。苏联代表不止一次不得不公开就以上问题向中国政府提出要求。"③

苏联航空志愿队援华因其发生于特殊年代和特殊环境之中而被有意或无意淡化,但是其友谊之真诚和正义之光辉是永远不能被中俄(苏)人民遗忘的。苏联航空志愿队以其英勇牺牲和卓越战功塑造的"苏联形象"也不会因两国关系变化而被淡忘,也不会因中苏政局变动和国际风云变幻而湮灭于历史尘埃之中。正如苏联老兵、苏联航空志愿队员费多托夫在回忆录中表述的:"我,苏联公民,我有幸为履行苏联的国际主义义务,于1939~1940年参加了中国人民抗击日本军国主义的斗争。"④ 正如1952年

---

① Чудодеев Ю. В. *В небе Китая* 1937 – 1940. Воспоминания советских летчиков‐добровольцев. с. 73、231.

② Чудодеев Ю. В. *В небе Китая* 1937 – 1940. Воспоминания советских летчиков‐добровольцев. с. 244.

③ Чудодеев Ю. В. *В небе Китая* 1937 – 1940. Воспоминания советских летчиков‐добровольцев. с. 10.

④ Чудодеев Ю. В. *В небе Китая* 1937 – 1940. Воспоминания советских летчиков‐добровольцев. с. 367.

出版的《人民中国》(Народный Китай) 所言："中国人民永远不会忘记英雄的苏联航空志愿队在最艰苦的抗日战争年代来到中国，为打击日本侵略者和中国解放献出了自己的生命。"① 正如中国国家主席习近平于 2013 年 3 月 23 日在莫斯科国际关系学院发表题为《顺应时代前进潮流，促进世界和平发展》演讲中盛赞在抗日战争中牺牲在中国的苏联航空志愿队员库里申科，"他英勇牺牲在中国大地上。中国人民没有忘记这位英雄。"② 抗战胜利七十周年之际，台湾当局和学术界亦开始正视苏联航空志愿队的历史并给予应有的评价："苏联有感于日本坐大，于民国 26 年 8 月 20 日与中华民国签订《中苏互不侵犯条约》和《军事技术援助协定》，至民国 30 年 4 月间，苏联一共派遣 1250 架飞机和 1091 位有经验的空军飞行员来华参战，其中 227 位在作战中牺牲。而苏联航空志愿队也协助设立航空学校和训练基地和飞机修配厂，培训近万名空军技术人员。"③

历史记载过去，历史印证现实，历史昭示未来。在经历了岁月风尘的长期湮没之后，苏联航空志愿队援华的历史正以正常的和真实的姿态重回世人的视野中，而特殊年代中苏（俄）两国人民以这种特殊方式的相互认识和理解不仅是中苏（俄）关系史上的一段佳话，也应该是致力于追求和平与发展的中苏（俄）两国人民的共同精神遗产。

---

① Народный Китай, No. 24. 1952c. 26.
② 习近平：《顺应时代前进潮流，促进世界和平发展》，《人民日报》2013 年 3 月 24 日。
③ 王承中：《二战抗日战争胜利 9·3 纪念 70 周年》（台北"中央通讯社"2015 年 5 月 8 日电），参见 http://search.cna.com.tw.autorpa.lib.nccu.edu.tw/SimpleSearch/SimpleSearch-News。

第十章 "政治解冻":赫鲁晓夫的"秘密报告"在社会主义阵营的反响

1953年3月5日,斯大林去世后的苏联上层经历了一个短暂的真空,长期紧张和高度戒备的苏联社会也经历了一个较长时期的自由。苏共二十大之后,1954年,苏联犹太作家爱伦堡(И. Г. Эренбург)出版了中篇小说《解冻》(Оттепель),不仅鲜明地反映了这一新文艺思潮的社会内容,而且这一书名也较为贴切地反映了苏联当时的社会政治生活情绪,人们普遍希望改变长期以来政治高压的紧张气氛,希望政府调整政策,实施政治改革,希望生活安定富足。因此"解冻"(Оттепель)一词被广泛地引用。

赫鲁晓夫(Н. С. Хрущев)在苏共二十大所做的"秘密报告"石破天惊般地点名批评了斯大林,随后开始了影响深远的政治改革,西方媒体称之为"政治解冻"(Political Thaw)或"赫鲁晓夫解冻"(Khrushchev Thaw),或者直接使用俄文"хрущёвская оттепель"的音译"khrushchovskaya ottepel"。[1] 赫鲁晓夫以政治改革家的新形象登上了1957年美国《时代》周刊的封面,成为"年度人物"(Man of the Year),画面上的赫鲁晓夫头戴克里姆林宫标志的皇冠,笑容可掬,憨态诚恳,招人喜爱。1960年,赫鲁晓夫再度登上《时代》周刊封面,画面上的赫鲁晓夫眉头紧皱,一脸阴沉,背景是一头跃跃欲试的北极熊,旁边的解说词是"赫鲁晓夫对抗美国"(Khrushchev Attacks the U. S. A.)。短短的三年内,苏联的政治形象与赫鲁晓夫的形象发生了巨变。

---

[1] 相关研究参见汤普森《赫鲁晓夫:政治生涯》(William J. Tompson, *Khrushchev: A Political Life*, New York: St. Martin's Press, 1995)纽约,圣马丁出版社,1995;陶普曼《赫鲁晓夫:人与他的时代》(William Taubman, *Khrushchev: The Man and His Era*, London: Free Press, 2004),伦敦,自由出版社,2004。

第十章 "政治解冻"：赫鲁晓夫的"秘密报告"在社会主义阵营的反响

"秘密报告"和赫鲁晓夫政治改革在社会主义阵营内部引起的连锁反应更是始料未及，最直接的影响即是引发了1956年波兰和匈牙利等国的政治动荡，中国共产党方面也在第一时间对此做出评价和反应。因此，英国学者艾伦·帕尔默（Allen Palmer）称"秘密报告"和苏联的"解冻"对东欧某些国家来说，是一种"危险的令人陶醉的酒"①。

一 并非秘密的"秘密报告"

在斯大林逝世后的最初日子里，苏共中央和政府的领导人在权力分配方面出现了一种平衡状态。几位主要领导人都主张实行集体领导、集体决策的领导方式，并且还以不同方式表达了反对个人崇拜的决心。

担任苏联部长会议主席的马林科夫（Г. М. Маленков）是当时苏联的最高领导人，他非常注意自己的政治形象。1953年3月10日，《真理报》上发表了一幅拼凑起来的假照片，画面是斯大林、毛泽东和马林科夫一起，以抬高马林科夫的政治身份。马林科夫闻讯后严厉地批评了负责宣传工作的书记苏斯洛夫、波斯别洛夫和《真理报》总编谢皮洛夫（Д. Т. Шепилов）。马林科夫认为："在我们这里有极不正常的情况，许多事都是按个人崇拜的路线进行的。"他表示："我们认为，应该停止执行个人崇拜政策。"5月27日，《共产党人》（Коммунисты）发表社论，题为《苏共——苏联社会的领导力量》，强调中央委员会是"党的智慧，党的巨大经验的体现。由党的代表大会选举的党中央委员会，是由党和国家在经济、文化、社会、军事活动各个领域中具有渊博知识和领导经验的党员组成的。中央委员会通过的决议是协同一致工作的结果。这些决定是由集体讨论和做出的"。②

1953年6月26日，新领导集体一致决定逮捕时任第一部长会议副主席兼内务部长的贝利亚（Л. П. Берия），并立即以"党和苏维埃人民的敌

---

① 艾伦·帕尔默：《夹缝中的六国：维也纳会议以来的中东欧历史》，于亚伦等译，商务印书馆，1997，第400页。

② *Коммунисты*, No. 6. 1953.

人"罪名对他进行了审查并处以极刑,从而清除了共同的政治竞争对手。清除贝利亚事件是斯大林去世后苏共最高领导层内部第一次激烈的政治斗争,其目的是维护国家的政治稳定和党的团结。同时也是一场权力斗争,因为贝利亚专权和争夺权力已经危及赫鲁晓夫、马林科夫等人地位的稳定。

贝利亚被"清洗"后,马林科夫与赫鲁晓夫的矛盾逐渐激化。在清除共同的敌人贝利亚后,作为名义上的苏联最高领导人马林科夫对待权力问题还是很谨慎的,他在七月中央全会上曾表示:"同志们,在这里的中央全会上,谈及斯大林同志的接班人问题是不谨慎的,并且明显是不正确的,我认为有责任对这一发言做出回答。并声明如下:没有一个人能够、应该,并且去追求继承人的角色。"①

赫鲁晓夫 1894 年出生于库尔斯克的一个矿工家庭。1918 年他加入了俄共(布),1929 年进入莫斯科工学院学习。1932 年,赫鲁晓夫当选莫斯科市委第二书记,1934 年被选为联共(布)中央委员。他于 1935~1938 年担任莫斯科州委第一书记和市委第一书记职务。1938 年 1 月,赫鲁晓夫当选为联共(布)中央政治局候补委员。1939 年 3 月,在联共(布)十八大上,他当选联共(布)中央政治局委员。1938~1949 年,他担任乌克兰共产党第一书记。1949 年,他担任联共(布)中央书记兼莫斯科州委第一书记。1952 年 10 月,在苏共十九大上,他当选为苏共中央主席团成员、苏共中央书记。斯大林去世后,赫鲁晓夫于 1953 年 9 月任苏共中央第一书记。

1954 年 8~9 月,赫鲁晓夫分别会见米高扬、布尔加宁等主要党和国家领导人,表示要结束与马林科夫共掌最高权力的局面,并得到了这些人的支持。1955 年 1 月 25 日,在苏共中央全会上,赫鲁晓夫在报告中不指名地批评:"有些同志在我国重工业和轻工业的发展速度问题上糊涂了。这些可怜的理论家错误地理解社会主义的基本经济规律并把它做了庸俗化的解释,他们企图用这个规律来证明,到了社会主义建设的某一个阶段,发展重工业好像不再是主要任务,而轻工业则可以而且必须比其他一切工

---

① *Вестник КПСС*, No. 2. c. 197.

第十章 "政治解冻":赫鲁晓夫的"秘密报告"在社会主义阵营的反响

业部门优先发展。这是一种极端错误的,反马克思列宁主义的见解。这种见解只不过是对党的诽谤。这是右倾的复活,这是与列宁主义敌对的观点的复活,当年李可夫和布哈林那一伙人就曾宣传过这种观点。"[1] 赫鲁晓夫还通报了马林科夫与列宁格勒案件的关系,强调马林科夫对此案负有道义上的责任。莫洛托夫(В. М. Молотов)、卡冈诺维奇(Л. М. Каганович)也在发言中批评马林科夫在个人能力和政治素质方面的问题,严厉地批判他在经济方面,特别是在农业方面犯下的一系列错误。最后,中央全会同意解除马林科夫部长会议主席的职务。

1956年2月14日,苏共二十大在克里姆林宫开幕,这是斯大林去世后召开的第一次党的代表大会。细心的人们发现,大会主席台上没有像历次大会一样悬挂斯大林的画像,只有列宁的画像。

赫鲁晓夫做了工作报告,他在报告中强调战争不是不可避免的,他认为:"我们时代的主要特点是社会主义已越出了一国的范围,成为一种世界体系。资本主义已无力阻挡这种具有世界历史意义的进程。两种相对抗的世界经济体系——按照不同的规律和相反的方向发展的资本主义和社会主义的体系的同时存在已成为毋庸置疑的事实。"他因此提出了"和平共处"、"和平竞赛"和"和平过渡"的论点,主张实行缓和世界局势的对外政策。在报告中,赫鲁晓夫重申了党的集体领导原则和反对个人崇拜的提法。全体代表选举赫鲁晓夫为苏共中央第一书记。

在苏共二十大的筹备过程中,赫鲁晓夫就准备在大会上公开批评斯大林,他认为不公开批评斯大林,苏联的一些重大的历史问题就无法彻底解决。为此,他命令主管苏共意识形态的波斯别洛夫秘密准备一个报告。但是在报告准备好后,对于是否公开在全体代表前点出斯大林的名字,并批评斯大林所犯的错误,在党内引起激烈争论,对于赫鲁晓夫来说也是需要勇气的。赫鲁晓夫后来在回忆录中谈道:"虽然大会在顺利地进行,我的报告也得到了表示赞同的良好反应,可是我还是不满足。我为这样一个思想所苦恼:'大会将要结束,也将通过一些决议,所有这一切都是形式上

---

[1] Хрощев Н. С. *Строительство коммунизма в СССР и развитие сельского хозяйства*. М., Госполитиздат. 1962. Т. 1. с. 422 – 423.

的事情。可是往后又是什么呢？'……波斯别洛夫委员会揭露出来的事实沉重地压在我的心上。"① 当这个报告拿到苏共中央主席团讨论时，莫洛托夫、马林科夫、卡冈诺维奇等人持反对意见，他们的理由是当时自己也在斯大林身边工作，这样做无异于引火烧身。但是在赫鲁晓夫的坚持下，苏共中央全会通过决议：由赫鲁晓夫召开大会的内部会议，在会上做《关于个人崇拜及其后果》（*О культе личности и его последствиях*）的报告。

就在大会宣布闭幕后代表们准备返程时，于2月24日夜11时至25日晨突然被召回，代表们还发现多了100多人，他们是应邀而来的已恢复名誉和获释的党员。

赫鲁晓夫做了题为《关于个人崇拜及其后果》的报告。在洋洋4万余字、历时4个多小时的报告中，赫鲁晓夫点名批评了斯大林，揭露了斯大林的严重错误。

赫鲁晓夫在报告中强调斯大林是一个"心胸狭窄、残忍和滥用职权的人。他不是去证明自己在政治上的正确性，不是去动员群众，而是常常不仅对真正的敌人而且对那些毫无罪行的人进行镇压并加以肉体消灭。这没有一点道理，有的是对伊·列宁感到震惊的残忍暴力的炫耀"。②

赫鲁晓夫认为斯大林破坏法制，为了个人的私欲，无端搞起"大清洗"运动，重用叶若夫、贝利亚等人，批准大规模逮捕、处死大批无辜者，制造大量的冤假错案。赫鲁晓夫谴责说："斯大林提出了'人民敌人'这一说法，有了这种说法，自然也就无须再去证明参加争论的某个人或是某些人在思想意识上的错误。此外，利用这种说法至少可以违反一切革命法则和制度法则，对那些对斯大林抱有敌对意图的人，以至于那些印象不好的人进行最为残酷的镇压。……这是公然违背革命法制秩序的做法，事情发展到使以前捍卫党的方针的完全无辜的人们也成了牺牲品。"赫鲁晓夫强调："斯大林这一猜疑心被贝利亚巧妙地加以利用了。"而贝利亚"是一个卑鄙的挑衅分子，一个恶毒的敌人"。赫鲁晓夫认为斯大林应该对基

---

① 赫鲁晓夫：《赫鲁晓夫回忆录》，张岱云译，东方出版社，1988，第504页。
② *Вестник КПСС*, No. 3. 1989. с. 197.

第十章 "政治解冻"：赫鲁晓夫的"秘密报告"在社会主义阵营的反响

洛夫之死负有重要责任，而且"时至今日，在基洛夫事件中仍隐藏着许多无法说明、无法理解的地方"。①

赫鲁晓夫认为斯大林在苏德战争前怀有"失败主义情绪"，应对苏军初期战争的失利负直接责任。因为"据现在发表的文件，丘吉尔在1941年3月通过英国驻苏联大使，直接向斯大林发出警告：德国为了进攻苏联而重新编制军队。……尽管有这个重大的警告，但斯大林并没有采取必要措施来加强苏联的防卫以免遭到突然袭击"，甚至"在希特勒军队侵入苏联的前夜，一个德国公民越过边境报告说：他们已经接到命令在6月22日凌晨2时发动对苏联的进攻，这件事马上被告知斯大林，但他对这一警告也加以漠视"。②

赫鲁晓夫在报告中说："在战争期间，斯大林为了抬高自己作为伟大领袖的威信，而进行了'非常的'努力。他用各种各样的方法向人民灌输这样的想法：苏联在卫国战争中的胜利是由于斯大林的勇气、果断和智慧，其他任何人都不能与之比肩。""使伟大的卫国战争取得胜利的并非斯大林，而是整个党，苏联政府，我们英雄的军队——它的天才指挥员和勇敢的士兵，以及全体苏联人民。"③

赫鲁晓夫揭露斯大林在民族问题上犯有严重的错误。卫国战争期间，斯大林和苏联政府以一些民族与"法西斯合作"为名，对这些民族进行处罚，强行将整个民族迁离故乡，流放到中亚或西伯利亚。报告说："不要说马克思列宁主义者，只要有一些常识的人，谁也不能设想这种行为，怎么能够说整个民族要为敌对行为负责呢？怎么能够针对整个民族，包括妇女、儿童、老人、共产党员、共青团员在内进行镇压呢？怎么能够要他们为个别人或某些组织的敌对行为去遭受苦难呢？"④

赫鲁晓夫在报告中认为斯大林应对苏联和南斯拉夫的冲突负有主要责任。

在报告中，赫鲁晓夫提出了肃清个人崇拜的三项措施：第一，在思想

---

① *Вестник КПСС*, No. 3. 1989. c. 197 – 200.
② *Вестник КПСС*, No. 3. 1989. c. 198.
③ *Вестник КПСС*, No. 3. 1989. c. 201 – 202.
④ *Вестник КПСС*, No. 3. 1989. c. 197.

领域肃清个人崇拜造成的错误观点的恶劣影响；第二，党政机关要严格遵守党的集体领导的重要原则；第三，必须彻底恢复社会主义法制。

"秘密报告"在代表中引起极大的反响，同时也得到在场的绝大多数代表的拥护，从在场代表热烈的掌声中即可窥见一斑。2月25日，苏共二十大继续开会，与会代表一致通过了《苏共中央关于消除"个人崇拜及其后果"的决议》(Постановление ЦК КПСС о преодолении культа личности и его последствий)，责成党中央继续采取措施保证完全克服与马克思列宁主义格格不入的个人崇拜，恢复党的生活准则和集体领导原则。

这份报告犹如平地惊雷，炸响了东西方世界。一夜之间，斯大林几乎成了这个世界上最大的独裁者和杀人犯，十恶不赦。甚至有人怀疑，赫鲁晓夫对斯大林如此仇恨，是不是他在1953年谋杀了斯大林？[1]

"秘密报告"对于党内高层而言其实并不是秘密，但提出的方式对于广大党员有些突然。多年后，莫洛托夫曾回忆："关于赫鲁晓夫要在二十大上作这样一个报告的事，我们是知道的。报告没有在中央委员会上讨论过，但其主要内容是知道的。"[2]

二 CIA追踪"秘密报告"

"秘密报告"最初仅限在苏共中央委员和代表的小范围内，而且报告现场严禁记录。会议结束后，报告副本曾送给波兰统一工人党总书记贝鲁特（Bolestaw Bierut）、保加利亚共产党中央委员会总书记契尔文科夫（Вылко Велёв Червенков）、匈牙利劳动人民党中央委员会第一书记拉科西（Matyas Rakosi）、德国统一社会党中央委员会第一书记乌布利希（Walter Ulbricht）和中国共产党代表团团长朱德。将报告的摘要送给法国共产党中央委员会总书记多列士（Maurice Thorez）、意大利共产党中央委员会总书

---

[1] Albert Parry, "The Twentieth Congress: Stalin's Second Funeral", *American Slavic and East European Review*, Vol. 15, No. 4, Dec, 1956, p. 465.

[2] 张建华:《俄国史》，第207页。

第十章 "政治解冻"：赫鲁晓夫的"秘密报告"在社会主义阵营的反响

记陶里亚蒂（Palmiro Togliatti）、西班牙共产党中央委员会总书记伊巴露丽（Dolores Ibarruri）和奥地利共产党中央委员会主席科普勒尼格（Joharm Koplenig）等。从3月中下旬开始，对"秘密报告"的报道、转达和摘要已经陆续出现在东欧共产党和国家的报刊上。

作为苏联的冷战对手美国对于苏联国内的风吹草动是非常关注的。美国驻苏联大使馆和美国中央情报局（CIA）于大会结束当天就了解到这一报告的一些内容，时任中央情报局局长杜勒斯（John Foster Dulles）立即将此消息报告美国总统艾森豪威尔（Dwight David Eisenhower），艾森豪威尔也意识到这将是苏联政治的巨大变化。他指示杜勒斯："马上命令你的手下想尽一切办法把赫鲁晓夫的报告内容搞到手。这很有可能会使苏联发生我们无法想象的变化。"[①] 杜勒斯立即下令驻莫斯科和东欧的所有情报人员搜集这份报告。3月10日，美国驻苏联大使波伦（Charles Eustis Bohlen）得到了报告的摘要，并且以最快的速度报告了美国国务院。艾莫里（Emory）是杜勒斯最信任的特工，他与东欧共产党国家的领导人有着密切的联系。因此，杜斯勒首先找到了他，表示："如果我将这个十分重要的任务交给你，你将如何完成？"艾莫里自信地回答："我可以亲自通过南斯拉夫外交中这一渠道，争取把赫鲁晓夫的秘密报告搞到手。"因为南斯拉夫在苏南冲突之后，被以苏联为首的欧洲共产党和工人党情报局"开除出"社会主义阵营，国内经济形势十分严峻，因此不得不向美国等西方国家请求援助。艾莫里说："南斯拉夫正接受美国数亿美元的军事和经济援助，与南斯拉夫这一笔交易准会成功。"杜勒斯十分满意，再指示："我只要最后赫鲁晓夫的秘密报告能放到我的办公桌上，并且要快。"

艾莫里以美国外交特使身份立即动身，于1956年3月13日从华盛顿飞抵贝尔格莱德的美国大使馆。艾莫里直接会面了老朋友、南共联盟政治局委员和中央委员会书记、联邦政府副总统兼外交部部长爱德华·卡德尔（Edvard Kardelj）。在两个小时的密谈中，艾莫里并没有急于提出关键问题，而是从美国对南斯拉夫的经济和军事援助谈起。在谈到苏联与南斯拉夫冲突时，艾莫里表示："南斯拉夫共产党是一个非常有远见的政党。在

[①] 洪堡：《中央情报局档案》，上海社会科学院出版社，2005，第185页。

过去的日子里，南苏关系的破裂，责任全在苏方。苏联人自负、专横，作为社会主义国家，非但不帮助兄弟民族，而且倒打一耙，给南斯拉夫制造了不应该的麻烦，挑拨南斯拉夫与其他友好国家的关系。"卡德尔对艾莫里的观点和理解表示感谢和赞同。就在这时，艾莫里适时提出："据可靠消息得知，在苏共二十大上，赫鲁晓夫做过一个报告，报告中说到互通有无是对西方国家的外交政策。这个报告，你们的代表团也拿到了一份复印件，对吗？"卡德尔回答："是的！是这样的！"艾莫里直接表示："苏联是大国，美国总统对这件事很关心。他让我转告你方，美国想看看苏联的报告，你看行吗？美国方面将对此事严加保密。"卡德尔谨慎地说："这件事，必须铁托同志同意才行！"他表示将努力尝试一下。第二天，艾莫里急急忙忙地来到外交部求见卡德尔，卡德尔递给艾莫里一杯葡萄酒，并说他已经请求了铁托（Josip Broz Tito），但铁托的回答是："我们要尊重友国。"这意味着，南斯拉夫方面拒绝提供这份绝密文件，艾莫里只能喝下这杯苦酒。

波兰党中央第一书记贝鲁特在参加完苏共二十大后不久，因突发心肌梗死，于3月12日午夜在莫斯科逝世。亲友在整理其遗物时发现了"秘密报告"的文本，其中有人复制了报告文件，很快"复制品"出现在华沙的黑市上，其中一份被美国中央情报局的间谍威斯纳（David Wiesner）以300美元价格买走并交回局里。4月初，中央情报局局长杜勒斯将这份报告秘密送到莫斯科，经过美国驻苏大使波伦的鉴定，确认是赫鲁晓夫的报告。然而，这一份报告中有35处删节，有关苏联今后对外政策方面的内容全部被删去。苏联发给东欧共产党国家的报告原来都是节略本。于是，威斯纳决定再度出马，不计成本要搞到赫鲁晓夫"秘密报告"的全文。两周后，威斯纳花巨资从以色列"摩萨德"特工手中购来赫鲁晓夫报告的全文。这份报告是从一个加入苏联共产党的犹太人手中购得的。威斯纳拿到报告后当即送交给机要情报室负责人克莱因（L. Klein）做权威性鉴定。一周后，克莱因异常兴奋地在一次威斯纳主持的秘密会议上宣布："这是一份真正的报告！我们拥有了赫鲁晓夫报告的全文！"[①]

1956年6月5日，美国《纽约时报》第一次刊登了报告的部分内容，

---

① 前述引文均参见洪堡《中央情报局档案》，第186、188、190页。

第十章 "政治解冻"：赫鲁晓夫的"秘密报告"在社会主义阵营的反响

因为不知道报告的准确名称，因此使用的标题是《赫鲁晓夫的秘密报告》（Khrushchev Secret Speech），俄文中对应的即是"секретный доклад Хрущёва"，由此"秘密报告"（Secret Speech）的名称不胫而走。6月14日，波伦曾就这一文本的准确性询问马林科夫和莫洛托夫，他们的回答是，"在国外流传的那个文本很不准确"，这等于从侧面承认了确实有"秘密报告"的存在。6月15日，波伦又询问赫鲁晓夫。赫鲁晓夫回答说："在国外刊登的那些译文不符合实际，不过我还没有谈过（美国）国务院公布的那个译文，因为翻译成俄文要做大量的工作。"①

早在1956年2月底，南斯拉夫共产党领导人铁托就已经拥有了报告的文本，并且向南斯拉夫共产主义者联盟中央执行委员会的成员进行了宣读。② 这个报告如此迅速地流传并给全世界造成的影响，恐怕是赫鲁晓夫始料未及的。若干年后他还在回忆录中耿耿于怀道："我们采取了措施，把报告复本分送给兄弟共产党，以便他们能够了解报告的内容。……我们的文件落到一些敌视苏联的波兰同志手里。他们利用我的报告为他们自己的目的服务，并且复制了报告。"③ 关于这一点有人认为，既然赫鲁晓夫宣读了这份报告，就意味着他"迫不及待希望报告被发表"，而莫洛托夫等人则希望报告不会被苏共二十大接受。然而，他们看到的却是9月14日至25日，"斯大林的信仰被逐渐打破，而赫鲁晓夫的决定被接受"。④

三 中国共产党的反应

1956年3月12日、19日和24日，中共中央政治局连续召开会议，讨论赫鲁晓夫的"秘密报告"。毛泽东做了三点总结：第一，反对赫鲁晓夫的"单边主义"，认为对斯大林的评价应当由各国共产党共同做出；⑤ 第二，斯大林的错误不仅仅是个人品质的问题，而是当某个人凌驾于党和群

---

① 张建华：《俄国史》，第207~208页。
② 布尔拉茨基：《领袖和谋士》，徐锦栋译，东方出版社，1992，第107页。
③ 赫鲁晓夫：《赫鲁晓夫回忆录》，第510页。
④ Helene Carrere d'Encausse, *Stalin: Order through Terror*, London, 1984, pp. 206-207.
⑤ 吴冷西：《十年论战》上册，中央文献出版社，1999，第6页。

众之上的时候,即使是斯大林,"也不可避免地要做出不合实际的错误的决定";① 第三,反对将斯大林"一棍子打死",赫鲁晓夫全盘否定斯大林是错误的,应当"先讲他的正确方面",再讲他的错误,"强调必须纠正",最后讲实事求是,"不能全盘否定"。②

毛泽东在对待"秘密报告"的问题上充分运用了辩证法。在得到"秘密报告"直到苏共六月全会时,毛泽东坚持的原则可以概括为两条:第一,对外首先肯定"秘密报告"揭露斯大林错误有利于苏共成长,主张人们应从"斯大林主义"中汲取经验,同时强调斯大林的功大于过;第二,对内方面,肯定斯大林功大于过和肯定苏联对斯大林的批判有合理的一面,防止"修正主义"泛滥两条路线同时并举,不偏袒一方。

在祝贺十月革命胜利三十九周年的电报中,毛泽东说:"苏联共产党第二十次代表大会极坚决地指责这些侵害和错误,对自己提出了下列任务:苏联在同其他社会主义国家的关系方面要贯彻始终地实现列宁的各国人民平等的原则。"③ 毛泽东承认在"秘密报告"后,"苏联同志的作风有很大的改变,并且还会改变,还会进步"。同时,毛泽东强调:"承认人总是要犯错误的,不因为一个人犯了错误就否定他的一切。""斯大林领导苏联党做了伟大的工作,他的成绩是主要的,缺点错误是第二位的。"④

毛泽东对内宣传的重要内容,是反复强调斯大林功大于过,要两面看。他说:"我们在总结斯大林的全部思想和活动的时候,必须同时看到他的正面和反面,他的功绩和错误。只要我们是全面地观察问题,那么,如果一定要说什么'斯大林主义'的话,就只能说,首先,它是共产主义,是马克思列宁主义,这是主要的一面;其次,它包含一些极为严重的、必须彻底纠正的、违反马克思列宁主义的错误。尽管在某些时候为了纠正这些错误而对这些错误加以强调是必要的,但是为了作出正确的估

---

① 《对〈关于无产阶级专政的历史经验〉稿的批语和修改》,中共中央文献研究室编《建国以来毛泽东文稿》第 6 册,中央文献出版社,1992,第 62 页。
② 吴冷西:《忆毛主席》,新华出版社,1995,第 27 页。
③ 《毛泽东等祝贺十月社会主义革命三十九周年的电报》,《建国以来毛泽东文稿》第 6 册,第 237 页。
④ 《在莫斯科共产党和工人党代表会议上的讲话》,《建国以来毛泽东文稿》第 6 册,第 627、640、643 页。

价，不使人们发生误解起见，将这些错误放在适当的地位也是必要的。我们认为，斯大林的错误同他的成绩比较起来，只居于第二位的地位。"①

但是，一方面，"秘密报告"的某些内容确实是事实；另一方面，当时随苏共二十大这阵"台风"而刮来的是右派的进攻。在《关于无产阶级专政的历史经验》一文中，毛泽东讲道："苏联共产党有必要在肯定斯大林的伟大功绩的同时，又尖锐地揭露斯大林所犯的错误的实质，号召全党以此为戒，坚决地消除这种错误所造成的不良后果。我们中国共产党人深信，经过苏联共产党二十次代表大会这一次尖锐的批判之后，过去被某些错误政策所严重地压抑了的一切积极因素，必将普遍地活跃起来，苏联共产党和苏联人民将比较过去更好地团结一致，为了建设一个人类从来没有看见过的共产主义社会和争取全世界的持久和平而奋斗。"②

这篇文章发表后，得到了古巴、墨西哥、巴西、委内瑞拉、危地马拉、哥伦比亚、英国等地共产党代表的一致好评。③ 在国际舆论上，毛泽东首先肯定了"秘密报告"的作用及人们可从中汲取的经验教训，在不损害苏共形象的前提下转而强调对斯大林评价的一分为二，这样既不至于同苏联关系僵化，又有利于稳定社会主义阵营。而在国内，毛泽东是两条路线并举，双管齐下，既表明了中共不完全赞同赫鲁晓夫对斯大林的批判，又从舆论上反击了当时右派的猖狂进攻。同时在波匈问题上，周恩来特别去了一次东欧，尽力支持苏联在那里的领导地位，结果中国的威望"相应地提高了"。④

四 波兰的"波兹南事件"

在波兰和匈牙利，严重的社会动荡和政治危机相继爆发。波兰的问题在于：波兰政府的反应没有暴动来得快，在苏共二十大召开至波兹南事件

---

① 《对〈再论无产阶级专政的历史经验〉稿的修改》，《建国以来毛泽东文稿》第6册，第285页。
② 《对〈关于无产阶级专政的历史经验〉稿的批语和修改》，《建国以来毛泽东文稿》第6册，第66页。
③ 吴冷西：《十年论战》上册，第31~32页。
④ 《剑桥中华人民共和国史》上卷，谢亮生等译，中国社会科学出版社，2006，第239页。

发生前，波兰处于信仰真空和对道路走向何方思考的迷茫当中，在得到"秘密报告"后的第一时间内，波兰政府显得手足无措。波兰统一工人党总书记贝鲁特被赫鲁晓夫的突然袭击搞得措手不及，面对赫鲁晓夫要求他表态的步步逼问，贝鲁特无可奈何地讲道："我们怀着悲伤的心情得知斯大林做坏事的消息，波兰人民那么感谢斯大林，感谢他的智慧和援助……"[1] 大会结束后第17天，贝鲁特竟然客死莫斯科，波兰随即陷入混乱之中。

贝鲁特死后，上台的奥哈布（Edward Ochab）试图维持旧路线，但很少有人拥护他。波兰政府中其余的"斯大林分子"在4~5月被解除职务，各次"清洗"的幸存者一律恢复名誉。一些早就希望改变现状的人称赞"秘密报告"推动了民主进程，全国到处举行大讨论，甚至把斯大林比作希特勒。[2] 自由主义作家们活跃起来，并给左派同行以很大压力。[3] 新政府的某些行动已经预示着一场大的风暴将要来临：仅4月一个月内，35000名囚犯被释放，其中包括4500名政治犯，许多人曾经是反共分子。[4] "去斯大林化"的能量于6月28日完全爆发出来，导致了爆炸性的工人示威，参加者还有一些受过冤屈的市民。城市监狱被占领，国家安全局被攻击。"打倒俄国人"、"我们要自由"、"结束苏联占领"和"打倒假共产主义"的口号此起彼伏。[5] 在波兰南部的波兹南市斯大林机车制造厂有16000名工人上街游行，要求增加工资和享有民主权利，遭到波兰保安部队的武装镇压。"波兹南事件"发生后，苏共立即发表声明，认为事件是帝国主义分子策划的反社会主义和反革命的活动。但波兰统一工人党在当年7月召开七中全会，得出了截然不同的结论，认为波兹南事件的"极大部分责任

---

[1] 张树德：《蜜月的结束——毛泽东与赫鲁晓夫决裂前后》，中国青年出版社，1999，第76页。

[2] Tony Kamp‐Welch, "Khrushchev's 'Secret Speech' and Polish Politics: The Spring of 1956", Europe‐Asia Studies, Vol. 48, No. 2, Mar, 1996, p. 197.

[3] Tony Kamp‐Welch, "Khrushchev's 'Secret Speech' and Polish Politics: The Spring of 1956", Europe‐Asia Studies, Vol. 48, No. 2, Mar, 1996, p. 198.

[4] Tony Kamp‐Welch, "Khrushchev's 'Secret Speech' and Polish Politics: The Spring of 1956", Europe‐Asia Studies, Vol. 48, No. 2, Mar, 1996, p. 199.

[5] 福凯斯：《东欧共产主义的兴衰》，张金鉴译，中央编译出版社，1998，第140页。

第十章 "政治解冻":赫鲁晓夫的"秘密报告"在社会主义阵营的反响

要归中央和地方领导的官僚主义和愚昧无知"。全会要求立即采取措施改善人民生活,实行政治民主化。

改革派的领袖是尚在监狱里的哥穆尔卡(Wladyslaw Gomulka)。第二次世界大战结束后,获得独立和重新建国的波兰试图摆脱苏联的控制,走自己的道路,并且在两大阵营中获得平衡关系。1948年苏联与南斯拉夫发生冲突时,哥穆尔卡强调波兰的独立自主,并明确提出"走向社会主义的波兰道路"。在1948年8月的中央全会扩大会议上,哥穆尔卡以"右倾民族主义"的罪名遭到批判,被撤销总书记职务。1949年1月,被解除政府职务。同年11月,被开除出中央委员会,1951年7月入狱,直至1954年底。1956年8月4日,波兰统一工人党恢复了哥穆尔卡的党籍。

1956年10月中旬,波兰全国的政治骚动达到高峰,苏共要求波兰立即出兵镇压抗议群众,但奥哈布坚持认为罢工工人的要求是合法的,拒绝予以镇压。10月19日,波兰统一工人党召开八中全会,哥穆尔卡的改革派在10月的大选中大获全胜,会议刚宣布推荐哥穆尔卡加入中央委员会,就传来了以赫鲁晓夫为代表的苏共代表团到达波兰机场的消息。于是会议暂时中断,波兰统一工人党政治局委员同苏共代表团进行谈判。此时,苏军向苏波边境调动。华沙工人开始走上街头,电台播放波兰是个独立国家的公报。由于波兰国防部长是苏联元帅罗科索夫斯基,军队受他控制,波兰政府只能调动保安部队和民兵来保卫华沙。赫鲁晓夫指责波兰统一工人党有反苏情绪,没有事先将波兰统一工人党的人事变动及时通知苏共。哥穆尔卡则坚决地表示,除非苏军立即撤退,否则将不进行谈判,而且他要通过广播电台向全体波兰人民说明事实真相。波兰统一工人党坚持独立立场,如实向苏共反映了情况,表示波共有能力解决目前的问题。赫鲁晓夫只得命令苏军停止前进,两天后苏共代表团回国,波兰统一工人党八中全会继续召开,哥穆尔卡以全票当选为波兰统一工人党第一书记。哥穆尔卡在报告中强调波兹南工人"抗议的不是人民波兰,不是社会主义,他们抗议的是在我们社会制度中广泛蔓延的并使他们感到切肤之痛的弊病,抗议的是对于他们所理想的社会主义基本原则的否定歪曲"。哥穆尔卡同时主张在平等、互助的基础上改善苏波关系。

五　匈牙利事件与难民潮

1956年3~4月，匈牙利在获知"秘密报告"的内容后，自由主义分子和无政府主义分子开始躁动起来，反苏反共的气氛弥漫在空气中。拉科西政权在3月末谴责个人崇拜，充当了匈牙利事件的导火索。但波兹南事件之后，他又以铁腕来遏制局势的发展，拉科西的反复致使有人认为，事态之所以越来越不可收拾，不在于政权的反对者，而在于拉科西本人。[1] 布拉迪斯拉法的学生抬着写有"民主自由埋葬在这里的棺材"，举行示威游行，揭开了"恢复民主自由传统"的序幕。10月19日，《共产主义青年报》一篇社论称："我们进行的是一场为获得自由的斗争，这同我们的祖先在1848年进行的斗争是完全一样的。"[2]

同年7月，掌权11年的拉科西下台。匈牙利的暴动从10月23日开始，至11月4日即告结束，虽然它没有波兹南事件那样旷日持久，却掀起了一场血雨腥风。在布达佩斯克兹塔尔沙格广场，暴徒们用大炮摧毁了市党委会的房子，党组织的书记被杀害了，阳台上、树上到处都吊挂着尸体，暴徒们袭击了运输伤员的飞机、救护车和其中的伤员，20万人举行了示威游行。人们表达的最深信念"实质上是抵制共产主义制度"。[3] 一夜之间，共产主义这个词仿佛在匈牙利消失了一样。

在暴乱发生的第二天，即10月24日，苏军"挺进"了布达佩斯，试图用武装力量平息事件，这立即激起了匈牙利人的激烈反抗。匈牙利人自发组成抵抗组织同民众同仇敌忾，与苏军展开猛烈的巷战，用各种方式抵抗苏军的入侵。但是在强大的苏军面前，他们的抵抗不仅使冲突升级，对匈牙利民众的人身和财产造成了巨大的损失，同时也使得苏联不得不从本土调遣强悍的鞑靼部队参与镇压匈牙利事件。苏军对匈牙利事件的残酷镇压及事后对反抗者的全国大搜捕在匈牙利国内造成了巨大的恐慌。

---

[1] Mark Kramer, "The Soviet Union and the 1956 Crisis in Hungary and Poland: Reassessments and New Findings", *Journal of Contemporary History*, Vol. 33, No. 2, Apr, 1988, p. 178.
[2] 王瑜:《东欧共产党：倒下的多米诺骨牌》，红旗出版社，2005，第117页。
[3] 斯蒂芬·费希尔-盖拉蒂:《东欧各国共产党》，张月明等译，东方出版社，1986，第217页。

第十章 "政治解冻":赫鲁晓夫的"秘密报告"在社会主义阵营的反响

匈牙利事件爆发以后,苏联出兵匈牙利唤醒了被压抑的匈牙利民族主义。匈牙利人将这次出兵看作沙俄军队镇压 1848 年匈牙利革命的重演。匈牙利人开始将苏联红军的称呼改为俄国军队。1848 年匈牙利革命期间,沙俄军队入侵是导致 1848 年匈牙利革命最终失败的最主要原因。因此,匈牙利人将苏联与当时的沙皇俄国相提并论,因为匈牙利人的命运还是掌握在它的手中。在布达佩斯的英雄广场附近,匈牙利人打出标语:"俄国佬滚回去,匈牙利是匈牙利人民的匈牙利。"在被砸毁的斯大林雕像上挂着这样一个横幅:"俄国人,你们走的时候把我也带上。"反抗者把"拉科西国徽"从国旗上扯下来,用 1848 年革命的领导者、反对沙皇俄国的英雄科苏特作为标志来代替。

匈牙利边境小镇索普朗(Sopron)邻近苏联在匈牙利的驻军地松博特海伊(Szombathely),当苏联军队开过索普朗地区时,索普朗地区的居民砸毁了小镇的苏军解放匈牙利纪念碑。不久,匈牙利边境部队的士兵也加入砸毁纪念碑的行列。同时,工人将工厂所有有关苏联的标志全都扔掉。10 月 26 日,为了反对苏军入侵匈牙利,作为匈牙利最主要的重工业工厂之一的火车车厢厂举行大罢工,参与反抗苏军的行动,并一直持续到 11 月 4 日以后。

在布达佩斯,反抗者与苏军展开了巷战,他们大多没有武器,就用石头和自制的燃烧瓶与苏军对抗。在这期间,妇女与儿童也参加了反对苏军的行动。例如,10 月 24 日,苏军在通往布达佩斯的大桥上遇到了匈牙利妇女的激烈反抗,她们躺在大桥上不让苏军的坦克入城。苏军入城后,妇女和儿童为反抗者输送物资并传送情报。同时,学生把学校所有关于苏联的东西全都烧掉或扔掉。愤怒的人群砸毁了布达佩斯最大的红星书店,将里面有关苏联的书籍和宣传材料全都烧毁,但是并没有偷窃或拿其他的东西,匈牙利人只是表达对苏联的不满。匈牙利事件对匈牙利国内,尤其是首都布达佩斯造成了严重的破坏。在匈牙利事件期间,匈牙利人亲历了苏军对匈牙利事件的镇压过程,尤其是苏军在布达佩斯的军事行动造成了大量的人员伤亡和建筑物的损坏。同时,各种关于苏军杀害匈牙利人的传言在社会上不断流散开来。匈牙利事件后出逃奥地利的一名匈牙利难民讲道:"我听说了不少关于俄国军队的事情,他们随意向食品店前排队的人

243

群开火。"

　　1956年11月4日，为了彻底镇压匈牙利的抵抗者，苏联从本土调拨了一支鞑靼部队。他们对反抗者的镇压使匈牙利人见识到了苏军最残酷的一面。一位匈牙利女公司职员讲道："在革命（匈牙利事件）期间，我看到了他们（苏军）的真相，他们就是野兽，他们对匈牙利人没有好处，因为他们没有受过教育、没有教化。他们只是一群野兽，就这样。"在整个匈牙利事件期间，令匈牙利人刻骨铭心的是11月5日苏军攻打科尔文电影院的行为，苏军的炮火使整个电影院着火，反抗者被困在大火中仍与苏军展开战斗，而很多布达佩斯的市民见证了它。在这种情况下，反抗者与苏军进行了拉锯战，最终以苏军打死几十个反抗者，俘虏70多人而结束。在匈牙利事件期间，布达佩斯的街头随处可见被打死的匈牙利人的尸体，苏军和匈牙利政府并没有及时掩埋这些尸体，这对生活在城区的居民造成了极大的心理压力。苏军在布达佩斯残酷镇压匈牙利人的消息不断向全国传播开来。

　　1956年10月31日，局势再度恶化。纳吉准备宣布匈牙利退出华沙条约组织。在这千钧一发之际，中苏交换意见后认为应当迅速向匈牙利进军。有学者怀疑苏联的决定同当时纳塞尔主导的苏伊士运河事件存在某种默契，不过至今也没发现相应的证据。[①] 11月4日，苏军开进布达佩斯，成千上万的人在抵抗中丧生，大约20万难民成群结队逃往西方，多少人被流放到东方，则不得而知。[②] 赫鲁晓夫对此宣称："匈牙利共产党人被杀害，那里马上就要恢复资本主义，纳吉宣布中立和退出华沙条约，以及维护他自己在莫斯科反对斯大林主义强硬派的需要"迫使他决心出兵匈牙利。[③]

　　11月4日，亲苏的卡达尔政府成立。卡达尔不再坚持"去斯大林化"，在目睹了家乡血流成河和成千上万人流离失所后，卡达尔政府开始对"秘密报告"产生了微词。卡达尔在欢迎中国代表团的讲话中称："我们谴责

[①] Mark Kramer, "The Soviet Union and the 1956 Crisis in Hungary and Poland: Reassessments and New Findings", *Journal of Contemporary History*, Vol. 33, No. 2, Apr, 1988, pp. 190 – 192.
[②] 艾伦·帕尔默:《夹缝中的六国:维也纳会议以来的中东欧历史》，第406页。
[③] 福凯斯:《东欧共产主义的兴衰》，第127页。

第十章 "政治解冻":赫鲁晓夫的"秘密报告"在社会主义阵营的反响

不标明阶级内容侈谈'民主'的做法,而要实行社会主义民主。"即"实行有限的无产阶级专政,在今天特别要求在党和国家生活里坚定地贯彻列宁的民主集中制原则"。[①] 匈牙利暴乱仅一个星期便改变政治性质,这可能真的使卡达尔感到恐慌。自 1953 年起,匈牙利便同苏联一样开始进行平反,但经历了匈牙利暴乱的卡达尔政府此时惊魂未定,卡达尔起初还公开宣称这场运动的崇高目的是"纠正拉科西和他的同谋者所犯下的反党、反人民的错误",[②] 但不久后他们就对平反活动做出了相反的评价:"1953 年 6 月揭发出来的在计划工作中、在破坏法制方面和在农民政策上存在的某些错误给党、给国家和人民造成了重大损失。但是,我想,可以说,围绕着纠正错误发生的事情所造成的损失要比原来的错误还大十倍。……这会使党领导的威信扫地,使国家领导的威信扫地。所以我说,在党和群众的关系中围绕着纠正错误持续三年的反复所造成的损失远比 1953 年揭露出来的错误所造成的损失重大。"[③]

冷战初期,美国对东欧政策的总方针是:"苏联对东欧卫星国家(波兰、捷克斯洛伐克、匈牙利、罗马尼亚、保加利亚、阿尔巴尼亚和民主德国)的控制,最主要的后果是导致欧洲大陆力量对比失衡,从而威胁到美国的国家安全。"[④] 1952 年美国制定"解放政策"(Policy of Liberation),通过对东欧进行冷战宣传鼓动东欧民众反对共产党政权。"解放政策"实施的主要方式是政治战、心理战和宣传战,即以战争以外的方法达到其目标。处于冷战前沿的匈牙利,是美国宣传的主要对象。

匈牙利事件期间,自由欧洲电台(Radio Free Europe)为匈牙利听众设置了一档名为《贝尔上校》(Colonel Bell)的特别节目,以煽动匈牙利人的暴力抵抗活动。在节目中,贝尔讲道:"世界舆论对匈牙利人民充满

[①] 《在欢迎中国政党代表团的积极分子大会上的讲话》,卡达尔·亚诺什:《论匈牙利社会主义建设(1957~1985)》,人民出版社,1987,第 6、7 页。

[②] 《匈牙利工农革命政府告匈牙利人民书》,中共中央党校科学社会主义教研室、国外社会主义问题教研组编《匈牙利社会主义资料选编》,求实出版社,1987,第 46 页。

[③] 《关于政治形势和党的任务相当的全国代表会议的报告》,卡达尔·亚诺什:《论匈牙利社会主义建设(1957~1985)》,第 17 页。

[④] Csaba Bekes, Janos M. Rainer, Malcolm Byrne eds., *The 1956 Hungarian Revolution: A History in Document*, Central European University Press, 2000, p. 34.

了敬意！英国主流媒体的关键词是对匈牙利人民的'理解'并且用平静和简洁的文字表达了对匈牙利人民的赞誉。这些热诚的赞誉跨越大洋为匈牙利年轻的自由战士增添了勇气。"①

在苏军的镇压和美国等西方国家的宣传和诱导之下，从1956年春天开始就有大量的匈牙利人从与奥地利和南斯拉夫接壤的边境出逃。

1956年春，鉴于苏联从奥地利撤军，匈牙利与奥地利的关系也得到缓和。匈牙利政府开始拆除匈牙利与奥地利边境的防护栏，清扫了一些雷区和铁丝网栅栏。匈牙利事件爆发后，由于匈牙利国内动荡不安，匈牙利政府无力管理边境。同时，苏军也对匈牙利人出逃不予制止。这使得后来大规模的匈牙利公民出逃奥地利成为可能。此外，另有一小部分难民跨越匈牙利的南部边境，出逃南斯拉夫。第一批匈牙利难民于10月底到达奥地利，这些人主要包括匈牙利劳动人民党的一些干部和匈牙利秘密警察（AVH）及其家属，因为担忧匈牙利事件中会遭打击报复。此后，随着苏军镇压的扩大和社会动荡的加剧，出逃人数激增。根据联合国统计，在联合国难民署进行数据统计之前，1956年11月4日之后的两周内有10000人出逃，到11月16日，有36000人出逃，至12月初，有113000人出逃。联合国难民署统计的数据情况可参见表10-1、表10-2。

表10-1 匈牙利事件后进入奥地利的匈牙利难民人数

日　　期	人数（人）	总人数（人）
1956.12.11	1722	128218
1956.12.12	1337	129555
1956.12.17	1448	135525
1956.12.19	1376	136901
1956.12.20	2544	145785
1956.12.21	1682	147467
1956.12.26	1164	150424

---

① Csaba Bekes, Janos M. Rainer, Malcolm Byrne eds., *The 1956 Hungarian Revolution: A History in Document*, p.105.

第十章 "政治解冻":赫鲁晓夫的"秘密报告"在社会主义阵营的反响

续表

日　　期	人数（人）	总人数（人）
1956.12.27	634	152910
1957.1.3	592	158183
1957.1.4	443	158626
1957.1.8	680	161378
1957.1.9	769	162878
1957.1.10	991	163863
1957.1.11	645	164508
1957.1.14	595	166232
1957.1.15	563	166795
1957.1.16	413	167208
1957.1.17	272	167488
1957.1.18	301	167781
1957.1.21	541	168597
1957.1.22	178	168775
1957.1.24	163	169086
1957.1.27	148	168923
1957.1.25	52	169138
1957.1.28	70	169386
1957.1.29	73	169459
1957.1.30	97	169556
1957.1.31	71	169627
1957.2.1	65	169692
1957.2.4	45	169891
1957.2.5	84	169975
1957.2.7	64	170039
1957.2.8	78	170117
1957.2.11	25	170142
1957.2.12	28	170217
1957.2.13	34	170251
1957.2.14	56	170307
1957.2.16	18	170325

247

续表

日期	人数（人）	总人数（人）
1957.2.19	17	170364
1957.2.20	73	170437
1957.2.26	22	170512
1957.2.27	30	170542
1957.3.1	13	170632

资料来源：根据1956年12月至1957年3月联合国难民署发布的《联合国难民署信息：难民活动》编制（"Information from Office of UNHCR：Movement of Refugees"，21 December 1956. HU OSA 398-0-1-6765；Records of the UN Special Committee on the Problem of Hungary：UN Documents）。

表10-2 匈牙利事件后进入南斯拉夫的匈牙利难民

日期	人数	总人数
1957.1.30	512	14105
1957.2.1	505	14519
1957.2.7	216	16803
1957.2.8	248	17051
1957.2.11	145	17229
1957.2.13	94	17323
1957.2.14	65	17388

资料来源：根据1956年12月至1957年3月联合国难民署发布的《联合国难民署信息：难民活动》编制（"Information from Office of UNHCR：Movement of Refugees"，21 December 1956. HU OSA 398-0-1-6765；Records of the UN Special Committee on the Problem of Hungary：UN Documents）。

从1956年12月开始，匈牙利人开始穿越南部边境进入南斯拉夫，至1957年1月底，已经有1.4万余匈牙利难民进入南斯拉夫。从1957年2月开始，苏军加大了对匈牙利南部边境的巡逻，使得匈牙利人从南部边境出逃也变得困难。此后，从南部边境出逃的匈牙利人以步行穿越边境。至1957年3月，在三国边境仍有出逃的人员，但是基本可以认为匈牙利人出逃已经结束。最终有18万匈牙利人进入奥地利境内，2万进入南斯拉夫境内，造成了二战以后最严重的难民危机。

奥地利学者安德烈·戈梅斯（Andreas Gemes）在《破解神话？——奥

第十章 "政治解冻":赫鲁晓夫的"秘密报告"在社会主义阵营的反响

地利与1956~1957年匈牙利难民》(Deconstruction of a Myth?: Austria and the Hungarian Refugees of 1956 – 1957)一文中认为,1956年匈牙利事件以后,有十几万匈牙利难民涌入奥地利。匈牙利难民在奥地利生活条件并不像西方国家吹嘘的那样衣食无忧,相反,大多难民饥寒交迫,并受到奥地利民众的歧视。[①]

德国学者欧文 A. 施密德尔(Erwin A. Schmidl)和拉斯洛·里特尔(Laszlo Ritter)编写的《1956年匈牙利革命》(*The Hungarian Revolution in 1956*)在讨论匈牙利难民问题时认为,大批的民众出逃对匈牙利来讲是一次严重的智力流失,这些难民大多是匈牙利有文化、有技能的人,而且大多数年龄为20~35岁,其中包括犹太人科学家等。这次难民事件对今后匈牙利的发展造成了深远影响。[②]

匈牙利历史学家亚诺什 M. 雷纳(Janos M. Rainer)和卡塔林·萨姆莱(Katalin Somlai)主编的《1956年匈牙利革命和苏东欧集团:反应和影响》[③]是2006年9月为纪念1956年匈牙利事件发生五十周年在布达佩斯举行的一次国际会议的论文集。其中由卡塔琳娜·科瓦切维奇提交的论文《南斯拉夫的匈牙利难民问题》(Katarina Kovacevic, "The Hungarian Refugee Problem in Yugoslavia")对1956年逃亡南斯拉夫的匈牙利难民做了比较全面的研究。科瓦切维奇认为,南斯拉夫政府本不愿接收匈牙利难民,将这些难民遣返回国的主要原因在于经济压力而不是来自苏联和匈牙利政府的压力。在美国政府同意为其支付300多万美元作为其救济匈牙利难民的补偿后,南斯拉夫政府最终将境内的匈牙利难民转移至西方国家。

1956年匈牙利事件爆发之后,20万匈牙利难民以各种方式移居境外,造成了第二次世界大战后最严重的难民危机,并受到国际社会的广泛关注,这一危机的处置即成为东西方两大阵营之间一场"特殊的冷战"。围绕匈牙利难民问题的爆发、冲突、协商和解决,是苏联为首的东方阵营和

---

① Andreas Gemes, *Deconstruction of a Myth? Austria and the Hungarian Refugees of 1956 – 1957*, IWM Junior Visiting Fellows' Conferences, Vol. 25.
② Erwin A Schmidl and Laszlo Ritter, *The Hungarian Revolution in 1956*, Osprey Publish, 2006.
③ Janos M. Rainer and Katalin Somlai, *The 1956 Hungarian Revolution and The Soviet Bloc Countries: Reactions and Repercussions*, Historical Archive of the Hungarian State Security, 2006.

美国为首的西方阵营之间的"阵营对抗",在其过程中充分展现了不同的政治理念、价值观念、制度约束和国际诉求。

六 巨变+剧变:自"秘密报告"始

美国著名左派记者安娜·路易斯·斯特朗则认为"秘密报告"是"一种感情的爆发"①,她寄希望于赫鲁晓夫的"非斯大林化",但又对赫鲁晓夫的失败改革提出批评。斯特朗批评赫鲁晓夫"去斯大林化"的政策将给东欧带来严重的后果。在斯特朗看来,政策应当有破有立,既然打破了斯大林的塑像,那么意味着赫鲁晓夫应当确定一种更加有效的政策,而事实将证明,赫鲁晓夫的新政策没能成功。斯特朗认为,严重的问题不在于纠正苏联本身的错误,而是纠正斯大林在东欧苏联集团中所遗留下来的错误。赫鲁晓夫虽然动摇了人们的信仰,但遗憾的是,他也没有解决这一问题的能力。所以事情在他这里"搞得更糟"。"他对铁托的道歉,他对斯大林的攻击,鼓励了东欧的一切离心倾向。""秘密报告"是得不偿失的行为。②

在20世纪五六十年代中苏大论战时,阿尔巴尼亚同中国一道谴责赫鲁晓夫的"修正主义"及其"秘密报告"对斯大林的批判。

首先,阿尔巴尼亚同中国一道,坚持认为对斯大林的评价问题是一个世界性的问题,不是仅凭苏共就能决定的。阿尔巴尼亚劳动党宣称,它"同世界上其他兄弟党和马克思列宁主义者……一道来保卫斯大林,保卫斯大林的事业和他的观点。……(如何评价斯大林)不仅仅是苏联共产党内部的问题。这是一个重大的、原则性的、对整个国际共产主义运动和工人运动具有切身意义的问题"。③

其次,阿尔巴尼亚认为,赫鲁晓夫的"秘密报告"有其不可告人的秘密。赫鲁晓夫集团关于所谓"反对个人迷信"的震耳欲聋的喧嚣"只是一

---

① 安娜·路易斯·斯特朗:《斯大林时代》,石人译,世界知识出版社,1979,第175页。
② 安娜·路易斯·斯特朗:《斯大林时代》,第179页。
③ 本节的叙述均参见阿尔巴尼亚人民之声报编辑部《彻底揭露赫鲁晓夫集团的关于所谓反对"个人迷信"的危险阴谋》,人民出版社,1964,第5、6、31、72、76、119页。

第十章 "政治解冻":赫鲁晓夫的"秘密报告"在社会主义阵营的反响

出滑稽戏,一个蛊惑人心的阴谋"。这个阴谋被阿尔巴尼亚这样理解:"第一是作为一种烟幕,来在整个国际共产主义运动中辩解、掩饰和散布其反马克思主义的、机会主义的和背叛的路线。……实际上,这是向帝国主义投降和与之联合的路线,是组织和窒息各国人民革命和解放运动的路线,是社会主义向资产阶级自由蜕化变质的路线。其次,是要堵住捍卫斯大林的思想和革命事业并反对赫鲁晓夫及其追随者的叛变行径的马克思列宁主义政党的嘴,以便破坏这些党的信誉,从而扫清摆在他的修正主义道路上的障碍。""毫无疑问,以赫鲁晓夫修正集团为首的现代修正主义者的图谋的主要方面之一,就是借口反对'个人迷信及其后果',否定马克思主义而代之以修正主义,并为资产阶级意识形态的渗透敞开大门,从而使社会主义制度蜕化变质。"

最后,阿尔巴尼亚劳动党向修正主义宣战,认为赫鲁晓夫把领导同群众对立起来,把集中同民主对立起来,其修正主义将不可避免地走向灭亡:"正如第二国际头目伯恩施坦和考茨基以对马克思和恩格斯进行诋毁而开始自己的背叛活动一样,正如托洛茨基分子、布哈林分子和季诺维也夫分子以对列宁进行诋毁而开始自己的背叛活动一样,赫鲁晓夫集团及其追随者是以对斯大林进行诋毁而开始自己的背叛活动的。"宣布:"揭露赫鲁晓夫及其修正主义集团,坚决保卫斯大林及其事业,意味着保卫马克思列宁主义、保卫社会主义阵营和国际共产主义运动,保卫苏联和苏联各族人民的历史性胜利,保卫革命,保卫社会主义和共产主义事业。这是一切革命者和所有真正的马克思列宁主义者的当前首要任务。"

虽然在1955年苏共二十大召开前,赫鲁晓夫主动谋求与南斯拉夫的和解,但铁托对"秘密报告"的内容并非完全认同。不满于斯大林高压政策而与莫斯科决裂的铁托并不仅仅把这一问题看成"个人迷信"的结果,他认为,斯大林的方法和实践有问题,赫鲁晓夫把整个事件当作"个人迷信"问题来处理是错误的。个人迷信得以产生,"在于官僚机构,在于领导方法,在于忽视劳动群众的作用和愿望"。换言之,限制甚至取消党内民主、总书记个人权力至高无上所造成的高度集权,政治僵化的"斯大林模式"才是罪魁祸首。正因为如此,《莫斯科宣言》的通过并不意味着两国关系的弥合,苏共希望在《宣言》中以"党"的表达方式代替"国家",以表达马列主义和无产阶级大联合,但铁托"坚定地拒签任何将南斯拉夫置于某一'阵营'以示其处于'意识形态共同体'中的文件"。[1]

赫鲁晓夫之后,勃列日涅夫、安德罗波夫、契尔年科、戈尔巴乔夫相继执掌苏联大船,然而,每一代苏联领导人的改革都不甚成功。1989年,苏联长年压抑的民族问题、制度问题如洪水溃堤般爆发出来,两极格局瞬间坍塌。赫鲁晓夫的"去斯大林化"和"三和"(和平共处、和平竞赛、和平过渡)路线当算苏联解体的肇始。自苏共二十大后,原来的"苏联体制"感到"自己像被自己的独出心裁打劫了一样",[2] 一步步滑向深渊,1991年的苏联,真是"苍山如海,残阳如血",其解体之势,如天崩海啸,不可遏止。

---

[1] Martin McCauley, *Khrushchev and Khrushchevism*, Indiana University Press, 1987, p. 163.
[2] Helene Carrere d'Encausse, *Stalin: Order through Terror*, p. 210.

第十一章 认识苏联：越南战争中的苏联军事专家与苏联形象

越南战争（1961～1975）是冷战背景下规模最大的一场局部热战，对于国际局势，尤其是美苏关系和中苏关系，以及美苏各自的全球战略影响巨大。越南是社会主义大家庭的当然成员，苏联自然不能漠视身陷战争之中的越南的命运。但由于复杂的冷战环境并出于苏联全球战略的考虑，苏联除了在外交和政治上公开给予越南民主共和国（北越）声援外，在军事和经济方面的援助则采取了秘密的方式。

1955～1987年担任北越总理和统一后的越南总理的范文同（Phạm Văn Đồng）曾经说过："我们整个民族经历了喜悦和热情，我们始终记得苏联经常给予的支持和帮助。我们的胜利来自苏联的奉献。它的象征是越南坦克手驾驶着苏制T-54坦克，在1975年4月30日第一个开进西贡的总统府；越南民族解放阵线的战士乘着高尔基汽车制造厂制造的卡车向西贡进军。"[1] 他的讲话肯定了越南战争期间苏联给予越南的经济援助。但是，苏联军人是否直接参加了越南战争，或者以何种方式参加越南战争，则始终是一个谜。由于苏联严密封锁相关档案文献，这段秘辛长期隐没于历史背后。因此，俄罗斯国防部军事历史研究所高级研究员库米诺夫（И. Я. Куминов）上校强调："直到今天，在俄国和外国的历史著作中，关于苏联给予越南民主共和国的军事和军事技术援助仍然是一个'空白点'。"[2]

---

[1] Цветов П. Ю. Чаплин Б. Н. В одержанной победе велик вклад СССР//Правда : Ежедневная газета . М.: КПРФ, 8-11 сентября 2006.

[2] Хюпенен А. И. Вартанов В. Н. Глазунов Е. П. Колесник Н. Н. *Война во Вьетнаме: взгляд сквозь годы……Материалы научно-практичесой конференцц Советско-Вьетнамское военное и экономическое сотрудничество в годы агрессии США против* (1964-1973 гг), М.: Межрегиональная общественная организация ветеранов войны во Вьетнаме, 2000. c. 28.

20 世纪 60 年代由苏联《消息报》(Известия) 派出的著名记者伊里英斯基 (Михаил Ильинский) 曾经回忆:"上世纪 60 年代,我曾经作为《消息报》的记者被派到战火横飞的东南亚小国。在那工作的日日夜夜里,我用我的笔记录下了这个丛林小国发生的一切,但是鉴于那个特殊的年代,并不是我所有的文章都能见报的,其中大多数只能深藏于心中。如今,历史的这一页已经翻过去了,深藏在我心中的那些久远的秘密都可以公之于众了。"①

1989 年 4 月 13 日出版的苏军机关报《红星报》(Красная звезда) 发表题为《正是我们保卫着越南》(И мы защищали Вьетнам) 的文章。文章作者达库恰耶夫 (А. И. Докучаев) 少将第一次向世人展示了这段历史。2004 年 11 月 21 日,俄罗斯总统普京 (В. В. Путин) 在智利首都圣地亚哥举行的亚太经合组织峰会上,正式向越南国家主席陈德良 (Trần Đức Luong) 转交了苏联军人参加越南战争的有关材料,俄罗斯官方这才正式揭开了这段尘封近半个世纪的苏越关系秘史。

在越南战争期间,有 1 万余名苏联军事专家和军人赴越参加了抗击美国的军事行动。关于苏联在越南军事专家和作战人员的人数缺乏较准确数字,俄罗斯官方亦未提供数字。1999 年在莫斯科召开的"美国入侵越南民主共和国时期的苏越军事和经济合作"研讨会上库米诺夫上校提供的数字是自 1965 年 7 月到 1974 年 12 月苏联向越南派出的军事人员为军官计 6359 人,士兵计 4500 人。② 苏联的军事物资和人员援助对增强北越的综合军事实力,尤其是北越的防空能力以及北越取得战争的最后胜利并统一越南,发挥了极其重要的作用。另一个重要的结果是,苏越之间的战时合作,扩大了两党两国关系的基础,离间了越南与中国的传统党际和国家关系,使越南成为苏联势力在 20 世纪 70 年代"南下"的"第一桥头堡"。

---

① Михаил Ильинский, Пилоты в пижамах в ханойском плену//Независимая газета, 2008 – 07 – 11.

② Куминов И. Я. Советская военно - техническая помощь Вьетнаму в годы войны//Война во Вьетнаме: взгляд сквозь годы……Материалы научно - практичесой конференцц Советско - Вьетнамское военное и экономическое сотрудничество в годы агрессии США против (1964 – 1973 гг). c. 39 – 45.

第十一章　认识苏联：越南战争中的苏联军事专家与苏联形象

需要强调的是，这些苏联军事专家不仅向越南社会展现了不同的人文体貌、文化和生活习俗，更重要的是展示了他们所代表的政治制度、社会生活和国家形象，构成了立体的"苏联形象"，并且潜移默化地影响着越战期间和战后越南社会的政治选择，促进了苏越关系的发展。

一　战争初期苏联的谨慎介入

在越南战争问题上，苏联在不同时期采取了不同的外交政策和态度。越战初期（1961~1964），苏联为避免与美国正面冲突，在越南问题上采取了"不介入"政策。1964年底至1965年夏，苏联推行"有限介入"政策。1965~1968年，苏联积极介入越南战争，一方面加大了对越南的经济和军事援助，另一方面采取外交手段，推动美越走向谈判。1968~1973年，随着中美关系的突破性发展，苏联感受到来自中美两个方面的压力，它更加积极地介入越南战争及其善后事务，最终促成美越双方签订《巴黎和约》，结束了这场持续13年的战争。

第二次世界大战结束后，胡志明（Ho Chí Minh）领导的"越南独立同盟会"向法国宣布独立，于1945年9月2日在河内建立了"越南民主共和国"（北越）。在此之前的1949年4月27日，流亡中的前越南皇帝保大（Bảo Đại）在法国的支持下在西贡建立了越南临时政府（南越）并就任国家元首。1955年10月26日，吴廷艳（也写作吴廷琰，Ngo Dình Diem）组织了公民投票，结果有98%的人支持废除保大的王位（其结果的准确性受到质疑），于是废除保大的王位，成立越南共和国。南越得到法国、美国、英国和台湾当局的支持，北越则得到苏联和中华人民共和国的支持。按照1954年日内瓦会议的规定，南北越暂时以北纬17度线划界，统一国家的选举定于1956年7月举行，但是这场选举却没有举行。最后，美国和南北越都没有签署协议中的选举条款，南北分治并采取不同的意识形态和政治制度成为事实。

1965年3月，美国总统约翰逊（Lyndon Baines Johnson）批准了"滚雷行动"（Operation Rolling Thunder），对北越进行大规模轰炸。由美国空军第二航空师（即后来的美国第七航空军）联合美国海军和南越空军，于1965年3月2日至1968年11月1日对北越进行轰炸行动。1965年3月8

日，3500名美国海军陆战队员在越南岘港登陆，越南战争正式爆发。

1965年3月至1968年11月间，美国空军共出动153784架次的飞机轰炸北越，海军和海军陆战队也出动了152399架次。[①] 1967年12月31日美国国防部宣布，美军在"滚雷行动"中共投下864000吨炸弹，而整个朝鲜战争中美军才投下653000吨炸弹，太平洋战争期间美军投下的炸弹也只有503000吨。[②]

由于美国担心刺激中国和苏联而引发与这两国的正面冲突，因此对于轰炸目标的选择与交战规则有非常多的限制。对北越的所有轰炸行动与目标都由华盛顿进行严密控制，每天轰炸的目标由国防部和白宫来规划。在这种束手束脚的指挥下，"滚雷行动"几乎无法正常发挥其打击力。北越的工厂大多已地下化，剩下的目标因有中苏两国人员在附近而安全无虞；同时，由于有苏联与中国的船只或运输部队的掩护，北越能够持续和顺利地接收大量的军事物资。因此，美国学者丹尼斯（M. Dennis）评价"滚雷行动"说："这次行动是冷战时期进行的最激烈的空中、地面战斗，也是第二次世界大战中对德国的轰炸之后，美国海空军参与的最为艰难的战斗。由于北越获得盟国的援助，拥有精良的空对空和地对空武器系统，使得美国的空中轰炸与地面攻击皆十分困难。"[③] 美国空军史学家蒂尔福德（Earl Tilford）也认为："被挑选的任务目标与实际效果之间有很大差距，因为执行任务的飞机组之间协调不佳，而且轰炸的目标也是随意挑选的，有时挑选得甚至不合乎逻辑。如果根据任何合理的目标挑选方法，北越的机场都应该是优先进行轰炸的对象，然而华盛顿拒绝的理由则是担心误炸了苏联或者中国的顾问而越了雷池。"[④]

二战后，苏联对越南的政策也是矛盾和复杂的。一方面，战后初期，斯大林仍试图谋求与美、英、法等大国合作，力图推迟对抗和冷战局面的

[①] Wayne Thompson, *To Hanoi and Back*, Washington D. C. Smithsonian Institute Press, 2002, p. 303.

[②] Berger, Carl, *The United States Air Force in Southeast Asia 1961-1973: An Lllustrated Accoun*, Washington D. C. Office of Air Force History, 1977, p. 366.

[③] Dennis M, *Drew Rolling Thunder 1965: Anatomy of a Failure* (CADRE Papers), Air University Press, 1986, p. 57.

[④] Wayne Thompson, *To Hanoi and Back*, p. 80.

第十一章 认识苏联：越南战争中的苏联军事专家与苏联形象

到来；另一方面，战后的苏联自身满目疮痍，没有足够的能力帮助相距遥远的越南；同时，当时苏联还没有制定推进全球世界革命的战略。另一重要原因是，根据斯大林和苏共的考虑，按照国际共产主义运动的"分工"，中共应是越南的主要支持者和援助者。1950年2月斯大林在莫斯科对同时来访的毛泽东和胡志明说："越南战争、越南革命，苏联是可以支援的，但具体的和切实的还是要靠中国来管。"1962年，毛泽东在会见北越国防部长武元甲（Võ Nguyên Giáp）时特别强调："我们之间要相互帮助，共同战胜敌人。你们不会丢掉我们，我们也不会丢掉你们。"越南战争爆发前后，中国政府积极地给予北越大量的物资、技术和人力支援。中国援助北越大量坦克、枪、炮，以及各种军需物资，中国人民解放军还帮助训练北越军队，传授游击战知识，派遣军事顾问。中国帮助援建北越大量工业设施和铁路。自1964年"北部湾事件"后，中国于1965年春决定向越派遣铁道兵、工程兵、高射炮兵等部队帮助北越抗击美军轰炸，抢修并保障铁路运输，建设重要公路、机场和红河三角洲及附近海岛的抗登陆紧急战备工程等。此举使得北越军队得以腾出手来投入对南方作战。从1965年到1970年，累计有32万中国人民解放军官兵被派往北越，高峰时的1967年有17万人。"文革"中也有数量不详的年轻人自愿越境前往抗美最前线参加战斗。中国援越部队及援越工程技术人员共有1433人在越牺牲（阵亡或病逝、意外事故等）、4200余人负伤。除了陆军炮兵第六十三师第六〇九团的团长程玉山、团政委李万安、团参谋长王锡森三人，作为在越牺牲者中职位最高的团职干部，遗体运回中国国内安葬外，其余1400余名牺牲者安葬在越南北部的57座烈士陵园（现已合并为40座）中。据中国驻越南大使馆武官处实地调查后编辑的资料《中国援越抗战烈士名册》记载，安葬在上述越南烈士陵园的中国籍烈士有1446位；其中，抗法战争时期中国军事顾问团工作人员6名，中国驻越使馆和新华社工作人员2名，访越艺术团人员8名。

苏共领导人赫鲁晓夫执政后热衷于搞苏美对话与缓和，极力避免在有争议的地区与美国发生面对面的冲突。他在1956年召开的苏共二十大上对苏联以往的国际战略进行了重要修改，提出了"和平共处""和平竞赛""和平过渡""少援助民族解放运动"的"三和一少"路线。1955~1965年，苏联向北越提供的优惠贷款和无偿援助总共仅3.2亿卢布，而此前仅在 1955 年苏联向北越提供的无偿贷款就有 4 亿卢布。胡志明和北越政府曾向苏联提出军事武器援助的请求，苏联只给了 3000 支战时苏联缴获的德国枪支，胡志明气愤地说："把它拉到博物馆去！"[①]

而且，在苏联看来，越南实行南北分治不仅有利于苏联与欧美大国外交关系的调整，更有利于战后苏联国民经济的恢复，即通过援助和发展北越经济刺激苏联国内经济发展。因此，在 1957 年，赫鲁晓夫曾提议越南民主共和国（北越）和越南共和国（南越）作为两个"独立国家"加入联合国。[②] 1964 年 7 月 31 日"北部湾事件"发生后，苏联仅在 8 月 3 日的《真理报》上刊登了一则简短的报道，而且其消息来源于美军太平洋司令部。

勃列日涅夫执政以后，中苏国家关系和党际关系进一步恶化。随着两党两国由同盟转向对立，苏联的国际战略发生重大转变，加紧了向东南亚和印度支那的渗透，以形成对中国的包围之势。

"北部湾事件"发生后，越南局势愈加紧张。1964 年，苏联国家安全委员会第一情报局向越南河内派出情报人员。最初向莫斯科汇报美军轰炸情况及相关情况评估的人是伊万诺夫（Ефим Иванов），他精通越南语，是最早被派往越南的情报工作人员之一。由于当时苏联还未在驻越大使馆内设立武官及相关机构，伊万诺夫最初的掩护身份是苏联大使馆的三等秘书。1967 年苏联才在驻越大使馆内正式设立武官办公室，别洛夫上校（А. М. Белов）为首任驻河内的苏联大使馆武官。武官处除了收集美国军队和南越军队的技术、装备和军事行动情报外，还负责在越苏联军事专家、对越军事援助等的管理工作。

1965 年 2 月，苏联部长会议主席柯西金（А. Н. Косыгин）访问河内，与胡志明等北越领导人讨论苏联援越问题，并签订了关于加强对越南防御能力提供援助的协定。鉴于美国飞机对越南民主共和国领土的轰炸，苏越发表联合声明，宣称：苏联人民将履行其对社会主义兄弟国家的国际职责，采取保护越南民主共和国安全和加强其国防力量的措施。同时，河内关键性的防空区域已获得了苏联提供的大量高射武器装备。据美国情报部

---

① 张会军、赵里：《三大经典反侵略战争回眸》，中国长安出版社，2003，第 283 页。
② 时殷弘：《美国在越南的干涉和战争（1954～1968）》，世界知识出版社，1993，第 64 页。

第十一章　认识苏联：越南战争中的苏联军事专家与苏联形象

门估计，一年内苏联就向越南提供了 1 亿多美元的军事装备。1965 年 6 月，美国情报部门首次发现北越军队使用苏联武器装备。9 月，美国发现苏联提供给北越的不仅有地对空导弹设施，还有一些高级雷达探测系统，以及米格－17 战斗机和伊尔－28 轻型轰炸机。① 1965 年 4 月 3 日，在美国对越南实行"滚雷行动"第 31 天后，美国飞机遭到米格－15 的攻击，这是北越空军首次亮相。米格－15、米格－17 和米格－21 是北越空军主要使用的战机，它的整机、技术和教练都来自苏联。北越空军最初只有米格－15 和米格－17 共 53 架。② 到 1966 年，北越又得到了先进的米格－21，其性能已与美军战机接近。到 1967 年，北越空军已经拥有 100 架用于执行截击任务的飞机，其中大多数的基地都位于中国境内，美军无法对那里发起攻击。③

1965 年 3 月 23 日，勃列日涅夫在莫斯科红场庆祝苏联宇航员归来的群众大会上发表讲话时说："我们的中央机构收到不少苏联公民的呼吁，表示准备参加越南人民争取自由和独立的斗争。我们很理解苏联人在这些呼吁中亲自表达的兄弟般团结和社会主义的国际主义感情。"④ 他指的是，莫斯科防空区的战士给领导写信，表达对美国侵略越南的愤慨和去前线援助越南的要求。"将军同志：莫斯科防空区的战士向您提出请求，我们每天从广播里和报纸上听到、看到美国侵略越南的罪行……我们请求派我们去援助英雄的越南人民。"⑤

1965 年 4 月 17 日的《苏越联合公报》中也声明："如果美国强化对越南民主共和国的侵略。苏联政府在必要的情况下，在越南民主共和国政府请求时，同意苏联公民前往越南，因为他们遵循无产阶级国际主义的情感，表达了为越南人民的正义事业，为保护越南民主共和国的胜利成果而战斗的愿望。"⑥ 在随后召开的共产党、共青团、工会和妇女会议上，支持

---

① Ilya Valeryevich Gaiduk, *The Soviet Union and the Vietnam War*, Ivan Dee, 1996, p. 50.
② John Morocco, *Thunder from Above*, Boston Publishing Company, 1984, p. 102.
③ John Morocco, *Thunder from Above*, p. 148.
④ 沈志华总主编《苏联历史档案选编》第 30 卷, 社会科学文献出版社, 2002, 第 156～157 页。
⑤ Галенко В. Г. Старовойнов К. Юрченко В. М. Иванов Г. Ф. Авдулов Г. Г. Чоговадзе В. Д. Письмо в политуправление Войск ПВО СССР//Героические будни Войска противовоздушной обороны страны —Исторический очерк . М. : Военное издательство, 1968. с. 402－403.
⑥ 沈志华总主编《苏联历史档案选编》第 30 卷, 第 158 页。

和援助越南是一个重要的主题,并且通过了一系列决议。

1967年9月24日苏越发表会谈公报,表示苏联将"给予越南以全面的协助,帮助它加强防御能力和发展国民经济"。"根据越南的请求,苏联在1968年将向越南提供飞机、地对空导弹、大炮、枪支、弹药以及其他军用物资,还有成套设备、交通工具、石油产品、黑色金属和有色金属、粮食、化肥、药品和其他必需物资"。而据西方估计,1965年苏联就向越南提供了价值5.5亿美元的军事援助,到1968年已达10亿美元。1965年3月22日,胡志明、范文同在会见访越的苏联军事代表团时指出:北越军队的装备基本上是苏联的武器和战斗技术设备。美国著名越南问题专家戴维·谢布隆(David Schoenbrun)在1968年出版的《越南:我们怎样进去,又是如何脱身》(*Vietnam: How We Got In, How to Get Out*)一书中点明:"大量的卡车、防空大炮、导弹和飞机,都是苏联生产的。"① 引用这一资料的俄罗斯学者格拉祖诺夫(Е. П. Глазунов),现为俄罗斯继续教育医学科学院(МАПО)院士和越南友谊协会(Общество дружбы с Вьетнамом)主席,他也提到:"在1964年6月,在共同的军事行动中,苏联军事专家已经首次参加与美国飞机的战斗。然而,在苏联报刊上看不到一点报道,但是美国和其他国家都清楚地知道,越南民主共和国的防空系统是用苏联军事技术建造的。"②

但是此时的苏联仍然避免在越南问题上与美国发生正面冲突,更不能明显表现出给予越南民主共和国以军事、技术和物资援助。从苏联海运部长卡巴耶夫(В. Кабаев)1968年7月11日写给苏共中央关于向越南运送物资的困难的报告中即可见一斑。报告称:"……海运部未曾中断从苏联各港口派遣装载货物的苏联船只开往越南。约有20~22艘船只连续不断地

---

① Хюпенен А. И. Вартанов В. Н. Глазунов Е. П. Колесник Н. Н. *Война во Вьетнаме: взгляд сквозь годы…… Материалы научно - практичесой конферецц Советско - Вьетнамское военное и экономическое сотрудничество в годы агрессии США против (1964 – 1973 гг)*, с. 15 – 16.

② Хюпенен А. И. Вартанов В. Н. Глазунов Е. П. Колесник Н. Н. *Война во Вьетнаме: взгляд сквозь годы…… Материалы научно - практичесой конферецц 《Советско - Вьетнамское военное и экономическое сотрудничество в годы агрессии США против (1964 – 1973 гг)*, с. 15.

第十一章　认识苏联：越南战争中的苏联军事专家与苏联形象

从事前往越南的运输活动，这不仅为从苏联对外的运输，而且也为北越同其他各国的外贸联系提供保障。"报告中提到，"根据苏联船长们的通报，最近10~15天以来，形势仍在迅速地复杂化。在轰炸时，苏联船只越来越处于危险的海域。例如：7月7日，'苏维埃茨克'号轮船停泊在码头附近，正处于直接轰炸的区域，有一枚炸弹在离船350米的地方爆炸，而敌机用机枪从离船舷只有100米远的地方对停泊在距'苏维埃茨克'号不远的越南军用快艇进行点射。在'共青团'号油轮停泊区不知从何处投下了5个金属物。几乎所有进入东京湾的苏联船只都遭到了飞机的侦察和驱逐舰的跟踪。"报告指出，"越南海军当局人为地拖延苏联船只卸货，认为在海防港地区苏联的船只越多，该港口的形势就越安全"。"苏联船只停在危险地区的旁边，比如防空岸炮连旁，显然是说，由于其旁边有苏联船只而使美国人放弃对这些炮连的轰炸，也可能是根据某些人士的愿望来构成一种被迫的局势，使苏联的船只被炸毁。""在空袭时，军用快艇就靠向苏联船只的船舷并从苏联船只的船舷下开火，这样就可能使美国飞机的火力指向苏联船只。"这份绝密报告的结论是："美国的海军和空军实际上已经封锁了进入东京湾水域的国际航道。这显然是美国的侵略行动，它粗暴地破坏了世界各国公认的公海自由（通航）的准则。美国的这种侵略行动和军事挑衅行动对全世界所有爱好和平国家的贸易安全构成威胁。考虑到美国并未正式向苏联宣战，上述水域还不是军事行动的水域"。①

由此可见，尽管美国侵略越南的战争已正式爆发，但美苏双方在处理该问题时还是有投鼠忌器的顾虑。一个极为有趣的现象证明了这一点：1965年4月4日，苏军飞行员驾驶米格-17歼击机在越南上空击落两架美军轰炸机（F-105）。②但是苏联对此消息秘而不宣。但北越在当天公开报道越南人民军飞行员冯贵（Фам Гиа）、李明洪（Ле Минь Хуан）、常辉洪

---

① 此处引文均参见沈志华总主编《苏联历史档案选编》第30卷，第153~155页。
② Календарь памятных дат российской военной истории: люди, события, факты/Под общ. редакцией д. и. н., профессора, генерал-майора В. А. Золотарёва. 2-е издание, исправленное и дополненное. М.: Логос, 2001. С. 156.; Календарь памятных дат// Военно-исторический архив: Научно-популярный журнал/Гл. ред. В. С. Ещенко. М.: Научно-производственная фирма 《Церера》, 2005. № 4 (64). с. 187.

（Чан Нгуен Нам）和常汉（Чан Хан）击落了两架美军轰炸机（F-105）。但4位北越飞行员中有3位在战斗中牺牲，只有常汉活着，击落美军飞机的真实性也只有他个人为证，他因此获得了"越南英雄"称号。[1]而美国方面的信息也说明：1964年4月4日，美军损失3架F-105飞机，其中2架是被北越飞行员在空中击落，1架是被地面防空导弹击中。[2]根据苏越协议，苏联军事专家只能从事幕后工作，即培训越南飞行员和建立防空导弹系统，苏军直接参战是被禁止的。[3]因此，直到46年后的2010年，俄罗斯国防部才正式公开这个秘密，宣布越南战争中首次击落美军飞机的不是北越飞行员，而是苏联援助越南的军事专家。[4]

时任美国密歇根大学苏联和东欧研究中心主任齐默尔曼（U. Zimerman）通过特殊渠道获得了苏联的有关文件，他分析这些文件是发给苏军正规单位的，据此判断苏联将直接干预越南战争，并可能与美国发生正面对抗。因此，在越南战争中，对苏联和中国直接参战的恐惧一直伴随着美国政府。[5]

二 密林深丛中的苏联军事专家

1965年7月6日，苏联部长会议通过第525-200号决议（№ 525-200），宣布建立苏联军事专家团（Советские военные специалисты - СВС）。

---

[1] Toperczer, Istvan. *Silver Swallows. MiG-17 and MiG-19 Units of the Vietnam War*, Osprey Publishing Limited, 2001. pp. 30-31.

[2] Obson, Chris. Chapter Five：1968//*Vietnam air losses*：*United States Air Force, Navy and Marine Corps fixed-wing aircraft losses in Southeast Asia 1961-1973*, Midland Publishing, 2001. p. 143; Davies, Peter, "War in Laos", *F-105 Thunderchief Units of the Vietnam War*, Osprey Publishing Limited, 2010, pp. 24-25、30.

[3] Заборский В. Ни на чём не основанный вывод//Независимое военное обозрение：Еженедельное приложение к Независимой газете. М.：ЗАО《Редакция, Независимой газеты"》, 7 октября 2005. № 38（447）. с. 8.

[4] Бочарова А. Л. Апрель в военной истории//Военно-исторический журнал：Ежемесячное научно-популярное изданиеМинистерства обороны Российской Федерации. М.：Редакционно-издательский центр Министерства обороны РФ, 2010. № 4.

[5] Record, Jeffrey; Terrill, W. Andrew. Comparisons：Then and Now. Relative U. S. Military Power// *Iraq and Vietnam*：*Differences, Similarities, and Insights* /U. S. Army War College.—Report.—Carlisle Barracks, Strategic Studies Institute, May 2004, p. 5.

第十一章 认识苏联：越南战争中的苏联军事专家与苏联形象

军事专家团成员，根据个人自愿原则，在苏联现役军官、指挥员、工程师和技术人员，以及士兵和警察中挑选。1966年7月4日，北越总理范文同与苏联驻越大使谢尔巴托夫（И. С. Щербатов）在河内会晤。范文同建议在备忘录中写入："应越南的请求，华沙条约成员国准备派遣志愿人员以共同反对美国的侵略。"[①] 范文同在解释这一点建议时表示："由于前不久美国空军对河内郊区和海防郊区的空袭，志愿人员的想法现在具有特殊意义。"在已经解密的苏联外交部东南亚司《外交部关于向越南派遣志愿人员向苏共中央提供的背景资料》档案中记载："关于派遣苏联志愿人员去越南的问题，主要是在苏联党和政府代表团谈判过程中按照越方的倡议不止一次地秘密进行过讨论。越南同志的观点基本上是：他们首先需要的是军事技术装备和军事技术物资方面的帮助，至于人力资源，越南并不缺。有人曾向越南劳动党领导人提示过：在紧急需要的时候，越南方面可以请求派志愿人员。"

苏联对越军事援助由来已久。美国"外国军事研究处"（The Foreign Military Studies Office，FMSO）主任格劳（Lester W. Grau）认为，苏联对越南的军事援助在二战结束后不久就已经开始，当时斯大林应胡志明反对法国殖民者的请求，于1946年10月26日至1947年1月13日派出了苏联专家团。[②] 关于苏联军人参加第一次印度支那战争的详细资料尚未见到，但根据苏联海军中将胡尔斯（И. К. Хурс）的回忆，在1954年，他还是二等大尉，曾与其他几位苏联水兵到越南协助组织海军并帮助平民。当时北越没有自己的贸易港口，苏联水兵租用载重船只从南方向北方运送食品，而实际上船上装载的是武器弹药。胡尔斯回忆：45毫米的迫击炮安装在大象的背上，就成了一个移动的武器装置。[③] 1957～1961年，苏联边防军官卡拉楚帕（Н. Ф. Карацупа）被派到越南从事训练当地边境部队的工作。为表彰他富

[①] 此处及上述两处引文参见沈志华总主编《苏联历史档案选编》第30卷，第157、159页。
[②] Dana Drenkowski; Lester W. Grau, Patterns and Predictability: The Soviet Evaluation of Operation Linebacker II//*Journal of Slavic Military Studies: Quarterly Academic Journal*. L., Taylor & Francis, October 2007, No. 4, pp. 1 – 3, 33 – 38.
[③] Жирнов Е. Вьетнамские товарищи нас просто замучили//Коммерсантъ - Власть: *Аналитический еженедельник*. М.: Коммерсантъ, 7 марта 2000. № 9 (360). с. 52 – 55.

有成效的工作和贡献，越南边防部队设立了以卡拉楚帕为名的荣誉奖章。①

苏联国防部向越南派出军事专家始于 1960 年初。苏联武装力量总参谋部赴越南军事专家总领导依次为：1965～1966 年，那扎林（Н. В. Назаркин）上校；1966 年，格列恰宁（В. П. Гречанин）上校；1966～1967 年，科罗基里什科夫（Б. И. Колотильщиков）上校；1967～1968 年，卡帕尔金（С. В. Капалкин）上校；1968 年，苏拉诺夫（Б. С. Суранов）上校；1969～1970 年，谢尔盖耶夫（Г. И. Сергеев）上校；1970～1971 年，日隆金（В. Г. Жиронкин）上校。根据越南民主共和国政府的请求，苏联空军司令斯科里普科（Н. С. Скрипко）元帅派苏联飞行员小组到越南帮助培训空军和实施空中运输。② 从 1960 年初开始，在越南和老挝境内就出现了里 - 2（Ли - 2）和伊尔 - 14（Ил - 14）运输机，执行运送士兵和军事物资的任务。1961 年，苏联第三一九红旗直升机独立团在越南执行军事任务。1964 年，第三三九空军运输团向越南运送了大量军事物资。1961～1964 年，第十一防空军飞行员在越南工作，1960～1963 年，苏联空军在老挝执行任务超过 1900 作战架次，飞行时间超过 4270 小时，运送 7460 人及 1000 吨货物。1961 年 2 月 17 日，苏军专家斯洛明（А. Н. Соломин）上尉在越南阵亡，他是苏军在越南战争中阵亡的第一人。③

根据苏越协议，1965 年 4 月 16 日，越南接收了第一批苏联军事专家（见表 11 - 1），约 100 人，领导人是苏军上校德杰扎（А. М. Дзыза），任职到 1965 年 9 月。这个军事专家团的任务，是在最短时间内安装两个防空导弹综合系统。同一日，来自巴库边区的导弹防空军的 200 名士兵和技术

---

① Мусалов А. Легенды спецназа：Пятьдесят фактов о Карацупе//Братишка: Ежемесячный журнал подразделений специального назначения. 2011. № 5.

② Сомов С. А.，По воздушным трассам дружбы//Это незабываемое слово 《Льенсо》. Сборник воспоминаний М.：Редакционно - издательский центр МО РФ，2003.

③ Ярёменко В. А.，Почтарёв А. Н.，Усиков А. В. Война во Вьетнаме（1961 - 1974 гг.）// Россия（СССР）в локальных войнах и военных конфликтах второй половины XX века / Под ред. В. А. Золотарёва，Институт военной истории МО РФ. М.：Триада - фарм，2002. с. 193 - 196.

第十一章　认识苏联：越南战争中的苏联军事专家与苏联形象

　　人员乘火车经过中国领土来到越南。① 最初，为避免引起美国和西方国家的注意，苏联军事专家团的飞行路线绕过中国，即从苏联飞到缅甸，经万象辗转到河内。而美国人也使用这条空中航线，其间发生了一件很有趣的事：苏联军事专家拉古金（А. А Логокин）上校，以蔗糖专家的身份乘飞机从缅甸飞往万象，遇到一个准备飞往西贡的美军飞行员。美军飞行员用极蹩脚的俄语与他交谈，并且与他相约在越南见面。②

　　许多苏联军事专家和飞行员有着相当的实战经验，并且在朝鲜战争中与美军飞机战斗过。越南人民军防空司令部顾问、苏军少将苏佳金（Н. В. Сутягин），在朝鲜战争期间参加过第六十四歼击机航空兵团的作战行动。他曾击落22架美军飞机，包括15架F-86"佩刀"战斗机（F-86 Sabre），该飞机是美国也是世界上最先进的战斗机。

　　别洛夫少将于1965年9月至1967年10月派驻越南并担任苏联军事专家团的领导工作。他回忆，最初苏联统帅部并没有统一的意见，相应决策是随着美军进犯北越行动的升级而制定的。考虑到美军空降北越领土和开展地面部队进攻的可能性，授予了苏联军事专家团广泛的职能，但防止美军对北越实施空中打击是军事专家团的主要任务。③ 第一批苏军顾问和文职专家，包括数百名战斗机飞行员，无线电、雷达、防空导弹系统工作人员被安置在具有重要战略意义的位置——首都河内以及红河上的重要桥梁和港口。④

---

① Колесник Н. Н. Обучая, сражались и побеждали//ПВО Страны: вчера, сегодня, завтра Сборник К 70 – летию отражения первого налёта фашистской авиации на Москву. М.: Руспринт, 2011. с. 1 – 35.

② Рощинский С. Двенадцать дней противостояния（часть I）//Белорусская военная газета: Центральный печатный орган Министерства обороны Республики Беларусь. Мн.: Военное информационное агентство Вооружённых сил Республики Беларусь, 27 ноября 2012. № 222.

③ Белов Г. А. Воспоминания о Вьетнамской войне//Война во Вьетнаме… Как это было（1965 – 1973）. Антология. М.: Экзамен, 2005. с. 137 – 151.

④ Мусалов А. Неизвестная война: Безумный сон советского инженера//Братишка: Ежемесячный журнал подразделений специального назначения. 2011. № 3. с. 55 – 57.

表 11-1 越南战争时期苏联军事专家教导团领导名单

	苏联军事专家教导团（старшая группа）				军事专家、防空战士专家团教导团（старшая группа）				越南空军军事专家教导团（старшая группа）		
军衔	兵种	名 字	时 间	军衔	兵种	名 字	时 间	军衔	兵种	名 字	时 间
少将	炮兵	德杰扎（А. М. Дзыза）	1965.4~1965.9	少将	炮兵	德贞扎（А. М. Дзыза）	1965.4~9	上校	空军	西莫夫（С. А. Сомов）	1960~1961
少将	合成兵种	别洛夫（Г. А. Белов）	1965.9~1967.10	少将	炮兵	基斯梁斯基（В. С. Кислянский）	1965.9~1967.10	少将	空军	西琴科（В. П. Сенченко）	1966~1967
中将	空军	阿布拉莫夫（В. Н. Абрамов）	1967.10~1968.12	上校	炮兵	库里巴科夫（Н. И. Кульбаков）	1967.10~1968.9	少将	空军	安奇菲洛夫（Е. Н. Анциферов）	1968~1969
中将	炮兵	斯多尔尼科夫（Б. А. Стольников）	1968.10~1970.12	上校	炮兵	斯图奇洛夫（А. И. Стучилов）	1968.9~1969.12	少将	空军	苏加金（Н. В. Сутягин）	1970~1971
少将	合成兵种	马克西缅科（Н. К. Максименко）	1970.12~1972.12	上校	炮兵	古杰（В. А. Гуде）	1969.12~1970.12	少将	空军	菲先科（М. И. Фесенко）	1972
少将	炮兵	修宾埕（А. И. Хюпенен）	1972.12~1975.1	上校	炮兵	柯连金（Ю. В. Коленкин）	1970.12~1971.12				
				上校	炮兵	布扎诺夫（А. И. Пузанов）	1971.12~1972.12				
				上校	炮兵	巴宾科（К. С. Бабенко）	1972.12				

资料来源："苏联军事专家团在越南民主共和国"（Группа советских военных специалистов в Демократической Республике Вьетнам）。参见 http://ru.wikipedia.org/wiki/。

266

第十一章 认识苏联：越南战争中的苏联军事专家与苏联形象

苏联军事专家团最初接受的任务之一，是在最短时间内为越南人民军培训两个防空导弹团。于是，在河内附近建立了两个培训中心：一个中心由茨甘科夫（М. Н. Цыганков）上校领导，由莫斯科防空军区专家培训越南人民军第二三六导弹防空团。另一个中心由巴热诺夫（Н. В. Баженов）将军领导，由巴库防空军区专家培训越南人民军第二三八防空导弹团。奥尔忠尼启则高等防空导弹指挥学校（Орджоникидзевский высшей зенитный ракетный командный училищ ПВО）的2~3位军官和教员负责培训第二三八防空导弹团。根据扎依科（А. Б. Заика）上校的回忆，实际上，第二三八团还没有完成所有教程的学习就投入了战斗。1965年7月，莫斯科防空军区的100人到位，到1966年初，苏联军事专家团成员已经达到382人。从1965年4月至1967年5月，为帮助越南人民军建立导弹防空力量，又派了2266名苏联军事专家。[①]

培训中心位于河内附近的丛林中，经过了精心伪装，典型的建筑是污垢的地板和茅草屋顶的木棚子。苏联专家的工作是极为繁重的，每个专家要指导一个特定的部门，指导一个或两个科目。课程内容非常复杂和专业化，教学必须通过翻译来沟通。教学从早晨4点开始，到中午炎热难当，苏联军事专家有两个小时的休息时间，但任何人不得随意出入中心基地。[②]

俄罗斯电视台"俄罗斯"（Россия）的"航空时代"（Время Авиации）节目（2010年5月12日）采访了曾参加培训越南空军王牌第三七二航空师（代号"九龙师"）的苏联空军上校库兹涅佐夫（Виктор Кузнецов），他透露了苏越关系史上的一段秘辛。

1975年初，库兹涅佐夫上尉为"履行国际主义义务"被派往北越执行任务。当年2月，他随苏联专家团秘密来到河内，负责维护北越空军最先进的米格-21歼击机（Мг-21），当时只有第三七二航空师下辖之第九三七团（驻内排）和第九三三团（驻建安）装备该机。库兹涅佐夫回忆：

[①] Колесник Н. Н. Обучая, сражались и побеждали//ПВО Страны: вчера, сегодня, завтра Сборник К 70- летию отражения первого налёта фашистской авиации на Москву с. 1 - 35.

[②] Канаев В. Наш боевой расчёт//Война во Вьетнаме… Как это было (1965 - 1973). Антология. М.: Экзамен, 2005. с. 201 - 207.

"越南的生活很艰苦，而且越南人与我们有隔阂。当时我们住在内排基地的简易平房里，如果没有组织安排或北越外交官陪同，北越哨兵禁止我们离开基地半步。北越安全部门对苏联专家组特别'关照'，所有与我们交往的越南人（包括翻译、服务人员、空军技师）都需要向安全官员汇报。实际上，我们只有在每个月一次向苏联驻河内大使馆做例行汇报时，才有机会和其他在越苏联专家交流。当然，公正地说，我们在大使馆里也要向克格勃官员汇报自己掌握的北越军事情报，特别是涉及北越与中国军事交往方面的情报。当时，北越空军还装备有中国生产的歼-6和歼-5歼击机，装备这些飞机的北越部队里有中国专家，内排基地也不例外。虽然苏联人有能力负担起歼-6和歼-5的运转，但北越国防部更愿意接受中国的帮助。为北越军队工作的中国专家受到比苏联专家高得多的待遇。举个简单的例子，在北越空军中，毕业于中国院校的飞行员和工程师更有威信，军衔升迁方面也快得多。在内排基地里，我甚至发现一些北越军官公开展示自己持有的毛主席像章和《毛主席语录》。"①

1975年4月，北越发起旨在彻底推翻南越政权的战役。4月22日，库兹涅佐夫与其他26名苏联专家赶到六滨河畔的小镇梅堡，他们冒着南越空军轰炸的威胁，直接在野战机场维修受损的米格飞机。在之后的8天里，他们连续修复了13架次受损的米格-21和中国的歼-6飞机。4月30日，南越首府西贡解放。库兹涅佐夫等人从野战机场的大喇叭里听到河内电台的广播，看到在场的越南人欢声雷动。在场的翻译告诉他们："我们胜利了！祖国统一了！"库兹涅佐夫与越南人拥抱在一起，庆祝这一难得的胜利。②

克留奇科夫（Юрий Крючков）也是秘密援助北越的苏联军人中的一员。克留奇科夫曾经秘密参加过朝鲜战争，后来又参加了越南战争，而这两次战争反对的是同一个敌人——美国。克留奇科夫回忆：出发前往越南前，苏联政府多次告诉他们，参加越战是为了履行无产阶级国际主义义务

---

① "出差越南"（Вьетнамская командировка），参见 http://www.airwar.ru/history/locwar/vietnam/comandir/comandir.html。

② "出差越南"（Вьетнамская командировка），参见 http://www.airwar.ru/history/locwar/vietnam/comandir/comandir.html。

第十一章　认识苏联：越南战争中的苏联军事专家与苏联形象

和支援社会主义兄弟国家，特别强调他们此行完完全全是个人行为，与苏联政府和苏联军队无关。其他参加过越战的苏联老兵也表示："在派往越南前，事先警告我们，不能带照相机和一张苏联货币。"①

最初，克留奇科夫在距离河内45公里处的简易机场——内排〔内排机场现为越南北部最大的国际机场（Hanoi Noi Bai International Airport），国际代号：IATA：HAN，ICAO：VVNB〕为越南培训米格-17歼击机飞行员。克留奇科夫回忆说，那里的条件相当不错，营房设施完善，通风机、冰箱和照明设备、供水设备一应俱全。当时机场还驻有一个米格-21歼击机分队。但在美军开始大规模空袭后，上级决定将米格-17歼击机转移到刚刚修建完成的丛林机场——开普，而这里的生活条件与内排机场有相当大的区别，没有住房，只能住在最为简陋的树皮和蒲草搭成的窝棚里。为了防备美军和南越发现这个新机场，机场的跑道白天都用沙石和草叶遮盖，到晚上才露出真面目。克留奇科夫与越南飞行员的沟通全部靠翻译，有时根本听不懂翻译的解说，只能凭越南飞行员的语气和面部表情判断出了什么问题。训练时，越南人坚决反对苏联专家关掉飞机舷灯，他们认为北越还没有与南越正式开战，因此不必如此谨慎，反而会因视线不清楚，被自己人的防空炮火击落。

在一次飞行训练中，克留奇科夫驾驶的米格-17歼击机后舱发生爆炸，飞机进入可怕的螺旋状态，克留奇科夫不得不跳伞逃生。他始终没有搞清战斗机爆炸的真正原因，有一种可能是被美军的空对空导弹击中。

克留奇科夫回忆说，在降落过程中，"首先看到树冠，然后是茂密的丛林"。在接近地面时，他不得不抱住脸，蜷起腿，以防划伤。克留奇科夫最后落在距地40米高的树枝上，他割断降落伞的绳子，终于保住了自己的性命。几乎与此同时，来自地面的防空炮打响了，美军和南越军队的100毫米高射炮射出的炮弹就在他的身边爆炸，弹片在他面前横飞。克留奇科夫说："在河内，我看到过这种炮弹击落了美制F-4战斗机，飞行员甚至没有时间跳伞，只能坐以待毙。"而当时苏联飞行员甚至连头盔也没

---

① 关于克留奇科夫的叙述，均参见 Дмитрий Литовкин，Медаль за необъявленную войну// Известие，2004-11-30。

有配备，克留奇科夫只好从伞包中取出应急氧气瓶罩在头上。夜幕降临后，新的问题又产生了。莽丛林，没有水源，而且毒蛇遍地。克留奇科夫想起越南人教给他的土办法，迅速把降落伞改装成仅有一个出口的小屋，小心翼翼地钻进去后再把出口死死扎紧，这样，即使再小的毒蛇也钻不进去了。他在极度紧张和没有食物、饮水的情况下度过了一夜。

第二天，筋疲力尽的克留奇科夫小心翼翼地走出丛林后，立即被当地的村民包围。克留奇科夫回忆道："越南人仇恨美国人，如果美国飞行员跳伞后被越南人抓到，在北越的警察发现他之前，就会被当地农民用棍棒或锄头打死。我们的一个同伴就这样被打死了。因为他从南方飞来，眼睛与欧洲人相似，只是皮肤颜色较深。而当地农民根本分辨不出美国人和苏联人。"这些村民有150余人，几乎全是老人和孩子，他们手中没有武器，只有木棍和长梭镖。他们显然是第一次见到外国人，更不可能将克留奇科夫与美国人区别开来。克留奇科夫立即拿出北越政府给他的证明文件，上面用越南文字写着"苏联人"是自己人，越南人要帮助他，向他提供食物、水和其他必需品。但这些村民显然不识字，大家仍然以敌视的态度对待克留奇科夫。好在人群中有一个上过学的11岁左右的小女孩，她看了证明文字后告诉大家，他不是美国人，而是帮助越南人的苏联飞行员，克留奇科夫这才真正获救。克留奇科夫回忆道："为什么他们没有立即打死我？后来才明白其中的原因，我一定不像美国人。美国飞行员一般随身带着众多设备，如工作服、收音机、两支手枪。而我几乎身无分文，只穿着绿色的衬衣，没有武器，还光着脚穿着凉鞋。"后来，克留奇科夫因参加越南战争而获得了苏联政府颁发的红星勋章（орден Красного Знамени），越南政府也授予克留奇科夫战斗奖章（За войну）。苏联为获得美国配有电子设施、可以规避敌方防空雷达并且最大转场航程可达1万公里的F-111战斗机的技术资料，在越南战争中采取了特殊的军事行动。1968年3月17日，6架F-111战斗机抵达位于泰国的美军基地——塔克利机场。当天，北越和苏联谍报人员就知道了这一消息。苏联派出少将飞行员叶甫盖尼·安西菲洛夫、防空部队无线电兵司令格奥尔吉·吉契科将军等43名苏联军事专家前往越南，准备采取行动。4月22日，当F-111A进入北越领空后，苏联专家进行了无线电干扰使其与基地失去了联系，然后派出苏联空军包围

第十一章　认识苏联：越南战争中的苏联军事专家与苏联形象

美军的 F-111 飞机，苏联飞行员安西菲洛夫命令 F-111 飞行员在北越的内排机场降落，否则就将其击落。随后，苏联把迫降的 F-111 分解，进行严密包装后运到越南的海防港，将其装上苏联轮船阿历克谢·托尔斯泰号。5 月 7 日晚上，阿历克谢·托尔斯泰号秘密启航，行至苏联，其间一直有苏联战舰在公海上护航。抵达苏联后，F-111A 战斗机被秘密停放在西伯利亚的一处机场，两名美国飞行员则被关在一个叫萨里沙干的军事小镇。

苏联军人和苏联专家在越南所做的工作，除了人员培训和技术支持之外，还直接参加了部分军事行动，其中包括 1967 年 10 月 27 日美军飞行员约翰·西德尼·麦凯恩（John Sidney McCain）驾驶的 F-4 轰炸机在河内上空被苏联军事专家特鲁舍奇金（Юрий Петрович Трушечкин）中校指挥击落并俘获的事件。特鲁舍奇金因在越南战争的英勇表现获得"红星勋章"。2009 年 1 月 16 日，他在彼得堡的养老院去世。麦凯恩是 2010 年呼声甚高并与美国民主党候选人奥巴马（Barack Hussein Obama）相抗衡的美国共和党总统候选人。他于 2018 年去世。

时任防空指挥官的特鲁舍奇金回忆：当时为了使战略桥梁避开美军的袭击，他和己方的其他军人交换了导弹部署阵地。在军人们离开后，才听到空袭警报声并看到正在靠近的两架美军 F-4 轰炸机。特鲁舍奇金说："其中一架飞机绕过山包逃跑了，另一架则穿过了大桥。我们就朝它们开火。"① 麦凯恩在座机被击中后弹射出机舱，落入了河内西部的湖中，他立即被包围上来的越南士兵逮捕。指挥这群越南士兵的是在河内执行秘密情报工作的两名苏联军官——列格斯塔耶夫（Евгений Легостаев）和斯波尔特（Иван Шпорт）。麦凯恩与其他 800 余名美国军人一样，被秘密关押在河内的监狱里。1971 年 7 月，为纪念 1954 年越南从法国殖民统治下获得解放，越南民主共和国在河内举行盛大的游行，麦凯恩等美军战俘也身穿囚服走在战俘队伍中。1973 年 3 月，根据美国和越南签署的《巴黎和约》，越南政府在河内机场向美方移交了在押的 800 多名被俘美军飞行员，其中就包括在河内的监狱里度过了 6 年牢狱生活的麦凯恩。麦凯恩后来因伤病

---

① Оксана Бутаева, Помню слова: Джон Маккейн//Взгляд Деловая газета, 2009-01-16.

以海军上校的军衔退役,从此开始步入政界。据俄军方公布的资料,在20世纪六七十年代越南战争中,共有51名美国空军飞行员被引渡到了苏联。美俄负责调查战俘及两国冲突中失踪人员的委员会主席尼古拉·别兹博罗多夫(Николай Безбородов)称,这些美国空军飞行员自被引渡至苏联后音信全无,至今下落不明。别兹博罗多夫说:"俄罗斯文件中的内容显示,这51名美国人是在38次不同的冲突中被捕的。"目前仅有7人的身份得到了确认。

2009年,特鲁舍奇金在接受《观点报》(Взгляд)记者采访时表示:他至今都不后悔,而且仍然满怀对麦凯恩的憎恨。"麦凯恩幸好没能当上总统。他憎恨俄罗斯人。他知道是我们的导弹击落了他的飞机。"[①]

斯波尔特上校是此段历史插曲的另一个见证人,他如今已是俄军退役中将。他在当时被俘的麦凯恩身上获得了两个战利品,一个是美国军人随身带的用五种语言所写的求救信:"我是美国公民,我落难了,请帮助我。"另一个是麦凯恩所驾驶飞机的一块残片。后来,他将这块残片送给了20世纪60年代驻越南的苏联《消息报》记者伊里英斯基。伊里英斯基对此格外珍惜。因为在他看来,这块残片连接了苏联人与越南人、苏联人与美国人的特殊关系,它自身的象征意义也是多重和复杂的。他写道:"我手中把玩着一块美军战斗轰炸机的蒙皮残片,虽然已收藏了几十年,但是依然闪烁着光芒,这并非因为金属本身,而是由于对那段岁月的记忆。如果不是在沉思往事的同时,时常把玩这块碎片,那它恐怕早已被空气腐蚀、被灰尘埋没了。这块碎片如同我信仰的十字架,被我如同圣物一样陈列在我的书架上,紧挨着我最心爱的一本书,这本书中记录着上世纪美国人在越南丛林中的历史。""如今,当我通过电视看到美国共和党总统候选人麦凯恩站在讲台上讲述他的施政纲领时,不能不让我想起这块我珍藏已久的飞机蒙皮碎片,而这块碎片就是由麦凯恩从遥远的美国带到了越南,机缘巧合之下又被别人送到了我的手中……""那块麦凯恩的飞机蒙皮碎片正是伊凡上校送给我的礼物,而当年的那名美军飞行员俘虏,在我印象中那个穿着睡衣般囚服的飞行员,在河内的战俘营中度过了漫长的6

[①] Оксана Бутаева, Помню слова: Джон Маккейн//Взгляд Деловая газета, 2009 – 01 – 16.

第十一章　认识苏联：越南战争中的苏联军事专家与苏联形象

年时间。多年后，这名飞行员成了美国国会议员，现如今他又成了名满天下的美国总统最主要的竞选人之一。"①

越南战争初期，北越与南越和美军空中力量的差距是巨大的。1964年8月，在南越和泰国等地的美国空军基地大约有680架作战和支援飞机，同时期北越只有约120架老式战斗机。② 在装备了苏联的新式战斗机以后，培训越南飞行员也是苏联军事专家团的重要使命。

苏联军事专家直接参战的目的是临战培训越南飞行员和解决空战出现的突发问题。契卡洛夫空军学院（НИИ ВВС имени В. П. Чкалова）的首席飞行员、苏联英雄、空军上校卡特洛夫（В. С. Котлов）到越南培训越南飞行员使用"空对空"导弹。他与他的越南学生、越军上尉沙都（Шаату）驾驶米格－21UC（教练机）升空作战，沙都作为主战坐在第一机舱，卡特洛夫作为助手坐在第二机舱，他们驾驶战斗机混入美国F－4幽灵战斗机（F－4 Phantom）编队之中。两人直接用俄语联系，最终指挥沙都打下一架F－4战斗机，这是越南飞行员驾驶米格－21打下的第一架美国F－4战斗机。卡特洛夫因此获得了越南政府颁发的"河内荣誉公民证书"（Почётный гражданин Ханоя）。但是卡特洛夫本人、苏联政府和苏联军方并不因此而欢欣鼓舞，因为卡特洛夫违反了苏越之间有关苏联军事专家不能直接参战的规定。

苏联军事专家在越南首次建立了富有成效的综合空中防御系统，处于战斗位置的依次是高炮团、防空火炮团、战斗机航空团（配备米格－17和米格－21歼击机）和无线电工程兵团。1965年7月，СА－75М防空导弹系统已部署在河内附近。第一次实战发生在1965年7月24日，战斗地点在河内东北50公里处。军事科学副博士、上校马利金（А. С. Мальгин）报告：该日，两个高炮营击退了美国飞机的攻击，用4发导弹同时击中F－4С轰炸机。阿隆（В. Арон）上校报告：这场胜利功劳记在越南人民军大尉阮文汉（Нгуен Ван Хак）和阮文梁（Нгуен Ван Нян）名下。但实际

---

① Михаил Ильинский, Пилоты в пижамах в ханойском плену//Независимая газета, 2008-07-11.

② Черткова В. К. Противовоздушная оборона в ходе войны во Вьетнаме (1964－1973) Смоленск：ВУ ВПВО ВС РФ, 2000. с. 138.

273

上，应该归功于苏联中尉鲍里斯·马热耶夫（Борис Можаев）和费多尔·伊里英（Федор Ильин）。因为越南军官最初无法克服按下导弹发射钮时的心理恐惧。为纪念这一重大胜利，7月24日这一天被越南政府定为"越南人民军防空导弹部队日"。

苏联《消息报》驻越南记者伊里英斯基回忆道："1965年7月25日，越南防空导弹部队用刚刚装备不久的苏联防空导弹成功地击落了3架美国战斗轰炸机。越来越多的战绩极大地鼓舞了当时一度悲观的越南防空部队，同时越南的防空导弹系统也引起了美国的重视。美军立即改变了空袭战术，采取低空轰炸，同时以电子干扰相配合。美军机群编队分成5队各自为战，第一队负责和北越的米格战机进行空中格斗，以保护其他机群；第二队负责压制越南防空火炮阵地；第三队负责打击防空导弹阵地；第四队负责打击预定重要目标；第五队负责在整个机群完成任务返航时实施护航。分工明确，配合得当的美军机群在后续作战中的战损率大大降低，使得苏联的防空导弹失去了以往的威力。在美军实施协同战术的情况下，越南防空导弹部队平均每发射10～14枚导弹才能击落一架美军飞机。"

记者伊里英斯基还回忆道："越南的苏制防空导弹作战受阻的情况立即被驻河内的苏联武官报告给了莫斯科。不久，莫斯科派出导弹专家对北越装备的S-75M型导弹进行了调试，此后又特别向北越提供了更加先进的S-125型防空导弹，才最终提高了越南防空部队的作战效能。当时越南防空部队每发射3～4枚防空导弹就能击落一架美军飞机。在1972年12月的空袭中，美军的损失已经达到了令人震惊的程度，仅仅10天内就在河内上空被北越防空部队击落了80架飞机，其中30架为B-52型战略轰炸机。就连当时号称不可能被击落的F-111战斗轰炸机，在1972年前也在北越第17区域被击落了几架。当然这些情况都被美国军方严密封锁，就连后来调查失踪美军飞行员下落的中央情报局对此也毫不知情，这一点在我后来和中央情报局特工詹姆斯的谈话中得到了证实。在美军没有公布这些情报的情况下，詹姆斯是通过研读苏联报纸《真理报》和《消息报》的报道才得知的。虽然美国当局隐瞒了飞机被击落的事实，但是越南当局在战争期间会不定期地邀请我们去参观那些被击落的美军飞机。如果俘获了美国飞

第十一章　认识苏联：越南战争中的苏联军事专家与苏联形象

行员，还会让我们在通讯报道中提及飞行员的姓名以及飞行员的服役编号等重要信息，而更多不便公布的信息则被送交到苏联情报人员手中。我笔下的报道和新闻俨然成为对抗美军侵略的宣传武器。当时像我一样工作生活在北越的苏联军人和其他方面的专家总计达 15000 人左右，他们也都在用自己的方式帮助越南同美国进行抗争。"[1]

美国从 1972 年 12 月 18～29 日，发动了越南战争中规模最大也是最后一次空中战役"中后卫 - 2"（Linebacker - 2）。美军动用了 200 多架 B - 52 战略轰炸机（740 架次），1200 架空军、海军战术飞机（1800 余架次），70 架 F - 111A 歼击轰炸机，约 150 架 SR - 71、147J、RF - 4C、RA - 5C 侦察机和各种电子战飞机，连续集中空袭越南人民军重点防护的河内、海防、太原等战略要地。越南人民军空军和防空部队奋起反击，主要使用 CA - 75M 德维纳（Двина）地空导弹（北约称之为"萨姆 - 2"），对"空中堡垒"进行了毁灭性的反击，击落了 34 架 B - 52 战略轰炸机。在此次反击二战后第一次喷气式战略轰炸机大规模空袭的矛与盾的较量中，取得了辉煌的战果，迫使遭到惨重失败和受到国际舆论强烈谴责的尼克松总统下令，自 12 月 30 日起停止对北纬 20 度以北越南北方地区的轰炸。双方最终于 1973 年 1 月 27 日签署了《关于在越南结束战争、恢复和平的巴黎协定》。苏联专家弗拉基米尔·拉古宁在日记中有这样的记载："1973 年 1 月 1 日。周一。昨天，尼克松下令停止轰炸。自 12 月 18 日，第一次脱光衣服在床上睡了个好觉，第一次不用钻防空洞。"[2]

俄罗斯学者西罗克拉德（А. Б. Широкорад）提供的统计数字表明，在 12 天内，美军在北越领土上投下了 100 万吨炸弹，而其防空部队击落美军飞机 80 架，其中包括 B - 52 战略轰炸机 23 架。最有效的战绩是两个防空炮团集中火力射击一个目标，8 次射击，击中 6 架美国飞机，有效率达到

---

[1] Михаил Ильинский, Пилоты в пижамах в ханойском плену//*Независимая газета*, 2008 - 07 - 11.

[2] Лагутин В. Дневник Владимира Лагутина: Операция《Лейнбакер - 2》//*Армия: Журнал Вооружённых Сил Республики Беларусь*. Мн.:《Белорусский Дом печати》, 2002. № 1 (35). c. 34 - 35.

75%。① 美国战略和战术飞机从来没有在如此短的时间内遭受到如此惨重的损失。1973年1月1日，每个苏联军事专家都收到了胡志明主席和越南人民军总司令部和空军司令部以及越苏友好协会的新年问候。

曾担任苏联军事专家教导团领导的修宾涅少将的统计数字表明，在12个昼夜里，美国飞机损失81架（其中34架B-52轰炸机，3架F-111轰炸机）。美国空军在每1000架次中，二战中损失飞机9架，朝鲜战争中损失飞机4架，在越南战争中损失17架。而在1972年12月，每1000架次损失的飞机达到了34架。② 越南国防部的公开刊物《人民军队报》（Quân Đội Nhân Dân）高度评价修宾涅的研究，认为他的研究是客观和公正的，并强调，在这场战役中苏联军事专家的作用是不可或缺的。③

三 苏联军人的功勋

2012年12月28日，越南国防部长冯光青（Phùng Quang Thanh）大将在会见俄罗斯邦达列夫（В. Н. Бондарев）中将时表示：越南战争打败美国，取得胜利必须感谢数千苏联军事专家的贡献，尤其是1972年12月18日至12月30日的12个日日夜夜的英勇表现。冯光青说："美国在这次行动中的惨败已经成为10年战争的高潮，我们仍然记得当时的喜悦，同时要感谢苏联军事专家，他们使这一胜利变成了现实。这场胜利可以同苏联战胜纳粹的斯大林格勒保卫战相提并论。"④

---

① Широкорад А. Б. Архив: Разведывательные суда. Боевая служба на Тихом океане// Братишка: Ежемесячный журнал подразделений специального назначения. М.: ООО 《Витязь-Братишка》, 2012. No 1. c. 44 – 49.

② Хюпенен А. И. Кульминация воздушной войны: В конце 1972 года северовьетнамская ПВО отразила мощнейшие удары авиации США//Независимое военное обозрение: Еженедельное приложение к Независимой газете. М.: ЗАО 《Редакция, Независимой газеты》, 28 февраля 2003. No 7. c. 5.

③ Chến tranh Việt Nam là như'thế đó//Quân Đội Nhân Dân: Co'quan của Quânùy Trung u'o'ng và Bộ Quốc phòng/Tổng Biên tập: Thiếu tu'ố'ng Lê Phúc Nguyên. Hà Nội: BộQuốc phòng Việt Nam, 2012 – 12 – 11.

④ Chến tranh Việt Nam là như' thế đó//Quân Đội Nhân Dân: Co'quan của Quânùy Trung u'o'ng và BộQuốc phòng/Tổng Biên tập: Thiếu tu'ố'ng Lê Phúc Nguyên. Hà Nội: BộQuốc phòng Việt Nam, 2012 – 12 – 13.

第十一章　认识苏联：越南战争中的苏联军事专家与苏联形象

美国外国军事研究处主任格劳上校和德列科夫斯基（Dana Drenkowski）当年参加了这一行动，他们以自身经历和详细数据高度评价了苏联军事专家援建的防空体系。[①] 1965 年 4 月至 1974 年 12 月，苏联向越南提供了 95 组 CA - 75M 导弹防空体系，其中包括 92 组 3 舱（трёхкабинный вариант）方案体系和 3 组 6 舱（шестикабинный вариант）方案体系（共计 312 个舱，其中包括 95 个收发舱），它们变成了美国飞机的囚笼。俄罗斯解密文件证明，1965～1974 年，苏联帮助北越建立了一个庞大和有效的防空体系，包括 11 个 CA - 75M 防空导弹综合系统（ЗРК CA - 75M）；4 个战斗机航空团（ИАП，由 2 个米格 - 21 歼击机大队、一个米格 - 19 歼击机大队和一个米格 - 17 歼击机大队组成），共有飞机 251 架（战斗机 210 架，教练机 41 架）；米格 - 21 战斗机 58 架（其中战备机 42 架）；米格 - 19 战斗机 42 架；米格 - 17 战斗机 107 架（其中战备机 55 架）；4 个无线电对抗团（ГВ，其中 РЛР 系统 36 个，РЛС 系统 108 个）。[②]

表 11 - 2　被击落美军飞机情况统计

兵　　　种	1965 年	占比（%）	1966～1967 年	占比（%）
防空导弹团	102 架	12	592 架	34
高射炮团	739 架	86	1014 架	56
空军歼击机	无	无	无	无

资料来源：Мальгин А. С. Войны—локальные, выводы—глобальные：ПВО как один из решающих факторов успеха в вооруженном противоборстве//Независимое военное обозрение：Еженедельное приложение к Независимой газете. М.：ЗАО 《Редакция, Независимой газеты》, 19 октября 2001. № 39（261）. с. 4。

根据苏联军事专家斯米尔诺夫（Д. С. Смирнов）中尉的研究，仅在 1972 年，在越南，由于苏制防空导弹系统"德维纳"（CA - 75）和"杰

[①] Dana Drenkowski; Lester W. Grau, "Patterns and Predictability: The Soviet Evaluation of Operation Linebacker II", *Journal of Slavic Military Studies: Quarterly Academic Journal*, Taylor & Francis, October 2007. No. 4, pp. 1 - 3、33 - 38.

[②] Хюпенен А. И. Вартанов В. Н. Глазунов Е. П. Колесник Н. Н. *Война во Вьетнаме: взгляд сквозь годы……Материалы научно - практичесой конферецц 《Советско - Вьетнамское военное и экономическое сотрудничество в годы агрессии США против（1964 - 1973 гг.）*, с. 23 - 24.

斯纳"（С-75М）的作用，击落了美军战略和战术轰炸机 B-52 共 51 架。1965~1973 年，仅"德维纳"系统就击落美军飞机和无人机 1300 架。[1] 俄罗斯学者赫文修克（Н. Хвесюк）认为，防空导弹系统"德维纳"和"杰斯纳"在一定程度上改变了越南战争的进程。[2]

值得一提的是，关于越南战争中苏制防空导弹系统击落美军飞机的数字并不统一。由空军少将加鲁申科（Ю. И. Галушко）、谢尔什涅夫（М. А. Шершнев）和卡尔宾科（В. И. Карпенко）组成的俄罗斯空军大学（Университет воздушных сил им. Ивана Кожедуба）研究团体的资料和数据证明，在越南战争中，苏制防空导弹系统"德维纳"共击落美军最新型飞机 1400 架。[3] 布连科（В. М. Буренок）教授统计，在越南战争中，"德维纳"系统共击落美军战斗机 2500 架。[4] 俄罗斯军事历史研究所出版的《军事百科辞典》（Военный энциклопедический словарь）则表明，到 1974 年停战，越南防空导弹系统共击落美军飞机 4000 架。[5] 俄罗斯科学院俄国历史研究所高级研究员奥卡罗科夫（А. В. Окороков）认为，整个越南战争期间美国损失飞机 8612 架，其中 3720 架为固定翼飞机，4892 架为

---

[1] Мальгин А. С. Войны—локальные, выводы—глобальные: ПВО как один из решающих факторов успеха в вооруженном противоборстве//Независимое военное обозрение: Еженедельное приложение к Независимой газете. —М.: ЗАО 《Редакция, Независимой газеты》, 19 октября 2001. № 39 (261). с. 4.

[2] Хвесюк Н. Человек большой судьбы: К 100 - летию со дня рождения маршала артиллерии Павла Николаевича Кулешова//Армейский сборник: Научный, практико - методический журнал Министерства обороны Российской Федерации. М.: Редакционно - издательский центр Министерства обороны РФ, 2009. № 1 (176). с. 45.

[3] Глушко Ю. I. Шершнев М. А. Карпенко В. I. Досвід вплив Великої Вітчизняної війни та локальних конфліктів на розвиток зенітних ракетних військ//Наука і техніка Повітряних Сил Збройних Сил України: Періодичне видання Харківського університету Повітряних Сил імені Івана Кожедуба. Х.: ХУПС, 2010. № 1 (3), с. 99.

[4] Буренок В. М. Отнюдь не 《ниспровергатель военной супермощи》: Эпоха Хрущева стала знаменательным этапом в перевооружении армии и флота//Независимое военное обозрение: Еженедельное приложение к Независимой газете. М.: ЗАО 《Редакция, Независимой газеты》, 24 июля 2009. с. 10.

[5] Война во Вьетнаме 1959 - 1975//Военный энциклопедический словарь/Институт военной истории МО РФ; Ред. кол. А. П. Горкин, В. А. Золотарёв и др. М.: Большая Российская Энциклопедия, 2001. с. 344.

第十一章　认识苏联：越南战争中的苏联军事专家与苏联形象

直升机（另一个统计数字为：消灭美军飞机 3744 架，直升机 4868 架），在北越上空击落美军飞机 1095 架，直升机 11 架（见表 11－2）。[①]

在越南战争中大显身手的防空导弹系统"德维纳"是在原防空导弹系统"杰斯纳"的基础上改进而成的，随后苏联（俄罗斯）军事专家吸取了越南战争中使用该防空导弹系统的经验和教训，在"德维纳"基础上开发出了新的防空导弹系统"沃尔霍夫"（С－75М，Волхов）。

为了限制和打击苏联军事专家在越南战争中起的作用，美国不惜使用心理战，离间苏军专家与越南居民的关系。据特鲁舍奇金回忆，苏联军事专家经常能够从收音机里收到功率强大的来自美国和南越电台的俄语广播。这种广播对苏联人施加心理影响，希望以此来打击反对他们的苏联军人的士气。美军向越南居民发射和发放传单，告诉越南居民远离"危险的邻居"——苏联人，因为有苏联人的地方就意味着有苏制导弹和高射炮，而这正是美军集中打击的地方。美军还诱使越南居民监视和密报苏联军事人员和苏联现代军事装备的情况。然而，在这方面，美军的努力是徒劳的。维尔涅斯卡（М. Варненска）说："敌人想在每天走向田野劳作的农民、在夜以继日地守卫在这块田野上的士兵中，离间与苏联人的关系的企图是失败的和注定要失败的。"[②]

四　"热水澡"与"黑石子"

最初，苏联军事专家的生活条件极其艰苦。初到越南的苏联军事专家几乎都经历过同样的困难：高温、潮湿和饮用水严重缺乏，家中来信无法及时收到。沃罗诺夫（Б. А. Воронов）上校回忆道："初到越南的苏联军事专家的生活条件是极其不轻松的。作为欧洲人，我不得不去习惯热带条件下的生活。你周围的空气整日都是从摄氏 35 度到 40 度，湿度为 80% ~ 100%。他们住在小茅屋，竹子和棕榈叶制成的平房，或者是在莽莽丛林中搭成的帆布

[①] Окороков А. В. Вьетнам. 1945－1975 гг. // Секретные войны Советского Союза: первая полная энциклопедия. М.：ЭКСМО, 2008. с. 268.

[②] 参见 http：//ru. wikipedia. org/wiki。

帐篷里。我们不得不在深夜里疾行车,还要冒着大雨,走在泥泞的乡村道路上,头上顶着美军飞机的轰炸和导弹的攻击。防空导弹系统的舱内空气温度达到了摄氏 70 度,为计算数据要在这个炎热的金属大锅里连续工作好几个小时。还要防备威胁健康的昆虫叮咬,其中许多是有毒的昆虫,我们把这些昆虫叫作'黑石子'(фосфоритка),它们大量地从树木和灌木上爬下来,在人的身上爬行,留下灼伤,使皮肤溃烂,长久不能愈合。我们还见到了从未见过的大量爬行动物,如剧毒的虎蛇和眼镜蛇,被蜥蜴和蛇咬伤是致命的。尽管苏联医生带有抗蛇毒疫苗,但它并不是总能发挥作用的。"[1]

参加了越南战争的军医纳扎连科(Е. Т. Назаренко)上校,在他的医学论文《气候条件对健康的影响和越南的苏联军事专家战争行动的结果:战争条件下的医学帮助组织》(*Влияние климатических факторов и боевой обстановки на здоровье и результаты боевой деятельности советских военных специалистов во Вьетнаме Организация медицинской помощи в боевых условиях*)中特别谈道:"每一个到越南的人,首先遇到的是极不好的气候对健康的影响。它首先是极高的温度和 100% 的湿度。这些不利因素的影响,就是引发各种皮肤疾病,主要是体疮、红癣、脓疱型皮肤疾病,感染长期不愈的轻微擦伤和软组织受伤。……显然,排在第二位的警告是各种感染性疾病。很多人都知道,在 1967 年有一个病例——脑炎导致一名士兵残废。""使用蚊帐是强制性的,尽管闷热缺少空气难以入睡。非常重要的是认真检测食物卫生。一方面是因为越南厨师文化水平低,不按卫生规定操作,另一方面则是由于缺乏制冷设备,所有这一切都可能导致中毒性痢疾爆发,以及感染其他的胃肠道疾病。"[2] "必须要关注苏联军事专家的心理健康问题。特殊的环境、恶劣的气候条件、持续不断的轰炸威胁、与亲人和朋友的长期分离以及年轻军官中缺乏沟通能力,所有这一切

---

[1] Воронов Б. А. Наши во Вьетнаме: Записки начальника штаба группы СВС во Вьетнаме// Война во Вьетнаме…Как это было (1965 – 1973). Антология. М.: Экзамен 2005. с. 259 – 303.

[2] Хюпенен А. И. Вартанов В. Н. Глазунов Е. П. Колесник Н. Н. *Война во Вьетнаме: взгляд сквозь годы*……Материалы научно-практичесой конференцей 《Советско - Вьетнамское военное и экономическое сотрудничество в годы агрессии США против (1964 – 1973 гг)》, с. 68, 70.

第十一章 认识苏联：越南战争中的苏联军事专家与苏联形象

都构成不利影响并导致心理疾病，如抑郁症和反应力不足等。不幸的是，苏联军事专家的精神状态没有得到应有的关注。"[1] 纳扎连科统计了苏联军事专家的平均寿命，大多数人是在60岁左右去世的。他认为，这一数字与战争环境导致的身体和心理疾病有着密切的联系。[2]

为此，苏联和越南政府为苏联军事专家安排了不少体育运动项目比赛，还为比赛获胜者颁发奖杯。在俄历新年到来的时候，以苏联国防部长格列奇科（А. А. Гречко）的名义给苏联专家发放贺年卡和礼物，以及用来自苏联的松枝做的圣诞树。到越南新年——春节时，则按越南习俗发放礼物。每个专家每半年有在北部湾岸边度假村休假两天的机会，届时让他们参观越南宝塔、博物馆和其他一些文化设施，每天放映新近上映的电影。苏联军事专家每周有一次到苏联大使馆聚会的机会。苏联军事专家业余时间的一大兴趣和关注点，就是接收家书和写信。每一次外交邮袋到达时，都是一个隆重的节日，因为这是唯一"触摸"家人和家乡的机会。据苏联军事专家领导小组秘书罗斯梁科娃（Л. И. Рослякова）证明，每个专家的信件都非常多，有时能一次收到几大袋信件。这也说明，因为战争，当时的邮路极其不畅通，信件积压严重。[3]

苏联导弹军中尉鲍里先科（В. А. Борисенко）回忆："能不能谈一谈我们是什么样的生活方式？8个月都是在车轮上，与自己战斗。晚上通常是安排在郊区的村庄住宿。我们睡在地板上或干脆睡在地上，周围是爬来爬去的动物，头上是飞来飞去的某种东西。没有冰箱，没有风扇，也没有灵魂。我们梦寐以求的是每周安排洗一次热水澡。全村男女老少在周围观

---

[1] Хюпенен А. И. Вартанов В. Н. Глазунов Е. П. Колесник Н. Н. *Война во Вьетнаме: взгляд сквозь годы……Материалы научно-практичесой конференцей 《Советско-Вьетнамское военное и экономическое сотрудничество в годы агрессии США против (1964–1973 гг)*, с. 71.

[2] Хюпенен А. И. Вартанов В. Н. Глазунов Е. П. Колесник Н. Н. *Война во Вьетнаме: взгляд сквозь годы……Материалы научно-практичесой конференцей 《Советско-Вьетнамское военное и экономическое сотрудничество в годы агрессии США против (1964–1973 гг)*, с. 72.

[3] Рослякова Л. И. Страшно было всем//Война во Вьетнаме… Как это было (1965–1973). Антология. М.: Экзамен, 2005. с. 248–258.

看，他们不理解这些苏联人为何用热水烫洗。"① 苏军专家别洛夫上校在回忆录中谈道，越南同志总是尽一切努力试图给苏联军事专家提供较好的休息地方和改善工作条件。给苏联军事专家提供的食物则极为单调，主要是大米，基本上没有肉类，偶尔有肉汤，更多的是罐头食品。② 克里夫达（Ф.Ф.Кривда）少将在他的回忆录中指出，春节假期（越南阴历新年）具有全民性的特点。城市里持续响起隆隆的鞭炮声，一整夜没有停息，实际上在整整一周内都能听到鞭炮声。与俄国的新年相比，越南人胜过俄罗斯人，他们以狂热和过于嘈杂的方式庆祝新年：爆炸的鞭炮声和用过的火药，足以比得上一场小型战争了。苏联军事专家也应邀坐在节日桌前，按照越南传统，接受给宾客的一棵开着花的小鸳鸯树，上面点缀着小水果。③

胡志明主席在春节之际要以诗歌的形式向越南人祝贺新年已成为传统。苏联军事专家当然也收到了一张印有诗歌的明信片。胡志明祝贺苏联武器在消灭美国空军时发挥的巨大作用，一年内击落美军飞机773架。他表达了最终将美国侵略者赶出越南国土并取得最后胜利的信心。苏联英雄、苏联功勋飞行员希莫夫（С.А.Сомов）上校在自己的回忆录中记录了越南春节的热闹景象：众多的表演、烟花爆竹、民间节日、民间音乐和民间舞蹈表演，最后是一个戏剧性的舞动着的制作精良的巨龙。越南人要到佛教寺庙和宝塔中去祭拜。这一切对于苏联军人来说是非常有趣和新奇的。胡志明主席在春节的第一天，按照传统拜访了与他们一起反对法国殖民者和美帝国主义的苏联同志。用希莫夫的话说，胡伯伯（越南人就是这样尊敬地称呼他的）像多年未见的老朋友一样，和蔼可亲地用俄语与他交谈。然后，胡志明与他们友好地拍照作为留念。

五 塑造"苏联形象"

越南地处中南半岛要冲，北部与中国接壤，东部和南部濒临南海，其

---

① 参见 http：//ru.wikipedia.org/wiki。
② 参见 http：//ru.wikipedia.org/wiki。
③ Кривда Ф.Ф.Часть вторая//На берегах Меконга Записки военного советника. М.：Воен.изд-во Министерства обороны РФ, 1995. с. 211.

第十一章　认识苏联：越南战争中的苏联军事专家与苏联形象

海岸线（3260 公里）占到其国界周长的一半以上。越南的战略地位极其重要，扼海洋进入大陆的要道，是美国学者斯皮克曼（Nicholas John Spykman）所说的典型的"地缘政治"（Geopolitical）意义上的"边缘地区"（marginal zone），更是自古以来典型的兵家必争之地。

越南作为地处战略要地和濒海的国家，来自异国的军事入侵、外交渗透和文化影响不胜枚举，对于欧洲文化和欧洲人更是不陌生。尤其是 19 世纪中叶以后，越南逐渐沦为法国殖民地，经历了长达半个多世纪的殖民统治。但是，越南对于既相关又区别于欧罗巴种族的俄国（苏联）人，对于它所代表的迥异于欧美其他国家的政治制度和政治文化却相当陌生。

1917 年俄国十月革命和苏维埃政权建立后，苏联即成为红色政权的基地和世界革命的中心。1919 年 3 月，共产国际建立之后，立即成为俄共（布）向外输出革命的主要工具。建于 1921 年 10 月 21 日的东方劳动者共产主义大学（Коммунистический университет трудящихся Востока），受命为东方国家培养革命干部。1923 年，胡志明接受共产国际的邀请从巴黎前往莫斯科，进入东方劳动者共产主义大学短训班学习并毕业，他还代表越南参加国际农民代表大会和共产国际第五次代表大会。他是在东方劳动者共产主义大学学习的极少数越南人之一。随后，胡志明受共产国际委派于1924 年来到中国广州，担任孙中山的苏联顾问鲍罗廷（М. М. Бородин）的俄文翻译。1925 年，胡志明在广州创建"越南青年革命同志会"。1930年，胡志明将越南的共产主义组织"印度支那共产党"、"安南共产党"和"印度支那共产主义联盟"合并，在香港九龙华仁书院创建越南共产党（后改名为印度支那共产党）。值得一提的是，在 1941 年苏联卫国战争的莫斯科保卫战中，有几位在莫斯科军事技术学校留学的越南青年作为志愿兵参加苏军作战。[1] 还有一些越南人在内务部队中服役。[2]

以上情况可以说明两点。

第一，由于苏联地理上距离越南较远，除胡志明等少数政治家和革命者

---

[1] Цветов А. П. Далекая, но не чужая им война//Столетие, 2011 - 11 - 15.
[2] Зевелев А. И. Курлат Ф. Л. Казицкий А. С. Приложение. Люди бригады//Ненависть, спрессованная в тол. М.: Мысль, 1991. с. 329 - 330.

曾短暂到过苏联外,绝大多数越南人对苏联国家、民族和文化,乃至人种等方面均不甚了解。前面提到的苏联军事专家克留奇科夫因所驾飞机发生爆炸而迫降地面,遇到当地越南人时的窘迫和危险即说明了这一点(越南人无法将他与美国人区别开来,因为在当地人眼中他们都是外国人——欧洲人)。

第二,尽管越南民主共和国建立于1945年,然而它不是从一开始就选择了社会主义制度,而是直到1957年才宣布进入社会主义过渡时期。如果以此为起点计算,到苏联军事专家大规模援越的1964年,不过仅仅8年。所以,普通越南人对于苏联军事专家所代表的政治制度和政治文化不甚了解甚至极其陌生,是正常的。

因此,苏联军事专家在越南的言行举止和工作业绩既代表了"苏联人形象",也代表了"社会主义制度形象"。正如1965年4月苏联驻越南大使谢尔巴托夫第一次参观越南人民军第二三八防空导弹团培训中心时对在这里工作的苏联专家所说的:"你们的战斗工作是击落美国飞机的保证,与越南军人的具体关系将是提升与越南民主共和国的政治、外交、友谊关系的牢固基石。"①

在越南人眼中,苏联军事专家首先展现了完全不同甚至难以理解的生活习俗。越南气候炎热,洗澡冲凉是每个人日常之必需。但是,越南人不理解,在烈日炎炎和酷热难当的条件下苏联人为什么还要洗热水澡,而此举不过是来自酷寒地区并且已经习惯了芬兰浴的苏联人的日常习俗。苏军专家宾托耶夫(Т. Ф. Пяттоев)上校回忆:"每当有一种可能性,就是安排洗浴的时候,我们的越南朋友可能不明白为什么我们自己要洗热水,以及水是如何加热的。我们设法建起小木屋,里面放上石头和清水。我们建造的浴池足够大,可以让整个组的人同时洗热水澡。但有一个缺点,就是在我们洗澡的时候,当地居民会莫名其妙地围上来,其中还有妇女和儿童。"②

---

① Хюпенен А. И., Вартанов В. Н., Глазунов Е. П.; Колесник Н. Н., Война во Вьетнаме: взгляд сквозь годы…… Материалы научно - практичесой конференцей Советско- Вьетнамское военное и экономическое сотрудничество в годы агрессии США против (1964 - 1973 гг), с. 34.

② Пяттоев Т. Ф., Мы помним совместную борьбу//Война во Вьетнаме… Как это было (1965 - 1973). Антология. М.:《Экзамен》, 2005. с. 425 - 447.

第十一章 认识苏联：越南战争中的苏联军事专家与苏联形象

苏联军事专家还将苏联工业品带到了越南，让越南人大开眼界。为了安全和隐蔽，苏联军事专家一般穿当地居民服装。杰莫琴科（Ю. А. Демченко）少将是派到越南的第一批苏联军事专家。他回忆说，军官有权选择穿西装，但大多数人还是穿当地服装，因为他们的选择余地并不大。每名军官，除西装外，还发给两条中国制造的裤子和衬衣、一顶帽子、一双黑皮靴。每当遇上节日，当地政府和军队会向苏联军事专家发出邀请，苏联专家要穿上西装，系上领带。有时苏联军事专家慷慨地将自己的衣服送给越南同事，既增进了同志间的友谊，又显示了苏联日用品的优良。1965 年 12 月 31 日，为欢迎苏共中央政治局委员谢列宾（А. Н. Шелепин）访问越南，给苏联专家们寄来了时尚服装：外套、毛衣、裤子、高跟鞋、鞋子和高踝靴。而苏联专家们二话不说就送给了越南翻译和其他越南同志。

苏联军事专家带来了苏联文化和社会主义政治，潜移默化中教育和影响着越南人。宾托耶夫上校回忆："在恶劣的天气里，到了晚上，有时在白天，我们在村庄里放映电影，安装好银幕，开动汽油发电机，给当地居民放映苏联电影。越南人特别喜欢苏联著名动画片《兔子，走着瞧！》（Ну, погоди!），因为不需要翻译。"[①]

在越南人民军第二六三团工作的苏联少校尤金（В. А. Юдин）回忆：党的政治工作是切合实际和远离形式主义的，每个党小组都设有"红角"（красный уголок），墙上挂着苏共中央政治局组织图和苏联武装力量的最高条例和命令，桌子上放着宣传小册子；喜剧电影《马林诺夫卡村的婚礼》（Свадьба в Малиновке）已经放映了无数次；有人过生日时，将获得一本签名的相册和伏特加酒（5 人 1 瓶）。[②]

曾经担任苏联军事专家领导小组工作的波兹杰耶夫（А. Ф. Поздеев）少将回忆：在苏联军事专家中，有不少人是天才，他们是诗人、音乐家和歌唱家。他们在自己的作品中抒发对祖国、对家庭的热爱，抒发

---

① Пяттоев Т. Ф., Мы помним совместную борьбу//Война во Вьетнаме … Как это было (1965 - 1973). Антология. с. 425 - 447.

② 参见 http://ru.wikipedia.org/wiki。

战友情谊和苏越友谊。特卡琴科（Николай Ткаченко）曾创作诗歌《斯科金（焦尔金）在越南》[Скоркин（Тёркин）во Вьетнаме]。托卡乔夫（М. Толкачев）的诗歌被配上乐曲，变成著名的歌曲《越南之梦》（Вьетнамские грезы）。波尔特亚金（М. Портнягин）创作了歌曲《朋友》（Друг）。加金斯基（Ю. Гатинский）创作了诗歌《河内之夜》（Ханойский вечер）、《热带漂移》（Тропические сугробы）、《南十字星》（Южный крест）。库普列瓦赫斯基（В. Куплевахский）也创作了许多好听的歌曲。这些创作的歌曲和诗歌本子被带回了苏联，以作为严酷环境中战斗友谊的纪念。[1] 退休的苏联驻越南大使扎依采夫（А. С. Зайцев）在20世纪60年代在越南工作期间，他听到了许多来自苏联军事专家的口头创作的作品。据他介绍，在越南的苏联军事专家创作的歌曲反映了他们的特殊工作。由于派驻越南的苏联军事专家绝大多数都是年轻人，因此在创作的歌曲中，战争、家庭和友谊是最重要的主题。这些歌曲被复制在磁带上，在他们中间广泛传唱。这些年轻和有才华的军事专家被人们亲切地称为"蚊子"（комар），他们创作的歌曲总是回响在河内每一个青年聚会的场合。[2] 这些战争年代创作的诗歌，绝大多数至今仍然没有版权，大量的诗歌也不知道其真正的作者是谁。因此在大多数情况下，这些诗歌都是记录在自制的小册子上，尤里·沃罗诺夫（Юрий Воронов）就保留着他的父亲、苏联军事专家团领导小组成员沃罗诺夫（Б. А. Воронов）创作诗歌的小本子。[3] 正如俄罗斯军事历史研究所出版的《无名作者的诗歌与歌曲：越南战争亲历者》（Стихи и песни неизвестных авторов—участников вьетнамской войны）所言："这些作品以朴实简洁的方式表达了那些从

---

[1] Поздеев А. Ф. Испытание огнём//Война во Вьетнаме⋯Как это было（1965 – 1973）. Антология. М.：Экзамен, 2005. c. 379 – 396.

[2] Зайцев А. С. Охотники за трофеями//Красная звезда：Центральный печатный орган Министерства обороны Российской Федерации. М.：Редакционно - издательский центр МО РФ, 2008 – 10 – 03.

[3] Чехарин Е. М. Жарков В. М. Карабанов Д. М. Война во Вьетнаме（1961 – 1974 гг.）// Книга Памяти：1946 – 1982 /Ред. коллегия：и др. М.：Изд - во 《Патриот》, 1999. Т. 10. c. 235 – 240.

第十一章 认识苏联：越南战争中的苏联军事专家与苏联形象

战争中回来的人的想法和感受。"[1] 科学和技术领域列宁奖金获得者阿诺索夫（А. М. Аносов）曾经在苏联军事专家科研组工作。他认为，越南歌曲《汗水一百克！》（một trăm gam/мот чам гам）非常准确地表达了苏联军事专家在越南时的辛勤工作和遇到的重重困难。[2]

据克列斯尼科（Николай Колесник）回忆："每日的培训工作和火箭加油工作结束后，我们并不寂寞。我们回忆自己参军前和到越南前的故事，或者讲一讲笑话。顺便说一说，越南人非常喜欢听我们的笑话。晚上伴着吉他唱起歌。我们这里有非常优秀的吉他手，会很多首歌曲。萨沙·库拉金（Саша Куракин）经常唱的有《重要的是小伙子，心不老》（Главное, ребята, сердцем не стареть）、《同志飞向远方》（В далёкий край товарищ улетает）、《莫斯科郊外的晚上》（Подмосковные вечера）、《小路》（Дороги）、《蓝色的海洋》（У моря, у синего моря）、《青年警惕之歌》（Песня о тревожной молодости）、《在那里，在远处的河对岸》（Там, вдали, за рекой）、《白桦树》（Берёзы）、《小伙子，放开马》（Распрягайте хлопцы коней）、《漫长的旅程之前》（Перед дальней дорогой）、《傍晚的道路上》（Вечер на рейде）、《塞瓦斯托波尔圆舞曲》（Севастопольский вальс）、《敌人打不垮我们的骄傲》（Врагу не сдаётся наш гордый）、《瓦良格人》（Варяг）、《老乡》（Землянка）、《哦，花荚》（Ой цветёт калина）、《远飞的候鸟》（Летят перелётные птицы）、《妈妈给我写信，我去埃及了》（Напиши мне, мама, в Египет）、《我亲爱的枫》（Клён ты мой опавший）、《地质学家》（Геологи）、《两岸》（Два берега）、《秋叶》（Осенние листья）、《我爱你，生活》（Я люблю тебя, жизнь）、《火线司机之歌》（Песня фронтового шофёра）、《那个海里出生的人》（Тот, кто рождён был у моря）、《睡在黑暗中》（Спят

---

[1] Ярёменко В. А. Почтарёв А. Н. Усиков А. В. Стихи и песни неизвестных авторов—участников вьетнамской войны//Россия (СССР) в локальных войнах и военных конфликтах второй половины XX века /Под ред. В. А. Золотарёва, Институт военной истории МО РФ. М.：Триада‐фарм, 2002. с. 205–210.

[2] Аносов А. Как песня сложилась//Война во Вьетнаме… Как это было (1965–1973). Антология М.：Экзамен, 2005. с. 340–354.

курганы тёмные)、《无名高度》(На безымянной высоте)、《久违了,顿巴斯》(Давно не бывал я в Донбассе)、《沿着伏尔加》(Течёт Волга)、《俄罗斯人不要战争》(Хотят ли русские войны)、《朋友之歌》(Песня о друге)等,当然,还得有《喀秋莎》(Катюша)。但给苏联军事专家留下最深印象的是歌曲《孤独的手风琴》(Одинокая гармонь)。在这样极其闷热的热带夜晚,周围萤火虫在闪烁,蝉鸣声此起彼伏,在黑暗的天空中闪烁着明亮的星星,苏联人与越南人一起或者用俄语或者用越南语唱出'一切都停止在黎明之前……'我们也学会了南越民族解放战线的歌曲《解放越南》(Зай фам Вьетнам)。有时在苏联人和越南人之间展开一场排球比赛,在排球场上,刚才的同伴立即变成了'敌人'。晚上,经常放映电影,越南电影一般是纪录片,内容是越南战争的最新战况与解说,随后是艺术片,当然是苏联的了。"① 在第八培训中心,科楚拉诺夫(В. Н. Кочуланов)和科鲁波诺夫(В. А. Крупнов)建立了一个不大的军乐团,演奏民族乐曲,如最流行的乌克兰歌曲《切列姆希纳》(Черемшина)。"夜晚的小花园啊,在一个安静的小角落,等待着姑娘啊,等啊等……"(Вевчарí в садочку, в тихому куточку, жде девчина, жде…)②

苏联军事专家与越南同志一起过"共产主义星期六义务劳动日"(коммунистические субботники)并举行音乐会。波兹杰耶夫少将回忆苏联驻河内大使馆安排的音乐会说,他感觉所有越南人完全不用翻译就能理解演奏的俄罗斯音乐。当音乐会结束时,越南同志全体起立,用俄语高喊:"友谊! 友谊!"最后,由政治指导员做报告:"明天对于我们来说可能是与美国侵略者的殊死战斗,我们将勇敢而坚定地战斗,就像苏联党的好女儿卓娅所做的一样。"很多越南人通过翻译成越南语的书籍,很好地了解了卫国战争时期苏联英雄的故事。③ 此外,越南政府定期邀请苏联军

---

① Колесник Н. Н. Секретная командировка во Вьетнам//Война во Вьетнаме…Как это было (1965 - 1973). Антология. М.: Экзамен, 2005. с. 96 - 136.

② Пондаренко И. В. Засада в горах Тамдао//Война во Вьетнаме…Как это было (1965 - 1973). с. 223 - 231.

③ Поздеев А. Ф. Испытание огнём//Война во Вьетнаме…Как это было (1965 - 1973). с. 379 - 396.

第十一章　认识苏联：越南战争中的苏联军事专家与苏联形象

事专家到河内举办大型演讲，向越南人民宣传与法国人和美国人斗争的英雄事迹。在河内，还经常举办展览，内容是展示被击落的美国飞机的设备。[①]

苏联军事专家以其刻苦耐劳和英勇牺牲的精神，以及精湛的技术，让越南人感到钦佩。而且苏联提供的武器装备和军事物资在数量上和质量上远高于中国提供的同类援助，使越南政府和越南军民为之倾慕。这两点在一定程度上促进了苏越关系的快速升温，也促成了中越关系的逐渐疏离，使越南最终完全倒向苏联。

越南战争初期，苏联与中国均有军事专家驻越，越南与二者的军事政治关系极为复杂。20世纪60年代中期至70年代中期，正是中苏两党两国关系逐步紧张并公开化的时期。中苏两国都极力试图通过军事和经济援助，将越南人拉到自己一边，而越南共产党和越南政府则从中获益。

此前的1964年1月，越共中央第一书记黎笋（Lê Duẩn）、越共中央政治局委员黎德寿（Le Duc Tho）和范文同等北越领导人前往苏联，希望通过与赫鲁晓夫的会谈，获得苏联更多的军事和经济援助。然而，在1月31日越南领导人抵达莫斯科后，苏联并没有立即安排双方会晤，而是安排他们去参观莫斯科的名胜古迹。2月9日，苏越双方展开会谈。苏联方面指责越南追随中国，"受到北京的强烈影响"，"夸大了自身在世界民族解放运动中的作用"，扬言如果北越不改变态度，转向苏联一方，"两国间不会有密切合作的前景"。[②] 因此，1964年8月黎笋来北京与毛泽东会谈时，他公开指责苏联拿越南做交易。同年11月，越南国防部通知苏联驻越武官，越南不再需要苏联军事专家，他们的工作一完成就应该离开越南。[③] 然而，勃列日涅夫上台执政以后，苏共和苏联政府对待越南战争的态度发生了巨大转变。这其中，自然有苏联试图与中国争夺对越南的控制权的因素。

1965年2月初，苏联部长会议主席柯西金访问河内，双方签署了全面开展军事和经济合作的协议。从1965年起，越南开始获得苏联的武器援

---

① Конаков В. Вьетнамская война в оценке её участника—офицера главного штаба войск ПВО страны（СССР）//Война во Вьетнаме…Как это было（1965 – 1973）. с. 448 – 476.

② Ilya V. Gaiduk, *The Soviet Union and the Vietnam War*, pp. 8 – 10.

③ Ilya V. Gaiduk, *The Soviet Union and the Vietnam War*, p. 17.

助，特别是防空装备，苏联的军事援助达到援助总量的60%。1968年，苏联给予北越的援助达到5.42亿卢布，其中大部分（3.61亿卢布）为免费提供。① 苏联向越南提供了一些新式武器和装备，包括防空导弹"德维纳"（CA-75）、米格-17和米格-21歼击机、苏-17轰炸机、安-28运输机、伊尔-14和里-2运输机、中小口径火炮、探测雷达等。1971年，北越政府决定越南人民军向南越发起进攻。在这次军事行动中，投入了越南人民军14个团和一些大队，配备了苏联小型武器（部分根据苏联的许可在中国工厂生产）、拥有红外夜视功能和100毫米坦克炮的T-34和T-54坦克，以及小型战舰等。②

苏联空军上校库兹涅佐夫在回忆录中谈到了北越政权是如何利用中苏竞相争夺越南的好时机的："北越军方利用社会主义国家'有求必应'的特点，尽可能多地积攒军事装备。"③ 库兹涅佐夫发现，当飞机数量超过飞行员的数量时，越南人就把从苏联、中国等国得到的飞机和装备封存在隐秘的山洞里。他还发现，美国和南越空军地毯式的轰炸基本无损于藏在山洞里的北越空军储备，但由于越南人缺少最基本的飞机维护和保养常识，经常草率地将飞机塞进山洞，飞机没有被绝对密封，结果洞内湿热的环境对飞机零部件造成严重损害，使飞机蒙皮变得粗糙。许多存放了一两年的设备仅用竹席盖着或草草拧上封口螺丝，最终完全丧失了使用价值。而北越军人对此却满不在乎，只满足于照章办事。因此，库兹涅佐夫嘲笑道："是的，你们任务完成得太好了，几乎一个歼击机中队都被你们'保养送终了'。"④

1999年，在莫斯科召开的首届"越南人民抗击美国侵略年代的俄国与越

---

① Глазунов Е. П. *Забыть хотя бы часть своей жизни невозможно // Война во Вьетнаме… Как это было (1965 – 1973)*. Антология М.：Экзамен，2005. c. 51 – 73.

② Куминов И. Я. Советская военно - техническая помощь Вьетнаму в годы войны// Хюпенен А. И. Вартанов В. Н. Глазунов Е. П. Колесник Н. Н. *Война во Вьетнаме：взгляд сквозь годы…… Материалы научно - практичесой конферецц 《Советско - Вьетнамское военное и экономическое сотрудничество в годы агрессии США против (1964 – 1973 гг)*，c. 39 – 45.

③ "出差越南"（Вьетнамская командировка），参见 http：//www. airwar. ru/history/locwar/vietnam/comandir/comandir. html。

④ "出差越南"（Вьетнамская командировка），参见 http：//www. airwar. ru/history/locwar/vietnam/comandir/comandir. html。

第十一章　认识苏联：越南战争中的苏联军事专家与苏联形象

南的经济和军事技术合作"［научно‑практической конференции о нашем экономическом и военно‑техническом сотрудничестве с Вьетнамом в годы отражения вьетнамским народом агрессии США против ДРВ（1964－1973гг）］大型学术研讨会上，越南驻俄罗斯大使馆公使衔参赞吴轩宁（Ngo Hien Ninh）发表了《战争年代苏越军事和经济合作》的讲话，他说："我们两国和人民之间的传统关系、兄弟般的友谊和密切的多边合作早已被巩固下来。在我国人民为国家的独立、自由和建立新生活的长期斗争中，我们得到了来自苏联人民的大力支持和伟大的有价值的援助。我们将永远记住在越南困难的战时条件下辛勤工作的苏联专家，我们的人民永远记住他们帮助我们打击外国侵略者。他们与我国人民并肩作战，促进了我国国民经济的重大发展，在我国的经济社会发展中发挥了重要作用。我们记得如何从苏联各港口向越南运送物资，尽管我们的敌人封锁了越南的港口。数十万越南人在苏联教育机构学习和接受培训并成为不同领域的高技能人才。……大概战争时期在越南的苏联老兵还记得，当时的越南是什么样子。然而在随后的日子里，越南已经发生了翻天覆地的巨大变化。"[1]

苏联军事专家在越南的卓越工作和巨额的军事物资的援助,[2] 促进了越南对苏联人、苏联社会和苏联制度的了解和亲近，也为战后越南全面倒向苏联提供了前提条件。1969年胡志明去世，越南战争也进入了最后的相持阶段。北越在军事、政治和外交上愈来愈依靠苏联的援助，实际执掌越共大权的黎笋等人更是越来越倒向苏联。在苏联的大力援助下，黎笋与越共开始实行亲苏政策，并在1976年以后演变为大规模的反华行动。

---

[1] Хюпенен А. И. Вартанов В. Н. Глазунов Е. П. Колесник Н. Н. *Война во Вьетнаме: взгляд сквозь годы……Материалы научно‑практичесой конференцей 《Советско‑Вьетнамское военное и экономическое сотрудничество в годы агрессии США против (1964－1973 гг)*, с. 44 - 45.

[2] 2005年4月4日，越南解密了战争期间原社会主义阵营国家对越南提供各种援助的相关文件。文件显示，1955~1962年，苏联向越南提供的财政援助总额约14亿卢布，并帮助越南建设了34个大型工业企业和一系列医疗机构和高等教育机构，重建了50个农业项目。美军上校海涅斯（Haines, Dennis G.）于1988年发表的研究报告中评价称，越南空军已经具备东南亚地区最强大的空中能力。参见 Haines, Dennis G., The Military Threat// *Strategy for Aircraft Maintenance in the Pacific*, Research Report. Maxwell Air Force Base, Alabama: Air University Press, 1988, pp. 38、41。

六 苏联老兵的心声

2004年11月，俄罗斯总统普京提交给越南领导人的绝密材料显示，1965~1976年，有1000余名苏联军人直接参加了抗击美国的越南战争。然而，这并不是一个准确的数字。另一个来自俄罗斯国防部的数字表明，从1965年7月到1974年12月31日，苏联共派出6359名军官和4500名士兵和维持治安的军警。[1] 军事专家团中也有来自捷克斯洛伐克、古巴和保加利亚的军人。[2] 苏军总共在越南死亡1974人，其中军官13人。[3] 在战后的1975~2002年，在越南航空灾难中死亡的苏联军事专家又有44名，他们被集体埋葬在越南金兰机场（Cam Ranh），他们的名字和业绩镌刻在

---

[1] Хюпенен А. И. Вартанов В. Н. Глазунов Е. П. Колесник Н. Н., Война во Вьетнаме: взгляд сквозь годы……Материалы научно - практичесой конференцей《Советско - Вьетнамское военное и экономическое сотрудничество в годы агрессии США против（1964 - 1973 гг）》, с. 39 - 45.

[2] Лященко А. Буря на Карибах//Красная звезда: Центральный печатный органМинистерства обороны Российской Федерации. М.: Редакционно - издательский центр МО РФ, 2003 - 07 - 29; Иванов С. В. Годы учёбы//Боевое применение МиГ - 17，МиГ - 19 во Вьетнаме М.: ООО《АРС》, 2000. с. 7.

[3] 关于越战中死亡苏军人员亦缺少准确数字。一种说法是越战期间失踪苏军人员7名，参见《苏联在越南战争中死亡的军事人员》，切哈林、热科夫、卡拉巴诺夫主编《纪念册》（1946 - 1982）》第10册 [Чехарин Е. М. Жарков В. М. Карабанов Д. М. Война во Вьетнаме (1961 - 1974 гг.)//Книга Памяти：1946 - 1982 /Ред. коллегия：и др. М.: Изд - во《Патриот》, 1999. Т. 10]，莫斯科，爱国者出版社，1999，第241~242页；另一说法是16名，参见克里沃谢夫《20世纪战争中的俄罗斯与苏联：军事力量的损失》(Кривошеев. Г. Ф. Россия и СССР в войнах XX века: Потери Вооружённых Сил. М.,; ОЛМА - ПРЕСС，2001.)，莫斯科，阿尔玛出版社，2001，第526页；克格勃上校莫罗佐夫（И. Н. Морозов）提供的数字表明，除了数十人伤亡外，更多的是因炸弹轰炸而造成的神经官能症和随之而来的心理障碍者居多，参见莫罗佐夫《我们怎样在越南获得胜利》，《阿富汗战争退伍军人组织莫斯科联合会报》（Морозов И. Н. Как мы воевали во Вьетнаме//Московское объединение организации ветеранов войны в Афганистане Перевал: Российская независимая газета ветеранов войны в Афганистане. М.: Московское городское военно - патриотическое объединение，Октябрь 1991），莫斯科，莫斯科城市军事爱国者协会出版社，1991。

第十一章 认识苏联：越南战争中的苏联军事专家与苏联形象

花岗岩墓碑上。他们中有防空导弹团军官、营指导员和高级飞行员。[1]

"跨地区越南战争退伍军人社会组织"（Межрегиональная общественная организация ветеранов войны во Вьетнаме）是参加越战的苏联老兵最大的团体。它始建于1970年8月5日，成立大会是在刚刚放映完电影《战后晚6点》（В 6 часов вечера после войны）的莫斯科大剧院举办的。当不同时期在越南作战和援助越南的苏联退伍军人佩戴着各种奖章聚集在大剧院时，周围的莫斯科市民却大为不解，因为苏联已经很长时间没有打仗了，这些军人因何获奖他们是不知晓的。1989年，这个组织被命名为"越南战争退伍军人联盟"（Союз ветеранов войны во Вьетнаме），并入"苏联退伍军人委员会国际委员会"（Международной комиссии Советского комитета ветеранов войны）中。从1970年到1994年，空军上校阿布拉莫夫（В. Н. Абрамов）担任该组织的领导人，他在1967年10月至1968年12月是赴越南的苏联专家团成员之一。该组织现任主席是退休上校卡列斯尼克（Н. Н. Колесник）。

1996年6月6日，该组织在俄联邦司法部和莫斯科司法局正式注册，登记号为6206。在取得合法地位后，"跨地区越南战争退伍军人社会组织"成为"越南友好协会"（Общество дружбы с Вьетнамом）的集体成员，该组织与"俄罗斯战争退伍军人和军事服务人员协会"（Российский Комитет ветеранов войны и военной службы）、"莫斯科战争退伍军人和军事服务人员协会"（Московский Комитет ветеранов войны и военной службы）等组织建立了联系。"跨地区越南战争退伍军人社会组织"有5个分会，莫斯科市分会会员93人，莫斯科州分会会员71人，特维尔州分会会员14人，乌拉尔分会会员23人，鞑靼斯坦共和国分会会员12人，其他地区4人，共计217人。成员在苏联和俄罗斯的重要报纸《红星报》、《新消息》（Новые Известия）、《独立军事评论》（Независимое военное обозрение）、《真理报》、《莫斯科晚报》（Вечерняя Москва）、《舞台》

---

[1] Колесник Н. Н. Обучая, сражались и побеждали//ПВО Страны: вчера, сегодня, завтра Сборник К 70 – летию отражения первого налёта фашистской авиации на Москву. М.: Руспринт, 2011. c. 1 – 35.

（Трибуна）、《论据与事实》（Аргумент и Фактор）、《俄罗斯消息》（Российские вести）、《公开性》（Гласность）、《言论》（Слово）、《莫斯科共青团员报》（Московский Комсомолец）、《莫斯科郊外新闻》（Подмосковные новости）、《共青团真理报》（Комсомольская правда）、《明天》（Завтра）、《弗拉基米城》（Владимирка）、《事实》（Факт）、《特维尔真理报》（Тверская правда），重要杂志《今日俄联邦》（Российская Федерация сегодня）、《战斗兄弟》（Боевое братство）、《老兵》（Ветеран）、《阅兵式》（Военный парад）、《在战斗岗位上》（На боевом посту）、《今日亚非》（Азия и Африка сегодня）、《权力》（Власть），以及越南的《劳动》（Nhân công）杂志、《人民报》（nhân dân）和《人民军队报》上发表回忆文章。这些越战退伍老兵不止一次地参加俄罗斯军事爱国节目"世纪秘密"（Тайны века）的制作，如"越南战争的俄国秘密"（Русские секреты вьетнамской войны）、"为祖国服务"（Служу Отчизне）、"打击"（Ударная сила），以及俄罗斯电视一台的"这个怎么办？"（Как это было），独立电视台（НТВ）的"军事"（Военное дело），文化电视台（Культура）的"军事电视"（Военный TV）、"看到目标"（Вижу цель）、"被忘记的胜利的秘密"（Тайны забытых побед）等节目的制作。参加"斯拉夫女人"（Славянка）、"俄罗斯广播"（Радио России）、"人民广播"（Народное радио）、"俄罗斯之声"（Голос России）和"灯塔"（Маяк）等广播电台，以及越南的对外广播机构"越南之声"（Голос Вьетнама）、英国广播公司（BBC）等新闻机构的节目制作。[①]

"跨地区越南战争退伍军人社会组织"的宗旨是："促进和保护公民政治、经济和文化权利，保护越战老兵和战死老兵家属的自由权利。"仅1996年，该组织就与越南驻俄罗斯大使馆和武官处、"越南在俄公民协会"（РОО, Общество вьетнамских граждан）、"越南在俄企业家协会"（Ассоциация вьетнамских предпринимателей в России）、"莫斯科和平基金会"（Московский Фонд мира）等建立日常联系，加入"越战老兵协会

---

① 参见 http://www.nhat-nam.ru/vietnamwar/spravka.html。

第十一章　认识苏联：越南战争中的苏联军事专家与苏联形象

中央执行委员会"（Центральный Исполком Ассоциации вьетнамских ветеранов войны）。从 1999 年开始，在越南驻俄大使馆和"越南在俄公民协会"的资助下，每年 8 月 5 日在莫斯科举行传统的赴越老兵见面会，在每年的越南春节，组织老兵见面会。组织老兵与军队、大学和中学的青年人见面，如在莫斯科国际关系学院（МГИМО）的防空兵博物馆（Музее Войск ПВО），莫斯科大学亚非学院（ИССАМГУ），莫斯科第 1198、1301 中学，在巴拉什希城的"爱国者"（Патриот）军事体育俱乐部，巴基茨基元帅中学（гимназии им. маршала Батицкого）等处，都举行过这样的见面会活动。

2005 年出版了由"跨地区越南战争退伍军人社会组织"主席卡列斯尼克主编的文集《越南战争……这是怎么回事（1965~1973）》[Война во Вьетнаме… Как это было（1965 - 1973）. Антология　М.：Экзамен，2005]。① 编委会在该书的前言中写道："亲爱的读者：你手中这本书，其内容是独一无二的。它描述了我国迄今鲜为人知的事件和事实。在某种程度上，本书所涉及的众多事件，由于众所周知的原因，几乎没有什么记者提到，至今仍然披着神秘面纱。20 世纪下半叶，在世界上的政治力量和公众利益冲突的背景下，我们的国家——苏联发挥了极其重要的作用。这本书收集了 60~70 年代在越南工作的苏联军事专家的回忆录，他们直接参加了援助越南人民反对美国侵略的斗争。不幸的是，并非所有的回忆录作者都能活着看到这本书的出版。本编委会没有设定一个目标，只是试图建立一个时间顺序来呈现，同时保留每位作者的特点。编委会希望广大读者不会因为作者回忆录中出现一些小的错误而影响对同一事件的判断。我们希望这本书能帮助读者，尤其是年轻人，找到现代史上许多问题的答案，并客观地评价这个时代和这些事件。"②

1999 年 10 月 27 日，俄罗斯联邦国防部军事历史研究所（Институт военной истории Министерства Обороны РФ）、"跨地区越南战争退伍军人社会组织"、"跨地区国际军人、局部战争和军事冲突退伍军人组织"

---

① 该书同时出版了越南文版，Chien tranh Viet Nam la the do（1965 - 1973）。
② Война во Вьетнаме…Как это было（1965 - 1973）. Антология . М.：Экзамен，2005. с. 1 - 2.

(Межрегиональная организация воинов – интернационалистов, ветеранов локальных войн и военных конфликтов)和"越南友好协会"联合在莫斯科举办了主题为"首届越南人民抗击美国侵略年代的俄国与越南的经济和军事技术合作"大型学术研讨会。

会后出版的论文集中前言宣布:"今天,越南战争已经渐行渐远并走进了历史,但重要的是要通过这些老兵——苏联军事专家的眼睛重新审视这段历史。他们参与了整个事件,他们是见证人。众所周知,过去的经验就是未来吸取的教训,换句话说,老兵的经验对于年轻人积极和有效地解决目前的任务是极为有益的。当前,复杂的国际形势需要我们认真分析过去的几场局部战争的经验。越南战争是一个最为长期、最为暴力和最为复杂的局部冲突,其影响波及整个国际社会。越南人民的斗争,他们争取独立的性格,在世界上留下了深刻的印象。声势浩大的国际援助是越南人民取得最后胜利的关键因素。越南人民感受到了国际正义力量和苏联专家在那些艰难的岁月里在越南的艰苦工作。举办这次研讨会,是试图让今天的人们记住那些严酷和艰难的日子。本书编者希望读者从这些老兵简单和真实故事中发现一些对自己来说有趣和有用的东西。"[①]

越战老兵、苏联英雄和"跨地区国际军人、局部战争和军事冲突退伍军人组织"主席普希金(А. И. Пушкин)在研讨会的开幕词中也表示:"至于谈到越南战争的经验,它在今天仍然没有失去重要意义。这一点,从近年来发展情况中已经得到了证明。在这场战争中所特别展现的防空经验,以及运作这些经验和多变的战术,用于现代新型设备的研发,采纳新型武器和应用作战经验,防备和干扰敌人飞机,具有重要意义。这些经验现在已经成为俄罗斯军事科学的宝贵财富。这也是举办本次研讨会的重要意义所在。因此,我坚信,本次会议将丰富俄罗斯军队的专业知识,有益

---

① Хюпенен А. И. Вартанов В. Н. Глазунов Е. П. Колесник Н. Н. *Война во Вьетнаме: взгляд сквозь годы……Материалы научно – практичесой конференцей* 《Советско – Вьетнамское военное и экономическое сотрудничество в годы агрессии США против(1964 – 1973 гг),с. 4.

第十一章　认识苏联：越南战争中的苏联军事专家与苏联形象

于培养新一代俄罗斯军人。"① 他还说："并不是所有当年在越南工作的苏联专家都能够活到今天，他们中间的一些人为履行自己的军事职责已经在越南牺牲，其他一些人在过去的岁月里也已经永远地离开了我们。我提议，为了纪念他们，默哀5分钟。"②

"跨地区越南战争退伍军人社会组织"主席卡列斯尼克在为此次会议致闭幕词时表示："直至1989年4月，很少有人知道或听到我们——越战老兵的名字。然而，在越南，我们的越南战友和和平居民，我们与他们一起抗击美国空袭和保卫他们的家园和生活，则感激地记住了苏联军事专家。但在我们的祖国，我们参加越南战争一直是被笼罩在保密状态中的'秘密'，而在此时，美国的'勇士'们却在到处炫耀着他们的'战功'。可是，是我们一直在为反侵略和进行正义战争的越南人民提供国际援助，我们没有丝毫可惭愧的。世界上所有的舆论都站在越南和我们一边。正是由于我们的努力和帮助，越南获得了真正的独立，成为自由的国家，我们为此感到骄傲。"③

---

① Хюпенен А. И. Вартанов В. Н. Глазунов Е. П. Колесник Н. Н. *Война во Вьетнаме: взгляд сквозь годы*……Материалы научно-практичесой конференцей 《Советско-Вьетнамское военное и экономическое сотрудничество в годы агрессии США против（1964 – 1973 гг）, с. 5.

② Хюпенен А. И. Вартанов В. Н. Глазунов Е. П. Колесник Н. Н. *Война во Вьетнаме: взгляд сквозь годы*……Материалы научно-практичесой конференцей 《Советско-Вьетнамское военное и экономическое сотрудничество в годы агрессии США против（1964 – 1973 гг）, с. 5.

③ Хюпенен А. И. Вартанов В. Н. Глазунов Е. П. Колесник Н. Н. *Война во Вьетнаме: взгляд сквозь годы*……Материалы научно-практичесой конференцей 《Советско-Вьетнамское военное и экономическое сотрудничество в годы агрессии США против（1964 – 1973 гг）, с. 73.

第十二章　看电影者：中苏电影中的"国家形象"与中苏关系变迁

在中国与苏联两党两国关系由分歧发展为矛盾，由冲突进而成对抗的特殊年代（1969~1989）里，双方借力惯用的政治宣传武器，以宣示自身道统和政治路线，建构自身意识形态和政治文化的话语权，而电影作为大众通俗文化的重要形式扮演了特殊角色。

苏联电影中的"中国形象"贯穿于中苏友谊高歌猛进时期，也表现在中苏冲突阴霾满天的年代，它伴随着两国关系的忽明忽暗而变幻迷离色彩。

一　苏联舞台与银幕上的"中国形象"

1926年，迈耶尔霍尔德剧院（театр имени Вс. Мейерхольда）演出了由特列契亚科夫（С. М. Третьяков）编剧的话剧《怒吼吧！中国！》（Рычи, Китай），在苏联的舞台上首次出现了正面的和积极的"中国形象"。布哈林（Н. И. Бухарин）在《真理报》上发表评论："戏剧《怒吼吧！中国！》非常生动感人，其轴心是干活的牲口变成了革命的无产者。"[1] 1927年，莫斯科大剧院（большой театр）上演芭蕾舞《红罂粟》（Красный мак），内容为苏联舰船来到中国港口，鼓动和领导了中国穷苦工人的革命行动。

十月革命胜利之后，在新国家（苏联）和新政权（苏共）建设过程中，电影文化事业受到了列宁和斯大林的特别重视。1919年8月27日，

---

[1] Правда, 1926-02-02.

第十二章 看电影者：中苏电影中的"国家形象"与中苏关系变迁

列宁签署《关于照相和电影商业与工业转交人民教育委员会管理的命令》（*О переходе фотографической и кинематографической торговли и промышленности в ведение Народного комиссариата просвещения*），宣布电影事业国有化，这一天被定为"俄罗斯电影节"（день российского кино）。1922年，列宁在与负责文化教育事务的教育人民委员卢那察尔斯基谈话时强调："在所有的艺术中，电影对于我们是最重要的"，"电影是教育群众的最强有力的工具之一"。①

斯大林是地地道道的电影迷，他与包括苏联早期三大著名电影导演爱森斯坦（С. М. Эйзенштейн）、普多夫金（В. И. Пудовкин）和多甫仁科（А. П. Довженко）在内的艺术家保持密切的私人友谊。斯大林在克里姆林宫里专门修建了一座电影放映厅，专为他一个人放映各种影片，他平均每周要看三四部电影，并且通常是故事片。甚至在卫国战争期间，斯大林依然保持着每周观看新影片的习惯。1935年1月11日斯大林在《真理报》上发表"告电影工业者书"，强调电影在"精神上影响群众的非凡能力，帮助工人阶级及其政党用社会主义精神去教育劳动者，组织群众为社会主义而奋斗，并可提高他们的文化和政治的战斗力"。1930年代初期，苏共正式将电影产业纳入政治宣传管理范围之中，产生了一种新的电影种类，即"宣传鼓动电影"（агитпропфильм）。

苏联时期，中国人作为主要角色和正面形象首次出现于苏联电影是在1933年由列宁电影制片厂（Ленфильм）拍摄的《我的祖国》（*Моя родина*）②中。1933年是苏联有声电影的高产年，著名电影《乌克兰》（*Украйне*）、《边区》（*Край*）、《静静的顿河》（*Тихий дон*）均拍摄于此年。

《我的祖国》是苏联最早完成，并且是第一部有声电影。故事发生在1928年中东铁路事件之后，中国流浪青年"王盲流"（Ван-босяк）生活在哈尔滨的贫民窟里，身边围绕着鸦片鬼、俄国妓女、高利贷者以及"红胡子"。值得一提的是，"红胡子"（Хунхузы）是苏联早期电影中涉及远

---

① 卢那察尔斯基：《列宁关于电影问题的谈话（卢那察尔斯基的回忆）》，《电影艺术译丛》1978年第1期，第6~7页；中共中央编译局编译《列宁全集》第42卷，人民出版社，1984，第594页。

② 该电影还有别名：《桥》（*Мост*）和《红旗远东特别军的人们》（*Люди ОКДВА*）。

东和滨海地区经常出现的形象,"红胡子"并非仅指中国土匪,实际上是包括中国人、朝鲜人、俄国匪帮和日本浪人在内的特殊群体。美国记者司戴德(Willard Straight,后担任美国政府远东司司长,曾力主"满洲开发计划")在 1905 年日俄战争中曾访问中国东北辽宁牛庄新民屯的"红胡子"。他写道:"新民屯是混血儿出生的绝佳地点,鱼龙混杂,充满了传奇故事,日本人装作中国人,俄国人装作德国人,美国人却被误认为俄国人,美国人、波兰人、希腊人、犹太人、俄国人和德国人的间谍各怀鬼胎,随时准备拔枪一决生死。这真是惊险刺激的高品质生活。"①

影片中"王盲流"在金钱和女人的诱惑下加入国民党军队(东北军)。在中苏界河——江桥的另一端驻守着苏联军队——红旗远东特别军,年轻的苏军战士瓦西卡(Васька),为了说服中国农民反对国民党政府正积极学习中文。战斗结束后,王盲流与他的长官成了苏联红军的俘虏。在苏军的思想教育和政治甄别过程中,王盲流感受到从未有过的人道待遇和温暖,并且遇到了与其年龄相仿的瓦西卡,瓦西卡多次给他讲授革命道理。在长官的引诱和逼迫下,王盲流帮助长官并与他一起逃跑。在路上,他在苏军中的特殊感受和瓦西卡的教育始终让他无法释怀,他最终杀死他的长官,坚定地走过中苏的界桥,回到苏联军中。苏军在几次战役后占领了边界上的几个中国居民点,并通过《中苏伯力会议草约》(Хабаровский протокол)据为己有。"王盲流"和其他中国人回到这块土地上,他们与苏联人和谐相处。

"王盲流"的扮演者不是中国人或苏联华人,而是乌孜别克族的演员巴里·阿季佐夫维奇·海达罗夫(Бори Азизович Хайдаров,1909 – 1986),他从列宁格勒电影制片厂培训班毕业后,一直在乌兹别克电影制片厂(Узбекфильм)工作。他一生参加拍摄电影 10 部,除扮演乌孜别克族角色外,还扮演中国人和日本人。他一生中仅两次出演电影主角,《我的祖国》中的"王盲流"是其中一次。

更值得一提的是,这部电影自拍摄完成到公映经历了一段不平凡的历程。电影原本要在 1933 年 2 月底公映,以纪念苏联红军建军 15 周年。但

---

① Herbert Crole, *Willard Straight*, New York: The Macmillan Company, 1924, pp. 149 – 150.

是电影海报展示还不到一个月时，遭到了一个高级将领和官员的批评。伏罗希洛夫下令禁止放映电影《我的祖国》。斯大林的亲信奥尔忠尼启则（Г. К. Орджоникидзе）对陆海军人民委员伏罗希洛夫（К. Е. Ворошилов）提到："谢谢您禁止电影《我的祖国》，关于此事我已经两次请求您。它是一部毫无疑问的侮辱苏联红军的电影。这部电影的编剧对苏联红军没有一点起码的尊重，更不具备一点起码的苏联红军的知识。"① 电影导演希费茨（И. Е. Хейфиц）在回忆录里则认为电影被禁止的关键因素来自斯大林本人，② 他不仅认为片中的苏联红军未能体现"高""大""全"的本色，并且片中唯一女性——白俄妓女的出色形象"让所有红军角色黯然失色"。③这部电影与苏联时期其他被禁止的电影被称为"架子上的影片"（кино на полке），获得公映是在2011年的莫斯科电影节上。随后，苏共中央组织局（Оргбюро ЦК）于4月7日做出决议："今后对所有电影画面和舞台艺术必须实行预先审查（предварительное рассмотрение）。"④

20世纪30～40年代，苏联电影中可偶见"中国人形象"和"中国形象"，但多是设于中国无产阶级革命和东方民族解放运动的背景之下，并且无论是在角色出场还是画面背景方面都是为烘托苏联社会主义建设的主旋律。如1935年苏联著名导演多甫仁科在斯大林的关怀下拍摄的《航空港》（Аэроград）。这部电影讲述的是苏联准备在太平洋沿岸的东部边境建设航空港，在当地引起了争议。共青团员、集体农庄庄员和退伍红军站在新政权一方，而商人、原白卫军和日本人竭尽全力进行破坏，由此爆发激烈和殊死的斗争。片中出现一个非主角人物——中国人——游击队员王力（Ван Лин），他忠于苏维埃政权，热爱人民，与敌人英勇战斗，最后牺牲。这个角色的扮演者是在符拉迪沃斯托克（海参崴）出生并长大的苏联朝鲜人崔（Г. Цой）。1935年，《航空港》公映后获得成功，斯大林给予了高度评价。

---

① РГАСПИ. Ф. 74. Оп. 2. Д. 43. Л. 60－63.
② Хейфиц И. Взлет и падение《Моей Родины》//Искусство кино. 1990. № 12.
③ Комиссия ветеранов Союза Кинематографистов СССР, *Жизнь в кино Ветераны о себе и своих товарищах* М. : Искусство, 1970. с. 89－90.
④ РГАСПИ. Ф. 17. Оп. 114. Д. 435. Л. 79－80.

二 "欢迎苏联电影"

1922年陕南驻军在南郑县汉台南边驻地放映苏联纪录片《集体农庄》(Колхоз)，此为苏联电影在中国放映的最早记载;[①] 在20世纪20年代初，苏联电影已在中东铁路沿线的俱乐部中放映，但属非商业性质，只供内部职工观看，社会影响不大。1926年，由田汉主持的南国电影剧社在上海南市西门方派桥共和影戏院放映了爱森斯坦的著名影片《战舰波将金号》(Броненосец Потёмкин)。著名作家和评论家田汉认为这部影片"为真正苏俄艺术影片入中国之始"。[②] 1931年4月，上海百星大戏院上映的普多夫金导演的《成吉思汗的后代》(Потомок Чингисхана)，此为首部在中国公映的苏联电影故事片。[③]

1949年10月，中华人民共和国成立。中共新政权在外交和国际战略上确定了向苏联"一边倒"的方针。随着1949年毛泽东访问苏联和1950年《中苏友好同盟互助条约》签订，中苏的党际和国家关系进入蜜月期(1949~1958)。1949年10月出版的《布尔什维克》(Большевик)杂志上发表卡瓦列夫（E. Ковалев）的文章称："伟大的十月社会主义革命和苏联的社会主义的胜利、苏联在第二次世界大战中战胜德国和日本帝国主义动摇了帝国主义体系，同时成了中国人民民族解放运动的决定性前提。"[④]

1949年10月30日，中共中央宣传部部长陆定一在《人民日报》发表了文章《欢迎苏联电影》。他强调："世界上只有社会主义的苏联，能够大量供给我们这种优良的文化食粮。有了苏联的帮助，我国电影事业的革命，新的人民电影事业的建设，可以加快速度。"[⑤] 随后，大量的苏联电影

[①] 陈一愚:《中国早期电影观众史（1896~1949）》，中国艺术研究院出版社，2013，第26页。
[②] 田汉:《田汉文集》第14卷，中国戏剧出版社，1987，第264页。
[③] 程小莹:《先生带我回家》虹口卷，上海百家出版社，2009，第43页。
[④] Ковалев Е. Великая историческая победа китайского народа//Большевик. М., 1949. №18.
[⑤] 陆定一:《欢迎苏联电影》，《人民日报》1949年10月30日。

第十二章 看电影者：中苏电影中的"国家形象"与中苏关系变迁

故事片和电影纪录片被引进中国。1949～1959年，中国放映的苏联电影达750多部，观众平均每年约达2亿人次。① 苏联电影"还被各级学校和社会团体用作群众思想教育的教材，起了很大的宣传鼓动作用"②，同时配合了共和国成立初期的各种思想改造运动，例如《普通一兵》(Рядовой Александр Матросов)、《第三次打击》(Третий удар)、《伟大的转折》(Великий перелом) 等影片，"在部队的指战员中造成了学习运动，产生了'马特洛索夫'式的人物"。③

中国政府邀请苏联电影专家直接参与电影制片厂的建设和电影的拍摄。纪录片《解放了的中国》的拍摄创意即是由斯大林本人提出的，并且立即得到毛泽东和中共中央的赞同。

1949年9月初，中央电影局局长袁牧之正式邀请苏联电影专家帮助拍摄中华人民共和国开国大典纪录片。25位苏联电影专家来到中国，一队是以格拉西莫夫（С. А. Герасимов）为首的高尔基电影制片厂的后方摄影队，这一队由北京电影制片厂的徐肖冰负责协助，以拍摄后方建设为主。另一队是以瓦尔拉莫夫（Л. В. Варламов）为首的苏联中央文献电影制片厂的前方摄影队，这一队由北京电影制片厂摄影总队副队长吴本立协助，以拍摄解放战争为主。④ 在长达8个月的时间里，两个摄影队拍摄了大量的素材，分别编入两部大型纪录片——《解放了的中国》⑤ 和《中国人民的胜利》⑥。这两部影片上映后产生了广泛的国际影响，获得中国文化部"1949～1955年优秀影片——长纪录片"一等奖。⑦ 前者偏重于后方的经济建设，后者侧重于解放全中国的战争题材。《中国人民的胜利》的导演是

---

① 孙其明：《中苏关系始末》，上海人民出版社，2002，第158页。
② 李明滨：《中国与苏俄文化交流志》，中华文化通志编委会编《中华文化通志·中外文化交流典》，上海人民出版社，1998，第295页。
③ 王阑西：《苏联电影在中国》，《人民日报》1952年11月5日。
④ 吴本立：《〈中国人民的胜利〉五彩片摄制经过》，郝玉生、关明国主编《我们的足迹》续集，中央新闻纪录电影制片厂，1998，第136～140页。
⑤ 俄文名：Освобождённый Китай，苏方导演格拉西莫夫，中方导演徐肖冰、苏河清，摄影：布拉日哥夫（А. Бражков）。
⑥ 俄文名，Победа китайского народа：导演：瓦尔拉莫夫，中方导演吴本立、周峰，摄影：沃龙佐夫（А. П. Валонцов）、郝玉生、李秉忠、徐来、李华、叶惠。
⑦ 刘振宇主编《中国之最：国家政治·历史文化》，京华出版社，2007，第219页。

苏联专家瓦尔拉莫夫，这部影片是在莫斯科完成后期制作的。毛泽东及所有的中共中央政治局委员参加了中央电影局局长袁牧之主持的《中国人民的胜利》的审片会，放映结束时，大家一起鼓掌。毛泽东大声说："很好，通过！"刘少奇、周恩来、朱德等热情与苏联导演瓦尔拉莫夫和中方导演吴本立握手祝贺。瓦尔拉莫夫在摄制完成庆祝大会上用汉语高呼："毛主席万岁！"朱德设宴并为瓦尔拉莫夫授奖，文化部部长沈雁冰向瓦尔拉莫夫颁发纪念章，电影局局长袁牧之讲话的镜头——收入《中国人民的胜利》之中。① 1951年他以此片获得了"斯大林奖金"（сталинская премия）一等奖。

　　苏联摄影师拍摄的1949年10月1日的开国大典的电影胶片，因随意丢弃的烟头而引发火灾，几近被全部焚毁，几个小时长的开国大典原始胶片只抢出了几分钟。后以残余的这段彩色胶片为基础，进行了补充拍摄，剪辑为两部大型彩色纪录片——《解放了的中国》和《中国人民的胜利》。苏联电影专家在中国开创了"补拍""表演"纪录片的历史，按照苏联电影专家瓦尔拉莫夫拟定的拍摄提纲，补拍了辽沈、平津、淮海、渡江四大战役。中方的助理导演吴本立此前已经拍成了黑白片《百万雄师下江南》，又跟着苏联专家补拍了一遍彩色的"渡江"镜头。苏联专家还精心设计和重拍了红旗插上南京总统府的著名的长镜头。②

　　《中国人民的胜利》《解放了的中国》以简明的镜头记录了中共与国民党政权斗争并取得胜利的历史，着重记录了中华人民共和国成立初期政治、经济、文化等各方面的情况。影片记录了开国大典的盛况及悼念人民烈士的场面，同样记录了中苏签订《中苏友好同盟互助条约》后苏联帮助中国建设事业的历史镜头。它们与《中华儿女》《无形的战线》《锦绣河山》等中国影片在苏联放映时，获得了苏联观众热烈欢迎，观众达2000万人次，从而扩大了苏联人对"新中国形象"的了解。1951年，中苏合作在莫斯科举办了中国电影节。1949~1959年，在苏联放映中国电影有102部之多。③

---

① 单万里：《中国纪录电影史》，中国电影出版社，2005，第140~145页。
② 单万里：《中国纪录电影史》，第140~145页。
③ 孙其明：《中苏关系始末》，第158页。

尽管1958年以后，中苏关系开始出现分歧，然而直至20世纪60年代初，中苏双方电影中展现的对方形象仍然是友好和正面的。如中国中央新闻纪录电影制片厂于1960年拍摄的《欢庆中苏同盟十周年》[①]、《伟大的友谊》[②]和1961年拍摄的《兄弟的友谊》[③]。

三 《德尔苏·乌扎拉》与《在乌苏里的莽林中》

至20世纪60年代末，中国政治进入"文化大革命"时代，中苏关系也发生根本性的逆转，由初期口诛笔伐式的"论战"演变为军事冲突式的"敌对"。在此背景下，中苏两国几乎同时设立了针对对方的专门战略和对策研究机构。1965年6月，在中国科学院哲学社会科学部下建立了苏联尔欧研究所，它同时隶属于中共中央对外联络部，1966年完全划归中联部所属，1969年6月至1975年12月被撤销，部分研究人员归属中共中央对外联络部。1981年1月，恢复苏联东欧研究所，隶属于中国社会科学院。1966年9月，苏联科学院建立远东问题研究所（Институт Дальнего Востока АНСССР），该机构同时受苏共中央国际部和苏共中央意识形态部的双重领导，该机构设立之初最主要的任务就是研究中国问题和中俄（中苏）关系，设有专门出版批判中国政府的文章和著作的出版机构。

在1969年3月珍宝岛[④]事件后，两国政府均将对方视为不共戴天的殊死之敌。两国的政治宣传机器也完全抛弃了以往纯理论化的政治论战和隐讳式的政治攻讦，毫不掩饰地张扬己方政治主张和讨伐对方的"无耻行径"。中央新闻纪录电影制片厂于"珍宝岛冲突"当年连续摄制完成了反映苏联当局在珍宝岛边境地区进行反华挑衅、我边防军民予以坚决打击的纪录影片《新沙皇的反华暴行——苏修在乌苏里江、黑龙江上的挑衅》[⑤]

---

① 《欢庆中苏同盟十周年》，编导：李坤，摄影：韩浩然。
② 《伟大的友谊》，编导：王永宏，摄影：王德成。
③ 《兄弟的友谊》，编导：李坤，摄影：陈锦俪。
④ 苏联称"达曼斯基岛"（остров Даманский）。
⑤ 《新沙皇的反华暴行——苏修在乌苏里江、黑龙江上的挑衅》，编导：郝玉生、应小英，摄影：封永迎、张家渊、任福棠、陈凯初、温炳林、李连祥、吴余华、李学明等。

和《珍宝岛不容侵犯》①两部影片。这两部影片播映后在国内引起了巨大的反响,《人民日报》又及时组织专版开展影评的讨论。《新沙皇的反华暴行——苏修在乌苏里江、黑龙江上的挑衅》播映后,《人民日报》连续多日整版刊发了各地的影评文章,如署名北京第一机床厂工人宋祖华、张云峰、谢吉瑞的《更无豪杰怕熊罴》(1969年4月20日,第4版)、署名北京新华印刷厂工人评论组的《中国人民是不好惹的》(1969年4月22日,第4版)、署名通信兵某部红波的《利斧砍断水龙头》(1969年4月22日,第4版)、署名珍宝岛地区边防部队副指导员徐连文的《他们一定要打,我们奉陪到底,打倒新沙皇!》(1969年4月22日,第4版)等。

中苏两国电影中的"中国形象""苏联形象"也由"同志+兄弟"突变为"敌人+叛徒",并且两国对对方电影中展现的"我方形象"的理解亦变得更加激进和敏感。

上海工农兵电影译制厂革命造反队与复旦大学中文系《井冈战鼓》造反队合写的《引进资、修影片,推行反革命复辟的大阴谋》发表在上海市委机关报《解放日报》上。文章质问:"十多年来大量引进的资、修影片,究竟是一些什么样的货色?……这类影片肆意攻击伟大的马克思列宁主义者斯大林,把斯大林领导下的布尔什维克党诬蔑为'没人性'。把斯大林时期的苏联丑化为十足的'官僚主义统治'的天下。苏共二十大以后,苏联修正主义集团联合美帝国主义和各国反动派,向马克思列宁主义发动了全面的猖獗进攻,现代修正主义思潮开始大泛滥。苏修集团的头子赫鲁晓夫不但大反斯大林,大反苏联卫国战争,大反无产阶级专政,而且竭力散布'战争恐怖'论和'阶级调和'论,提出了臭名昭著的'三和'路线。"②《人民日报》刊登文章宣布:"伟大的苏联人民决不会容忍反革命修正主义长期统治下去,决不会允许一切牛鬼蛇神霸占苏联的银幕。总有一天在苏联辽阔的大地上会响起第二次十月革命的号角,会爆发出震天动地的吼声,会燃起熊熊的革命烈火,把苏修领导集团这一小撮反革命修正

---

① 《珍宝岛不容侵犯》,编导:郝玉生、王程帆,摄影:封永迎、苏德福、吴金华、刘锡喜、王锡朝等。

② 《解放日报》1967年6月25日。

主义分子彻底摧毁，使他们永世不得翻身。"①

1975年，由苏联出资400万美元，特邀在日本有"电影天皇"之称的著名导演黑泽明（黒沢明）编剧并导演的电影故事片《德尔苏·乌扎拉》（Дерсу Узала／デルス・ウザーラ／Dersu Uzala）② 拍摄完成。这部电影以极高的艺术水准迅速赢得了国际艺术界的承认，并获得了一系列的国际大奖。

这部电影根据俄国著名探险家阿尔谢尼耶夫（В. К. Арсеньев）的游记《在乌苏里的莽林中》（В дебрях уссурийского края）的第二部《德尔苏·乌扎拉》（Дерсу Узала）改编而成。

阿尔谢尼耶夫（1872～1930），俄国和苏联著名的地理学家、旅行家。1903年，他加入帝俄阿穆尔边疆区研究协会（Общество изучения Амурского края）。1909年他被选入俄国皇家地理学会（Императорское Русское географическое общество）。1902年，时任帝俄西伯利亚第二十九火枪军上尉的阿尔谢尼耶夫开始了在乌苏里边疆区的第一次考察，这次考察一直持续到1907年。考察主要目的是为帝俄政府制作军事地形图，并考察当地的道路、地质、植物、动物和居民。足迹遍及帝俄和苏联所称的滨海省南部（Южное Приморье）、希霍特－阿林山脉（Сихотэ－Алинь，中国称为老爷岭、内兴安岭）、从远乌苏里区（Зауссурийский край）至圣奥尔加湾（залив Святой Ольги）北部。1908～1910年，阿尔谢尼耶夫得到俄国地理学会（Русское географическое общество）的资助，除继续沿希霍特－阿林山脉考察之外，还到了滨海省北部：包括乌苏里地区北部到阿穆尔河（中国称黑龙江）的鞑靼湾（Татарский залив）和乌苏里江下游沿岸。随后，阿尔谢尼耶夫将考察结果分两卷本以《乌苏里边疆区军事地理和军事统计简报》（Краткий военно－географический и военно－статистический очерк Уссурийского края）为名在1911～1912年出版。

阿尔谢尼耶夫热情欢迎十月革命的到来，他说："革命是所有人，也包括我的革命。"③ 因此，他在新政权下获得很好的位置。阿尔谢尼耶夫两

---

① 《人民日报》1967年8月8日。
② 《德尔苏·乌扎拉》在日本放映时曾更名《乌苏里江猎人》（ウスリーハンター）。
③ 参见 http://ru.wikipedia.org/wiki/Арсеньев,_Владимир_Клавдиевич。

307

次担任了哈巴罗夫斯克（伯力）边疆区博物馆馆长职务（1910~1918年和1924~1926年）。他将八年的考察日记以文学语言改写，分别在1921年和1923年公开出版了游记《沿着乌苏里边疆区》（По Уссурийскому краю）和《德尔苏·乌扎拉》（Дерсу Узала）。游记出版后，受到苏联读者的热烈欢迎。高尔基于1924年给阿尔谢尼耶夫写信，称赞道："《在乌苏里的莽林中》既含高度价值的科普常识，又有引人入胜的文学描写，是布雷姆和库珀的完美结合。"① 1926年符拉迪沃斯托克（海参崴）的书业出版社（Книжное дело）将两本合为一部，以《在乌苏里边疆区的密林中》（В дебрях Уссурийского края）为名出版。1951年，该书由设在莫斯科的苏联国家地理文献出版社（Государственное издательство географической литературы）再版。此书亦受到国际学术界和读者的关注，自20世纪20年代末至70年代末，它陆续被翻译成30多种其他国家文字而出版。

阿尔谢尼耶夫在1902年和1907年两次到乌苏里地区探险，都是由当地的赫哲族猎人德尔苏·乌扎拉为其充当向导。善良、坚强、机智和乐观的德尔苏·乌扎拉以他对泰加森林环境的熟识，以他特有的绝境生存能力，以及他视万物（水、火、风、野兽）为灵长和人类朋友的性情感染了阿尔谢尼耶夫，两人突破地位和阶层的巨大差距，建立了深厚的友谊。然而，当阿尔谢尼耶夫再次回到乌苏里地区时，他听到了德尔苏·乌扎拉遇害的消息。他悲愤地埋葬了德尔苏·乌扎拉，在他的坟头轻声自语："你是在森林里出来的，又在森林里结束了你的一生。"②

《德尔苏·乌扎拉》曾在1961年，在苏联亚美尼亚族导演巴巴扬〔Агаси́（Агасий）Арутюнович Бабаян〕的执导下，首次拍成电影。该电影被归类为"艺术影片"（художественный фильм），苏联电影导演列夫·库利扎诺夫1971年底曾对黑泽明说，"不过那是一部非常枯涩的影片"③。美国电影史家唐纳德·里奇在其著《黑泽明的电影》中提到黑泽明

---

① 阿尔谢尼耶夫：《在乌苏里的莽林中——乌苏里山区历险记》，黄树南等译，人民文学出版社，2005，"译者前言"，第2页。
② 《反华电影剧本〈德尔苏·乌扎拉〉》，人民文学出版社，1975，第156页。
③ 《反华电影剧本〈德尔苏·乌扎拉〉》，第163页。

称巴巴扬作品为"电视片",黑泽明认为:"这部电视片只是一个肤浅的冒险故事,并没有唤起对中心人物的道德共鸣。"①

日本著名电影导演黑泽明重拍《德尔苏·乌扎拉》有其偶然性和必然性。

日本翻译家长谷川四郎根据1930年俄文版《在乌苏里的莽林中》,翻译为日文并出版,分别为《穿过西伯利亚大森林》(列入《现代世界报告文学全集》)②和《德尔苏·乌扎拉》(列入《东洋文库》)③。黑泽明早在20世纪40年代就已经阅读过《在乌苏里的莽林中》,当时在全日本只有上野图书馆有收藏。他当时就表示:"非常喜爱德尔苏这个人物。"④他在1951年拍摄完成的《白痴》,故事改编于俄国著名作家陀思妥耶夫斯基的同名小说,只是将场景移到第二次世界大战后的日本社会,讲的是自称"白痴"的退伍军人龟田与妙子和绫子等人之间的感情纠葛。这是黑泽明第一次改编俄国作家作品。然后,黑泽明就邀请日本左翼剧作家久板荣二郎将《在乌苏里的莽林中》的第二部《德尔苏·乌扎拉》改编为剧本。"那时想都没想过要在苏联拍摄,所以背景和人都换成日本的,写成的电影剧本却不大对头。总之,在日本拍是搞不好的。"⑤

1971年2月,苏联导演格拉西莫夫访问日本的时候曾询问黑泽明是否愿意在苏联拍摄电影。当年,黑泽明在刚刚经历过自杀(1971年12月22日)的阴影之后,带着《电车狂》参加莫斯科电影节(Московский международный кинофестиваль)。黑泽明与苏联电影工作者协会第一书记库利扎诺夫(Л. А. Кулиджанов)在莫斯科郊外的阿尔汉格尔斯克餐厅吃饭时,明确地向后者表示了拍摄《德尔苏·乌扎拉》的愿望,于是双方一

---

① 唐纳德·里奇:《黑泽明的电影》,万传达等译,海南出版社,2010,第286页。
② 阿尔谢尼耶夫著,长谷川四郎译《穿越西伯利亚森林》[アルセーニエフ著,長谷川四郎訳:『シベリアの密林を行く』現代世界ノンフィクション全集、東京、筑摩書房、1966]。
③ 阿尔谢尼耶夫著,长谷川四郎译《探险记:德尔苏·乌扎拉:滨海漫游记》[アルセーニエフ著、長谷川四郎訳『デルスウ·ウザーラ:沿海州探検行』東京、平凡社東洋文庫、1965]。
④ 《反华电影剧本〈德尔苏·乌扎拉〉》,第163页。
⑤ 《反华电影剧本〈德尔苏·乌扎拉〉》,第162页。

309

拍即合。并且商定由黑泽明创作电影剧本，然后由苏联剧作家纳吉宾（Ю. М. Нагибин）改写，再由两人共同协商定稿。影片耗资 400 万美元，制作耗时四年，其中两年在苏联进行实景拍摄，在此期间，黑泽明与 5 名日方工作人员长期生活在自然条件和生活条件极其艰苦的西伯利亚地区，若论其拍摄的艰难，在黑泽明的作品中是少见的。美国电影史学者唐纳德·里奇评价："在零下 40 度的西伯利亚的天气中，这简直是一个折磨。"①

《德尔苏·乌扎拉》用艺术化手法展现故事情节。在阿尔谢尼耶夫和德尔苏·乌扎拉第二次相遇后，德尔苏·乌扎拉因年老体弱再也不能生活在山林之中，在阿尔谢尼耶夫的劝说下他终于走出森林，来到大城市哈巴罗夫斯克（伯力）的阿尔谢尼耶夫家中居住，但终因不习惯城市生活，在返回森林的路上遇害。多年以后，阿尔谢尼耶夫发现德尔苏的坟墓已找不到了，德尔苏·乌扎拉曾经熟悉的山林正在被改建成城镇。

在电影中，黑泽明用精致的长镜头处理着人与自然的关系，展现了乌苏里的严冬和盛夏，红色、绿色和黄色斑驳的树林、篝火、风雪，脚印和河流，展现着相信万物有灵、敬畏自然、珍惜生命、保护环境和爱憎分明的德尔苏·乌扎拉的人性，展现着阿尔谢尼耶夫与德尔苏·乌扎拉超越阶层与等级的友谊。

四　中国对《德尔苏·乌扎拉》的批判

然而，由苏联出资、黑泽明拍摄、莫斯科电影制片厂出品的《德尔苏·乌扎拉》却引发了中苏之间的文化冲突。从时间顺序上看，《德尔苏·乌扎拉》先是在日本国内引起批判之声，然后才由香港文化界和中国内地发起批判。

黑泽明与纳吉宾完成《德尔苏·乌扎拉》的电影剧本后，于 1974 年 5 月 7 日将其发表在日本《电影旬刊》（增刊，黑泽明专号）上。随后，先引起了日本文化界的关注。"日本《德尔苏·乌扎拉》研究会"在《日本

---

① 唐纳德·里奇：《黑泽明的电影》，第 286 页。

第十二章　看电影者：中苏电影中的"国家形象"与中苏关系变迁

与中国》周刊（1974年9月23日）发表文章《苏联影片〈德尔苏·乌扎拉〉的丑恶企图——明显的反华，国际性的大阴谋，连黑泽明都拉拢》。文章称："读了这个剧本，我们了解到了这是一部彻头彻尾以反华为目的的政治影片，包藏着想动员世界上包括日本人在内的观众参加反华行列的丑恶企图。苏修社会帝国主义的反华活动不是今天才开始的，但是我们重视这部影片，因为它暴露出他们想打着与黑泽明等人合作的幌子，把日本人民的命运拴在他们的战车上的罪恶阴谋。"[1] 该文指出了影片中的反华画面的情节。（1）"如果这是一部抗议环境污染的影片，那倒还有点现代意义。然而这只是表面文章，实际上是在末尾描绘杀害这位谁都喜欢的德尔苏·乌扎拉的场面，以便让人们看上去杀害他的犯人好像是中国人。"[2]（2）电影恶意篡改《在乌苏里的莽林中》的内容，处心积虑地把中国人描绘为卑躬屈膝和丑态百出的奴才相。原著中出现的背井离乡的天津老人李春平第二天离开营地时，把自己的手镯送给前夜请他喝茶的阿尔谢尼耶夫，作为答谢，并对四方天地行大礼。电影中则简化为"深深地向阿尔谢尼耶夫鞠躬，头都要挨着地了"，因此"这是秉承那些希望现代中国遵照这样的规矩行事的苏修社会帝国主义领导人严厉的旨意办的"。[3]（3）影片中篡改乌苏里江流域原属中国并以汉语命名的领土标识。1969年珍宝岛事件后，苏联当局为消灭中国统治远东的历史证据，通过《苏联最高苏维埃公报》，以行政命令的方式大规模地修改了这些地名。电影配合了这种政治需要，背离原著，对俯首皆是的中国地名绝口不提。而汉语地名在原著《在乌苏里的莽林中》中则处处可见。阿尔谢尼耶夫承认："在乌苏里地区，河流、山脉和海岬有着各种各样的名称。这是因为，鞑子按鞑子的叫法，中国人有中国人的叫法，而俄国人又给它们取了俄国名字。"[4]（4）影片有意删减乌苏里江流域中国人的面孔，以强调该地区的俄国属性。原著

---

[1] 《反华电影剧本〈德尔苏·乌扎拉〉》，第166页。
[2] 《反华电影剧本〈德尔苏·乌扎拉〉》，第167页。而日本平凡社出版的《德尔苏·乌扎拉》中涉及此问题时的表述是："凶手多半是一些俄国人。他们搜刮了德尔苏身上的钱，抢走了枪。"（参见《反华电影剧本〈德尔苏·乌扎拉〉》，第182页）
[3] 《反华电影剧本〈德尔苏·乌扎拉〉》，第168页。
[4] 《反华电影剧本〈德尔苏·乌扎拉〉》，第118页。

《在乌苏里的莽林中》中，先后出现的有名有姓的中国人包括李唐贵、徐乌福、齐锡武、孙才、张保（常吉清）、齐凡、金柱和李春平等，但电影中仅保留张保和李春平两个中国人形象，而阿尔谢尼耶夫及其7个俄国队友成了画面中的绝对常客，唯一的黄种人面孔似乎只有赫哲老猎人德尔苏·乌扎拉。（5）影片有意删除原著中具有中国领土主权的信息。原著中记有："就在山口，一条小路的右侧，有一座用圆木搭成的小庙，里面有画着中国神像的木版画，画前摆着两个剩有香头的木盒。旁边还放着几片烟叶和两块糖。这是给林神上的供品。在邻近的树上挂着破红布，上面题词是：'山门镇威，昔日齐国为大帅，今在大清镇山林'。"①在电影中却找不到与之相似的场景和画面。

"日本《德尔苏·乌扎拉》研究会"在《日本与中国》周刊（1975年2月17日）发表的另一篇文章《再论苏联影片〈德尔苏·乌扎拉〉——所谓"合拍影片"，实际上是苏联影片，它恶毒地制造反华舆论，这部影片对日本来说也不容忽视》。文章认为："此片毫无疑问是苏联电影，只不过是聘请了号称'世界电影界泰斗'的导演黑泽明。也就是说，苏联方面是让日本人来充当挨批判的活靶子。"②该文指出电影中的反华情节，德尔苏·乌扎拉轻易地认出中国猎人和商人为了利益而设下置未成年动物于死地的鹿寨和陷阱。"德尔苏恶狠狠地骂中国人，因为他们既然放弃了鹿寨，却不设法用土把陷阱填平。"③并且透过阿尔谢尼耶夫探险队员的口说出："一不提防，那些家伙（指中国人）指不定会扩张到哪儿去呢！"④该文揭露苏联政府"假借'亚洲集体安全体系'之名拉拢日本人，用开发西伯利亚作诱饵，企图迫使日本充当苏修社会帝国主义的跳板和走卒。日本人绝不上他们的当。我们也完全没有跟他们共命运的意思。"⑤

此外，日本《东风》月刊（1974年10月号）也发表了署名"日本《德尔苏·乌扎拉》批判组"的文章——《关于苏联影片〈德尔苏·乌扎

---

① 《反华电影剧本〈德尔苏·乌扎拉〉》，第121页。
② 《反华电影剧本〈德尔苏·乌扎拉〉》，第171页。
③ 《反华电影剧本〈德尔苏·乌扎拉〉》，第122页。
④ 《反华电影剧本〈德尔苏·乌扎拉〉》，第175页。
⑤ 《反华电影剧本〈德尔苏·乌扎拉〉》，第175页。

拉〉的背景——乌苏里地区》和《批判苏联电影剧本〈德尔苏·乌扎拉〉——黑泽明导演将变成丑角吗？》。文章认为："……电影剧本（定稿）是以这个故事展开的地区自古以来就是俄国领土为前提而写的，所以只能使人认为，中国人是流落来的，或逃亡过来的，要不就是入侵进来的！电影剧本里，中国人设陷阱乱捕野生动物，中国的毛皮商人、红胡子等等的'野蛮行径'，的确是起了印证这一点的作用。"①

日本《国际贸易》（1974年10月19日）刊登了署名为"铃木猛"的文章——《彻头彻尾诽谤中国——苏联电影〈德尔苏·乌扎拉〉发动宣传》②。该文的结论是："在中苏边境问题受到各方面重视的今天，这部影片所具有的反华本质是不能忽视的。又因为这一阴谋也有日本人参加（不管是否自觉地参加），我们是不能毫无关心的。"③ 几乎与此同时，香港《大公报》（1974年9月24日）也发表了署名为"龚念年"的文章——《黑泽明·苏联·反华片》，得出了同样的结论："这部彻头彻尾反历史、反人民、反中国的恶毒影片，目前尚未出笼，但是它的丑恶嘴脸清清楚楚暴露出来了。"④

《德尔苏·乌扎拉》拍摄完毕尚未公映就获得了第九届莫斯科电影节金奖（1975年），于是，这部电影也立即引起了中国政府和文化界的关注。1975年3月，人民文学出版社出版《反华电影剧本〈德尔苏·乌扎拉〉》时，将上述6篇批判文章收录其中。

《反华电影剧本〈德尔苏·乌扎拉〉》内容包括：（1）《德尔苏·乌扎拉》电影剧本（全稿，叶维、文洁若根据日本《电影旬报》1974年5月7日刊载的剧本翻译）；（2）阿尔谢尼耶夫《在乌苏里的莽林中》与电影有关段落摘译（由北京大学苏修文学批判组翻译）；（3）拍摄《德尔苏》是我三十年来的梦想（摘译）（黑泽明，日本《电影旬报》1974年5月7日增刊，万兰译）；（4）苏联影片《德尔苏·乌扎拉》的丑恶企图——明显的反华，国际性的大阴谋，连黑泽明都拉拢（"日本《德尔苏·乌扎拉》

---

① 《反华电影剧本〈德尔苏·乌扎拉〉》，第199页。
② 该文于1974年12月2日转载于香港《大公报》。
③ 《反华电影剧本〈德尔苏·乌扎拉〉》，第212页。
④ 《反华电影剧本〈德尔苏·乌扎拉〉》，第216页。

研究会",原文刊载于日本的《日本与中国》1974年9月23日);(5)再论苏联影片《德尔苏·乌扎拉》——所谓"合拍影片",实际上是苏联影片,它恶毒地制造反华舆论,这部影片对日本来说也不容忽视("日本《德尔苏·乌扎拉》研究会",《日本与中国》1975年2月17日);(6)批判苏联电影剧本《德尔苏·乌扎拉》——黑泽明导演将变成丑角吗?(日本《德尔苏·乌扎拉》批判组,日本《东风》1974年10月号);(7)关于苏联影片《德尔苏·乌扎拉》的背景——乌苏里地区(日本《德尔苏·乌扎拉》批判组,日本《东风》1974年10月号);(8)彻头彻尾诽谤中国——苏联借影片《德尔苏·乌扎拉》发动宣传(铃木猛,转载于香港《大公报》1974年12月2日,原文刊载于日本《国际贸易》1974年10月19日);(9)黑泽明·苏联·反华片(龚念年,原载香港《大公报》1974年9月24日);(10)苏联延聘黑泽明拍摄反华影片(原载香港《七十年代》1974年10月号);(11)《德尔苏·乌扎拉》原著中有不少记述证明乌苏里地区自古就属于中国领土。

在该书"编者前言"中特别提到,"这个反华电影剧本一出笼,就遭到了日本人民的强烈谴责"。[①] 因为,"苏修叛徒集团也不放过利用文艺为他们的扩张政策制造舆论。最近他们勾结日本资产阶级导演黑泽明炮制的影片《德尔苏·乌扎拉》,就是一个明显的证据。电影剧本是根据沙俄军官阿尔谢尼耶夫的两本书改编的。苏修叛徒集团自以为得计,但结果却适得其反,剧本不但描述了老沙皇侵占我国领土的种种活动,而且也暴露了新沙皇今天对我国领土的野心,可以说是一个很好的反面教材"。[②]

细查批判文章的作者,其身份虚实和政治态度值得研究。

"日本《德尔苏·乌扎拉》研究会"和"日本《德尔苏·乌扎拉》批判组"以及"铃木猛"是来自日本的批判声音,然而其不明的身份给时人和后人留下了些许疑惑。

《日本与中国》周刊是日中友好协会的内部会刊,发行量较小。20世纪60年代中期,日中友好协会内部因对中国"文化大革命"持不同的态

[①] 《反华电影剧本〈德尔苏·乌扎拉〉》,第5页。
[②] 《反华电影剧本〈德尔苏·乌扎拉〉》,第2页。

度而产生重大分歧,最终分裂为两个日中友好协会。另一个日中友好协会的会刊是《日本与中国新闻》,该组织严厉批判中共政策和"文化大革命"。两个日中友好协会并存的状况一直持续到现在。

1971年7月起中美开始接触,至1972年美国总统尼克松访华,被日本朝野各界惊呼为"越顶外交"(over head diplomacy),反华情绪和势力一度强大。因此,"日本《德尔苏·乌扎拉》研究会"和"日本《德尔苏·乌扎拉》批判组"不太可能是当时日本社会的主流团体和代表日本此时主流社会的思潮。这两个组织的领导人和成员无从查证,但从其文中使用的特殊词语"苏修"、"苏修社会帝国主义"、"苏修社会帝国主义的战车"以及引用马克思、恩格斯和列宁关于对历史上俄国侵略中国的有关论述的方式来看,这两个组织应该是与中国关系密切的亲华团体。"铃木猛"也不是常见的日本人名,较大可能是笔名而非真实姓名。

费彝民时代的香港《大公报》是其鼎盛时代。费彝民(1908~1988)于1952~1988年担任香港《大公报》社长职,其间还担任中国人民政治协商会议第二、三、四、五届全国委员会委员,第五届全国政协常务委员,第四、五、六、七届全国人民代表大会代表,第五、六届全国人大常务委员,第七届全国人民代表大会法律委员会副主任委员,中华全国新闻工作者协会副主席,香港特别行政区基本法起草委员会副主任委员等职。从事新闻工作近60年,主持香港《大公报》工作近40年,对香港新闻事业的发展做出了贡献。费彝民于1988年5月18日因病在香港养和医院逝世,享年80岁。中共中央统战部和国家民政部特别批准,在北京八宝山革命公墓内立碑纪念。

龚念年是著名的国际时事评论家赵泽隆的笔名。赵泽隆1946年毕业于燕京大学新闻系,因学习成绩优异获得"季鸾奖学金"。随即到重庆《大公报》任翻译和编辑,负责编辑《大公晚报》。他同时兼香港《七十年代》月刊的国际评论作家。他的笔名还有梅之、尤其、龚耀文、施君玉等。龚念年精通英文、法文和日文,著译甚丰,译著有《延安 延安》(原作者丰田正子,香港华章出版社,1968)、《伟大的道路》(原作者史沫特莱,三联书店,1979)、《我在新中国十五年——一个英国外科医生的回忆录》(原作者洪若诗,香港,文教出版社,1970)、《苏联的海洋战略》

(原作者大卫·费尔浩,香港,文教出版社,1973)、《北京漫笔》(原作者西园寺公一,香港,文教出版社,1970)、《美利坚帝国》(原作者法劳·朱立安,香港,文教出版社,1971)、《西哈努克回忆录——我与中央情报局的战争》(原作者诺罗敦·西哈努克,香港,文教出版社,1975)。龚念年本人著有《东翻西看集》(1~12册,香港,大光出版社,1972~1975)、《西方大企业内幕》(香港,四海出版社,1971)、《谍海浮沉录》(香港,文教出版社,1975)、《美国黑人运动史》(香港,义声出版社,1973)。从他的著译作品来看,此人是持反美反苏反帝立场的著名作家。1949年5月,他南下香港,在香港《大公报》任编辑、副总编辑,《新晚报》总编辑等职。直到90年代中期退休,才离开《大公报》,移民奥地利,2005年6月8日病逝在奥地利维也纳。为纪念他,燕京大学香港校友会出版了《赵泽隆文集选》。

在国家间关系冲突和对抗的背景下,中国方面评价《德尔苏·乌扎拉》的第一标准是出于国际形势考虑的,而苏联方面拍摄这部电影的第一标准显然是有其政治目的的。苏联方面除借合拍电影拉近苏日关系,以吸引日本在苏联投资,以及显示苏日民间友谊之外,也力图借《德尔苏·乌扎拉》宣示俄国和苏联对"乌苏里江流域"的历史属权和主权。因此,在对阿尔谢尼耶夫原著《在乌苏里的莽林中》的改编和删减过程中,政治和外交方面的首要考量就凸显出来了。

阿尔谢尼耶夫1902年和1907年两次到乌苏里地区考察的目的都包括了调查当地中国人、朝鲜人的居住情况。因此,他多次深入中国人聚居区,实地观察和记录当地的生活和环境情况。阿尔谢尼耶夫发现:"哪儿没有他们?在原始森林里,哪儿都有中国人。不管往哪儿走,到处都能碰上他们"(旧教徒语)。[①] 阿尔谢尼耶夫直接与中国人接触,甚至多次住到中国人家里,得到了中国人的款待,熟知了中国人的习惯:"各地的中国居民养成对过路人非常关怀的习惯。每个过路人都可以在别人的房子里无偿地居住三昼夜,但如果他继续住下去,那就必须做工或分摊这的伙食

[①] 《反华电影剧本〈德尔苏·乌扎拉〉》,第101页。

第十二章　看电影者：中苏电影中的"国家形象"与中苏关系变迁

费。"① 这样的场景在游记中出现了数次："我们在房子里（中国人）安顿下来，就跟在自己家里一样。中国人殷勤地满足我们的一切愿望，只请求不要把马放出去践踏庄稼。"② "在河对岸大榆树的荫影下，有一座中国房子。我们见到它，高兴得就象见到了头等旅馆一样。当好客的中国人知道我们已经饿了两天时，就急忙准备晚饭。对我们来说，清油大饼、小米稀饭和咸菜比城市里最精美的菜肴还好吃。我们得到默许，决定在这儿过夜。中国人收拾自己的被褥，把多半截的炕让给我们……"③

原著《在乌苏里的莽林中》记载阿尔谢尼耶夫曾遇到一个被称为"大善人"的中国人——齐凡，"这个中国人以善良著称。当洪水第一次淹了庄稼时，他就来帮助他们，并给他们种子重播。谁有困难，就找齐凡。他不管对谁，对什么事都不拒绝。如果不是齐凡，新来的移民无论如何也活不下来。……现在齐凡几乎破产了，他想离开乌苏里地区回老家去。当我们看过山洞后，黄昏已经降临了。在齐凡的屋子里点上了灯。我本想在露天睡觉，又怕下雨。齐凡在自己的炕上给我腾出一个位置。我和他交谈了很久。他很乐意回答我提出的各种问题，语言诚恳，没一句废话。从这次谈话中我得到的印象是：他真是一个善良的人，我决定回到哈巴罗夫斯克后，报告他及时对俄罗斯移民给予帮助这事，为他申请某种奖励。"④

阿尔谢尼耶夫难忘与中国人一起迎接新年的场景："我们在去比金河上人口最多的居民点西沟（西河谷）的路上，度过了 1907 年最后的一天。这里清一色住的都是中国人……中国人宰了猪，恳切地留我们明天再住一天。我们的粮食储备已经耗光，能够在比普通的野营地更为文明的环境里迎接新年，这一前景使我的士兵们喜笑颜开。我同意接受中国人的邀请。"⑤

但是，以上的重要情节和故事均未在电影《德尔苏·乌扎拉》中得到

---

① 《反华电影剧本〈德尔苏·乌扎拉〉》，第 113 页。
② 《反华电影剧本〈德尔苏·乌扎拉〉》，第 105～106 页。
③ 《反华电影剧本〈德尔苏·乌扎拉〉》，第 112～113 页。
④ 《反华电影剧本〈德尔苏·乌扎拉〉》，第 116 页。
⑤ 《反华电影剧本〈德尔苏·乌扎拉〉》，第 154～155 页。

体现。对于黑泽明而言，他无意介入中苏两国两党之争，他一再强调："把当前的政治搬进电影里，不是错误的吗？"①黑泽明创作剧本和拍摄电影的第一标准是为艺术而艺术的，他关注的是青年时代就心驰神往的西伯利亚"那些有着令人惊异的宽阔而优美的大自然景色"，②黑泽明关注的是人与环境的关系，这亦是他改编原著的基本原则。他承认："在角色上，省略和改变了人物，把三次探险并成两次。此外，和历史事实不符的地方也很多。"③然而，正如黑泽明所担心和抱怨的，"对中国人的处理方法是（苏联）国家电影委员会也非常关切的"。④黑泽明并不是独立和唯一的电影剧本作者，"电影剧本以我写的第一稿为主，经过苏联方面的尤利·纳吉宾加工，我重新改写一遍，两个人又进一步研究了一些细致的地方。"⑤这表明，苏联国家电影委员会（Государственный Комитет по кинематографии）主席叶尔马什（Ф. Т. Ермаш）和苏联官方在剧本编写和电影拍摄方面发挥了特殊作用，苏联试图通过这部电影表明其对历史上乌苏里江流域的归属的态度，并借此表明在中苏边境问题上与中国对抗的态度。电影《德尔苏·乌扎拉》本身属性的变化说明了这一点，它从最初的日苏合拍变成了最后的莫斯科电影制片厂制作。影片在意大利放映时，拷贝被莫斯科电影制片厂剪掉了20分钟，这使得"黑泽明勃然大怒，宣布说，他没有同意剪掉这20分钟，这是苏联人在捣鬼。他声称，他再也不愿与俄国人一起工作。在他眼里，他们是有罪的，因为他们缺少一种'对这个伟大的苏联英雄的同情'"⑥。这亦是苏联政治干预电影《德尔苏·乌扎拉》的一个例证。

五 电影背后的国际政治

法国著名年鉴学派史家、著名影像史家马克·费罗（Marc Ferro）认

---

① 《反华电影剧本〈德尔苏·乌扎拉〉》，第165页。
② 《反华电影剧本〈德尔苏·乌扎拉〉》，第4页。
③ 《反华电影剧本〈德尔苏·乌扎拉〉》，第4页。
④ 《反华电影剧本〈德尔苏·乌扎拉〉》，第4页。
⑤ 《反华电影剧本〈德尔苏·乌扎拉〉》，第164页。
⑥ 唐纳德·里奇：《黑泽明的电影》，第286页。

第十二章 看电影者：中苏电影中的"国家形象"与中苏关系变迁

为研究电影时："要把电影和生产它的社会结合起来考察。让我们假设，无论是否忠实于现实，无论资料片还是故事片，无论情节真实可靠还是纯属虚构，电影就是历史。""一部影片，无论什么类型，都含有言外之意、弦外之音。每一部影片，除影像本身所展现的事实外，都还能帮助我们触动历史上某些迄今仍然藏而不露的区域。"①

"电影毕竟是一种电影艺术"②，这是《德尔苏·乌扎拉》电影剧本发表时，黑泽明写在前言里的一句话。他还申辩："作为国际电影工作者，我们是站在莫斯科电影节的口号'为了电影艺术里的人道主义和国与国之间的和平友好'这个立场上来拍摄这部影片的。我坚决表示不愿把政治搬进影片中去。"③

对于来自中国的猛烈批判，黑泽明事先是有准备的。他在1974年5月7日发行的日本《电影旬报》增刊上的著文中表达了这一担心："难办的事情之一是对中国人的处理办法。从写剧本的时候起，这就已经成了问题。只有读一下原作和电影剧本就能知道，阿尔谢尼耶夫探险的那个时期，乌苏里是和中国国境没有划清的地区。……然而现在，中苏问题与其说是微妙的，毋宁说已经是极其严重的，因而对中国人的处理方法，在电影剧本里就成了问题。我自认为写得公平，对方（苏联——引者注）却说我过于出力描写好的中国人了。……对中国人的处理方法是（苏联）国家电影委员会也非常关切的。在编电影剧本的期间，这是最困难的问题。"④

仅就《德尔苏·乌扎拉》的艺术水平而言，黑泽明及其创作团队无疑是成功的。这部电影不仅在1975年获得第九届莫斯科电影节的金奖，同年还获得国际电影联盟（Fédération internationale de la presse cinématographique）奖；1976年获得美国电影艺术与科学院（The Academy of Motion Picture Arts and Sciences）第48届奥斯卡（The Oscars）最佳外语片奖；1976年由苏联宇宙—电影股份公司（Космос-фильм）提交芬兰电影节，获得了"芬兰批评家

---

① 马克·费罗：《电影与历史》，彭姝祎译，北京大学出版社，2010，第34、19~20页。
② 《反华电影剧本〈德尔苏·乌扎拉〉》，第2页。
③ 《反华电影剧本〈德尔苏·乌扎拉〉》，第2页。
④ 《反华电影剧本〈德尔苏·乌扎拉〉》，第165页。

协会"（Ассоциация финских критиков）的"尤西奖"（Юсси）及证书。1977年，凭借影片《德尔苏·乌扎拉》，黑泽明获得意大利电影金像奖（大卫迪多那太罗奖/Ente David di Donatello）最佳外语片导演二等奖，该片获得电影制作"专业奖"；黑泽明获得意大利国立电影记者联合会（Итальянский национальный синдикат киножурналистов）评选的外语片最佳导演"银丝带奖"（Серебряная лента）；该影片获得西班牙国立作家和戏剧家协会（Национальная ассоциация писателей и сценаристов）评选的最佳外语片奖；该影片获得西班牙电影评论家协会（Союз испанских кинокритиков）最佳外语片奖。同年，该影片主角德尔苏·乌扎拉的扮演者木祖克（М. М. Мунзук）获得法国电影评论家奖。1980年，该影片获得秘鲁电影评论家评出的"1970年代最佳电影"称号。

然而，在冷战大背景和中苏关系严重紧张乃至冲突的年代，对于身居艺术象牙塔里的黑泽明来说，他或许无意间介入了"国家间的政治"。

《德尔苏·乌扎拉》的拍摄和公映恰逢国际关系重组和中苏关系紧张时期。

1969年中苏爆发珍宝岛事件，两个社会主义国家的矛盾不仅在国际上公开化而且走进了短时间内不可逆转的旋涡。

值得一提的是，《德尔苏·乌扎拉》在问世的第二年（1976）就获得美国第48届奥斯卡最佳外语片奖，然而，在美国上映的时间竟然是两年后的1977年12月20日。在中美苏"三角关系"和大棋局（Big Games）的特殊背景下，这其中隐藏的微妙的政治关系颇值得玩味。

1971年7月，美国国家安全事务助理基辛格（Henry Alfred Kissinger）秘密访华，打破了中美长达15年（1955～1970）"聋人对话"的坚冰。1972年2月，美国总统尼克松公开访华，打开了中美关系正常化的大门。中美关系正常化的结果是打破了二战后形成的美苏两国主宰的国际格局。日本佐藤荣作内阁和整个日本社会为之震惊，视中美接近为"越顶外交"，因此在亚洲外交和对华关系方面日本与美国产生了矛盾，此后就有了日本首相田中角荣访问中国和1972年9月29日中日邦交正常化。中美建交更明显的结果，在美国学者拉费伯尔看来，即是中美之间超越意识形态建立了"反苏同盟"，"尼克松认识到可以用一个共产党大国对付另一个"，

第十二章　看电影者：中苏电影中的"国家形象"与中苏关系变迁

"可能出现的中美同盟让苏联人心惊胆战"。①

20 世纪 70 年代初，苏联出于与中国对抗、与美国争夺亚太的战略和军事目的，以及促进东部经济开发的多重考虑，从 1973 年开始建设横贯西伯利亚与远东全长达 3145 公里的贝阿铁路（Байкало‐Амурская магистраль）。贝阿铁路的开建，标志着西伯利亚开发进入新阶段，表明苏联已将西伯利亚开发列入整个国家经济发展的战略组成部分。在开发和利用沿线地区丰富的煤、铜、铁、铅、锌、钼、石棉和森林资源时，苏联迫切需要外国资本和技术的投入，因此在外交上与美国拉开一定距离的日本就成为苏联战略和经济合作的拉拢对象，苏联希望日本积极参与远东和西伯利亚的开发。美国电影史家唐纳德·里奇就评价，邀请黑泽明合拍《德尔苏·乌扎拉》的"整个计划是苏联领导人对日本人献殷勤的一部分。他们希望日本参与西伯利亚——自然资源丰富，但缺少金融资本的土地——资源的开发"。②

20 世纪 70 年代初，随着中国恢复在联合国的合法席位、中美《上海公报》发表及正式建交和中日邦交正常化，中国的外交形势有了巨大的改善。但此时中国国内却是"文化大革命"持续高潮时期，国内政局不稳和经济危机导致对国际形势的错误判断，即认为国际反华势力"甚嚣尘上"。反映在文化领域，即对国际文化形势做出过激甚至错误的估计。如将应中国政府邀请来华的意大利著名导演安东尼奥尼（Michelangelo Antonioni）拍摄的纪录片《中国》（Chung Kuo‐China, 1972）和法国导演让·杨（Jean Yanne）拍摄的故事片《中国人民解放军占领巴黎》（Les Chinois à Paris, 1974）和黑泽明与苏联合拍的《德尔苏·乌扎拉》视为三大反华影片。③

1974 年 1 月，《人民日报》评论员文章称："自从天安门广场上升起五星红旗，新中国宣告诞生的一天起，世界上各种政治力量就对我们国家发

---

① 沃尔特·拉费伯尔：《美国、俄国和冷战 1945~2006》，牛军等译，世界图书出版公司，2011，第 210、216 页。
② 唐纳德·里奇：《黑泽明的电影》，第 276 页。
③ 署名"日本《德尔苏·乌扎拉》研究会"，发表于《日本与中国》周刊（1975 年 2 月 17 日）的文章《再论苏联影片〈德尔苏·乌扎拉〉》中也提到，"去年，意大利的导演安东尼奥尼在影片《中国》中曾采取极其卑劣的手法，因而发生了问题。此外还有法国导演让·扬的影片《巴黎的中国人》"。参见《反华电影剧本〈德尔苏·乌扎拉〉》，第 174 页。

生的翻天覆地的社会变革和在社会主义建设中取得的巨大成就，抱有不同的态度。亿万革命人民和广大国际朋友表示赞扬和同情，而一小撮反动势力则表现出极端的恐惧和刻骨的仇恨。这是古今中外一切大革命所必然遇到的一种现象。去年开始在一些西方国家放映的、由意大利导演安东尼奥尼拍摄的题为《中国》的反华影片，就是当前国际上一小撮帝国主义和社会帝国主义分子对新中国极端仇视的心理的反映。这个影片的出现，是一个严重的反华事件，是对中国人民的猖狂挑衅。"①

冷战和中苏冲突年代的中国与苏联电影中的"中国形象"与"苏联形象"既存在着对抗性，也存在着明显的相似性，即此时期电影中所展现的"对方形象"都具有一定程度的扭曲和变形，借以彰显己方的"伟大"、"正确"和"正义"。正如法国学者达尼埃尔－亨利·巴柔（Daniel - Henri Pageaux）所言："所有的形象都源自一种自我意识（不管这种意识是多么微不足道），它是对一个与他者相比的我，一个与彼此相比的此在的意识。"②

六 中国电影中"苏联形象"的变迁

中央新闻纪录电影制片厂③前身是成立于1938年的延安电影团，正式建厂于1953年，它是中国唯一生产新闻纪录电影的专业厂，拍摄和制作了大量的关于中国革命、抗日战争、国共内战、中华人民共和国成立、新中国对外关系、新中国社会生活等方面最具有文献价值的新闻纪录片。保存有约42000本胶片、42万分钟长度的纪录电影资料，现为中华人民共和国历史影像档案馆。

根据中央新影集团"纪录片库"公布的影片目录（http://www.cndfilm.com）的数据，1949~1966年纪录片生产数量如表12-1所示。

---

① 《恶毒的用心，卑劣的手法——批判安东尼奥尼拍摄的题为〈中国〉的反华影片》，《人民日报》1974年1月30日。
② 巴柔：《形象》，孟华主编《比较文学形象学》，北京大学出版社，2001，第121页。
③ 1993年划归中国中央电影台，由以生产新闻纪录电影为主，转向制作电视节目、译制片、纪录影片、影视剧并存的影视结合的生产模式，成为"中央电视台新影制作中心"，对外称"中央新影集团"。

第十二章 看电影者：中苏电影中的"国家形象"与中苏关系变迁

表 12 – 1　中央新影集团 1949～1966 年纪录片生产数量

年　份	1949	1950	1951	1952	1953	1954	1955	1956	1957
数量（部）	29	57	39	30	53	62	86	104	71
年　份	1958	1959	1960	1961	1962	1963	1964	1965	1966
数量（部）	119	87	93	61	36	47	47	82	20

从 1949 年到 1969 年，中央新影集团所拍涉及苏联或中苏关系的纪录片共有 86 部 207 本，具体到每一年的数量及当年纪录片所涉及的内容如表 12 – 2 所示。

表 12 – 2　中央新影集团 1949～1969 年所拍涉苏纪录片数量及内容概况

年份	数量（部）	本数（本）	涉及内容
1949	1	2	文化交流
1950	4	5	领导人访问、友好往来、斯大林诞辰、中苏友好
1951	4	13	国际奖项、纪录片摄制、苏联歌舞、苏联体育
1952	0	0	
1953	11	33	医药卫生、中苏友好、中长铁路、红旗歌舞团、铁路交通、斯大林去世、东德、苏联、国际关系、朝鲜、苏联体育、工代会
1954	5	6	外交、领导人访问、中苏友好、国际会议、文化交流
1955	13	28	中苏友好、旅顺驻军、汽车工业、国防建设、农业建设、友谊农场、领导人访问、慰问苏军、农业展览会、国际会议、国庆阅兵、文化交流、国际歌舞
1956	7	19	中苏友好、农业建设、航空工业建设、苏共二十大、体育交流、领导人访问、交通建设、港口建设
1957	11	27	苏联歌舞、文化交流、领导人访问、中苏友好、国际会议、农业展览会、妇女会议、共青团代会、五一游行
1958	6	8	体育比赛、艺术品交流、中苏关系、水利建设、工业建设
1959	9	34	森林工业、中苏关系、文化交流、列宁诞辰纪念、体育比赛、建国十周年、苏联党代会、苏联电影
1960	3	11	中苏友好、国际会议
1961	2	3	国际会议、中苏友好
1962	2	2	中苏关系、体育竞赛、农业机械

323

续表

年份	数量（部）	本数（本）	涉及内容
1963	2	2	国际会议
1964	2	3	国际会议、中苏关系
1965	0	0	
1966	1	8	国际会议
1967	0	0	
1968	0	0	
1969	3	3	中苏边界冲突

由表 12-1、12-2 之统计可见，1949~1959 年，中央新闻纪录电影制片厂拍摄的纪录片中涉及中苏关系的占据相当的比重，内容全部是反映中苏友谊的主题。1960 年后，在每年制作的纪录片中，涉及中苏关系内容的纪录片数量骤减，并且在内容方面仅是会议报道，1969 年涉及中苏关系的纪录片突然增至 3 部，其主题只有一个——中苏边界冲突。1969 年 3 月，中苏在珍宝岛的军事冲突爆发，中央新闻纪录电影制片厂立即拍摄了三部大型纪录影片《亿万军民迎头痛击苏修反华暴行》、《新沙皇的反华暴行——苏修在乌苏里江、黑龙江上的挑衅》和《珍宝岛不容侵犯》，以反映苏联在珍宝岛边境地区进行反华挑衅，中国边防军民予以坚决打击的事实。

随后，从中央到地方的各级政府组织群众观看。《人民日报》连续多日利用整版刊发了各地的影评文章，如署名北京第一机床厂工人宋祖华等人的《更无豪杰怕熊罴》、署名清华大学红卫兵的《人不犯我，我不犯人，人若犯我，我必犯人》、署名北京新华印刷厂工人评论组的《中国人民是不好惹的》、署名通信兵某部红波的《利斧砍断水龙头》、署名黑龙江省抚远县龙江公社渔民的《敢于斗争，敢于胜利》、署名珍宝岛地区边防部队副指导员徐连文的《他们一定要打，我们奉陪到底，打倒新沙皇!》，等等。《珍宝岛不容侵犯》播映后也是如此，1969 年 8 月 20 日、21 日、23 日、27 日的《人民日报》连续刊发了《用思想革命化打败"机械化"》《打得好!》《务歼入侵之敌》《独有英雄驱虎豹，更无豪杰怕熊罴》等影评文章。新华社报道，中日备忘录贸易办事处驻东京联络处于1969年8月21日举行电影招待会，放映了《新沙皇的反华暴行》等电影，受到日本朋友的热烈欢迎。《人民日报》报道了几内亚和非洲朋友观看了《新沙皇的反华暴行——苏修在乌苏里江、黑龙江上的挑衅》和《打倒新沙皇》后的热烈反映，"当银幕上出现伟大领袖毛主席的光辉形象时，几内亚和非洲朋友以雷鸣般的掌声表达他们无比崇敬的心情。当观众看到中国渔民勇敢地砍断苏联炮艇的水龙头时，他们报以热烈的掌声"，"一位几内亚朋友说：这两部影片清楚地向我们揭示了苏修侵犯中国的真相。苏修叛徒集团每天在干坏事和无耻的勾当，充分暴露了它们侵略者的丑恶面目。毛主席制订的'人不犯我，我不犯人，人若犯我，我必犯人'的方针是完全正确的。几内亚人民、非洲人民和全世界各国人民支持中国人民。用毛泽东思想武装起来的中国人民是不可战胜的。""一位非洲自由战士说：影片有力地揭露了苏修社会帝国主义侵犯中国的野蛮行径。今天的苏联已经完全蜕变成为社会帝国主义。它不断对社会主义的中国进行武装挑衅，并且千方百计地破坏非洲各国的民族解放斗争。正如伟大领袖毛主席所说的'搬起石头打自己的脚'，苏修社会帝国主义反对中国是决不会有好下场的。"

20世纪70年代，为反击苏联的文化攻势，中国也拍摄了一些"反特"（苏）影片，如《熊迹》[①]、《黑三角》[②]、《东港谍影》[③]、《猎字99号》[④]和《傲蕾·一兰》[⑤]等。有趣的是，同样是惊险样式的"反特"片，但与50~60年代的《秘密图纸》《铁道卫士》《五十六兵站》《国庆十点钟》等影片中的"特务形象"有较大差异：特务不再是来自美国或中国台湾，而是来自"某国"、"某邻国"和"某大国"。但在当时的背景下，谁都知道"某国"指的即是苏联。因为电影中的特务和间谍的名字不是叫"彼得洛夫"，就是"伊凡诺夫"，特务接头的暗号也经常是具有苏联特征的"白桦林""天鹅湖""北极熊"等。最终，50年代中国电影中"苏联老大哥"、

[①] 导演赵心水，长春电影制片厂1977年出品。
[②] 导演刘春霖、陈方千，北京电影制片厂1977年出品。
[③] 导演沈耀庭，上海电影制片厂1978年出品。
[④] 导演林默予，八一电影制片厂1978年出品。
[⑤] 导演汤晓丹，上海电影制片厂1979年出品，该片获得文化部1979年优秀影片奖。

苏联"红色灯塔"、国际"共产主义首都"形象退隐,"苏修特务""苏修社会帝国主义""国际共产主义运动叛徒""赫秃子"形象登场。

值得一提的是,在黑泽明拍摄《德尔苏·乌扎拉》的同时,苏联著名自由派导演塔尔科夫斯基(А. А. Тарковский)于 1975 年完成了《镜子》(Зеркало)的拍摄。这部电影是塔尔科夫斯基的自传体影片,也被称为其电影作品中最难懂的影片,大多评论者给予的评语是"深奥"、"难懂"、"晦涩"、"沉闷"和"故弄玄虚"等。在主人公回忆的历史场景中(62 分 05 秒到 63 分 30 秒)闪现了中国形象:"文化大革命";红色海洋中人手一本毛主席语录;珍宝岛事件中的对抗;反苏人群挥动的手和慷慨激昂的面孔。有俄罗斯国学大师之称的利哈乔夫曾经说过:"当我们接触塔尔科夫斯基作品的时候,我们必须习惯他的语言,习惯他的表达方式,必须先有领悟他的功夫。"① 在这里,塔尔科夫斯基的"中国形象"并非反映的是他的反华情绪,而是借混乱的中国形象反讽苏联的现实。当代俄罗斯学者卢金(А. В. Лукин)认为:"对传统中国社会的马克思主义分析很容易被运用于苏联的(或中国的)社会主义。习惯于伊索式语言的、感兴趣的苏联读者在前面援引的文字中轻而易举地把中国换成苏联,并得到了对苏联制度的强有力的判决……"②

七 《德尔苏·乌扎拉》的历史回声

阿尔谢尼耶夫的游记《在乌苏里的莽林中》也是无意间被国家政治裹挟其中,经历了"国家间政治"的云波诡谲,劫波渡尽的"德尔苏·乌扎拉形象"在中国迎来了新的面相。

2005 年,《在乌苏里的莽林中——乌苏里山区历险记》与《在乌苏里的莽林中——德尔苏·乌扎拉》由 1975 年曾出版《反华电影剧本〈德尔苏·乌扎拉〉》的人民文学出版社正式出版。1977 年,《在乌苏里的莽林

---

① 张晓东:《超越自我——关于安德烈·塔尔科夫斯基的电影〈镜子〉》,《俄罗斯文艺》2008 年第 1 期。

② Лукин А. В. Медведь наблюдает за драконом Образ Китая в России в XVII – XX веках. М:, АСТ: Восток – Запад,2007. с. 237.

中》由商务印书馆分上下两册出版，译者署名为黑龙江大学俄语系翻译组，参加译校的人员有王士燮、卢康华、张大本、张寰海、李石民、李景琪、沈曼丽、姜长斌、俞约法、黄树南、鲁桓，此书在当时作为中苏关系史料，仅供县处级以上党政干部阅读。此中文版由王士燮、沈曼丽和黄树南翻译。同年，台北胡桃木文化有限公司引进了人民文学出版社的版本并出版。此版图书还附有苏联画家库兹涅佐夫为苏联儿童文学出版社在1970年出版的专供少年儿童阅读的《原始森林中的奇遇》配的22幅彩色插图，书末附上文中提到的大量植物与鸟类彩色照片。在内容介绍栏中，编者一方面特别强调《在乌苏里的莽林中——乌苏里山区历险记》"是一部堪与《瓦尔登湖》相媲美的绿色文学经典"，另一方面仅提及"日本电影大师黑泽明根据该书改编的电影《德尔苏·乌扎拉》引起国际影坛轰动，获得1975年奥斯卡最佳外语片奖"①，刻意回避或"遗忘"了当年中苏两国因这部电影引发的文化论战。

  主要译者黄树南（南京师范大学俄语系教授）在译者前言中写道："阿尔谢尼耶夫的作品问世至今，已经快一个世纪了，但是一代又一代的人仍在津津有味地阅读，并不认为它们陈旧过时。俄罗斯从中央到地方的许多出版社，一次又一次重印他的作品，累计印数已难以统计。苏联儿童文学出版社在1970年特意出版了专供少年儿童阅读的《原始森林中的奇遇》，从《在乌苏里的莽林中》和其他经典作品中精选了十多个森林探险故事，并配备了22幅彩色插图。同时，阿尔谢尼耶夫的作品也早已走向世界，被译成了三十种语言在各国出版。""当时出版这个中译本，是作为中苏关系史料的一种，内部发行。阿尔谢尼耶夫在这本书中多次讲到中国人在乌苏里地区的大量居民点，他们在这里从事农业、手工业、畜牧业、猎渔业、交通运输业、商业、开采业等经营活动。古道是中国人开的，树木是中国人砍凿的，狩猎的碓子房是中国人搭建的，还有中国的古庙，中国的对联……阿尔谢尼耶夫也记录了大量用中国各族语言、特别是用汉语命名的地名。凡此种种，都说明中国人早就在这里繁衍生息，他们是乌苏里地区最早的开拓者，对乌苏里地区的发展做出了开创性的重要贡献。在这

---

① 阿尔谢尼耶夫：《在乌苏里的莽林中——乌苏里山区历险记》，第1页。

个意义上说，阿尔谢尼耶夫的这本书，对研究乌苏里地区的历史，也有一定参考价值。"①

黄树南教授也是1977年商务印书馆内部发行版《在乌苏里的莽林中》的译者——黑龙江大学俄语系翻译组组长，他经历了当年中苏关系的风云变幻，更是亲身体验了当年翻译这部著作的政治使命。他在此版的"译者前言"中仍然回避了当年中苏之间的"德尔苏·乌扎拉"之争，仅仅提及"1975年，日本导演黑泽明把德尔苏·乌扎拉的形象搬上了银幕，影片获得了奥斯卡最佳外语片奖"，还强调"阿尔谢尼耶夫所描写的乌苏里地区及其原始森林，当时还处于没有遭到破坏和污染的原始状态，对广大读者来说，这是一个新奇而陌生的世界。题材的新颖、对自然现象观察的细致入微、严格的科学性和趣味性有机结合、描写的准确生动、文笔的清新自然是阿尔谢尼耶夫创作的特色"。"《在乌苏里的莽林中》还着力刻画了一位传奇性人物德尔苏·乌扎拉的形象。德尔苏·乌扎拉是当地的一名赫哲族猎人，曾为阿尔谢尼耶夫做过向导。他孤身一人，以原始森林为家，独来独往。他在长期的狩猎生涯中练就了一身绝技，能根据各种征兆准确预测天象，能根据踪迹辨认人兽的活动，能在九死一生的险境中沉着冷静、机智勇敢地逃脱厄运，奇迹般地生还。他多次救过阿尔谢尼耶夫和考察队员们的生命。他善待生灵万物，认为一切都有生命，与飞禽、走兽、草木为友，虽然以狩猎为生，都绝不滥杀滥捕。在当今世界，生态平衡的问题已经成为全球共同关注的焦点，阿尔谢尼耶夫早在上世纪初，就通过德尔苏·乌扎拉这个形象，把人与自然的关系问题摆到了世人面前，呼吁人们保护自然，这是难能可贵的。"②

《在乌苏里的莽林中》2005年2月首版7000册，到2005年底全部售罄。或许这才反映了《在乌苏里的莽林中》和"德尔苏·乌扎拉形象"的真实面目和应有位置。

2007年，俄罗斯克拉斯金出版社（Краски）计划整理和出版阿尔谢尼

---

① 阿尔谢尼耶夫：《在乌苏里的莽林中——乌苏里山区历险记》，"译者前言"，第3、4~5页。
② 阿尔谢尼耶夫：《在乌苏里的莽林中》，商务印书馆，1977，"译者前言"，第4~5页。

第十二章　看电影者：中苏电影中的"国家形象"与中苏关系变迁

耶夫全集。到 2013 年 10 月 12 日，该出版社宣布将原定的 7 卷压缩为 3~4 卷出版。原计划建立专门网站，收集十月革命前阿尔谢尼耶夫的著作，但该网站几乎无法使用。2011 年，俄罗斯《共青团真理报》（Комсомольская правда）在俄罗斯地理协会（Русское географическое общество）的资助下拍摄了档案片《弗拉基米尔·阿尔谢尼耶夫，泰加的上校》（Владимир Арсеньев Капитан тайги），列入连续节目《远东先行者们》（Первопроходцы Дальнего Востока）中，导演为斯维什尼科夫（Александр Свешников），片中阿尔谢尼耶夫的扮演者是苏果尔金（Владимир Сунгоркин）。

《德尔苏·乌扎拉》的波折命运是典型的中苏特殊年代"国家间政治"的副产品，也是曾经有较大程度同质化的中苏两国政治文化的正常现象，在当代美国学者约瑟夫·奈的笔下，它被称之为"软实力"："一个国家可以通过文化传播来让其他国家想己之所想。"[①] 但也可能是落入了大名鼎鼎的苏联问题和中国问题专家兼美国政治家布热津斯基的"崛起之后的自我错觉"[②] 的预言陷阱中。

值得再次思考的是，究竟是政治玷污了艺术，还是艺术绑架了政治？写到这里，我们只能折服于意大利史学大师克罗齐（Benedetto Croce）那句历史命题——"一切历史都是当代史"（All history is contemporary history），以及法国后现代主义大师福柯（Michel Foucault）的那句名言："重要的是叙述历史的年代，而不是历史叙述的年代。"

---

① Joseph Nye, "Soft Power", *Foreign Policy*, 1990, 5 (80), p. 166.
② Zbigniew Brzezinski, *Strategic Vision: America and the Crisis of Global Power*, New York. Basic Books, 2013, p. 140.

第十三章 "老莫"餐厅：从政治符号到文化符号的演变与"苏联形象"在中国的变迁

建成于1954年的莫斯科餐厅（北京人习惯称"老莫"）是北京历史的重要符号，也是中苏关系的重要象征。通过莫斯科餐厅，中国人（北京人）不仅了解了俄罗斯（中国人习惯称为苏式）餐饮风格，更重要的是认识了俄国十月革命以及它所代表的苏联文化，认识了列宁、斯大林、高尔基、乌兰诺娃等苏联领袖和政治文化精英的形象。莫斯科餐厅作为一个常见但又特殊的"公共空间"，曾经在中苏交往和政治活动中起着重要的作用，它见证了半个世纪以来中苏关系由同志—兄弟到敌人—叛徒，再到中苏关系正常化的变迁，它也见证了当代中国社会的变化以及北京人的私人领域和个人情感的变化。莫斯科餐厅开业至今，经历了由"政治符号"向"文化符号"转变的过程。而这一过程，所牵涉的不仅仅是这一家餐厅的历史，它实际上也是中国现代史和北京城市史，尤其是中苏关系史不可缺少的组成部分。

本章借鉴法国学者列斐伏尔（Henri Lefebvre）的"空间政治"（The politics of space）和德国学者哈贝马斯的"公共领域"（public sphere）理论，采用社会问卷调查方式，涉及20世纪30~40年代、60~70年代和90年代至21世纪出生的三代人。以历史学为基本研究方法，以社会学和政治学方法为辅进行研究。

一 政治符号：友谊与冲突

随着1949年底毛泽东访问莫斯科和1950年《中苏友好同盟互助条

第十三章 "老莫"餐厅：从政治符号到文化符号的演变与"苏联形象"在中国的变迁

约》签订，中苏两党和两国之间关系加速升温。1954 年以后，中苏关系进入了"蜜月"时期。就推动双边关系而言，这一时期苏联采取了更为积极、主动的态度，而中国方面的响应也是十分积极的。

1952 年，中国政府决定按照莫斯科的全苏国民经济展览馆（выставка достижений народного хозяйства）的样式在北京、上海、广州等大城市建立"苏联展览馆"，中方为此在次年提供了 2400 万元的财政支持，以建设"苏联展览馆建筑群"为苏方提供展示地点。其中北京的"苏联展览馆"最大，投资最多，并且只有北京的"苏联展览馆"设有"莫斯科餐厅"，作为对等的回应，莫斯科也建设了北京餐厅。

1954 年，苏联展览馆建筑群在北京建成。1958 年，根据周恩来总理的意见，苏联展览馆更名为北京展览馆。在新中国百业待兴之时，修建如此庞大的一套俄式建筑群，可以想象当时国家领导人对中苏友谊的重视。即使在今天，站在距离展览馆一公里的西直门立交桥上，也能清楚地看到北京展览馆上直插云霄的"红星"。北京展览馆仅用一年时间建成，成为北京最初的十大建筑之一。

1954 年 10 月 2 日，莫斯科餐厅正式开始营业，当时由周恩来总理剪彩。开业当天，周恩来总理在莫斯科餐厅举行了盛大宴会招待苏联贵宾及众多中外专家。[①] 那也是"老莫"第一次在世人面前亮相。莫斯科餐厅最初接待的对象，主要是苏联和社会主义国家官员、国家领导人、苏联专家和中国精英知识分子，其宗旨是"为中央服务，为政治服务，为展会服务"。[②] 苏联驻华使馆 1960 年的年度工作报告中引用的数字，截至 1960 年 7 月 1 日，在中国的 44 座城市和 34 个部委系统中有 1292 名苏联专家在工作。[③]

中国领导人对"老莫"也有着备至的关怀。1954 年 10 月 25 日晚 7 时 25 分，周恩来和毛泽东、刘少奇、朱德、陈云等领导人前往西郊苏联展览馆参观"苏联经济及文化建设成就展览会"，苏联驻华大使尤金、"苏联经济及文化建设成就展览会"主任鲍里辛科等人陪同。在毛泽东等人仔细参

[①] 中华人民共和国外交部外交史研究室编《周恩来外交活动大事记（1949～1975）》，世界知识出版社，1993，第 311 页。
[②] 王小甜：《老莫：盛宴下的红色记忆》，《南都周刊》2009 年 10 月 10 日。
[③] 沈志华：《苏联专家在中国》，新华出版社，2009，第 180 页。

观了展览会的工业馆、农业馆、食品馆、文化馆、高等教育馆和美术作品馆等各个部分之后,他们来到了莫斯科餐厅进餐。[①] 这也是"老莫"第一次迎来毛主席的到访。对此次"老莫"之行,毛泽东还是十分满意的。他在题词中写道:"我们觉得很满意,很高兴。""苏联政府和苏联人民在我们的建设事业中给了我们多方面的一贯的巨大的援助……也正是苏联对我国热情援助的一种表现。我们代表全中国人民对于这种情同手足的友谊表示感谢。"[②]

1957年5月,苏联最高苏维埃主席团主席伏罗希洛夫访华,中国国家主席刘少奇在莫斯科餐厅设宴招待。1958年,朱德委员长在莫斯科餐厅亲自主持了庆祝苏联建国40周年的活动。1959年10月,正值中华人民共和国成立10周年之际,莫斯科餐厅厨师被派往钓鱼台国宾馆,为来中国访问的苏共中央第一书记赫鲁晓夫服务。

莫斯科餐厅最初因为它头上顶着特殊的政治光环,而令常人无法接近。来就餐的多是苏联专家、官员和归国知识分子,门口站的不是门童而是军人,就餐须凭特殊餐券而不是付钱。人们穿着中山装和列宁装步入吊灯高挂、红毯铺地的餐厅,仿佛前来"朝圣",而不是赶赴饭局。"当时苏联驻中国大使馆的大小宴会几乎都由莫斯科餐厅来做。"[③] 曾任莫斯科餐厅厨师长的王兆忠回忆道:"'老莫'接待的客人以苏联专家和参展官员为主,同时面向高级知识分子和外国专家人群。莫斯科餐厅来过很多首长,朱德、彭真……苏联国防部长,莫斯科市长也来过。他们什么时候来的,我不大记得了。我记得有一次苏联国防部长来莫斯科餐厅吃饭。那次我们给他们上的所有菜都需要留样一天,查看是否会出现食物中毒;给他们上的每样酒也都需要人先品尝。""让王兆忠记忆犹新的是,1957年苏联国庆宴会,餐厅迎来了党和国家领导人刘少奇、朱德,厨房为此特别制作了两

[①] 当代中国研究所编《中华人民共和国史编年(1954年卷)》,当代中国出版社,2009,第739页。
[②] 《毛泽东等为苏联经济及文化建设成就展览会的题词》,《人民日报》1954年10月31日。
[③] 孙莉:《莫斯科餐厅:几代人的情结》,《商业文化》2009年第9期。

第十三章 "老莫"餐厅：从政治符号到文化符号的演变与"苏联形象"在中国的变迁

个巨型糖花：一座是克里姆林宫，一座是天安门。"①

莫斯科餐厅在中苏交往中发挥了重要作用之外，在国内的政治活动中也是一个十分有特色的场所。很多招待会、国宴、庆典也在此举办。1954年10月27日，中央民族事务委员会在莫斯科餐厅宴请了前来北京展览馆观展的达赖喇嘛、班禅额尔德尼和西藏地区到京僧俗官员、西藏参观团全体团员、西藏歌舞团全体团员。②

除了领导人之外，来这里的更多是官员、苏联专家、知识分子等。著名记者罗雪挥写道："其实'文革'前老莫大部分是高知去，高干很少去，他们都是从抗战、解放战争走过来的，除非是有外事活动，否则更习惯吃中餐。后来去老莫的人成分改了，会吃不会吃，敢吃不敢吃，都来了。唯一值得欣慰的是，老莫还是保留了一个高尚的氛围，这里没有划拳行令，大声呼和的。"③

在当时，来莫斯科餐厅吃一次饭也是奢侈的事。北京大学著名教授季羡林的回忆中谈到他是中国极少见的一级教授，每月工资345元，加上中国科学院学部委员的津贴100元，共445元。到莫斯科餐厅吃一次简单的饭，一人需1.5~2元，汤菜俱全，有黄油面包，还有一杯啤酒。④ 而北京师范大学教授蓝英年回忆道，当时他是中国人民大学外语系俄文专业的大三学生，"苏联成就展期间，老莫的确还是凭票才可以进去就餐，主要保证苏联专家和看展官员的就餐。但这个日子似乎并不长，展览结束之后，餐厅就对外开放了，有对外赠券。赠券主要面向高知和外国专家，但普通老百姓有钱也可以吃上一顿。身为大学生的我，每月有24块的补贴，除了12元伙食费之外，剩下一半可自由支配，我会不时来老莫花上两三块打牙祭。"⑤ 但对于月工资十几元钱的普通民众来说，来莫斯科餐厅消费一次几乎要花去其大半的月工资了。

---

① 李樱、张立洁：《王兆忠："老莫"厨师长的25载》，《三月风》2006年第5期，第23、24页。
② 《关于老莫：品牌历史及故事"莫斯科餐厅"》，参见 http://www.bjmskct.com/index.php? bid = 8, 2012。
③ 罗雪挥：《我与老莫的47载情缘》，《中国新闻周刊》2004年第38期。
④ 黄新：《建国初期季羡林月薪445元，吃顿西餐才2块钱》，《往事》2007年第6期。
⑤ 邓艳玲：《莫斯科餐厅的往事：文革中做起中餐》，《中国周刊》2009年7月17日。

1955年，一位姓穆的男士用攒了3个月的钱请女朋友在莫斯科餐厅吃饭，他唱着《莫斯科郊外的晚上》向女朋友求婚。结婚30周年，即1985年，穆先生带着妻子第二次来到莫斯科餐厅吃同样的菜。举起酒杯时，妻子的泪水伴着穆先生《莫斯科郊外的晚上》的歌声流了下来。[①]

曾经担任莫斯科餐厅厨师长的王兆忠回忆："2000人同时在展馆中央大厅就餐，几百号员工都要出动，带着锅碗瓢盆，甚至连桌子都要拉过去。"[②] 这是50年代莫斯科餐厅的经典场景，几乎成为展现中苏伟大友谊时期最令人震撼、辉煌的时刻。

即使在中国三年困难时期（1959~1961），莫斯科餐厅仍然成为少数"特殊供应"的单位，供应量也没有削减分毫。[③] 最初餐厅的服务员都是清一色的苏联姑娘，身上穿着碎花的裙子，中苏关系紧张后，中国的服务员取代了她们。著名作家和戏曲学家章诒和回忆年少时的她经常与同为中国著名民主党派领袖的父亲（章伯钧）与母亲（李健生）去莫斯科餐厅吃西餐。她印象中餐厅的服务员都神气得很，同去的作家聂绀弩批评说："什么叫养尊处优？还用查字典吗？她们的脸就是注解。凡掌管食品的人，都是养尊处优。"[④]

在莫斯科餐厅最辉煌时期，尽管来赴宴和吃饭的都是北京的政治和文化精英，但时常发生银质餐具的丢失。曾经担任餐厅厨师长的白忠义解释："那时候，到这来就餐是一种身份的象征。但你说你来过老莫，空口无凭，怎么办，有的人就拿个杯套、拿把餐刀，回去一亮，特别自豪。"[⑤]

在20世纪50~60年代，去莫斯科用餐中的绝大部分人，其目的不是吃饭，而是政治"朝圣"和寻求政治的认同。因为莫斯科餐厅就意味着十月革命和苏联文化。北京市民韩忠森先生回忆："老莫的西餐究竟有多好

[①] 李亚红：《北京莫斯科餐厅：在怀旧中选择"复古"》，参见 http://news.xinhuanet.com/society//04/content_ 11650228.htm。
[②] 李樱、张立洁：《王兆忠："老莫"厨师长的25载》，《三月风》2006年第5期，第24页。
[③] 邓艳玲：《莫斯科餐厅的往事：文革中做起中餐》，《中国周刊》2009年7月17日。
[④] 赵嘉麟：《中国莫斯科餐厅的印迹》，《国际先驱导报》2006年3月27日。
[⑤] 李静：《1966：老莫的疾风骤雨》，《瞭望东方周刊》2009年8月29日。

第十三章 "老莫"餐厅：从政治符号到文化符号的演变与"苏联形象"在中国的变迁

吃，说不清楚。但在我年轻的时候，要是能吃上一顿老莫，那就跟出了趟国一样令人羡慕。""第一次来老莫是1968年，要去北大荒插队，离开北京时大家一起到老莫吃告别饭，'感觉像是在宫殿里就餐似的'。"① 莫斯科餐厅实际上是几代人对红色年代的集体记忆。

中苏党国关系交恶以及"文化大革命"的到来，打断了莫斯科餐厅这份雅致与宁静。1966年，北京展览馆被红卫兵占领，莫斯科餐厅自然也成为苏联修正主义和帝国主义的象征。曾任莫斯科餐厅厨师长的王兆忠回忆："那天，红卫兵进来，我正在厨房。就听到别人说'小学生'上桌子了，说'你们还在这吃饭，你们都是修正主义'，这一说把顾客都吓跑了。最后红卫兵到了厨房，在厨房门口指着我们鼻子骂，'你瞧你们戴的那大盖帽、棺材帽，都是修正主义。'当时我们戴的厨师帽是圆的。这一闹，餐厅就不敢开了。"② 1967年，莫斯科餐厅第一次停业。次年，在"抓革命促生产"的号召下恢复营业，但餐厅更名为"北京展览馆餐厅"。这家政治背景浓郁的西餐厅，由此进入其命运中最荒诞的时期。

更名后的莫斯科餐厅开始做起中餐。厨师长王兆忠笑容中透着无奈，"很快，串联的红卫兵大量涌入北京。整个展览馆被红卫兵占领，各个展厅都铺上毯子，睡满了人。餐厅开始负责给这些外地来的红卫兵们供应伙食。"③ 餐厅的西餐师傅们转做烧茄子、京酱肉丝、蛋炒饭、盖浇饭接待红卫兵。④ 记者李静采访北京市民秦大同："1968年为躲避抄家、揪斗，父母带着秦大同一个月去了七次动物园，结果赶上莫斯科餐厅重新开张，父母'铤而走险，冒着被人认出揪走'的危险咬牙决定吃一顿。走进已经改名为'北京展览馆餐厅'的'老莫'大厅，秦大同不禁一愣，雕镂精致的柱子上糊着红色大标语，玻璃窗前用铁丝吊着一排标语和人字报，周围是嘈杂的人声和语录歌，西侧的墙上悬着块小黑板，'最高指示'下只有五

---

① 宋玮：《北京莫斯科餐厅将停业装修，将恢复1954年原貌》，《北京晚报》2009年6月9日。
② 李樱、张立洁：《王兆忠："老莫"厨师长的25载》，《三月风》2006年第5期，第23页。
③ 邓艳玲：《莫斯科餐厅的往事：文革中做起中餐》，《中国周刊》2009年7月17日。
④ 张程：《中国脸谱：我们时代的集体记忆》，河南文艺出版社，2011，第39页。

六个菜名……无奈归无奈，可人们依然有办法自得其乐。坐在纯俄罗斯风格的大铜柱旁，看着头顶的"雪花"天花板，那一刻，秦大同一边吃着鸡蛋炒西红柿、蛋炒饭，一边在心底悄悄哼唱起《莫斯科郊外的晚上》、《喀秋莎》……"①

出生于1948年的周先生仍然清楚地记得"文革"时期，莫斯科餐厅被改名叫作"北京展览馆餐厅"的事："当时，（'老莫'）改了名字了，叫什么'北展餐厅'。但我们大多数人私下里还那么叫，这个名字我记得叫的也并不多，似乎就没传开。可能因为大家觉得，'老莫'就是'老莫'，改了什么名字，都还是叫'老莫'吧。这个名字是不会被人那么容易遗忘的。"②

二 文化符号：饮食年代

对莫斯科餐厅来说，中国的"文化大革命"是一个至关重要的节点。正是在此背景下，莫斯科餐厅开始褪下政治的外衣，进入普通市民的生活。

莫斯科餐厅的老顾客记得，在中国"文化大革命"的特殊年代，虽然宴会厅中央那四个雕满各种可爱小动物的大铜柱有时候会被大红布包裹，墙壁和窗户上也会张贴各种政治标语和口号，但餐厅内部设施基本没有什么变化：雪花屋顶，木地板，高大的穹顶，列维坦的油画、喷泉、方形木桌椅、列宁与十月革命的画像，等等。

1976年，中国史无前例的"文化大革命"宣布结束。许多获得平反并且补发工资的人来到莫斯科餐厅，在鱼子酱和伏特加的滋味里追忆逝去的年华。中国女权运动的先驱和上海锦江饭店的创始人董竹君在《我的一个世纪》中谈道："犹如二十七年前上海解放，顿时一切都明亮了。……最后，国瑛女决定，我同意，明天去西郊展览馆莫斯科餐厅，喝

---

① 李静：《1966：老莫的疾风骤雨》，《瞭望东方周刊》2009年8月29日。
② 李静：《1966：老莫的疾风骤雨》，《瞭望东方周刊》2009年8月29日。

第十三章 "老莫"餐厅：从政治符号到文化符号的演变与"苏联形象"在中国的变迁

一杯庆祝酒。"[1]著名电影演员赵丹的女儿、舞蹈家赵青清楚记得，1978年2月，父亲赵丹特地在莫斯科餐厅请著名导演陈鲤庭和著名女演员于蓝吃西餐。讨论15年前就想搬上银幕的《鲁迅传》。他想请陈当导演，请于蓝扮演许广平。[2]尽管这部电影最终没能拍成，但是赵丹与朋友在获得政治新生后选择莫斯科餐厅作为谈话地点，可见莫斯科餐厅在他们心目中的位置。

进入20世纪80年代，莫斯科餐厅的地位和形象进一步平民化，笼罩在莫斯科餐厅上的政治和特权色彩逐渐淡去。1983年，北京市民郭爱国在莫斯科餐厅举办了婚礼，他看中的是莫斯科餐厅的优雅的气氛和适宜的价格。他在回答记者采访时说："外人以为老莫很高档，其实当时真不贵，咱们去四五十人，一人的标准就四五元，总共才花了220元。"[3]

1984年11月7日，俄国十月革命68周年到来之际，莫斯科餐厅恢复了原来的名称。时任莫斯科餐厅厨师长的白忠义回忆："顾客猛增，特别是老百姓多起来了。"最火的是在1984年到1989年，尤其是周末，"开门之前，顾客就在门外拐弯地排着队拿号，进来之后，还得排队"。[4]此时的莫斯科餐厅已经不再是只为重要来宾和高干子弟服务的"特殊场所"，而来莫斯科餐厅寻找苏联文化和青春记忆的那一代已步入中老年，餐厅的顾客越来越年轻和多样化。

现在，来莫斯科餐厅吃一顿饭的话，人均消费一般在人民币150元以上，尽管并非西餐厅中最昂贵的，但无疑仍高于普通百姓的接受能力。由于餐厅温暖、浓厚的怀旧气氛，来此就餐的客人多是家庭成员和朋友，而少有商务往来。很多人的父辈或者他们自己之所以到这里就餐，大多缘于心中怀有浓厚的苏联情结和怀旧情结，来此寻找曾经的青春记忆。餐厅中悠扬的背景音乐往往是人们所熟悉的旋律。人们在吃饭的时候可以欣赏来自俄罗斯的演员演唱的《小路》《莫斯科郊外的晚上》《红梅花儿开》，也可以自由上台个人演唱。

2000年，莫斯科餐厅进行了现代化装修，随后取得了北京市政府颁发

---

[1] 董竹君：《我的一个世纪》，上海三联书店，2008，第511页。
[2] 邓艳玲：《莫斯科餐厅的往事：文革中做起中餐》，《中国周刊》2009年7月17日。
[3] 李静：《1966：老莫的疾风骤雨》，《瞭望东方周刊》2009年8月29日。
[4] 罗雪挥：《老莫餐厅经营的前半生与后世纪》，《中国新闻周刊》2004年第38期，第100页。

的餐饮行业的五星级认证资质。但这次装修却没有得到老顾客们的认同,他们感觉莫斯科餐厅的建筑风格甚至菜式风格都发生了变化,他们为此表达了强烈的不满。2009 年莫斯科餐厅再次装修,又恢复了 1954 年开业时原汁原味的风格。

莫斯科餐厅在特定的历史环境中代表着政治、地位和身份,今天的莫斯科餐厅在北京人心已经完全失去了十月革命形象和列宁形象,失去了中苏关系友好或敌视的象征,失去了政治的公共空间的地位,它在北京人的意识中只代表了俄罗斯(苏联)式的建筑风格和厨艺,已经完全由政治符号转为文化符号。甚至,当询问 20 世纪 80 年代以后出生的北京人时,他们大多不知道"老莫"的名称,即使知道它是莫斯科餐厅的别名,但基本不知道为何被他们的父辈称为"老莫"。

莫斯科餐厅的历史记忆不仅存在于 20 世纪 40~50 年代出生、现在年龄在 60~80 岁的北京人心中,莫斯科餐厅的形象也体现在反映那些年代的北京人生活的文学和影视作品之中。

在曾经担任中国文化部部长的著名作家王蒙的笔下,莫斯科餐厅俨然成为一段最神圣和最美好的记忆。在他的记忆中,"上个千年的最后几年,在我们这个城市的俄罗斯总领事馆附近,开了一家俄式西餐馆。对于它的烹调我不想多说什么,反正怎么吃也已经吃不出 50 年代专门去北京到新落成的苏联展览馆莫斯科餐厅吃 2.5 元的份饭(现在叫套餐)的那个香味来了。""不知道为什么,一进这个餐厅,我激动得就想哭一场。其实进这个厅也不是那么容易的,几乎每一顿饭都是供不应求,要先领号,然后在餐厅前面的铺着豪华的地毯摆着十七世纪式样的大硬背紫天鹅绒沙发的候吃室里等候叫号。甚至坐在那里等叫号也觉得荣幸享受,如同上了天,除了名称与莫斯科融为一体的这家餐厅,除了做伟大的苏联饮食的这家餐厅,哪儿还有这么高级的候吃的地方!而等坐下来接受俄罗斯小姐——不,一定要说是俄罗斯姑娘的服务的时候,我只觉得我是世界上最幸福的人,我只觉得革命烈士的鲜血没有白流,我只觉得人间天堂已经归属于我这一代人了。"[1]

---

[1] 王蒙:《歌声好像明媚的春光》,《收获》2000 年第 4 期,第 1、2 页。

第十三章 "老莫"餐厅：从政治符号到文化符号的演变与"苏联形象"在中国的变迁

三 影视文学中的"老莫"记忆

由中国导演叶京编剧并导演的《梦开始的地方》和根据京味作家王朔的小说《玩的就是心跳》改编的电视剧《与青春有关的日子》中都直观地反映了特殊年代——20世纪50年代和特殊群体——生活在军队大院的孩子们所共同经历的特殊年代的青春往事。在这两部电视剧中，莫斯科餐厅都是重要的场景。《梦开始的地方》中，几位主人公是在机缘巧合之下相聚于"老莫"，之后彼此相熟相知并一起狂饮起来。在《与青春有关的日子》里，也是一群中学毕业后无所事事的伙伴偶然相遇，并相约来到莫斯科餐厅聚会，随后主人公一生的命运发生改变。出生并生活于军队大院的导演叶京强调，与其说他是在"拍戏"，不如说他是在"圆梦"。[①]

在北京作家都梁所著、反映20世纪60～70年代北京人生活的小说《血色浪漫》中，在主人公钟跃民的潜意识里，莫斯科餐厅是个梦想中的地方，似乎只有敲别人竹杠或者有什么值得庆祝的事情时才应该去那里。"1968年的北京，偌大的一个城市，只有两家对外营业的西餐厅，一家是北京展览馆餐厅，因为北京展览馆是50年代苏联援建的，当时叫苏联展览馆，它的附属餐厅叫莫斯科餐厅，经营俄式西餐。中苏关系恶化以后才改成现在的名字，但人们叫惯了以前的名字，一时改不过口来，北京的玩主们干脆叫它'老莫'。"[②] 还有在钟跃民威胁杜卫东时说："反正这笔账得算在你头上，你说吧，两条道儿你挑一条，要么让我们捶你丫的一顿，算是我们参加抗日了。要么你掏钱请哥几个上'老莫'撮一顿，你挑吧。"[③]

由电影演员兼导演姜文与王朔共同编剧并导演的《阳光灿烂的日子》是在中国产生重大影响的京味电影。电影中有两段发生在莫斯科餐厅的场

[①] 安邸、老莫：《一段红色年代的集体记忆》，参见http://news.xinhuanet.com/city/2012-02/08/c_122672635.html。

[②] 都梁：《血色浪漫》，长江文艺出版社，2004，第215页。

[③] 都梁：《血色浪漫》，第247页。

景，而当"两拨人浩浩荡荡开赴莫斯科餐厅痛饮。一溜长桌排开，数百支扎啤在镜头的景深里明晃晃地举起来，喊声一片，'干杯'。"这一幕不知唤起了多少人沉睡的记忆。[①] 导演姜文通过纪实与浪漫相结合的手法，表现了一个时代的悲剧。

四 说不尽的"老莫"

笔者为研究本案进行了社会问卷调查，时间为 2010 年 7 月 10 日至 17 日，前后历时 8 天，共完成有效问卷 500 份。调查对象为年龄 15 岁至 85 岁不等的北京市民。采访了 20 世纪 40～50 年代、60～70 年代和 90 年代至 21 世纪出生的三代人。他们年龄为 70～80 岁，40～50 岁和 15～20 岁；调查方式主要为问卷式，部分进行了访谈、留言。本问卷共计 10 个问题，以此来调查不同年龄段北京市民对莫斯科餐厅的了解与认知程度。

数据分布呈现在下文表 13-1（组内分布表）和表 13-2（总体分布表）之中，以各问题的具体数据分布来呈现。表 13-1（组内分布表）以每组数据为样本，以此来分析不同年龄段的人对莫斯科餐厅的认知程度；表 13-2（总体分布表）以总体数据（n=500）为样本，来分析出北京人整体上对莫斯科餐厅的认知与了解程度。

表 13-1 "北京莫斯科餐厅情况调查问卷"各年龄段内数据分布表（组内分布表）

样本总量：n=500

频数（人）：20 岁及以下，130；21～40 岁，101；41～60 岁，118；60 岁以上 151

频率：20 岁及以下，26%；21～40 岁，20.2%；41～60 岁，23.6%；60 岁以上，30.2%

[①] 胡渝江、李劳：《莫斯科餐厅：风雨飘扬的美食暗号》，参见 http://magazine.sina.com.hk/citypi c/159/index.shtml，vol. 159。

第十三章 "老莫"餐厅：从政治符号到文化符号的演变与"苏联形象"在中国的变迁

单位:%

（1）您以前知道北京莫斯科餐厅吗？

	20岁及以下	21~40岁	41~60岁	60岁以上
知道	90.77	99.01	99.15	100
不知道	9.23	0.99	0.85	0

（2）请问之前是否有莫斯科餐厅用餐的经历？

	20岁及以下	21~40岁	41~60岁	60岁以上
是	49.23	69.31	85.59	74.17
否	50.77	30.69	14.41	25.83

（3）您知道莫斯科餐厅的位置吗？

	20岁及以下	21~40岁	41~60岁	60岁以上
知道	54.62	77.23	94.91	90.73
不知道	55.38	22.77	5.09	9.27

（4）您对莫斯科餐厅的了解程度？

	20岁及以下	21~40岁	41~60岁	60岁以上
从未听过	9.23	0.99	0.85	0
不太了解	46.15	27.72	16.10	33.77
一般了解	26.15	28.71	17.80	27.15
了解很多	11.54	23.76	28.81	23.19
十分了解	6.93	18.82	36.44	15.89

（5）您的家人是否对莫斯科餐厅有所了解？

	20岁及以下	21~40岁	41~60岁	60岁以上
是	66.92	88.12	96.62	98.01
否	8.46	1.98	1.69	0.66
不知道	24.62	9.9	1.69	1.33

（6）若您到莫斯科餐厅用餐，则您主要目的是？

	20 岁及以下	21~40 岁	41~60 岁	60 岁以上
品尝西餐	30.77	28.71	8.47	24.50
怀旧	8.46	17.82	55.08	45.03
庆祝	32.31	37.62	24.58	9.93
没什么刻意目的	28.46	15.85	11.87	20.54

（7）您知道莫斯科餐厅在"文革"期间的名字吗？

	20 岁及以下	21~40 岁	41~60 岁	60 岁以上
知道	3.08	6.93	24.58	21.19
不知道	96.92	93.07	75.42	78.81

（8）您会选择莫斯科餐厅作为庆祝或怀旧的地方吗？

	20 岁及以下	21~40 岁	41~60 岁	60 岁以上
会	54.62	64.36	99.15	84.77
不会	34.62	27.72	0	4.64
无所谓	10.76	7.92	0.85	10.59

（9）您关注莫斯科餐厅的经营与发展吗？

	20 岁及以下	21~40 岁	41~60 岁	60 岁以上
非常关注，持续了解	1.54	5.94	18.64	13.25
偶尔听说，一般了解	13.08	22.77	42.37	31.13
基本不关注	85.38	71.29	38.99	55.62

（10）您是通过什么途径知道或了解莫斯科餐厅的？

	20 岁及以下	21~40 岁	41~60 岁	60 岁以上
书报杂志	9.23	14.85	16.10	21.85
电视新闻媒体	16.92	12.87	9.32	11.92
上网	29.23	28.71	0	0
政府宣传	1.54	1.98	32.20	27.81
听人所说	43.08	41.59	42.38	38.42

表 13-2 "北京莫斯科餐厅情况调查问卷"各年龄段间数据分布表（总体分布表）

样本总量：n = 500

频数（人）：20 岁及以下，130；21~40 岁，101；41~60 岁，118；60 岁以上，151

频率：20 岁及以下，26%；21~40 岁，20.2%；41~60 岁，23.6%；60 岁以上，30.2%

单位:%

（1）您以前知道北京莫斯科餐厅吗？

	20 岁及以下	21~40 岁	41~60 岁	60 岁以上	总　计
知　道	23.6	20	23.4	30.2	97.2
不知道	2.4	0.2	0.2	0	2.8

（2）请问之前是否有莫斯科餐厅用餐的经历？

	20 岁及以下	21~40 岁	41~60 岁	60 岁以上	总　计
是	12.8	14	20.2	22.4	69.4
否	13.2	6.2	3.4	7.8	30.6

（3）您知道莫斯科餐厅的位置吗？

	20 岁及以下	21~40 岁	41~60 岁	60 岁以上	总　计
知　道	14.2	15.6	22.4	27.4	79.6
不知道	11.8	4.6	1.2	2.8	20.4

（4）您对莫斯科餐厅的了解程度？

	20 岁及以下	21~40 岁	41~60 岁	60 岁以上	总　计
从未听过	2.4	0.2	0.2	0	2.8
不太了解	12	5.6	3.8	10.2	31.6
一般了解	6.8	5.8	4.2	8.2	25
了解很多	3	4.8	6.8	7	21.6
十分了解	1.8	3.8	8.6	4.8	19

（5）您的家人是否对莫斯科餐厅有所了解？

	20岁及以下	21~40岁	41~60岁	60岁以上	总　计
是	17.4	17.8	22.8	29.6	87.6
否	2.2	0.4	0.4	0.2	3.2
不知道	6.4	2	0.4	0.4	9.2

（6）若您到莫斯科餐厅用餐，则您主要目的是？

	20岁及以下	21~40岁	41~60岁	60岁以上	总　计
品尝西餐	8	5.8	2	7.4	23.2
怀旧	2.2	3.6	13	13.6	32.4
庆祝	8.4	7.6	5.8	3	24.8
没什么刻意目的	7.4	3.2	2.8	6.2	19.6

（7）您知道莫斯科餐厅在"文革"期间的名字吗？

	20岁及以下	21~40岁	41~60岁	60岁以上	总　计
知道	0.8	1.4	5.8	6.4	14.4
不知道	25.2	18.8	17.8	23.8	85.6

（8）您会选择莫斯科餐厅作为庆祝或怀旧的地方吗？

	20岁及以下	21~40岁	41~60岁	60岁以上	总　计
会	14.2	13	23.4	25.6	76.2
不会	9	5.6	0	1.4	16
无所谓	2.8	1.6	0.2	3.2	7.8

（9）您关注莫斯科餐厅的经营与发展吗？

	20岁及以下	21~40岁	41~60岁	60岁以上	总　计
非常关注，持续了解	0.4	1.2	4.4	4	10
偶尔听说，一般了解	3.4	4.6	10	9.4	27.4
基本不关注	22.2	14.4	9.2	16.8	62.6

(10) 您是通过什么途径知道或了解莫斯科餐厅的？

	20 岁及以下	21~40 岁	41~60 岁	60 岁以上	总　计
书报杂志	2.4	3	3.8	6.6	15.8
电视新闻媒体	4.4	2.6	2.2	3.6	12.8
上网	7.6	5.8	0	0	13.4
政府宣传	0.4	0.4	7.6	8.4	16.8
听人所说	11.2	8.4	10	11.6	41.2

由表 13-1、13-2 可得以下结论。

（1）大部分北京人知道莫斯科餐厅，但是很少有人对它有着具体的了解。而对莫斯科餐厅有着记忆的主体，是现在 41 岁以上的中年人。现在他们去莫斯科餐厅的目的，更多是怀旧，其次是为庆祝。对他们而言，西餐的味道如何并不是很重要，他们所需要的是莫斯科餐厅本身这个能让他们回忆、凭吊时光的地方。

（2）北京人知道莫斯科餐厅，主要是通过听别人说的方式来传播的。由此看出，关于莫斯科餐厅的记忆很大程度上是传承的。莫斯科餐厅的经理张春燕说："这么些年，老莫几乎就没在媒体做广告。但北京人谁不知道老莫？"[①] 因此，莫斯科餐厅在 58 年后，仍能保持如此红火，可以说，这也是和北京人对莫斯科餐厅的独特感情也是分不开的。

（3）在北京人的历史记忆中，很少有人真正关心莫斯科餐厅的经营情况，也没几个人知道它"文革"时代的名字这些具体事件。这说明，北京人心目中的莫斯科餐厅，并不是具象的，而是抽象的。而北京人更加关心的，并不是存在于现实中的具体的莫斯科餐厅，而是在记忆中的莫斯科餐厅。

（4）从数据中可以看出，莫斯科餐厅也存在着慢慢被遗忘的趋势。年轻的一代北京人似乎对莫斯科餐厅并不喜欢。虽然它仍然庄重大气，但已经完全跟不上时代潮流。

[①] 王小甜：《老莫，盛宴下的红色记忆》，《南都周刊》2009 年 10 月 10 日。

笔者在北京老干部活动中心与一位曾在东城饮食公司任职的退休干部交谈，他说："提起'老莫'，能说的可太多了。最早那可不是一般老百姓能去的地方，以前去一次能和同事炫耀好几天，觉得是一件很了不起的事……在当时，几乎谁都没去过苏联，所以去那吃次饭，就跟到了苏联一样，心里甭提有多高兴了。"①

在场的另一位退休老干部与笔者讲到他眼中的莫斯科餐厅和中苏关系："记得'老莫'……哪能忘啊，那是咱和苏联老大哥友谊的标志啊。你可能都不知道，现在也少提了，以前，苏联人真可没少帮咱……虽然后来骂苏联骂得凶，但人家的好也得记着啊。"提起中苏友好的见证，他还提到了一种叫"满天红"的香烟。"（烟标上）一边是天安门，一边是克里姆林宫。""好像还有种烟，叫'永好'，上面印的也差不多……当时天天念叨着'永好'，最后不也破裂了吗？"讲到这里，这位老人感到十分惋惜。"当时以为，错都在他们，后来想想，就跟过日子吵架一样，双方都有错，都讲不清这个理。"②

今年56岁，家住西四砖塔胡同的白先生回忆自己少年时去莫斯科餐厅的情景："八九岁吧，当时家里大人常带着去动物园。每次去的时候，一出来，印象最深的就是'北展'尖儿上那颗红星，还有拿着的那种奶油面包……吃过一次后，就一直想知道是哪卖的了。后来，我终于找到了'老莫'。现在想想，每次走过门口那条路，心情都十分愉快。后来，我们全家还去了一次，在我印象里，这是真正的美味的西餐，吃饭时气氛很庄重，也没有人说话。"③

在银行工作、今年47岁的贺女士回忆她第一次在莫斯科餐厅吃饭的情景："我最早一次去莫斯科餐厅吃饭离现在差不多有三十年了……记得那时候餐厅还叫北展餐厅呢，但是那个时候，人们还是都管它叫'老莫'……第一次去已经是'文革'后的事了，'文革'时，除了那些大院孩子，很少有人敢往'老莫'跑。而即使是'文革'后，能在那吃顿饭然后和别人说，

---

① 2010年7月10日采访记录。
② 2010年7月12日采访记录。
③ 2010年7月11日采访记录。

第十三章 "老莫"餐厅：从政治符号到文化符号的演变与"苏联形象"在中国的变迁

别人都会羡慕你的。我最早吃西餐就是去的'老莫'，到现在也很喜欢吃。但最早，我们就是一帮同学去那一起吃饭的，我们甚至都不把在'老莫'吃饭当成吃西餐……但今天，如果我们再聚会的话，恐怕很少会选择'老莫'了。"①

39岁的市民张先生回答笔者的提问时说："小的时候并没有去过'老莫'，长大后才和朋友们去过几次。我自己也不太喜欢吃西餐，对俄罗斯菜也没什么特别的感情。只是觉得，没去过'老莫'，好像显得与身边的人格格不入似的。最开始去的时候，只是大家在一起吃饭，开开洋荤，图个热闹而已……最近在电视上也经常能看到有关'老莫'的场景，而每次看到都会感到十分地亲切。我对'文革'没什么印象，但是似乎当年也没受过苦，而今天看到这些，似乎想到的是自己童年时的生活。以前看姜文的《阳光灿烂的日子》，觉得那才是'老莫'应该有的形象吧……有时带孩子去动物园，路过'老莫'时也会不自觉地瞟上一眼，想到它在这里都50多年了，心中既感慨，又觉得亲切。"②

现就读于北京邮电大学大三的滕同学对笔者讲述了他家三代人与"老莫"的情缘："我爷爷奶奶那一代，就对'老莫'感情很深，我父母也受到他们影响，现在，这份感情同样传到了我身上。我小时候就老听家里人说'老莫'，'老莫'的，但那时也不知道是什么……后来家里人也带着去过。最近一次吃'老莫'，是在高考之后，刚拿到通知书的时候。那时，我爷爷非要去'老莫'吃，似乎只有那里才值得庆祝这么高兴的事。到现在我还记得，爷爷吃'老莫'时那庄重的神情。"③

如今，在莫斯科餐厅周围几百米乃至数公里之内，几乎汇聚着德国式、法国式、阿拉伯式、韩国式、泰国式、韩国式的外国餐厅，以及美国式的肯德基、麦当劳等各式快餐店。但莫斯科餐厅好似凝固在时间里，依旧保持着那分典雅与雍容。北京展览馆尖顶上的红星仍旧举向天空，而在它西侧回廊上的，依旧是一家曾经代表着十月革命和苏联文化和三代北京

---

① 2010年7月11日采访记录。
② 2010年7月12日采访记录。
③ 2010年7月12日采访记录。

人青春历史的餐厅。

莫斯科餐厅作为一个常见但又特殊的"公共空间",曾经在中苏交往和政治活动中起着重要的作用,它见证了半个世纪以来中苏关系由同志—兄弟到敌人—叛徒,再到中苏关系正常化的变迁,也见证了当代中国社会的变化以及北京人的私人领域和个人情感的变化。

代结语　时间，前进！前进，达瓦里希！

一　"帝国学"与欧亚主义的诱惑[①]

20世纪和21世纪之交，刚刚获得独立并自撑家门的俄罗斯开始了政治、经济、外交和社会等方面的全面转轨。在告别了社会主义之后，俄罗斯选择了"纯粹"的西方式道路，即政治上的多元化和政党政治、经济上的纯市场经济、外交上的向西方一边倒、思想文化上的个人主义和西方价值观。俄罗斯复兴的核心即是"重返欧洲"，搭上"欧洲复兴的快车"，叶利钦提议建立"从温哥华到符拉迪沃斯托克的欧洲——大西洋大家庭"。[②] 但是这个全方位和急速的社会转型异常波折和时乖命蹇，导致了巨大的社会动荡和自我困惑。

在不到一年的时间里，政府在实行全面放开物价的同时，又宣布开放金融市场，推行商业银行私有化；利率市场化；国内市场与国际市场接轨，废除国家管制和垄断，实行对外经济活动自由化，允许卢布自由兑换、汇率自由浮动。所有这些措施出台，虽然推动了产品和要素市场的出现，但是，政府对市场失去了控制，投机资本肆虐，市场秩序极端混乱，生产急剧下滑，物价暴涨，政府财政赤字剧升，货币信贷体系濒临崩溃。从1992年到1995年，俄罗斯的通货膨胀率连续四年居高不下，最高时达四位数字，1992年高达2610%，此后开始逐年下降，1993年为940%，

[①] "欧亚主义的诱惑"（евразийский соблазн）来自当代俄罗斯学者诺维科娃和西济姆斯卡娅等主编并在1993年出版的同名文集《欧亚主义的诱惑：欧洲和亚洲之间的俄罗斯》（Новикова Л., Сиземская И. Россия между Европой и Азией : Евразийский соблазн. М., издательство Наука, 1993）。

[②] Независимая газета 1992 - 04 - 10.

1994 年为 320%，1995 年仍有 131%。据俄经济学家统计，1995 年与 1990 年相比，消费品价格上涨了 1700 多倍。① 恶性通货膨胀大大阻碍了俄罗斯向市场经济转轨的进程，价格的飞涨使市场机制远远不能成为资源有效配置的基础力量，高通货膨胀率则降低了居民的储蓄倾向，打击了企业的投资积极性，助长了囤积居奇和投机倒把，使整个经济生活陷入混乱。俄罗斯国家杜马主席团在 1993 年 3 月 31 日的《告俄罗斯公民书》（Российским гражданам）中宣称："俄罗斯正在变成一个落后的、人民受到污辱和遭到掠夺的依赖他人的国家。"② 叶利钦在 1995 年宣布，"今后不再实行这种不得人心的休克疗法"。

在外交和与西方关系上，俄罗斯急于融入"欧洲大家庭"，一方面为了改变"苏联形象"，另一方面希望在资金和经济方面获得欧美国家的大力支持。俄罗斯试图从文化、宗教、语言甚至族缘、血缘方面寻找与西欧的共同点。思想文化界的重要代表人物利哈乔夫（Д. С. Лихачев）院士认为俄罗斯从来不是东方国家，俄罗斯文化起源于北欧的斯堪的纳维亚文化和东罗马帝国－拜占庭文化，而斯堪的纳维亚文化对于古罗斯的影响尤其大，他甚至创造了一个新名词：斯堪多斯拉维亚（Скандославия），即斯堪的纳维亚（Скандeнавия）加上斯拉夫（Славяне）。

然而，俄罗斯与美国及西欧之间的"蜜月"关系是短暂的。俄罗斯外交部部长科济列夫（А. В. Козырев）认为："没有哪个西方国家真正关心俄罗斯的复兴。"1993 年的东京七国首脑会议上，叶利钦感觉自己扮演了一个"乞丐"的角色。面对俄罗斯国际地位衰微的现实以及国内政治和社会的压力，俄罗斯开始调整对外政策。1993 年，叶利钦在视察符拉迪沃斯托克和访问韩国时相继强调俄罗斯的外交形象将是东西方兼顾的"双头鹰"。1994 年初，俄罗斯政府检讨了过去的外交政策。俄罗斯总统外交顾问、俄罗斯科学院欧洲问题研究所副所长谢尔盖·卡拉加诺夫（С. А. Караганов）说："在俄罗斯成为一个独立国家之初，外交政策是'俄罗斯喜欢对我们的西方新朋友点头称是，甚至在西方还未要我们点头时就说

---

① 张建华：《俄国史》，第 374 页。
② *Независимая газета*，1993－04－02.

代结语 时间，前进！前进，达瓦里希！

同意.'"① 俄罗斯副外长丘尔金（В. И. Чуркин）也认为："我们过去的外交方针是，如果我们不喜欢什么东西，我们不马上说'不'，而不尝试与伙伴寻找共同语言。"② 因此，俄罗斯政府再度调整对外政策，将国家利益和民族利益作为对外关系的基础。叶利钦在 1994 年 2 月向国家杜马提交的年度国情咨文中强调，要"重振伟大的俄罗斯，建立强大的俄罗斯国家"。1995 年 9 月 28 日，北约秘书长克拉斯（Willy Claes）公布《东扩问题研究报告》（Report on NATO's Eastward Expansion），显然是将苏联阵营的东欧国家（波兰、匈牙利、捷克等）和原苏联加盟共和国（拉脱维亚、乌克兰、格鲁吉亚等）作为东扩目标，从而加剧俄罗斯与西方的分歧。叶利钦总统警告美国和西方："如果北约东扩，一个与之军事对抗的军事联盟可能再次出现"，"我们将有两个集团，将分裂成两个阵营"，"欧洲将不可避免地转变成战争状态"。③

国家转型的西方模式实践的失败宣告了"欧洲主义—大西洋主义"道路的破产，思想文化界陷入一片迷茫。当代哲学家梅茹耶夫痛苦地思索："我们是这样一些人，我们没有找到相对性的真理，而且也不会对它加以评价……不能令我们满足的正是所谓健全的理性。如果我们需要真理，那么这必定是最后的、具有终极意义的真理——我们总是生活在谎言之中，原因正在于此；如果我们需要自由，那么——事实上是绝对的自由；而如果需要善，那么，对不起，应当是达到神圣地步的善——而这也正是我们总是在恶中生活的原因。"④

新俄罗斯不幸变成了亨廷顿（Samuel P. Huntington）笔下"文明冲突论"（Clash of Civilization）的特例，成为他所说的出现"认同危机"的"无所适从的国家"，"因为它的人民和精英不能确定他们是应当加入西方，还是向西方挑战"。⑤ 而基辛格多年前说的话，俄罗斯发现"自己置身于中

---

① *Financial Times*，1994 - 03 - 31.
② *Литературная газета*，1994 - 03 - 16.
③ 法新社莫斯科 1995 年 9 月 7 日。参见《参考消息》1995 年 9 月 10 日。
④ Россия и Запад: культурный взаимодействие. круглый стол. матер. //*Вопросы философии*，No. 6. 1996.
⑤ 亨廷顿：《文明的冲突与世界秩序的重建》，周琪等译，新华出版社，1998，第 22 页。

无前例的疆界中。她必须像欧洲一样，花费一番苦心为国家重新定位"①，似乎也被应验了。

当"欧洲主义—大西洋主义"（европеизм - атлатизм）转轨破产之后，欧亚主义思潮即以迅猛之势占据俄罗斯主流媒体和思想平台。为区别20世纪20~30年代俄国侨民中兴起的欧亚主义（евразийство），90年代后盛行于俄罗斯的欧亚主义被冠名为"新欧亚主义"（неоевразийство）。叶利钦总统在1996年向俄罗斯科学院提出了为俄罗斯制定新的意识形态的要求，要求他们在一年之内确定俄罗斯的"民族思想"（национальная идея）。副总统鲁茨科伊（А. В. Руцкой）也表示："从我国的地缘政治形势看，很显然，俄罗斯代表着连接亚洲和欧洲的唯一桥梁。谁成为这块土地的主人，谁就将成为世界的主人。"② 2000年普京正式执政后，延续了欧亚主义的外交方针和路线。他强调："俄罗斯过去是，将来也还会是一个伟大的国家，它的地缘政治、经济和文化的不可分割性决定了这一点。"③

著名电影导演米哈尔科夫（Н. С. Михалков）在接受采访时表示，"俄罗斯永远是欧亚国家，在我们这里，如果说有道路的话，我想，这就是自己的发展道路——欧亚主义的道路"，"今天在俄国土地上，欧亚主义的伟大思想是可以实现的"。④ 自称是"最后一个欧亚主义者"的当代俄罗斯著名学者古列夫·古米廖夫（Л. Н. Гумилев）在1992年去世前接受记者采访时说："我知道一点，并愿意悄悄地告诉您，俄罗斯如果想要得救的话，就必须成为欧亚大陆强国，事实上，只有欧亚主义能够救俄罗斯。"⑤

"欧亚主义"即成为当代俄罗斯国家战略和前进路标。"欧亚主义"强调政治上的"权威主义"、文化上的"本土主义"和价值观上的"民族主义"，维护当前政府的权威。当代的"欧亚主义"思想家们在帝俄时代的政治家和思想家乌瓦罗夫（С. С. Уваров）提出的"官方国民性"（официальная народность）三原

---

① 基辛格：《大外交》，顾淑馨、林添贵译，海南出版社，1998，第8~9页。
② *Советская Россия*，1999 - 12 - 06.
③ Путин В. В, Россия на рубеже тысячелетий// *Независимая газета*，1999 - 12 - 30.
④ Мы—Евразия// *континент*. М.，1992. №. 70. с. 320.
⑤ Гумилев Л. Н. *Ритмы Евразии：Эпохии цивилизации*. М.，Экопрос. 1993. с. 31.

则①中找到了思想的灵感，将其发展成为"新国民性"三原则，即"俄罗斯思想"（русская идея）、"人民主权"（народный суверенитет）和"强国主义"（держава），这种立场很自然地得到了俄罗斯政府的支持和提倡。这个"新国民性"三原则被冠以"新欧亚主义"。

2016年11月6日，尚未公开宣布是否准备参加第四任总统选举的普京为克里姆林宫附近的弗拉基米尔大公（великий князь Владимир）雕像落成举行仪式。该雕像原拟安放在莫斯科的最高处——莫斯科大学旁的麻雀山，可以俯瞰莫斯科河和整个莫斯科城市，但遭到当地居民反对，才改在克里姆林宫旁边。基辅罗斯大公弗拉基米尔在988年力排众议，独断式地决定废除俄罗斯的多神教，率众皈依基督教（希腊正教）并将其奉为国教，此为俄国历史上著名的"罗斯受洗"（крещение Руси）。从此，强调俄罗斯已经摆脱蛮夷，而成为罗马帝国的继承者。很明显，普京和俄罗斯政府此举意在强调俄罗斯才是基辅罗斯的正宗继承人，而不是乌克兰。普京在仪式上特别强调弗拉基米尔大公是在克里米亚塞瓦斯托波尔附近城市受洗的，因当时此地为奥斯曼土耳其属地，因此普京此说引起较大争议。并且普京的名字也是"弗拉基米尔"，因而就引发了俄罗斯人和欧美媒体的无尽猜想。

冷战结束，国际学术界在分析变动中的新的国际局势，尤其是在对巨变中的俄罗斯进行研究时，常常使用所谓的"帝国学"（Empire studies）视角来观察和勾画这个尚在转型中新国家的国家形象，尤其是在2014年普京签署总统令，将原属乌克兰的克里米亚纳入俄罗斯联邦主体之后。②

---

① 即"东正教、专制制度和民族性"（православие, самодержавие и народность）。
② 2012年1月，国际著名的俄罗斯（苏联）问题研究机构——北海道大学斯拉夫研究中心召开了题为《比较现代帝国：改变世界秩序中的帝国规则与非殖民化》（Comparing Modern Empires: Imperial Rule and Decolonization in the Changing World Order）的国际研讨会。相关著作，例如：波特布罗耶姆《俄罗斯及其帝国史：从米哈伊尔·罗蒙诺夫到弗拉基米尔·普京》（Kees Boterbloem, *A History of Russia and Its Empire: From Mikhail Romanov to Vladimir Putin*, Rowman & Littlefield Publishers, 2013）；古德里奇《新俄罗斯帝国：普京的计划究竟是什么?》，《经济观察》2011年9月7日（Ylauren Goodrich, "A New Russian Empire: What Exactly Is Putin Planning?" *Economy Watch*, November, 7, 2011）；诺依曼《前白宫官员：普京想要"新俄罗斯帝国"》（Scott Neuman, *Former White House Official: Putin Wants' New Russian Empire*. Mar 21, 2014），参见 Copyright 2014 NPR. To see more, visit http://www.

帝国幻象：俄罗斯"国家形象"变迁与他者视野

面对国际社会和学术界纷纷给新俄罗斯冠以帝国的"荣誉"，俄罗斯学术界也给予了一定的回应。2011 年，俄罗斯科学院俄国历史研究所出版了历时三年，联合俄罗斯著名历史学家完成的集体著作《俄罗斯帝国：从起源到 19 世纪初期》（Российская империя: от истоков до начала XIX века）。关于何谓帝国，该书作者给出的答案是"一个中央集权的强大国家，它的特点是民族多样性、宗教信仰多样性和自身领土的各个单独部分的社会经济发展的不均衡性，它将从前独立的国家构成并入自己的国家组成中，并积极推行帝国政策"[①]。该书的主编、俄罗斯科学院历史研究所所长彼得罗夫（Ю. А. Петров）在前言中写道："俄罗斯帝国这个主题作为历史学家研究的独立客体值得关注，俄罗斯帝国是一个在一定历史时期内，被具有相同命运、相同历史、唯一的中心所统一在一起的，由多种截然不同的地理和社会特性组成的国家。"他承认 1917 年二月革命前的俄罗斯是一个帝国，但是"在世界历史上，俄罗斯不是唯一一个横跨欧亚大陆的国家，但她是最后一个至今仍然存在着的名副其实的欧亚大国。当然，她的特殊性还不只这一点。俄罗斯地理和地缘政治位置的独特性，直接决定了她在过去几个世纪中发挥出的独特作用。她同时扮演了欧洲和亚洲之间的障碍和桥梁的角色，有限度地吸收欧洲因素和亚洲因素。"[②]

更出人意料的是，2005 年 9 月 5 日在克里姆林宫，普京在与参加瓦尔代国际辩论俱乐部（международный дискуссионный клуб《Валдай》）的政治学家和专家见面会上，面对一些国家专家指责俄罗斯有帝国野心时，普京首先向专家提出两个问题，"什么是帝国？"，"俄罗斯是帝国吗？"普京表示，"俄罗斯没有帝国野心，但是在后苏联的空间中拥有自己的利

---

npr. org.；米克尼科《普京正在重建俄罗斯帝国》（Adam Michnik, *Putin Is Trying to Reconstruct the Russian Empire*, July 22, 2014），参见 https: //newrepublic.com/article/118790/after - malaysia - flight - 17 - we - should - call - putin - shameless - thug；布朗《沙皇普京图谋俄罗斯帝国》，《华尔街日报》2014 年 10 月 30 日（Floyd Brown, "Czar Putin Wants a Russian Empire", Wall Street Daily. Oct 30, 2014）。

① ИРИРАН. *Российская империя: от истоков до начала XIX века*. М., Русская панорама, 2011. c. 5 - 6.

② ИРИРАН. *Российская империя: от истоков до начала XIX века*. М., Русская панорама, 2011. c. 5 - 6.

代结语　时间，前进！前进，达瓦里希！

益"，但是"我们任何时候都不会回到后苏联帝国，这样的企图将给国家的经济、政治、意识造成巨大的负担"。①

2014年10月24日，第11届"瓦尔代国际辩论俱乐部"在索契召开，会议主题是"世界秩序：新的规则或者没有规则的游戏？"（Мировой порядок: новые правила или игра безправил）俄罗斯总统普京一如既往地出席会议，他在长篇讲话中再次申明了"非左非右"和"非激进非保守"的国家现代化发展战略。

在场的中国学者、华东师范大学俄罗斯研究中心主任冯绍雷教授提出问题："您不止一次地指出一个概念的重要性，这就是保守主义（консерватизм）。我认为，这是俄罗斯现代化的一个关键性和重要性的概念。您非常清楚，在欧洲和美国，以及在东亚，也有同样的概念——保守主义。您能否解释一下您说的保守主义概念的特点？并且它与其他的概念有何区别？或许它是俄罗斯现代化的主导理念？或者是俄罗斯现代化一定时期的主导理念？"②

普京当场予以回答："首先，保守主义概念不是我们发明的。并且我谈到的保守主义概念，与传统理解上概念没有太大差别。但这完全不意味着保守主义是故步自封和不再发展。健康的保守主义（здоровый консерватизм）是以利用对于保障逐步发展的所有好的和新的前景为前提条件的。但是，首先要打破某些东西，尽管依靠它达到了今年的发展水平，必须明白如何采用新的机制。这是最重要的事情。因此，为了社会的存续，应该努力维护人类在数个世纪里所创造的基本东西：这就是要尊重妇女和儿童，这就是要珍视自己的历史和历史上创造的成就，这就是要珍视我们的传统和传统宗教。按照法律，俄罗斯有四大传统宗教，它们是差别各异的。因此，我们将努力维护它们，它们能帮助我们识别多民族国家和多民族俄罗斯共同体。但是绝对不是准备拒绝所有新的和在世界上出现的先进事物，拒绝增长的事实。毫无疑问，我们大家将利用这些新现象。因此我请求所有同事不要猜测，似乎我们谈保守主义，就意味着我们将变

---

① 相关报道参见塔斯社网（Подробнее на ТАСС）http：//tass.ru/politika/678375。
② 俄罗斯克里姆林宫新闻网页 http：//www.kremlin.ru/news/46860。

得保守起来。它与我们真实的现在，与我们的计划没有任何关联。"①

以上的事例，说明普京并不回避俄罗斯对后苏联空间的政治要求，也并不回避自己持保守主义的政治立场，他的回应首先具有个人色彩，但也可以理解为政府与国家的意志。

二 自我与他者：当代俄罗斯国家形象的建构

2012年，俄罗斯在国内外媒体及网络上发布时长4分26秒的俄罗斯国家形象宣传片。这部精心制作的影片采取的是在展示现实的过程中插入历史人物与事件，在历史与现实的交替过程中展示俄罗斯历尽千辛万苦终于自立于世界民族之林的历史，展现俄罗斯广袤的国土和丰富的矿藏与资源，展现俄罗斯丰富的人文思想和艺术贡献。出现的著名人物有自动步枪的设计者卡拉什尼科夫（М. Т. Калашников）、化学家门捷列夫（Д. И. Менделéев）、无线电发明者波波夫（А. С. Попóв）、核物理学家萨哈罗夫（А. Д. Сáхаров）、数学家罗巴切夫斯基（Н. И. Лобачевский）、火箭之父齐奥尔科夫斯基（К. З. Циолковский）、苏联航天事业奠基人科罗廖夫（С. П. Королёв）、俄罗斯第一位诺贝尔物理学奖获得者朗道（Лев Давидович Ландау）、2000年诺贝尔物理学奖获得者阿尔费罗夫（Ж. И. Алфёров）、作家列夫·托尔斯泰（Лев Николаевич Толстой）、作家陀思妥耶夫斯基（Ф. М. Достоевский）、剧作家契诃夫（А. Б. Чехов）、诗人普希金（А. С. Пушкин）、俄罗斯指挥家格吉耶夫（В. А. Гéргиев）、作曲家柴可夫斯基（П. И. Чайковский）和拉赫玛尼诺夫（С. В. Рахманинов）、摇滚乐歌手维索茨基（В. С. Высóцкий）、东正教大牧首基里尔（Патриáрх Кирилл）、军事家库图佐夫（М. И. Кутузов）和朱可夫（Г. К. Жуков）、沙皇彼得一世、莫斯科大公亚历山大·涅夫斯基（Александр Невский）、苏联电影艺术家群像、象棋大师卡斯帕罗夫（Г. К. Каспаров）、俄国沙皇群像，以及苏共领袖列宁、斯大林、赫鲁晓夫、勃列日涅夫和戈尔巴乔夫群像，俄罗斯领导人叶利钦、梅德韦杰夫和普京群像，12块奥运会金银牌获得者、体操运

---

① 俄罗斯克里姆林宫新闻网页 http：//www.kremlin.ru/news/46860。

动员涅莫夫（А. Ю. Немов）。展现的著名事件有 1905 年革命和战舰"波将金"号起义、宇航员加加林（Ю. А. Гагарин）走入太空、1945 年苏联红军登上柏林帝国大厦、1945 年胜利日红场阅兵、1980 年在莫斯科举行的第 22 届夏季奥运会吉祥物小棕熊米沙（Миша）、2010 年扑灭莫斯科森林大火、2012 年国际奥委会主席罗格（Jacques Rogge）宣布俄罗斯索契获得 2014 年第 22 届冬季奥运会举办权。并且毫不避讳将苏联解体的历史展现在宣传片中，既强调俄国历史的自然延续，也表达了新旧时代交替的必然趋势。宣传片自始至终的主题背景音乐是旋律激昂的俄罗斯国歌。

值得一提的是，俄罗斯国歌与苏联国歌旋律一样。1944 年 3 月 15 日，斯大林亲自签署命令，由亚历山德罗夫（А. В. Александр）作曲、米哈尔科夫（С. В. Михалков）和阿拉·列基斯坦（Г. А. Эль-Регистан）作词的苏联第一首正式国歌《牢不可破的联盟》（Нерушимый союз）问世，随后歌词几经修改。2000 年 12 月 26 日，普京总统签署了《国歌法》，恢复亚历山德罗夫作曲的《牢不可破的联盟》的旋律，1944 年创作国歌歌词、1977 年修改国歌歌词的著名诗人、年逾 87 岁的米哈尔科夫再次受命为俄罗斯新国歌填词，国歌更名为《俄罗斯，我们神圣的大国》（Россия, священная наша держава）。

2014 年 2 月 7 日第 22 届世界冬季奥林匹克运动会在俄罗斯黑海之滨的历史名城索契的菲施特奥林匹克体育场隆重开幕。

历届奥运会的开幕式都被主办国视为展现本国历史、文化、现实的重要手段，索契冬奥会也不例外。

在历史上，上一次俄罗斯（苏联）承办奥运会是在 34 年前，1980 年 7 月 19 日至 8 月 3 日在莫斯科举行了第 22 届夏季奥运会。为了抗议苏联入侵阿富汗，美国等国发起抵制莫斯科奥运会，最终只有 80 个国家参加该届奥运会，这是自 1956 年以来参加国家最少的一届奥运会。其中有 14 个国家不使用本国国旗和国歌，在开幕式上只派一名旗手，打着奥运会会旗代替本国国旗进场，更有甚者，新西兰代表团打出了一面黑色的奥运会五环会旗入场。以上行为均是对苏联入侵阿富汗并拒不撤军的集体抗议。苏联代表团毫无悬念地获得金牌（80 枚）、银牌（69 枚）和铜银（46 枚）总数第一名，但是正如当时西方媒体评论的，莫斯科奥运会的"金牌价值贬值50%"①。它实际上是国际奥运会历史上星光最为暗淡的一届，苏联的国家形象也由于入侵阿富汗而在国际社会降到冰点。

恰巧，这次奥运会又发生在2013年底乌克兰国内危机，乌克兰东部五州和克里米亚及塞瓦斯托波尔要求独立并加入俄罗斯，以及以美国为首的西方正在酝酿在经济上制裁俄罗斯甚至再度抵制这届奥运会的背景之下。而俄罗斯政府对本届奥运会极为重视，把它视为俄罗斯转轨22年后，向世界展现俄罗斯国家形象的重要契机。因此，尽管政府财政捉襟见肘，并且国内反对之声不绝于耳，但还是在索契这个偏远的仅有35万居民的小城投下500亿美元的资金，使这届冬奥会成为历史上最昂贵的奥运会（包含冬奥会和夏季奥运会）。

2014年2月7日20点14分，主题为"俄罗斯的梦想"（Русская мечта）开幕式在一位小姑娘柳波芙（Любовь，意为"爱"）的梦境中展开。她轻声地念起了33个俄文字母，每一个字母都代表着一份俄罗斯的骄傲，它们有俄罗斯历史文化名人、科学家，如女皇叶卡捷琳娜二世、世界第一位宇航员加加林、伟大作曲家柴可夫斯基、元素周期表的发明人门捷列夫、俄罗斯文学的太阳普希金、俄罗斯宇航之父齐奥尔科夫斯基，也有俄罗斯的自然名胜，如贝加尔湖，还有突破性的科学发明，如"月球一号"无人探测器，他们共同组成了俄罗斯民族的骄傲。

三只可爱的吉祥物——北极熊、雪豹和兔子来到会场中央，召唤大家走入俄罗斯的历史长河。体育场内刮起了大风，很快形成了一层白雪。现场出现了三匹巨型白马，一轮红日出现，红日带来了温暖，冰层开始融化。开场的小姑娘柳波芙走进了童话国度，一个巨大的雪球滚来，预言圣巴西尔大教堂的建成，这代表俄罗斯的未来。

充满童趣的建筑飞到天空，天地幻化为18世纪俄罗斯帝国时代。"彼得大帝"威武的出场，帆船乘风破浪，带来了俄罗斯的极盛繁华。

开幕式给予苏联时代以正面和积极的展现。在红色的主色调背景下，1917年十月革命爆发，它给国家带来巨大的变化。在苏联著名画家马列维奇（К. С. Малевич）的"至上主义"（супрематизм）理念的巨大的红、

---

① 任海：《奥林匹克百科全书》，中国大百科全书出版社，2008，第197页。

代结语　时间，前进！前进，达瓦里希！

白、黑色块的背景下，20世纪30年代的巨大的齿轮，反映了当时工业化蓬勃发展的景象。20世纪50年代的背景，反映苏联人民建设自己美好生活的过程。

随着时间的错位，列夫·托尔斯泰的《战争与和平》（*Война и мир*）作品中的女主人公娜塔莎（Наташа）从历史中走来，在1812年战争的背景下，演绎着她与安德烈（Адрей）的感情纠葛。

红色主色调再度降临全场，1966年拍摄的苏联电影《时间，前进！》[①]（*Время, вперёд!*）的画面出现在大屏幕上。这部老电影剧本取自苏联作家卡塔耶夫（В. П. Катаев）的同名长篇小说《前进，时间！》（*Время, вперёд!*），而这部小说的书名则取自著名苏联诗人马雅科夫斯基的长诗《时间前进！》（*Марш времени*）"向前啊，祖国，快快啊，我的祖国，共产主义就在大门口啊！前进，时间！时间，前进！"（Шагай страна быстрей моя, Коммуна —у ворот! Вперёд, время! время Вперёд!）[②]。这部电影的音乐是由苏联著名作曲家斯维里多夫（Г. В. Свиридов）创作，这段音乐旋律成为苏联时代最知名和最生动的旋律，并且作为苏联的一张名片在国际上影响甚广。苏联政府在很长一段时间，把这段旋律作为国家标准报时的背景音乐。在激昂的老电影音乐的轰鸣声中，20世纪50年代的厂房、巨型齿轮、蒸汽机车相继而入。随后时空转换，天地一新，由苏联时代进入了新俄罗斯时代。城市慢慢后退，剩下小女孩柳波芙和红色的气球。她飞向高空，放飞了红色的气球，她放飞的是一个新俄罗斯的梦想！

最后，柴可夫斯基的《天鹅湖》（*Озеро лебеди*）经典片段响起，30个芭蕾舞女演员扮演的白天鹅在夜空中翩翩起舞。紧接着，全场暗下，夜空出现了冬奥会运动员的身影，仿佛一颗颗恒星在夜空闪耀。这场开幕式

[①] 电影剧本取自苏联作家卡塔耶夫的同名长篇小说《前进，时间！》。导演为什维采尔（М. А. Швейцер）和米丽金娜（С. А. Милькина）。电影故事叙述了哈尔科夫的工人们开展了社会主义劳动竞赛，莫斯科的记者也参与到这场如火如荼的历史事件之中，采访故事的主人公并进行新闻报道。电影由莫斯科电影制片厂（Мосфильм）第六创作集体（Шестое творческое объединение）于1965年出品，片长158分钟。这部电影是为纪念十月革命50周年而作。

[②] 参见 http://ilibrary.ru/text/2143/p.6/index.html。

359

持续 2 小时 30 分左右，共有 3000 多名表演者参与。

"俄罗斯之声"（Голос России）网站报道，在为期 16 天的索契冬奥会期间，共有 88 个国家派代表团参加，是历次冬奥会参加国家最多的一次；共有 44 位国家元首出席开幕式，30 亿观众通过电视转播观看了开幕式。在索契冬奥会闭幕式上，国际奥委会主席托马斯·巴赫（Thomas Bach）通过转播镜头向世界高度评价了俄罗斯："任何具有开放思维的人都可以看到一个新的俄罗斯：高效、友好、爱自己且向世界开放。"①

国家形象是一种主体意识，是民族精神和国家意志的综合物。它在历史文化的基础上，融入了现代化的要素，它不但有助于公民形成对国家和民族的向心力、凝聚力和认同感，更有益于向外界和他者展示鲜明的和一贯的国家形象。国家形象的构建与宣传，可以通过各种方式向外界和他者传达，而国家形象宣传片和以奥运会式重要国际体育赛事因为其直观性、可观赏性和易传播性的特点，成为全球化和信息化背景下各国普遍采取的一种方式。可以说，俄罗斯政府通过以上两种方式，在苏联解体后经历了 20 余年艰难转型后塑造新俄罗斯国家形象并在向全世界充分展示方面获得了巨大的成功。

2013 年 6 月，一部由北京电影学院动画学院 2009 级王一琳创作的毕业作品《前进，达瓦里希》（Вперёд, товарищи）在中国网络上不胫而走，人们争相传看。动画片以苏联解体为时代背景，通过讲述一位小女孩在解体前后的心灵蜕变，表达了对苏联时代的怀念之情。动画片出现的人物与动物，场景与背景都具有丰富的历史文化和政治寓言式内涵。

动画片中住"积木房"第一层的猫——"老咪"弗拉基米尔即列宁；住第二层的"费利克斯"即是全俄肃反委员会（契卡）主席捷尔任斯基；住第三层的贝利亚即是苏联内务部部长和"大清洗"运动的组织者，在片中因偷窃"社会主义的屋顶"被审判；"我"住在最高层，代表无产阶级

---

① 《冬奥会落幕 俄罗斯广受赞誉》，《参考消息》2014 年 2 月 25 日。参见 http://world.cankaoxiaoxi.com/2014/0225/351934.shtml。

工农联盟，即广大贫苦的社会底层人民；从未在画面上露面，但时常出现身影并冷冰冰地说话的"妈妈"则代表了苏共高层，也即"伟大社会主义的园丁"。

画面中出现了1991年八一九事件中，叶利钦在支持者的簇拥下站在塔曼坦克师110号坦克上宣布"国家紧急状态委员会"（ГКЧП）囚禁戈尔巴乔夫的行为是"政变"，号召军队站到人民一边的演讲场面。"我"含着眼泪注销了"老咪""菲利克斯""贝利亚"的苏联护照，他们将被送到家禽宰杀场。

终于要离开的"破烂的平房"，搬到"好高好高的大楼上"，寓意着苏联解体和新俄罗斯政权的建立。妈妈把"我"的旧积木都扔掉了，给我买了"米老鼠""辛迪娃娃"等美国新玩具，寓意着新制度的建立。在新的大楼里，电梯飞快地上升着，寓意着苏联解体之初俄罗斯的急剧转轨。因此，"我"的第一个想法就是："我们的大楼会不会被美国炸掉啊？"

就在妈妈喜迁新家，与邻居讨论美国化妆品如何使用时，画面里的电视上出现了戈尔巴乔夫在1991年12月26日宣布辞去苏联总统职务的画面。这时的"我"认为，"妈妈已经背叛了我们，他们都背叛了我们！"于是，"我"疯狂地奔跑回已经被夷为平地的旧家，在"我"眼前火光冲天，战争爆发了。苏军坦克、飞机和苏联军人已经准备好了，五位苏联将军元帅在火光中向"我"敬礼，表示他们没有背叛革命。"我"激动地擦掉眼泪，向他们还以军礼。"我"从菲利克斯那里拿回了决战的最高指示，上面写着："Вперед, товарищи!"（前进，同志们！）动画片最后一个画面上显示的标语上写着"在列宁主义的旗帜下"（под знаменем Ленинизма）。

在动画片的片尾，作者写道，"特别感谢我们的父母和姥姥姥爷"，说明年轻女作者尽管没有像祖辈和父辈那样经历中苏关系的友好和对抗年代，但是自幼年起就从老辈人那里接收了许多苏联信息，具有她这个年龄不应该有的强烈的"苏联情结"。动画片情节是浪漫主义的，但是其寓意是现实主义的，因为"我"是一个有信念的姑娘。作者在片中强调了自己的信仰，"妈妈说：并不是所有的人都理解支持我们的建设，但并不能否认它的伟大，我们的战士，神圣的信仰，永远都不会磨灭，他照耀着我们每一个人"。

这部片长仅8分钟的动画片，实际上反映了像王一琳一样的"90后"年轻人的苏联观和对苏联国家形象的思考。王一琳在事后解释她创作的初衷："我们是第一次走向一个共同的目标，走在人们从未走过的道路上。不管未来怎么样，希望达瓦里希的精神永远都在，并不是所有的人都理解支持我们的建设，但并不能否认它的伟大，我们的战士、神圣的信仰永远不会磨灭，它照耀着我们每一个人，永远。谢谢大家理解我，喜欢我的片子。"①

这部在网络上传播的动画片同时引发了王一琳的父辈"50后""60后"的强烈反响，甚至引发了王一琳祖父辈"30后""40后"强烈的"苏联情结"，因而许多人观后为之感叹，甚至流下了热泪，更多的人陷入了深刻的思考和领悟。这部动画片实际上展示了与苏联有着极其特殊关系，对苏联和当代俄罗斯命运极其关注的中国人和中国社会的特殊情感，是真正的"他者视野"中对苏联形象的回忆和对当代俄罗斯形象的建构。②

这部动画片还被上传到俄罗斯著名视频网站 www.oper.ru，迅速引起俄罗斯网民的热议。俄罗斯网民对该影片的第一条评论称："很邪恶，不想看了。"（Очень злые, не хотят！）但随即就有网友回应："不要在你没有看之前妄下评论。我看哭了，有种失去亲人的哀伤。"（Не просматривайте свои комментарии, прежде чем вы их увидите. Я вижу, как плачет, какая-то потеря близких родных！）俄罗斯网民还留下这样的留言："感谢中国的同志表述了一个正常的俄罗斯，我鄙视那些不为他的国家和人民努力的人，我们被出卖，国家甚至毁灭，但是我们会重新复兴这个国家！"（Проняло. Китайский товарищ прекрасно передал чувства

---

① 百度"王一琳吧"，参见 https://tieba.baidu.com/p/2497008243。
② 在网络上也有人从技术或内容方面对这部动画片持批评意见。王一琳在百度"王一琳吧"做了简单的回应："大家的评论我都看了，真的不希望因为自己做的东西，大家恶语相向，片子的本意不是为了激起矛盾，还请大家嘴下留情，多多包涵……不管持哪种观点，希望大家能求同存异，走过的路不能忘，眼前的路还很长，通往未来的道路，需要我们每个人的努力。最后谢谢大家（鞠躬）。"参见 https://tieba.baidu.com/p/2497008243。

代结语　时间，前进！前进，达瓦里希！

нормальных русских – тех, кто не задыхается от ненависти к своей стране и своему народу. Нас предали, ограбили и много чего разрушили. Но мы помним свое прошлое, и намерены восстановить свою страну) "25 年来，我们一直没能说出'他们背叛了我们'，甚至都故意忘记了生活在苏联的那些岁月。"（25 лет, я аж всплакнул на словах бони предали нас, а даже прожил сознательной жизни в Союзе）"谢谢中国同志制作了这电影，我衷心祝愿同志们永远不会遭受苏联在 1991 年的浩劫。"（Китайским товарищам огромное спасибо за этот мультфильм. Искренне желаю им того, чтобы их страну никогда не постигла катастрофа, подобная той, что случилась в СССР в 1991 году）"该死的！我泪崩了！这部动画片触及灵魂。谢谢！太谢谢你们了！！！"（Чёрт! Я плачу… Этот мультик цепляет за душу… Спасибо! Огромное спасибо!!!）"这里是布列斯特要塞，这里是布列斯特要塞，我们仍在战斗……"（Вот Брестскую крепость, вот Брестской крепости, мы все еще боремся……）"中俄兄弟情谊万古长青！"（Русский с китайцем братья на век！）①

19 世纪俄国著名诗人丘特切夫告诉后人："用理性不能了解俄罗斯，用一般的标准无法衡量它，在它那里存在的是特殊的东西。"② 这个"特殊的东西"是什么呢？数个世纪以来，在俄国思想文化界，哲学家、历史学家、作家、诗人和艺术家们把它解释成"俄罗斯精神"（русская идея）、"俄罗斯性格"（русский характер）和"俄罗斯道路"（русский путь）。但是在他者看来，未必同意俄罗斯人对自己的民族性的概括和国家形象的描述。那么，他者视野中，俄罗斯所拥有的"特殊的东西"又是什么呢？这即是各国学者孜孜以求的答案。

---

① 参见 https：//www.youtube.com/watch？v = O9QCd2jV4Gg；http：//rutracker.org/forum/viewtopic.php？t = 4748198；http：//white – bear.homegate.ru/post/27698；https：//movie.douban.com/review/6134410。

② Маслин М. А. *Русскаяидея: антология*. М., Республика. 1992. c. 354.

参考文献

一 档案文献

《阿穆尔地区：数据、数字和考察：1908 年全地区组织统计报告》，莫斯科，1909。（Приамурье: Факты, цифры, наблюдения: Приложение к отчёту общеземской организации за 1908г. М., 1909）

《阿穆尔工人问题研究文献.1911 年阿穆尔州的工人市场》，圣彼得堡，1912。（Материалы по изучению рабочего вопроса в Приамурье Вып 2. 1. Рабочий рынок Приамурья в 1911г. Амурская область. СПб., 1912）

安徽大学苏联文学研究组编译《列宁与高尔基通信集》，外国文学出版社，1981。

贝克斯、雷诺、庇隆编辑《1956 年匈牙利革命：历史档案集》，中欧大学出版社，2000。（Csaba Bekes, Janos M. Rainer, Malcolm Byrne, eds., The 1956 Hungarian Revolution: A History in Document, Central European University Press, 2000）

《勃列日涅夫言论》第 17 册，左玲珍、高文英译，上海译文出版社，1985。

《俄国政治共济会 1906～1918 年：来自哈佛大学战争－革命－和平研究所档案的资料》，《苏联历史》1990 年第 1 期。［Русское политическое масонство. 1906 - 1918гг. (Документы из архива Гуверовского института войны, революции и мира) //История СССР, 1990, №1］

"俄罗斯当代文献保管中心"（ЦХСД, ф. 4, оп. 20, д. 1126, л. 10 - 13）

"俄罗斯对外政策档案馆"（АВПРФ, ф. 0100, оп48, д. 9, п. 393, л. 195 - 197）

参考文献

"俄罗斯国立社会政治历史档案馆"（РГАСПИ. Ф. 74. Оп. 2. Д. 43. Л. 60 – 63）

《皇家东方学会阿穆尔分部学刊》，哈巴罗夫斯克，1916。(Записки Приамурского отдела Императорского общества востоковедения. Вып. III. 1915 г. Хабаровск. , 1916)

雷纳、萨姆莱主编《1956年匈牙利革命和苏东欧集团：反应和影响》，匈牙利国家历史档案学会，2006。(Janos M. Rainer and Katalin Somlai. *The 1956 Hungarian Revolution and The Soviet Bloc Countries: Reactions and Repercussions.* Historical Archive of the Hungarian State Security，2006)

"美国外交政策档案" [*U. S. Department of State: Foreign Relations of the United States (FRUS)* , 1921, V. 2, U. S. Government Printing Office, p. 811]

《内务人民委员会档案1917～1953》，莫斯科，1999。[Андрей Артизов и Олег Наумов. *Власть и художественная интеллигенция: Документы ЦК РКП (б)- ВЧК- ОГРУ- НКВД о культурной политике 1917 – 1953 гг.* М., 1999]

《清代中俄关系档案史料选编》第2编上册，中华书局，1981。

《清代中俄关系档案史料选编》第2编下册，中华书局，1981。

《清代中俄关系档案史料选编》第1编下册，中华书局，1981。

萨瓦切夫、雅兹科夫：《苏联对外政策和国际关系：档案集》，莫斯科，1973。(Сивачев Н. В. Язьков Е. Х. *Внешняя политика и международное отношение СССР. документы.* М., 1973)

上海人民出版社编译室编译《勃列日涅夫言论》第7册，上海人民出版社，1975。

上海人民出版社编译室编译《勃列日涅夫言论》第8册，上海人民出版社，1975。

上海译文出版社编译室编译《勃列日涅夫言论》第12册，上海译文出版社，1976。

中研院近代史所编《中俄关系史料：俄政变与一般交涉（1917～1919）》，台北，中研院近代史所，1960。

周荣坤、郭传玲等编《苏联基本数字手册》，时事出版社，1982。

二 中文著作

阿尔巴尼亚《人民之声报》编辑部：《彻底揭露赫鲁晓夫集团的关于所谓反对"个人迷信"的危险阴谋》，人民出版社，1964。

阿尔巴托夫：《苏联政治内幕：知情者的见证》，徐葵等译，新华出版社，1998。

阿尔谢尼耶夫：《在乌苏里的莽林中》，黄树南等译，人民文学出版社，2005。

德·阿宁编《克伦斯基等目睹的俄国一九一七年革命》，丁祖永等译，三联书店，1984。

安德烈·纪德：《从苏联归来》，郑超麟译，辽宁教育出版社，1999。

安德烈·纪德：《访苏归来》，李玉民译，广西师范大学出版社，2004。

安德烈·纪德：《纪德文集》，徐和瑾、马振骋译，译林出版社，2001。

安娜·路易斯·斯特朗：《斯大林时代》，石人译，世界知识出版社，1979。

《巴金译文全集》第1卷，人民文学出版社，1997。

巴枯宁：《国家制度和无政府状态》，马骧聪等译，商务印书馆，1982。

斌椿：《乘槎笔记》，岳麓书社，1985。

陈纳德：《飞虎将军陈纳德回忆录》，王湄、黄宜思等译，浙江文艺出版社，1998。

陈之骅：《克鲁泡特金传》，中国社会科学出版社，1986。

单万里：《中国纪录电影史》，中国电影出版社，2005。

《反华电影剧本〈德尔苏·乌扎拉〉》，人民文学出版社，1975。

高尔基：《不合时宜的思想》，余一中、董晓译，作家出版社，1998。

高军等编《无政府主义在中国》，湖南人民出版社，1984。

《赫鲁晓夫回忆录》，张岱云译，东方出版社，1988。

洪堡：《中央情报局档案》，上海社会科学院出版社，2005。

《胡风回忆录》，人民文学出版社，1993。

《胡风集团案件始末》，人民日报出版社，1989。

《胡乔木文集》第1卷，人民出版社，1992。

参考文献

黄正柏：《美苏冷战争霸史》，华中师范大学出版社，1997。

《建国以来毛泽东文稿》第6册，中央文献出版社，1992。

瞿秋白：《赤都心史》，广西师范大学出版社，2004。

李存光：《克鲁泡特金在中国》，珠海出版社，2008。

李辉：《胡风集团冤案始末》，人民日报出版社，1989。

李嘉谷：《合作与冲突：1931～1945年的中苏关系》，广西师范大学出版社，1996。

《列宁论文学与艺术》，中共中央编译局译，人民文学出版社，1983。

罗曼·罗兰：《莫斯科日记》，夏伯铭译，上海人民出版社，1995。

马丁·米勒：《克鲁泡特金》，王爵鸾等译，黑龙江人民出版社，1982。

《毛泽东选集》第2～4卷，人民出版社，1991。

皮埃尔·勒巴普：《纪德传》，苏文平等译，东方出版中心，2001。

钱林森编译《罗曼·罗兰自传》，江苏文艺出版社，2001。

沈志华总主编《苏联历史档案选编》，社会科学文献出版社，2002，第30卷。

孙其明：《中苏关系始末》，上海人民出版社，2002。

泰戈尔：《俄罗斯书简》，董友忱译，广西师范大学出版社，2004。

唐纳德·里奇：《黑泽明的电影》，万传达等译，海南出版社，2010。

瓦尔特·本雅明：《本雅明文选》，陈永国、马海良编，中国社会科学出版社，1999。

翁特尔别格：《滨海省（1856～1898）》，黑龙江大学俄语系译，商务印书馆，1980。

吴冷西：《十年论战》，中央文献出版社，1999，上册。

张程：《中国脸谱：我们时代的集体记忆》，河南文艺出版社，2011。

张宏毅：《意识形态与美国对苏联和中国的政策》，人民出版社，2011。

中央编译局编译《列宁全集》第49卷，人民出版社，1985。

中央编译局编译《列宁全集》第35卷，人民出版社，1985。

中央编译局编译《列宁全集》第6卷，人民出版社，1986。

中央编译局编译《列宁全集》第29卷，人民出版社，1985。

中央编译局编译《列宁全集》第39卷，人民出版社，1986。

中央编译局编译《列宁全集》第33卷，人民出版社，1985。

中央编译局编译《列宁全集》第21卷，人民出版社，1990。

中央编译局编译《列宁选集》第4卷，人民出版社，1995。

中央编译局编译《列宁选集》第3卷，人民出版社，1995。

三　外文著作

柏利：《美国面对俄国：从早期到当代的俄美关系》，康奈尔大学，1950。（Thomas Andrew Bailey, *America faces Russia: Russian - American relations from early times to our day* . Ithaca：Cornell University Press, 1950）

波波夫：《他们同我们一起为苏维埃政权而战》，莫斯科，1948。（Попов Н. А. *Они с нами сражались за власть Совета*. М., 1948）

博罗金：《抗日战争时期苏联给中国人民的援助（1937～1941）》，莫斯科，思想出版社，1965。（Бородин Б. А. *Помощь СССР китайскому народу в антияпонской войне*. М., Мысль. 1965）

崔可夫：《在中国的使命》，莫斯科，军事出版社，1983。（Чуйков В. И. *Мисся в Китае*. М., Воениздат. 1983）

戴维斯、特拉尼：《变形的镜子：20世纪美国与俄国和中国的关系》，密苏里大学出版社，2009。（Donald E. Davis & Eugene P. Trani, *Distorted Mirrors: Americans and their Relations with Russia and China in the Twentieth Century*, Columbia：University of Missouri Press, 2009）

杜宾斯基：《中日战争时期的中苏关系（1937～1945）》，莫斯科：思想出版社，1980。（Дубинский А. М. *Советско - китайские отношения в период японо - китайской войны, 1937 - 1945*. М., Мысль. 1980）

杜兰迪：《杜兰迪报道俄国》，维京出版社，1934。（Walter Duranty, *Duranty Reports Russia*, Viking Press, 1934）

杜兰迪：《克里姆林宫与人民》，瑞瑙和希区科克出版社，1941。（Walter Duranty, *The Kremlin and the People*. Reynal & Hitchcock, 1941）

杜兰迪：《斯大林和政治局：掌握俄国的人们》，斯隆协会出版社，1949。（Walter Duranty, *Stalin & Co.：The Politburo, The Men Who Run Russia*, W. Sloane Associates, 1949）

参考文献

杜兰迪：《搜寻密钥》，西蒙和舒斯特出版社，1943。（Walter Duranty, *Search For A Key*, Simon and Schuster, 1943）

杜兰迪：《苏联：苏俄的故事》，汉弥尔顿出版社，1944。（Walter Duranty, *USSR: The Story of Soviet Russia*, H. Hamilton, 1944）

杜兰迪：《我写故我在》，西蒙和舒斯特出版社，1935。（Walter Duranty, *I Write As I Please*, Simon and Schuster, 1935）

费久克：《克伦斯基》，莫斯科，青年近卫军出版社，2009。（Федюк В. П. *Керенский*. М.: Молодая гвардия, 2009）

福格林森：《美国使命和"邪恶帝国"：1881年以来的"自由俄国"运动》，剑桥大学，2007。（Davis S. Foglesong, *The American Mission and the "Evil Empire": The Crusade for a "Free Russia" since 1881*, Cambridge University Press, 2007）

甘杜克：《苏联和越南战争》，芝加哥"伊万·李"出版社，1996。（Ilya Valeryevich Gaiduk, *The Soviet Union and the Vietnam War*, Chicago: Ivan Dee, 1996）

《高尔基文集》，莫斯科，1953，第26卷。（Горький М. *Собрание сочинений*. М., 1953. Т. 26）

戈尔基、佐罗塔廖夫主编《军事百科辞典》，莫斯科，俄罗斯大百科全书出版社，2001。（*Военный энциклопедический словарь*/Институт военной истории МО РФ; Ред. кол. А. П. Горкин, В. А. Золотарёв и др.. М.: 《Большая Российская Энциклопедия》, 2001）

格拉瓦茨基：《哲学船：1922年的历史插曲》，叶卡捷琳堡，2002。（Главацкий М. Е. *Философский пароход: год 1922й: Историграфические этюды*. Екатеринбург, 2002）

加里诺维奇：《中俄六个条约》，莫斯科，蚂蚁出版社，2003。（Галенович Ю. М. *Россия-Китай: шесть договоров*. М., Муравей. 2003）

拉林：《昨天和今天的俄国境内的中国人史纲》，莫斯科，2000。（Ларин А. Г. *Китайцы в России вчера и сегодня: исторический очерк* М., 2000）

克拉克，马特科：《苏联经济数据1971～1978年》，纽约，"圣马丁"出版社，1983。（Roger A. Clarke, Dubravko J. I. Matko, *Soviet Economic Facts, 1971*

369

-1978, New York: St. Martin's Press, 1983)

克列斯尼科:《教学,作战和胜利》,《国家防空部队:明天,今天和明天:纪念第一次抗击法西斯进攻莫斯科胜利70周年文集》,莫斯科,俄罗斯印刷出版社,2011。(Колесник Н. Н. Обучая, сражались и побеждали// ПВО Страны: вчера, сегодня, завтра Сборник К 70 – летию отражения первого налёта фашистской авиации на Москву. М.: Руспринт, 2011)

列文:《帝国:俄罗斯帝国和它的敌人》,耶鲁大学出版社,2002。(Dominic Lieven, *Empire: The Russian empire and Its rivals*, Yale University Press, 2002)

刘易斯·切斯特、斯蒂芬·弗伊和雨果·杨:《季诺维也夫信》, J. B. Lippincott 出版公司,1968。(Lewis Chester, Stephen Fay and Hugo Young, *The Zinoviev Letter*)

卢金:《熊看龙:17~20世纪俄国的中国形象》,莫斯科,阿斯特"东西方"出版社,2007。(Лукин А. В. *Медведь наблюдает за драконом Образ Китая в России в XVII – XX веках*. М.: АСТ: Восток – Запад, 2007)

克鲁泡特金:《一个革命家的笔记》,莫斯科,1966。(Кропоткин П. А. *Записки революционера*. М., 1966)

克伦斯基:《1917年俄国革命》,莫斯科,2005。(Керенский А. *Русская революция 1917*. М., 2005)

克伦斯基:《历史转折中的俄国》,莫斯科,2006。(Керенский А. Ф. *Россия в поворотный момент истории*. М., 2006)

克伦斯基:《自由被钉在十字架上》,伦敦,1934。(Kerensky A. F. *The Crucifixion of Liberty*, London, 1934)

罗基诺夫:《列宁传记:道路的选择》,莫斯科,共和国出版社,2005。(Логинов В. Т. *Владимир Ленин Выбор пути: Биография* М.: Республика, 2005)

克罗温:《他们随心所欲地写:路易斯·费舍尔和瓦尔特·杜兰迪记者生涯研究》,弗吉尼亚大学出版社,1978。(J. W. Crowl, *They Wrote as They Pleased: A Study of the Journalistic Careers of Louis Fischer and Walter Duranty, 1922 – 1940*, University of Virginia, 1978)

派普斯：《俄国革命》，莫斯科，扎哈罗夫出版社，2005。(Пайпс Ричард, *Русская революция*. М.：Захаров, 2005)

皮鲁莫娃：《克鲁泡特金传》，莫斯科，1972。(Пирумова Н. М. *П. А. Кропоткин*. М.，1972)

齐切林：《关于国际政治问题的文章和演讲（1918～1928）》，莫斯科，1961。(Чичерин Г. В. *Статьи и речи по вопросам международной политики 1918 – 1928*. М.，1961)

乔治·凯南：《西伯利亚和流放制度》，芝加哥大学出版社，1958。(George Kennan, *Siberia and the Exile System*, Chicago University Press, 1958)

丘多杰耶夫主编《在中国上空（1937～1940年）：苏联志愿飞行员回忆录》，莫斯科，科学出版社，1986。(Чудодеев Ю. В. *В небе Китая 1937 – 1940 Воспоминания советских летчиков- добровольцев*. М.，Наука. 1986)

斯蒂芬·科恩：《反思苏联经验：1917年以来的政治与历史》，牛津大学出版社，1985。(Stephen F. Cohen, *Rethinking the Soviet Experience: Politics and History Since 1917*, Oxford University Press, 1985)

斯卡奇科夫：《俄国汉学简史》，莫斯科，1977。(Скачков П. Е. *Очерки истории русского китаеведения*. М.，1977)

苏联电影报像师联盟退休者委员会编《生活与电影：退休者谈自己和同事》，莫斯科，艺术出版社，1970。(Комиссия ветеранов Союза Кинематографистов СССР, *Жизнь в кино Ветераны о себе и своих товарищах*. М.：Искусство, 1970)

《苏联活动家和俄国革命运动：格拉纳特百科辞典》，莫斯科，苏联大百科全书出版社，1989。(*Деятели СССР и революционного движения России: энциклопедический словарь Гранат*. М.：Советская энциклопедия, 1989)

索罗：《遥远的朋友：美国和俄国1763～1867》，堪萨斯大学，1991。(Norman E. Saul, *Distant Friends——the United States and Russia, 1763 – 1867*, University Press of Kansas, 1991)

索罗：《友谊与冲突：美国与俄国1867～1914》，堪萨斯大学，1996。

(Norman E. Saul, *Concord and Conflict: the United States and Russia, 1867 - 1914*, Lawrence: University Press of Kansas, 1996)

汤普森：《河内归来》，华盛顿史密斯索尼娅学院出版社, 2002。(Wayne Thompson, *To Hanoi and Back*, Washington D. C. Smithsonian Institute Press, 2002)

唐科斯：《斯大林：通过恐怖的统治》，伦敦, 1984。(Helene Carrere d'Encausse, *Stalin: Order through Terror*, London, 1984)

陶普曼：《赫鲁晓夫：人与他的时代》，自由出版社, 2004。(William Taubman, *Khrushchev: The Man and His Era*, London: Free Press, 2004)

特拉维斯：《乔治·凯南和美俄关系 1865~1924》，俄亥俄大学出版社, 1990。(Frederick F. Travis, *George Kennan and the American - Russian Relationship, 1865 - 1924*, Ohio University Press, 1990)

瓦伍鲁克-赫门特、鲁茨·康斯坦茨：《1921~1949 年苏联视野的伟大转译者瓦尔特·杜兰迪》，马尼托巴大学出版社, 1989。(Wawruck - Hemmett and Ruth Constance, *The Great Interpreter Walter Duranty's View of the Soviet Union, 1921 - 1949*, The University of Manitoba, 1989)

《为苏维埃政权而斗争的中国志愿者（1918~1922）》，莫斯科, 1961。[*Китайские добровольцы в боях за советскую власть (1918 - 1922)*. М., 1961]

希科曼：《祖国历史活动家：传记指南》，莫斯科, 1997。(Шикман А. П. *Деятели отечественной истории биографический справочник*. М., 1997)

修宾尼、瓦尔达诺夫、格拉祖诺夫、卡列斯尼科：《越南战争：穿越岁月的目光："抗击美国入侵年代苏联越南的军事和经济合作（1964~1973）"学术会议文集》，莫斯科，越南战争退伍军人跨地区社会组织出版社, 2000。(Хюпенен А. И. Вартанов В. Н. Глазунов Е. П. Колесник Н. Н. *Война во Вьетнаме: взгляд сквозь годы……Материалы научно-практичесой конференцей 《Советско- Вьетнамское военное и экономическоесотрудничество в годы агрессии США против (1964-1973 гг.)*, М.: Межрегиональная общественная организация ветеранов войны во Вьетнаме, 2000)

雅廖缅科、波奇塔廖夫、乌什科夫：《无名作者的诗歌与歌曲·越南战争亲历者》，佐罗塔廖夫主编《20 世纪下半期本地战争和军事冲突中的俄罗斯

（苏联）》，莫斯科，"特里亚达－法尔姆"出版社，2002。［Ярёменко В. А. Почтарёв А. Н. Усиков А. В. Стихи и песни неизвестных авторов——участников вьетнамской войны//Россия（СССР）в локальных войнах и военных конфликтах второй половины XX века /Под ред. В. А. Золотарёва, Институт военной истории МО РФ. М.：Триада－фарм，2002］

《1917年俄国政治家：传记辞典》，莫斯科，1993。（Политические деятели России 1917. биографический словарь М.，1993）

《越南战争……这是怎么回事（1965～1973）》，莫斯科，考试出版社，2005。［Война во Вьетнаме…Как это было（1965－1973）. Антология. М.：Экзамен，2005］

四 外文期刊文章

阿格耶娃：《18世纪俄国的"君主"名号和"帝国"概念》，《历史世界：俄罗斯电子杂志》1999年第5期。（Агеева О. Г. Титул《император》и понятие《империя》в России в первой четверти XVIII века//Мир истории：Российский электронный журнал. 1999. No. 5）

彼得洛夫：《中国史学和帝俄境内中国人简史》，《俄罗斯与亚太》2006年第1期。（Петров А. И. Китайская историография и истории Китайцев в царской России. краткий очерк//Россия и АТР. 2006. No 1）

杜兰迪：《布尔什维克导致战争一触即发》，《纽约时报》1919年10月24日。（Walter Duranty，"Bolshevik Cause Hangs on Battle"，*The New York Times*）

杜兰迪：《共产主义恐怖控制了红军》，《纽约时报》1920年1月6日。（Walter Duranty，"Communist Terror Holds Red Armies"，*The New York Times*）

杜兰迪：《红军准备与美国开战》，《纽约时报》1919年12月30日。（Walter Duranty，"Reds Seek War With America"，*The New York Times*）

杜兰迪：《苏联的弱点越来越清楚》，《纽约时报》1920年4月28日。（Walter Duranty，"Soviets Weakness Becoming Clearer"，*The New York Times*）

杜兰迪：《统治红色俄国的是斯大林主义而不是共产主义》，《纽约时报》1931年6月14日。(Walter Duranty, "Red Russia of Today Ruled by Stalinism, Not by Communism", *The New York Times*)

赫依菲茨：《〈我的祖国〉的升名与衰落》，莫斯科《电影艺术》1990年第12期。(Хейфиц И. Взлет и падение《Моей Родины》//Искусство кино. М., 1990. № 12)

坎普维尔：《赫鲁晓夫的"秘密言论"和波兰政治：1956年春天》，《欧亚研究》1996年5月第48卷第2期。(Tony Kamp‑Welch, "Khrushchev's Secret Speech and Polish Politics: The Spring of 1956", *Europe‑Asia Studies*, Vol. 48, No. 2, Mar., 1996)

拉古金：《弗拉基米尔·拉西金日记："中后卫-2"行动》，《军队》2002年第1期（总第35期），白俄罗斯出版宫出版社。[Лагутин В. Дневник Владимира Лагутина: Операция《Лейнбакер‑2》//Армия: Журнал Вооружённых Сил Республики Беларусь. Мн.:《Белорусский Дом печати》, 2002. № 1 (35)]

克莱默：《苏联和1956年匈牙利和波兰的危机：重新评估和新发现》1988年4月第33卷第2期。(Mark Kramer, "The Soviet Union and the 1956 Crisis in Hungary and Poland: Reassessments and New Findings", *Journal of Contemporary History*, Vol. 33, No. 2, Apr., 1988)

里托夫金：《不便说明的战争的勋章》，《消息报》2004年11月30日。(Дмитрий Литовкин, Медаль за необъявленную войну//известие, 2004-11-30)

乔治·凯南：《俄国人民之声》，《世纪》1893年7月3日，第46卷第3期。(George Kennan, "A Voice for the People of Russia", *The Century*, Volume 46, Issue 3, July 1893)

乔治·凯南：《堪察加的帐篷生活》，《普特那姆》1869年9月，第14卷第23期(George Kennan, "Tent‑Life in Kamchatka", *Putnam's Monthly Magazine*, Volume 14, Issue 23, Nov 1869)。

乔治·凯南：《西伯利亚：流放地》，《美国地理社会杂志》，1882年。(George Kennan, "Siberia: The Exiles' Abode", *Journal of the American Geographical Society of New York*, Vol. 14, 1882)

乔治·凯南：《西伯利亚露营》，《普特那姆》第 12 卷第 9 期，1868 年 9 月。（George Kennan, "Camping Out in Siberia", *Putnam's Monthly Magazine*, Volume 12, Issue 9, Sept 1868）

乔治·凯南：《与游牧的科里亚克人的帐篷生活》，《普特那姆》第 13 卷第 13 期，1869 年 9 月。（George Kennan, "Tent–Life with the Wandering Koraks", *Putnam's Monthly Magazine*, Volume 13, Issue 13, Sept 1869）

索尔兹伯里：《回首俄国：苏联人民的命运是一场持续性抗争》，《纽约时报》1954 年 9 月 24 日。（Harrison Evans Salisbury, "Russia Re-Viewed: Life of Soviet Common Man Is a Constant Struggle", *The New York Times*）

修宾尼：《空战的高潮：1972 年底北越防空给予美国空军最强大的打击》，《独立军事评论》2003 年 2 月 28 日。（Хюпенен А. И. Кульминация воздушной войны: В конце 1972 года северовьетнамская ПВО отразила мощнейшие удары авиации США//*Независимое военное обозрение: Еженедельное приложение к Независимой газете*. М.: ЗАО 《Редакция, Независимой газеты》, 28 февраля 2003. № 7）

伊里英斯基：《囚禁河内穿着睡衣的飞行员》，《独立报》2008 年 7 月 11 日。（Михаил Ильинский, Пилоты в пижамах в ханойском плену//*Независимая газета*. 2008-07-11）

张伯伦：《列宁和斯大林治下：莫斯科记者聚会调查》，《苏联和东欧研究》1968 年 6 月号。（William Henry Chamberlin, "Under Lenin and Stalin," in "The Moscow Correspondent—A Symposium", *Survey: A Journal of Soviet and East European Studies*, July, 1968）

五　网络文献

程映红：《三个西方记者与乌克兰大饥荒》，参见：http://www.21ccom.net/articles/sdbb/2014/0103/98198.html。

亨德利：《乔治·凯南和俄罗斯帝国：美国良心怎样成为沙皇制度的敌人》（Helen Hundley, *George Kennan and the Russian Empire: How America's Conscience Became an Enemy of Tsarism*，参见 https://www.wilsoncenter.org/

sites/default/files/ACF2B0. pdf。

索罗金娜:《19 世纪末 20 世纪初中国在远东的移民》(Сорокина Т. Н. *Китайская иммиграция на Дальний Восток России в конце XIX - начала XX вв*),参见 http：//www. omsu. omskreg. ru/histbook/articles/y1998/a013/article. shtml. 。

后 记

"苏联形象"(非"俄罗斯形象"或"俄国形象")早在我的童年时代就已经潜滋暗长了。

我出生并成长在一个被称为"东方莫斯科"的城市——哈尔滨。那里的人把来自北国的邻居称呼为"老毛子""苏联人",前者专指随中东铁路建设来到哈尔滨,以及1917年俄国十月革命后流亡而来的俄侨,后者则是指先作为"老大哥"后成为"苏修社会帝国主义者"的"苏联人"。

其实,据我所知,这世界上,也只有生活在960万平方公里土地上的人使用"苏联人"这个称呼,最初是出于政治上的向往和意识形态上的趋同(乃至"一边倒"),后来是出于政治上的对抗和意识形态上的论战。而其他国家(地区)的人都称他们为"Russian"(俄国人)。因为在他们的眼中,无论沙皇俄国和苏联时代,还是当代俄罗斯时期,其政治和意识形态都是一脉相承,甚至是毫无区别的。

在我进入大学历史专业学习之后,"俄国形象"和"苏联形象"在我这里完成了从感性认识到理性认识的过程;在我忝列俄国史专业学者行列之后,两个形象及其区别在我的意识中渐次清晰起来。

"老毛子"和"苏联人",这实际上就是20世纪50~80年代哈尔滨人和中国人视野中的"俄国形象"和"苏联形象"。

其实,中国社会和中国人对这个庞大邻居的国家形象和民族形象的认识,经历了一个漫长和曲折过程。并且从一定意义上讲,认识其他国家和民族,也是深层次地体察自身的国家性和民族性的过程。它对于曾经自傲于"天朝大国"旋而又自卑于"瓜分豆剖",继而又困惑于"正统主义"的中国而言,更具有特殊和重要的意义。

有鉴于此，我在完成了《苏联知识分子群体转型研究（1917～1936）》《思想为镜：知识分子与苏联政治变迁（1936～1991）》《政治激进主义与近代俄国政治》《帝国风暴：大变革前夜的俄罗斯（1762～1855）》，以及《俄国史》《红色风暴之谜：破解从俄罗斯到苏联的历史神话》《红色风暴的起源：彼得大帝和他的帝国》《苏联民族问题的历史考察》《俄国现代化道路研究》《推倒红墙：克里姆林宫最新档案解秘》等著作之后，在五年前开始了本课题的研究，两年前完成研究工作，送交出版社等候出版至今。

本书是笔者体验上世纪60～70年代风靡世界的"新文化史"潮流，感悟上世纪90年代末至本世纪初在俄罗斯出现的"俄罗斯学"风格之后，结合自己之前的学术积累，完成的一次在学术上的"文化转向"（Cultural Turn），成功与否，任由同道和读者评说。或许本书是千疮百孔和不忍卒读，但我无怨无悔。因为之所以"转向"，一方面是时下的个人兴趣的使然，另一方面是学术环境的逼迫，学界同行和同道中人应该对后者更有体悟。

遥想自己"遁入"俄国史研究空门已35年有余，沉重之肉身已过知天命并望花甲之年。细想自己的前半生竟然与一种外国语言——俄语，又与一门外国历史——俄国史密切相关，实在是一件神奇的事情。或许是"近朱者赤""近俄者俄"吧，我深深地体验到了研究生涯中的苦与乐；或许是俄国人经常挂在嘴上的口头禅 Ирония судьбы（命运的捉弄）吧，但我仍然是无怨无悔，并且还想把这种阿Q精神传承给我的学生们。

是为记。

张建华

2019年7月16日艳阳日于马甸桥旁"不求甚解居"

图书在版编目(CIP)数据

帝国幻象：俄罗斯"国家形象"变迁与他者视野 / 张建华著. -- 北京：社会科学文献出版社，2019.8（2024.3 重印）
ISBN 978 - 7 - 5201 - 2847 - 6

Ⅰ.①帝… Ⅱ.①张… Ⅲ.①俄罗斯 - 历史 - 研究 Ⅳ.①K512.07

中国版本图书馆 CIP 数据核字（2019）第 064002 号

帝国幻象：俄罗斯"国家形象"变迁与他者视野

著　　者 / 张建华

出 版 人 / 冀祥德
责任编辑 / 李丽丽
文稿编辑 / 李从坤

出　　版 / 社会科学文献出版社·历史学分社（010）59367256
　　　　　　地址：北京市北三环中路甲 29 号院华龙大厦　邮编：100029
　　　　　　网址：www.ssap.com.cn

发　　行 / 社会科学文献出版社（010）59367028
印　　装 / 三河市尚艺印装有限公司

规　　格 / 开　本：787mm × 1092mm　1/16
　　　　　　印　张：24.25　字　数：382 千字

版　　次 / 2019 年 8 月第 1 版　2024 年 3 月第 2 次印刷
书　　号 / ISBN 978 - 7 - 5201 - 2847 - 6
定　　价 / 128.00 元

读者服务电话：4008918866

版权所有 翻印必究